何顺果

著

增订版

以文明演进为线索

世界史

THE EVOLUTION OF CIVILIZATIONS

图书在版编目(CIP)数据

世界史:以文明演进为线索/何顺果著.—2版(增订本).—北京:北京大学出版社,2023.8

(世界史图书馆)

ISBN 978-7-301-34039-4

Ⅰ.①世… Ⅱ.①何… Ⅲ.①世界史—高等学校—教材 Ⅳ.①K1

中国国家版本馆 CIP 数据核字(2023)第 100886 号

书　　　名	世界史:以文明演进为线索(增订版)
	SHIJIE SHI: YI WENMING YANJIN WEI XIANSUO (ZENGDING BAN)
著作责任者	何顺果　著
责任编辑	李学宜
标准书号	ISBN 978-7-301-34039-4
出版发行	北京大学出版社
地　　　址	北京市海淀区成府路 205 号　100871
网　　　址	http://www.pup.cn　新浪微博:@北京大学出版社
电子邮箱	编辑部 wsz@pup.cn　总编室 zpup@pup.cn
电　　　话	邮购部 010-62752015　发行部 010-62750672　编辑部 010-62752025
印 刷 者	北京中科印刷有限公司
经 销 者	新华书店
	787 毫米 × 1092 毫米　16 开本　27.25 印张　464 千字
	2012 年 5 月第 1 版
	2023 年 8 月第 2 版　2023 年 8 月第 1 次印刷
定　　　价	109.00 元

未经许可,不得以任何方式复制或抄袭本书之部分或全部内容。

版权所有,侵权必究

举报电话:010-62752024　电子邮箱:fd@pup.pku.edu.cn

图书如有印装质量问题,请与出版部联系,电话:010-62756370

增订版序

本书原名《人类文明的历程》，2000年作为"大学生文化素质教育书系"中的一种，由高等教育出版社出版，后改由北大出版社出版，并应出版方要求改名为《世界史：以文明演进为线索》。

高教出版社认为本书"体例新颖"，而北大出版社则高度赞扬了本书的"综合性"，其实仍有许多遗憾之处。为了完善本书的体例、结构和内容，我经多年准备为出版社提供了这个"增订版"。这次增订，除了将原书后的"补篇"扩大为"第五编"共13章外，还为第二编增写了有关"丝绸之路"的一章："'丝绸之路'：开辟东西方两大文明交通与交流之路，并赋予'亚欧农业带'以新的内涵"，为第四编增写了题为"捷克、斯洛伐克、波兰与俄罗斯：努力打造'核心地区'之外的第一个新兴工业带"的一章。之所以要为第四编增写一章，是因为我发现东欧诸国曾努力打造西欧"核心地区"之外的第一个新兴工业带，并对东欧以后的历史发展产生了持久的影响，所以必须对拉美和"四小龙"在新兴工业发展中的历史地位做相应的改动。在此，我还想提一个请求，如果教育部和高校还在用本书作为"素质教育"或"通识教育"教材，最好改用这个"增订版"。

我早年毕业于北京大学历史学系世界历史专业。历史学系当时可谓大师云集，中国通史和世界通史的教学极为系统，对学生学习和研究能力方面的训练要求很严，但当时使用的周一良先生所编《世界通史》教材尚缺现代部分，虽然优点很多，但似乎过于拘谨。所以，从本科开始，我就关注世界史的完整和完善问题，在留校任教后，这方面的兴趣因责任所在而更加强烈，尤为重视对"世界历史"的思考和资料的搜集和整理，即使受"文革"的冲击也未停止。我所需要的许多基本书籍都是当时在旧书店找到的，而罗荣渠先生是我淘旧书的引路人，否则我是无缘进入中国最好的古旧书店书库的。我当时也不是仅仅关心历史，也注意到国际学术前沿的发展问题，例如，对于"cliometrics"（计量史学）我就是先从俄文杂志上发现,然后追踪西文而得知的,记得当时为了研究如何翻译该概念及有关资料颇费周折。此事于我的另一大收获,是促使自己在当时极为困难的情况下,私下联系到本校英语系旁听了一年半的精读课和泛读课,得以在"文革"后校方的升职考试中以第二外语参加考试,又侥幸以83.5分的成绩进入前三名,至今我仍非常感谢私下帮我联系英语系的郑女士。此外,还要感谢在美国留学,然后留在马里兰大学任教的洪先生,是他教会我如何使用电脑。我曾带着问题花三天时间集中检索有关世界史的书籍和杂志的信息并打印留存,使我在此方面的知识得以补充、丰富和更新,而美国图书馆的服务亦十分周到,馆际借书不仅便捷,还能把书送到住地,有访学一年胜过十年之感。我想说明的是,写作本书并不是作者的本意,它是在未征询作者同意的情况下,被推荐为教育部组编的有关丛书之一的,当时是王义遒副校长直接通知我的,结果我只好将原来关于"世界历史"的许多思考和设想尽量放入其中,因为很难有时间和精力在此书之外再写一部新的世界史了。但因此也促成了本书写作中文明史与世界史的融合,并给体系的创新提供了机会。

在本书酝酿、写作、修改和增订的过程中,我思考和企图解决的重大问题主要有三:其一,是如何确立科学的"世界历史"概念问题。这是因为,我国是一个史学大国,又曾长期处于封闭状态,在我国的"世界历史"教学和研究中,占主流地位的是把它当"外国历史"来处理的。新中国建立以后的一些大中小学有关教材就是如此,一些世界史丛书也称"外国历史小丛书""外国史丛书",这造成了中华文明和历史在"世界历史"中的缺席,这是对中华文明和历史特别是古代中华文明和历史的极大不公,在当今中国重新崛起于世界的情况下尤为不妥,且此意见我早在本世纪初《上海社会科学报》所约写的一篇短文中就正式表达过,其题目为《应当建立科学的"世界历史"概念》。所以,本书的构思和写作从未忘掉中国,并赋予它以应有的世界历史地位,因为它在古代世界文明的历史中曾经占有重要的甚至中心的地位,中国的重新崛起完全可以从中获取智慧、力量和自信。其二,是如何构建"世界历史"(特别是古代世界史)的体系问题。由于世界历史的写作发源于西方,"西欧中心论"长期在"世界历史"的教学、研究和编纂中占统治地位,一部世界史几乎成了西方文明史并包含了大量美化西方殖民、侵略和奴役亚非拉人民的内容,而贬低歪曲甚至忽视东方文明,这种情况至今在我国的历史教材中仍留有痕迹。我的办法,是通过三大步骤,即"农业革命"、东方四大古文明及此后古希腊文明的兴起、"丝绸之路"的正式开通,强调"亚欧农业带"作为古代世界"文明高地"和"核心地带"而拥有东西交流桥梁和南北辐射功能的作用,以恢复中国和整个东方古文明在"世界历史"上的历史地位和作用,并为此提出"近农业带"和"远农业带"、"核心文明"和"边缘文明"、"东方文明"和"西方文明"等几对概念与"亚欧农业带"相配合。我认为:"没有后面几对概念及对它们的探讨,就不能真正构筑起'世界历史'的结构并了解它们的不平衡性,而这种结构及其不平衡乃是世界历史和文明演进的内在动力。"对平衡与不平衡的转换与交替的叙述成为本书的一大特色。其三,是如何估价"高科技革命"的世界历史意义问题。之所以提出这样的问题,是因为这场革命给人类发出了一系列挑战:第一,它涉及的不是一般的科学和技术,而是许多长期得不到认识和解决的高端科技领域;第二,它由芯片的发明以几何级数般的速度引发计算机、大数据、云计算及人工智能的革命;第三,它在现实世界和虚拟世界之间架起桥梁,极大地和空前地改变了人类传统的物质的、文化的和精神的生产方式和生活方式;第四,它不仅在很大程度上以"无形资本"(科学和技术知识)取代了"有形资本"(即劳力和物质资料),而且确实在许多方面改变了以往资本运行的法则和获取财富的"主要形式"乃至判断价值的尺度。作者据此作出的"人类正面临从未有过的变化"的预言,在21世纪正以难以想象的速度变为现实,新的巨大革命的气氛弥漫于世界各个角落。在筹划本书增订版时怎么能回避这一课题呢?请注意,这里强调的是整个"人类"而不仅仅是经济和社会,强调的是"从未有过"而不仅仅把它视为"第三次工业革命",因而超越了此前西方对这场革命认识的广度和深度。

当然,在本书筹划、写作、修正和增订时,我的探索并不限于上述三大问题,在许多问题和环节上都力图表达个人的见解和观点,以体现作为一个学者的本分和责任。但我以为其中一个最基本也最重要的想法是,"世界史"的教学、研究和编纂之所以应当引起国人的高度关注,是因为它为整个人文和社会科学(甚至自然科学)提供了基本的资料,也是人们进行哲学思考、理论思维乃至构建自己历史观、人生观和世界观的重要依据,那种把对"世界历史"概念、内容和结构的探讨仅仅视作"专业"范畴的观点是完全错误的,在民智大开的当今之世尤不可取。这也是我本人,在繁忙的美国史、资本主义史和历史理论的教学和研究中,依然对"世界史"的写作孜孜以求、锲而不舍的主要原因。我也从心底不喜过多地涉足众人参与的学术著述活动,因为那样往往流于拼凑而失掉思考和学术个性。这并不是说，所有集体著述都缺乏个性，剑桥系列世界史著作就很有个性，也不是说，本书就一定拥有个性，只是尽心而已。

还有一个问题，需要在此做点说明。我在 1999 年谈到高科技革命的"世界历史意义"之时，认为是这场革命改变了"价值判断的尺度"，这本是对马克思一个重要原理的回应和引申，但此说至今不为某些经济学家和社会人士所承认。他们的根据之一是马克思关于脑力劳动的价值可以按体力劳动的倍数来计算，但他们完全忽视了马克思在《经济学手稿（1857—1858）》（见《马克思恩格斯全集》第四十六卷[下册]，人民出版社，1980 年，第 217—218 页）中所说的话："科学水平和技术水平"，作为"劳动时间内所运用的动因的力量"，即"科学在生产上的运用"的"这种动因本身"，"又和生产它们所花费的直接劳动不成比例"，因而也就不能用"倍数"来计算。众所周知，"创新"在科技发展中，特别是在"高科技革命"中占有突出的地位，而"灵感"是人们在解决问题时常有的"一种特殊认知经历"。不久前国际科学界，具体地说，德国维茨堡大学的萨斯查·托波林斯基和挪威卑尔根大学的罗尔夫·雷伯，在对人类脑功能进行研究时发现，"灵感"或"即时性"在本质上不仅具有"积极效应"而且具有"突发性"，因而"创造性"思维很难用一般的"劳动时间"的倍数来计算。个人认为这一发现可以作为对上述马克思原理的解释和补充。

而这一发现，在某种程度上也为科学家近期对大脑思维模式的研究所证实，这一研究是在"最具创造性的人"和"最不具创造性的人"之间进行的，结果证实二者之间"有不同的大脑活动模式"。据英国《卫报》网站 2018 年 1 月 15 日报道，哈佛大学心理学家罗杰·贝蒂通过自己的研究"确定了一种在人与人之间各异的大脑连通模式，这种模式与产生创造性思维的能力有关"。他发现：在极具创造性的思考者身上，看到三个大脑网络之间强大的连通性：一个"默认模式网络与自发思考和思维模式有关"，另一个"执行控制网络"则在"人们专注于自己的想法时参与其中"，第三个所谓的"凸显网络"有助于找出最值得我们关注的东西，其中前两个倾向于互相对抗和抑制，而更具创造性的人能够更好地同时参与这两个网络的活动，因而或许能更容易地同时承载所有这些活动。当然，这并不意味着我们可以准确地预测谁将是下一个爱因斯坦。（参阅 2018 年 1 月 20 日《参考消息》）

笔者以为，这个道理是清楚的和显而易见的，承认这一原理和观点，有助于开发东方这 14 亿人的庞大智力,并从根本上把这个发展中的世界大国转变成一个真正的世界强国。这也是本书及作者一开始就抱有的真诚愿望和梦想。

以上的话权作增订版序。

2019 年于北京大学

初版序

本书的主要任务,是用有限的篇幅讲述人类文明的主要历程。

"人类文明的历程"这一题目,决定了本书写作的三个要点:(1)人类是全部文明发展进程中的主体;(2)本书的叙述必须以人类文明的发展为主要内容;(3)本书的叙述又要以历史发展为主要线索。因此,本书讲述的是人类各主要文明产生、发展、传播和交流的历史。

但与西方的"文明"概念不一样,本书不把"文明"仅仅看作是与城市有关的市民社会的产物,而强调文明与野蛮的区别和对立。因此,自人类脱离原始社会而进入农业社会以来所创造的全部物质的和精神的遗产,都应纳入本书叙述的范围,因而自然应突出东方文明在世界历史上的地位,而不能用西方文明史来代替人类文明史。当然,我们认为,如果说人类的起源是一元的话,那么文明的起源则应是多元的。因为人类由野蛮到文明的演进是由人类本身的活动和实践决定的,而人类的活动和实践又要受种种不同的环境和条件,以及在这些条件的基础上形成的不同社会经济结构的制约。

本书与目前流行的世界通史也不一样,不是从形态演变的角度来观察世界历史,而是从文明演变的角度来观察,因此本书将注重构成文明的四大因素,即经济条件、政治组织、道德传统和文化艺术,用以弥补以往通史教材的不足。文明的特征,是社会关系的国家和法的规章、等级结构和社会关系的状态,受人们社会地位、社会分化和一体化制约的各种权利、自由和义务的水平。但在叙述时又要牢记:与生产力和生产关系的水平有关的形态方面的参数毕竟是第一性的,而对一个民族的整个命运有重大影响的制度和文化方面的特点只是第二性的。

本书是人类文明史,而不是单一民族文明史,更不是地区或专题文明史,因此要照顾到整个人类的活动。但在任何时代,总有一些主要民族和地区,构成人类文明的中心,推动整个人类文明的发展,决定该时代文明发展的方向。因此,本书不可能面面俱到，特别是在篇幅有限的情况下，只能抓住一些主要民族的活动和成果，以期讲清人类文明发展的大趋势。本书在叙述的时候，从横向上看始终不离开亚欧农业带这个人类文明演变与交流的核心地带，在纵向上则把文明的演进划分为神话、宗教和理性这样三个时代，并试图以它们为标志来界定各文明时代的主要特征。本书作者认为，文明的本质特征应是精神的，物质之所以会成为文明的组成部分，是因为它们被赋予了人文的因素。

神话时代、宗教时代、理性时代，可以被视为人类已有的文明演变的几个阶梯。在神话时代，人类正逐步脱离自然界而进入文明，但又无力完全战胜各种自然力对人类的压制和束缚，因此这时候出现的众神都是自然的化身，是外在于人的。在宗教时代，人类的物质文明已有很大进步，征服自然的能力已大大增强，因此这时人们虽然还保持着对神（上帝）的崇拜，但后者在很大程度上是人自己塑造出来的，并且是唯一的神，耶稣基督、穆罕默德、佛祖释迦牟尼，或被视作上帝或安拉的使者，或被尊称为圣人而神化，但都有人作为他们的原型；各大宗教所制定和传播的教义，无不渗透着自己独特的人文–伦理价值观念。然而，人类不可能永远生活在神的巨大影响之下，不管这种神是自然的还是人造的，当物质文明的积淀足以使人摆脱自然的限制时，人类也最终具有了在精神上摆脱宗教控制的力量，开始逐步觉醒并确立起自己在自然中的中心地位，这时理性时代就会到来，而科学只不过是理性之花所结的果实。

本书不认为二战前后兴起的高科技革命是现代工业社会内部的第三次或第四次结构性调整，而把它视作与农业革命和工业革命并列的第三次产业革命，具有亘古未有的伟大的历史意义。因为这次革命提供的动力在性质上既不同于农业革命所提供的生产力，也不同于工业革命所提供的生产力，但由于这场革命才刚刚在世界的一角拉开帷幕，许多方面的发展还未完全充分展开，故本书只能在工业文明之后安排一个"补篇"，做专门的叙述。这种安排有别于目前流行的大多数类似的著作，作为一种尝试，请读者指正。

作者谨识

2000年2月于北京大学

目 录

增订版序 ·· 1
初版序 ··· 1
导　论　人类的起源与分布 ··· 1
第一编　农业文明兴起于东方 ·· 9
  1.1　旧石器时代的文化及其特征 ······································· 9
  1.2　氏族制度的起源及其演变 ·· 13
  1.3　农业革命:人类最终摆脱野蛮走向文明的转折点 ········ 16
  1.4　亚欧农业带从狩猎和采集世界中脱颖而出 ················ 22
  1.5　耕作制度的改进与原始公社的演变 ·························· 25
  1.6　农村公社:人类社会走向多样化发展的起点 ·············· 29
  1.7　基于农业的文明首先兴起于东方:两河流域与苏美尔文明 ·· 34
  1.8　印度河流域与哈拉巴文明 ·· 38
  1.9　黄河流域:华夏多元一体文明的诞生地 ······················ 42
  1.10　尼罗河流域与古埃及文明 ······································ 46
  1.11　克里特文明和迈锡尼文明:东方文明的西传 ············ 51
  1.12　近农业带游牧民族的兴起之一:闪米特人和印欧语族 ···· 56
  1.13　近农业带游牧民族的兴起之二:塞族人、月氏人、
        匈奴人、鲜卑人及中国北方诸族 ·························· 60
  1.14　近农业带游牧民族的兴起之三:突厥人、蒙古人和女真人 ··· 64
  1.15　远农业带游牧民族的兴起:斯拉夫人、日耳曼人和非洲游牧民 ··· 68
  1.16　远农业带半开化土著人:澳大利亚人及大洋洲其他土著文化 ···· 72
  1.17　神话时代和庙宇文化:祭司和权威的形成 ··············· 75

第二编 蛮族入侵与文化交流 79

- 2.1 蛮族入侵与文化交流 79
- 2.2 希克索斯人的入侵与古埃及文明的中断 82
- 2.3 赫梯、腓尼基和希伯来 85
- 2.4 阿卡德、巴比伦、亚述和新巴比伦 90
- 2.5 波斯帝国、安息王国、萨珊王国 94
- 2.6 吠陀时代、列国时代、孔雀帝国 98
- 2.7 由夏商周到秦汉:华夏文明的两大转变 104
- 2.8 由希腊到罗马:西方古典文明的兴起及其理性基础 110
- 2.9 "丝绸之路":开辟东西方两大文明交通与交流之路,并赋予"亚欧农业带"以新的内涵 116
- 2.10 匈奴的崛起及其对游牧世界和农耕世界的影响 120
- 2.11 中华民族的重新统一和强大:盛唐时期的文化及其特点 124
- 2.12 伊斯兰教、阿拉伯帝国和东西文化交流 129
- 2.13 日耳曼人入侵、西罗马帝国灭亡和西欧诸国的建立及其封建化 134
- 2.14 拜占庭帝国、查士丁尼与罗马法之整理 139
- 2.15 成吉思汗、蒙古帝国及其四大汗国 144
- 2.16 蒙古帝国在东亚的变体:中国的元朝 148
- 2.17 突厥在西亚的崛起:奥斯曼帝国 152
- 2.18 伊斯兰化蒙古人与印度莫卧儿帝国 157
- 2.19 边缘文明之一:日本国的形成及其文化 161
- 2.20 边缘文明之二:莫斯科与大俄罗斯的统一 165
- 2.21 边缘文明之三:黑非洲的古文明 169
- 2.22 边缘文明之四:美洲印第安文明 173
- 2.23 宗教时代:四大文化—价值体系的形成与对立 178

第三编 工业文明孕育于西方 185

- 3.1 西欧的"黑暗时代" 185
- 3.2 土地拓殖与耕作制度改革 188

3.3 "行商"的出现、城市的兴起和十字军远征 …………………… 191
3.4 市场、市集与商业组织的变化 …………………………………… 195
3.5 西欧社会经济生活走向商品化 …………………………………… 201
3.6 两种不同的发展方向:西欧的资本主义萌芽和
　　东欧的农奴制再版 ………………………………………………… 203
3.7 英、法和西班牙:由等级君主制到君主专制 …………………… 208
3.8 易北河以东:普鲁士王国、俄罗斯帝国和波兰贵族共和国 …… 212
3.9 从文艺复兴到宗教改革,由神权共和国到世俗共和国 ………… 217
3.10 革命浪潮激荡于大西洋两岸:英、美、法革命的差别与联系 …… 222
3.11 拿破仑战争:一次对封建欧洲的大震动 ……………………… 229
3.12 重商主义与殖民主义:世界的联系与分割 …………………… 234
3.13 一场静悄悄发生的革命:原工业化、科学革命和工业革命 …… 240
3.14 工业革命向大西洋两岸传播:工业世界在西方的形成 ……… 245
3.15 西欧革命和改革向纵深发展:以1832年英国议会改革为典型 …… 249
3.16 普鲁士的改革与德意志的崛起 ………………………………… 254
3.17 意大利的统一:中断了的发展重新启动 ……………………… 258
3.18 俄罗斯帝国:斯拉夫派和西方派关于俄国发展道路的争论
　　　及1861年农奴制改革 …………………………………………… 262
3.19 美国内战:一艘来自西方尽头的世界级航船的发动机 ……… 266
3.20 日本的明治维新和"脱亚入欧":从东亚驶出的
　　　另一艘初露桅杆的世界级航船 ………………………………… 269
3.21 盛开的物质文明之花:19世纪最后30年的经济发展
　　　与西方现代化进程的结束 ……………………………………… 274
3.22 现代工业社会的结构与过程:工业革命的社会影响 ………… 278
3.23 理性时代的思想和文化 ………………………………………… 282

第四编　欠发达国家和地区的现代化 …………………………………… 287

4.1 西方冲击下的农耕世界:第三世界的形成及历史起源 ………… 287
4.2 捷克、斯洛伐克、波兰与俄罗斯:努力打造"核心地区"
　　之外的第一个新兴工业带 ………………………………………… 290

4.3 列强激烈争夺中的三大伊斯兰帝国：
　　奥斯曼帝国、萨非伊朗和莫卧儿印度 …………………………… 293

4.4 伊斯兰现代化的正式启动：从青年土耳其党到凯末尔革命，伊朗的
　　立宪运动和伊斯兰革命，埃及华夫脱党及护宪运动 …………… 296

4.5 英国对印度的殖民统治 ……………………………………………… 300

4.6 拉丁美洲现代化起步的必要条件：
　　独立革命战争与政治体制的共和化 ……………………………… 305

4.7 19世纪末和20世纪初拉丁美洲的"依附性发展" ………………… 308

4.8 "进口替代"的提出与实施：拉美成为"核心地区"
　　之外的第二个新兴工业带 ………………………………………… 312

4.9 "脱亚入欧"后的日本：甲午战争、日俄战争和
　　日本殖民体系的形成 ……………………………………………… 315

4.10 从日本占领到二战后朝鲜与中国台湾的农地改革：
　　　亚细亚式传统社会经济结构的转型 …………………………… 318

4.11 东亚"四小龙"的崛起：韩国、新加坡和中国台湾、
　　　香港地区成为"核心地区"之外的第三个新兴工业带 ………… 322

4.12 鸦片战争：中国面临的危机与现代化的启动 …………………… 327

4.13 从太平天国、戊戌变法到辛亥革命：
　　　中国现代化模式的第一次大转换 ……………………………… 332

4.14 从旧民主主义到新民主主义：中国走向现代化的新起点 ……… 337

4.15 发展模式与历史传统：对现代化的文化诠释 …………………… 342

第五编　高科技革命与人类的变迁 ………………………………… 349

5.1 高科技革命的前提和条件 …………………………………………… 349

5.2 二次大战如何引发高科技革命 ……………………………………… 352

5.3 战后两大阵营及"冷战"局面的形成 ………………………………… 355

5.4 发展高科技及其产业成为美国基本国策 …………………………… 359

5.5 个案研究：北加州"硅谷"成为引领美国乃至全球的高科技中心 … 362

5.6 以"创新"为特征的高科技革命在全球的传播 ……………………… 366

5.7 美国联邦政府与互联网时代的到来:苏东剧变、"一超独霸"与
"全球整合" ……………………………………………………… 371
5.8 作为发展中大国的新中国:17年发展,"十年动荡""改革开放"与
重新崛起 …………………………………………………………… 376
5.9 高科技革命背景下的财富分配趋势:就全球而言是
分散大于集中,但在一国之内却是集中大于分散 ……………… 381
5.10 美国的相对衰落与多极世界的初现 …………………………… 385
5.11 高科技引发的经济和社会结构变化:以美国为典型 ………… 391
5.12 互联网时代的文化:生活在现实世界和虚拟世界中的人们,
生产、生活、工作、交往与思维方式的变化 …………………… 397
5.13 "后工业社会"的意识形态:后现代主义及其影响 …………… 401

余 论 …………………………………………………………………… 407

进一步阅读书目 ………………………………………………………… 411

导论　人类的起源与分布

为了了解文明演进的历史,我们首先必须弄清人类自身的起源。因为所谓"文明",乃是人类自脱离原始状态而进入农业社会以来,所创造的全部物质的和精神的遗产,文明是一个文化范畴,文明的主体是人。

人类从何而来?在每个民族的神话传说中,几乎都可找到一种甚至多种答案,但最为典型的莫过于《圣经·创世记》的说法,即"神用地上的尘土造人"。长期以来,许多人对此信以为真、坚信不疑,这成为人类探索自身历史的巨大障碍。自19世纪起,随着科学的发展,这种情况才发生了根本的改变。

1809年,法国生物学家拉马克的《动物学哲学》一书首次提出了生物演化的理论。之后,英国生物学家达尔文根据自己在世界各地搜集到的资料证明,世界上的物种始终处于不断演进之中,所遵循的是"物竞天择、适者生存"的原则,从而形成由低级到高级、由简单到复杂的进化过程,并认为"人类的起源和历史,也将由此得到许多启示"。他的这一研究成果,后来写在1859年出版的《物种起源》一书中,从而在理论上奠定了生物进化论的基础。

之后,达尔文又以解剖学和胚胎学材料为根据,从人类在个体发展方面与动物特别是高等哺乳类动物一脉相承,以及人体中的某些器官如耳肌、阑尾等乃退化后的残迹,说明人的祖先原为拥有此类器官的动物,推断出人在分类上属于旧世界猿类系统的分支之一,人类是由类人猿亚群的某一古代成员进化而来的,进而提出非洲是人类早期祖先最可能生活的大陆。他的这一研究成果,后来写入了1871年发表的《人类的由来及性选择》一书。这就使"上帝造人"的神话从根本上发生了动摇。但人类所独具的解剖学特征有几百个,如何才能抓住由动物到人类进化中的形态学的主要特征呢?经过讨论,目前学者们认为,最重要的有以下三点:(1)直立行走。它不仅解放了上肢,而且导致了活动范围的扩大。(2)运用自如的手。由于大拇指能对握,制造和使用工具成为可能。(3)大而复杂的脑。脑容量一般在1400—1500毫升左右,这是思维和语言形成的条件。学者们认为,这三点是互相区别又互相联系和影响的,它们构成了人在人类学上区别于其他动物的结构特征,在学术上被称为"人科三点论"①,或人类学标准。这是对达尔文进化论的发展。

但对于人类起源的研究来说,仅找出其人类学标准是不够的,因为它们只反映了人的生物性本质,却不能反映人的社会本能,而"社会本能是从猿进化到人的最重要的杠杆之一"②。为此,恩格斯在1876年提出了"劳动在从猿到人转变过程中的作用"问题,指出:人类的起源可以分为两个阶段,一是从古猿变为人的阶段,其标志是制造工具并进行劳动;二是人类体质由低到高的发展。前一阶段还是"正在形成中的人",后一阶段成了"完全形成的人"。但无论是从猿到人的转变,还是人类自身体质的提高,劳动都在其中起着决定性的作用,人的社会劳动与机体进化互相促进、互为因果。从这个意义上可以说:"手不仅是劳动的器官,它还是劳动的产物。"③恩格斯的观点,在学术上被称为人类起源的"哲学标准",讲的是人在整个宇宙中的位置。

但近来的研究认为,制造工具并不是人区别于动物的绝对标志,因为黑猩猩具有制造工具的能力。人真正形成并最终从动物中分化出来,其标志应是"族外婚"及其行为的文化性,因为所有动物都是实行"族内婚"的,因而其行为还是本能的或自然的。据考察,在原始社会中,譬如美洲的阿尔贡金族印第安人中,"图腾"(otoleman)一词的原始含义是"他是我的一个亲属"或"我是他的一个亲属",其言下之意为"我们原来不是亲属",这就强调了两个族群之间的联姻关系。因此,作为一个氏族命名标志的"图腾",也成了晚期智人和族外对婚制的标志,现代智人、氏族制度和图腾是三位一体同时发生的。"族外婚"本身是原始人一系列进化的结果,其中也包括制造工具和劳动在这种进化中的作用,自然不能构成对劳动作用的否定,但把"族外婚"视作人类起源的文化标志,应当是可以的④。

按生物分类学,整个生物界可分为:界、门、纲、目、科、属、种。人类作为智人种,归人属、人科、灵长目,而灵长目又归于哺乳纲、脊椎动物门、动物界。科学研

---

① А.И.别尔什茨主编:《原始社会》,中央民族学院出版社,1987年,第7页。
② 《马克思恩格斯全集》第三十四卷,人民出版社,1972年,第164页。
③ 《马克思恩格斯选集》第三卷,人民出版社,1972年,第509页。
④ 俞伟超、汤惠生:《图腾制与人类历史的起点》,《中国国家博物馆馆刊》1995年第1期,第3—20页。

究表明,地球存在的历史,如果从地壳的形成算起,至少在46亿年以上;而生物存在的历史,若从原核细胞菌类化石算起,只不过33亿年左右;至于人类存在的历史,只是最近1000万年左右的事情,在生物史中只占3‰左右。为了确定生物与地质变化的关系,地质学家提出了"纪"(period)的概念,把有生物化石发现的地质时期划分为四个纪:第一纪起始于5亿年前,称为鱼类时代;第二纪起始于2.25亿年前,称为爬行动物时代;第三纪起始于7000万年前,称为哺乳动物时代;第四纪起始于200万年前,这时才有人类化石的存在。在第一纪之前未发现生物化石,有人称之为"无生纪",但无化石存在不等于不曾有过生命,因菌类生物难以以化石的形式存在,因此这一提法并不正确。所以,为了说明人类的起源及其在自然界中的地位,有必要引入两大系统性概念:一是地质年代判断法,二是生物分类学,以便最终确定人在生物谱系及自然界中的位置。于是,关于人类起源、生物进化与自然演变,就形成了这样一种关系,可列表如下:

太古代(33亿—25亿年前)最早的生物

元古代(25亿—6亿年前)真核细胞藻类

古生代(6亿—2.25亿年前)从无脊椎动物到爬行动物

中生代(2.25亿—7000万年前)恐龙繁殖时期

新生代(7000万年前—)哺乳动物及人进化时期

  第三纪

    古新世(7000万—6000万年前)最早的灵长类

    始新世(6000万—4000万年前)灵长类分化

    渐新世(4000万—2500万年前)古猿类出现

    中新世(2500万—1200万年前)古猿进一步分化

    上新世(1200万—300万年前)古猿向人转化

  第四纪

    更新世(200万—1万年前)原始人向现代人演化

    全新世(1万年前—)现代人

从此表可知,和人类起源有关的主要是新生代。

  现代猿类和现代人类的共同祖先是古猿。最早的古猿化石,已发现的有埃及猿、森林古猿和腊玛古猿等,大约生活于距今3500万—1000万年之间。这些古猿

在坦桑尼亚的莱托利保存下来的化石脚印,说明原始人类早在350万年前就能直立行走了。

大小如猫,均栖息和攀援于林间,与人相去甚远。前两种属于早期古猿,腊玛古猿属晚期古猿,是1932年在印度发现的。原先以为这类古猿已能直立行走,后发现其颌骨呈V字形而不是弧形,其性状与其他古猿并无不同,因而仍属猿科而非人科。大多数人类学家都同意,两足行走是人猿相别的重要标志,因为两足行走的形成不仅是一种重大的生物学上的改变,而且也是一种重大的适应性改变,它使上肢解放出来,以至于有一天能用来操纵工具,因而具有进化的巨大潜能。所以所有两足行走的猿都是"人"。而目前已知的人科的最早成员,便是南方古猿。

南方古猿化石1924年首次发现于南非的汤恩,之后在南非和东非各地均有发现,代表不同物种的个体标本至少有1000个,其生活的年代大约在400万年到100万年前。汤恩古猿的化石标本,包括一个小孩的不完整头骨,即部分颅骨、面骨、下颌骨和脑壳。据研究,汤恩小孩的头骨仍有许多类似猿的性状,如较小的脑子和向前突出的上、下颌骨;但它也具有一些人类的性状,其上、下颌骨不如猿那么向前突出,颊齿咬合面平,犬齿小。尤其值得注意的是其枕骨大孔的位置。枕骨大孔是头骨基底的开口,脊髓就是通过此孔进入脊柱的。

在猿类中,此孔在颅底相对靠后位置,而在人类中则接近颅底中央,因此当人两足行走时头平衡于脊柱的中央,猿则不行。汤恩小孩的枕骨大孔位于中央,说明此小孩是两足行走的。既然已能直立行走,其上肢就已被解放出来,因此汤恩小孩应能使用工具。

但南方古猿的情况很复杂,一般认为可以把它们划分成四个种:非洲种、粗壮种、鲍氏种和阿法种。其中非洲种、粗壮种和鲍氏种由于体形特化，均于200万—100万年前灭绝，只有南方阿法种才能称为人科的最早成员。此种在20世纪70年代被发现于埃塞俄比亚阿法地区，其较早的一些化石经钾-氩法测定在410万—390万年前之间。较晚的生活于375万—300万年前的一具保存异常完整的小灵长类动物化石，其身高仅1.29米，年龄大约为19—21岁，因是女性而被称为"露西"。她身体结构极为像猿，臂长而腿短，脑容量大约400毫升，但盆骨似人而非猿，特别是股骨和膝关节吻合处有偏斜度，而不若猿的成直角的膝关节，说明她已能像人那样直立行走。与此同时，在坦桑尼亚莱托利，发现了由两人踩出的脚印，脚印大小分别为21.5厘米和18.5厘米，两脚跨度分别为47.2厘米和38.7厘米，被认为是一男一女行走时留下的，其年代在距今380万—350万年前之间，间接印证了上面的推测。但在以"露西"为代表的南方古猿阿法种生活的范围内，至今没有找到人工石器遗物，且其前庭器官的半规管状态表明，南方古猿的行为方式还兼有两足行走和栖息于树上四肢爬行的特点，因而只能说这一物种还处于从猿到人的过渡期。

从1964年起，人类学家就在坦桑尼亚的奥杜威和肯尼亚的图尔卡纳湖畔，先后多次发现了大批石器和古人类化石并存的遗迹。这表明大约在250万年前，东非古人类已能制造工具而不仅是使用工具，因而进化到一个新的阶段即"能人"阶段。有一块长约2.5厘米的石片，被认为是迄今发现的最早的工具。这个时期发现的石器还包括大量砍砸器、刮削器及各种多边器，显微观察发现这些石片上有多种不同的擦痕，可能是割肉、砍树、割草时留下的。那么，制造工具在从猿到人的进化中意义何在？有人曾做过教黑猩猩制造石片的实验，发现它在制造石片时"表现出创新的思维"，但却不能重复最早的工具制造者曾经利用过的系统打石片技术，说明最早的工具制造者具有超过猿的认识能力。因为为了有效地进行工作，打制石片的人必须选择一块形状合适的石头，从正确的角度进行打击，且打击动作本身需要多次实践，这就需要工具制造者有较高的心智能力。所以，生活于250万年前的"能人"，其脑子大约比猿脑大50%。能人应是人属的最早成员，但人类学家在研究了大量能人的标本后发现，并不是所有能人都完全用两足行走，有些较少依赖于两足行走，并不是完全形成的人。

不过，随着人类体质的进一步发展，大约在150万年前至50万年前，能人便已演化为"直立人"，其主要特点是完全用两足行走。直立人有两个著名代表：一是"爪哇猿人",1891年,由荷兰医生尤金·杜布瓦发现于爪哇附近。当时发现的是一个类似猿的人类头骨。二是周口店的"北京猿人",从1921年起,由多名外国考古学家和中国考古学家裴文中先后发现于周口店一洞穴中,发现包括人类的牙齿和头盖骨。此后,这类直立人化石也相继发现于肯尼亚的图尔卡纳湖东岸,以及亚、非、欧许多地方。"手斧"是直立人文化的代表作品,可以说是制造工具的工具,为了制造它,石器制造者心中应有一个想制造的石器的形状,有意识地将这种形状施加于他们利用的原材料上。因此,直立人在思维和语言上比能人均大为进步,因为技术的继承是离不开教育的。所以爪哇猿人的脑容量约为900毫升,北京猿人的脑容量平均为1043毫升,大大超过南方古猿和能人。除了手斧以外,直立人进化发展的另一大突破是火的使用,它首先发现于周口店"北京猿人"居住的山顶洞。由于有了火,人类不仅可以御寒,而且可以煮食、自卫和狩猎。所以,在直立人形成后,不仅人类的分布区域扩大到亚、非、欧各洲,而且人类的生活方式也发生了很大的变化,食物的来源也更丰富多样了。但无论是"爪哇猿人"还是周口店的"北京猿人",都还兼有猿和人的两重性,并未完全脱离动物的范畴,食人习惯的保留,实行"族内婚"制,就是其重要表现。因此,人类学家把直立人称为"直立猿人"。

约20万至10万年前,人类的进化达到新的水平。首先是其脑容量达到1400—1500毫升左右,与现代人相差无几,因而获得了"智人"的称呼。其早期代表是1856年发现于德国杜塞尔多夫的"尼安德特人",其脑容量为1400毫升,而晚期代表则是1868年发现于法国维泽尔河流域的"克罗马农人",其脑容量已增加到1600毫升。考古资料表明,此时人类不仅能制造工具,而且工具的专业化更为明显,并且有了地区性差异,如莫斯特文化中的标枪头是专门用作投掷的,还有用处不同的单边刮削器、锯齿状石片和尖状器等等。此外,在智人阶段,原始群开始向人类社会过渡。格林·艾萨克1977年在主持库彼·弗拉50号地点的发掘时就注意到,该地点内一块约200平方米的地面就有1405件石器和2100块兽骨,较该地点内其余居住区域密集10倍以上,说明当时能人已经集中和长期居住于此,该地因而被称为"家庭基地"。考古学家在发掘法国尼斯附近特拉阿马一个30万年前的遗址时,发现了一系列椭圆形的由中柱支撑的棚屋,一些棚屋中有火塘,周围有大量野牛、牡鹿和其他动物的骨骼,说明它是原始人的一个季节性营地,由同一个狩猎采集群体占据。而在各地尼安德特人遗址中,也发现了临时由帐篷组成的营地,以及大量单人和合葬的墓地,同时在一个排列着石头的长方形浅坑中至少出土了 20 个洞熊的头骨,旁边还有一具完整的熊骨架。所有这些都表明,在智人中已出现了氏族生活和制度的萌芽,而崇拜不同对象的宗教已开始成为氏族存在的精神纽带。如前所述,现代智人、氏族制度和图腾是三位一体同时发生的,尼安德特人中氏族制萌芽的事实表明,人类的进化已达到智人的边缘。而我们知道,克罗马农人不仅脑容量达到 1600 毫升,而且在体质结构上与现代人无异,还创作了很高水准的洞穴壁画。他们已是完全形成的人,是无疑的了。

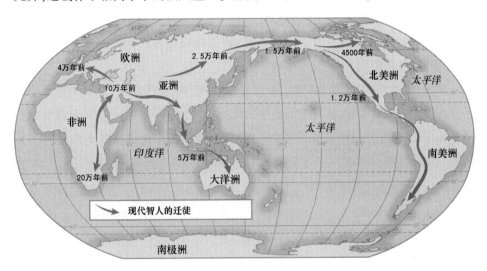

现代智人的迁徙

直立人本来已遍及亚欧大陆各地,约在 5 万年前开始移民大洋洲,约 2 万年至 1 万年前进入美洲。由于混血和各区域地理条件差别造成的巨大影响,人类经遗传而造成肤色、毛发、鼻唇等也极不相同,终于形成黄、白、黑三大人种,即蒙古人种、欧罗巴人种和尼格罗人种。但这只是外貌特征的差异,各人种均可通婚,而且在体质和智力上并无优劣之分,这说明人种的划分是人类起源后,在迁徙过程中随着环境的变化逐步形成的。黄种人主要生活于亚洲大陆和美洲,白种人主要生活于欧洲大陆,黑种人起源于撒哈拉沙漠以南。今天,各人种混居现象越来越普遍,但其主要集中区域并没有改变。人类学和考古学的研究认为,人类的种族特征具有明显的"适应性意义",或者说它们是为了适应环境的需要才形成的,但它们并未改变人类在体质和智力乃至基因上统一的和基本的特征,又反过来证明了人类起源的一元性。① 尼格罗人种的典型特征,是颜色很深的皮肤、卷发、宽鼻,以及似乎外翻的厚唇,那是有效适应高度湿热环境的需要:黑色素可使皮肤免受灼热伤害,卷发像一条透气的通道可使头部免于过热,宽而大的鼻、表面黏膜分布面宽的厚唇以及身体表面大量的汗腺,均有助于热量的散发。而亚洲炎热干燥的大陆性气候、半荒漠和草原自然景观、干冷的大风和遮天蔽日的沙尘暴,令蒙古人种在体质结构上增添了许多防护性特点:面部的脂肪层比尼格罗人和欧罗巴人都要厚,且眼睛开缝都较窄,在内眼角还长有一种特别的皱褶,叫"内眦褶"。高耸的鼻子是欧罗巴人种最突出的体形特点,而那可能是为了适应第四纪末期欧洲严酷的气候条件的需要,以经受住严寒的折磨,因为特别前突的鼻管延长了空气由鼻腔外到呼吸道的距离,使空气变得较为暖和。

最后,应当声明,近几十年来,特别是20世纪90年代以来,关于人类的起源已有许多的发现和考究,既有起源于中国说,也有起源于欧洲说,但均无定论而不被普遍接受,故此处仍用旧说。这并不意味着,我们可以忽视这些年来考古学上的系列重要挖掘。不过,也发生过有人为了提高本民族的历史地位而进行考古造假,以及脱离科学进行所谓"学术创新"的事情。

---

① 参见 А.И.佩尔希茨等:《世界原始社会史》,云南人民出版社,1987年,第121—122页。

第一编

农业文明兴起于东方

文明发生的内在逻辑是人的因素对自然的介入。在第一个人工石制工具诞生之前,世界上的一切可以说都是自然的,包括"人类"自身在内,也完全属于自然。当第一个人工石器诞生后,世界便开始不完全属于自然了,因为人在制造工具时赋予它以人文因素,这石器便属于文化范畴了。如果我们不那么严格划分"文明"与"文化"的界限,当第一个人工石制工具诞生的时候,也就有了"文明"的萌芽。所以,本书在讲文明的起源时,首先要讲到旧石器时代的文化与艺术。但这种文化建立在狩猎采集的基础上,并没有坚实的经济和社会基础,因此真正的人类文明的建立还要呼唤新的革命,这个革命终于在公元前9000年之际发生了,这就是人类学家常说的"农业革命"。由于种植和畜牧活动都要受环境、气候和条件的限制,文明在它诞生之际就显示出多样性来。几千年来,文明的兴衰和冲突、传播和融合,波涛起伏,连绵不绝,对此可能会有许多现实的和历史的解释,但追根溯源,皆缘于文明的多样性。在此,要提请读者注意,"亚欧农业带",虽然早已是一个流行的概念,但它在世界历史上的地位和作用,并不为人们所充分理解和认识。而本书认为,它前有"农业革命"作为它的前提和条件,后有东方四大文明及古希腊文明的诞生,"亚欧农业带"实际上是整个古代世界的文明高地和核心。

1.1 旧石器时代的文化及其特征

自能人诞生以后,人类已存在了大约250万年,其中99.6%的时间都用在自身的进化上。在此期间,人类的体质变化经历了能人、直立人、早期智人和晚期智人四个阶段,但总的来看都还处于形成过程中。由于体质和智力水平的限制,当时人类所使用的工具都还是石制的,且其制作方法主要采用打制法,在学术上这

埃塞俄比亚出土的石斧，约长19.5厘米，可能用于屠宰河马等动物，取其肉食用。

一时期被称为"旧石器时代"。但石制工具的出现意义重大，当第一件石器工具被制造出来之时，文明在某种程度上就发生了，因为它在物质中注入了精神的因素，在自然中注入了人文因素。

工具的石器性质是与人类当时的进化水平和生活方式一致的。在由猿转化为人的过程中，由于人类还没有完全脱离动物界，也由于人类所具有的智力水平还较低，其生活资料主要靠狩猎和采集来提供，其食物构成主要是野生动植物。据人类学家研究，在周口店"北京猿人"的遗物中，至少可以清理出97种动物的遗骨；而原始人遗址中，虽然由于植物容易腐烂难以留下，但仍可发现各地原始人食用过的植物不下几十种。这可从人类学家对当今生活于南非的孔桑人的食物的研究得到佐证，据说孔桑人所知道的可食植物不下85种。人类学家相信，虽然各地原始人遗址中清理出的遗存以动物居多，但大多数原始人的生存更多依赖于采集，而不是狩猎。当然，原始人的生活方式因各地环境和条件而异。虽然同属石制工具，但随着人类体质的不断进化，人类因分布而引起的环境的改变，以及因智力提高所形成的应付环境能力的增强，制造石器的原料、质量和目的都有所不同，从而体现出不同的文化韵味。

"能人"作为"能干的人"，首先是会制造工具。其早期代表是发现于肯尼亚图尔卡纳湖东岸科比福拉地区的编号为Fxji50的遗址，其年代至少在180万年以前，或许还要更早一些。因为在该遗址中发现过一些砍砸器、刮削器和边缘锋利的石片，那显然是人工打制的产物。但能人石器文化的主要代表，是存在于200万—170万年前的奥杜威文化，它首先被发现于坦桑尼亚。这个文化的典型石器是砍砸器，其数量占全部石器的51%。砍砸器有拳头大小，以卵形砾石为原料制成，所以也称"砾石文化"。其主要制作方法，是用一块石头打击另一块石头，因而还比较粗糙，难于对它们进行分类。但当时的打击方法已非一种，既有单面打击也有双面打击,其形制已可分出盘状器、多面体、刮削器,甚至原始手斧等。可见,这些原始人在制造这些工具时,已对其功能和作用有所考虑。

当能人进化到直立人后,石器制作中的文化因素就更为明显和丰富,其典型表现是阿舍利文化。这个遗址 1847 年发现于法国的圣·阿舍利,其地质年代在全新世中期,距今约 40 万—30 万年。手斧虽然不是最早出现于阿舍利文化,但却是阿舍利文化的主要特点。与奥杜威文化粗糙的砍砸器一样,阿舍利文化中的手斧是一种有聚合刃口的工具,即其两边的刃口聚合在一点上,说明其制造者事先必须想到制品的形状,不能随便敲打而成。该遗址的手斧尺寸各异,从几英寸的卵形手斧到 1 英尺多长的不等,可用于挖掘根茎、加工木头、宰杀猎物、刮兽皮等。人类学家发现,手斧与直立人的发展过程相始终,从 150 万年前一直延续到 20 万年前。这一点在奥杜威文化中表现得尤为明显:该文化可分为四个地层,在每个地层都发现了手斧,年代大约为 180 万年前至 70 万年前之间。但手斧在世界各地直立人生活中的地位和作用并非一样,在阿舍利文化中手斧特别突出,但在中国蓝田猿人、北京猿人以及东南亚、中欧某些地区和不列颠不同,砍砸器则比手斧重要得多;在英国东部,还发现了包括数以百计的砍砸器、石片、石核而没有手斧的直立人遗址。如年代大约为 20 万年前的伦敦附近的克拉克顿遗址,就是如此。不过,无论在何地,从奥杜威峡谷到泰晤士河流域及印度半岛,手斧形状都十分相似,并且均为直立人所有。

在大约 20 万—4 万年前,人类由直立人进化为早期智人,其石器文化发展到一个新阶段,而以法国莫斯特文化为典型,其遗址发现于多尔多涅地区的莫斯特洞穴,是古代尼安德特人的遗存。与以往各类文化不同,莫斯特石器无论在制作方法上还是在类型上,都更为复杂和先进,其文化特点有三:其一,预先准备好的石核技术,即"勒瓦卢瓦"和盘状石核,其生产方法是先按标准尺寸打成毛坯,再进一步加工成别的工具;其二,出现了以前没有的"复合工具",即用几个部分组合而成的产品,如矛头、矛杆和将它们捆在一起的绳组成的矛,有了细致修整的尖状器和刮削器;其三,埋葬习俗、宗教信仰的起源,如在尼安德特人遗址中不仅发现了墓穴,而且还在墓葬旁边发现了完整的熊的骨架,说明当时人类已有了某种关于死后去向的迷信或宗教观念的萌芽。

距今 4 万—1 万年前,是人类加速进化的时期,早期智人演化为晚期智人,即完全形成的人或现代人。与此同时,由于智力的提高,石器文化也达到新的高度,使旧石器文化达于顶点。其主要特征是石叶工具占据首要地位,出现了标枪、长矛、骨针、鱼叉、枪矛等新工具,骨制品明显增多,还产生了绘画、雕刻等艺术品。石叶工具虽也以石片打制而成,但长度是宽度的至少两倍以上,石器的两条边几成平行。存在于1.9万—1.7万年之间的梭鲁特期的桂叶形石器,其器壁之薄几乎呈透明状。以兽骨、鹿骨、象牙制成的工具或武器,其特点是规格大小变化自如,由于骨质坚韧,不易折损断裂,还可根据需要刻成不同形状,与其他构件连接或拆开,构成"复合工具",如鱼叉、枪矛等。这不仅增加了工具的品种和类型,也提高了工具和武器的性能和作用,以至于有人估计石叶工具的利用率高出能人的砾石工具200多倍。这是不难想象的。

顾名思义,"旧石器文化"以石器为主,但也有木制、骨制和陶制工具。另外还要加上火的使用。树木作为工具自古猿起就已有使用,在由猿到人的整个演变中不可或缺。旧石器时代早期使用的木制工具在东南亚的适宜环境中被保存下来,旧石器时代晚期发明的弓箭,就更不用提了。骨器在石器时代到来之前就已存在,P. 达特在对南方古猿使用的工具进行研究后发现,羚羊角就被南方古猿修理后用作打击工具,且重现率很高。火也是一种工具,其使用不晚于直立人,使用火的遗迹发现于北京周口店山顶洞,其灰烬共几层、厚达几米。在匈牙利的韦尔特斯泽勒斯,也发现了原始人使用火的灰烬。陶器是伴随着火的使用而诞生的,在捷克多尔尼·维斯托尼发现的窑坑和烧制的人和动物陶像,存在于2.8万年之前,说明人类此时已开始有了制陶技术。

旧石器时代文化,并不仅仅限于上述石器等工具的制造,还表现在雕刻和绘画上。早在旧石器时代中期,在匈牙利塔塔发掘出的莫斯特文化中,就发现过一块约10万年前的猛犸象牙板,被雕刻成舌形椭圆状,被认为是供佩戴的随身护符,表明一定的审美意识的出现。但雕刻和绘画的真正产生,还是在旧石器时代的晚期,其主要表现是大批岩壁雕像和洞穴壁画的出现,这类雕刻和绘画遍布于从乌拉尔到大西洋的广大地区,其中心在法国和西班牙,有壁画的洞穴在法国就不下70处。乳房小、体态丰满的女性小雕像,是这个时期雕刻艺术的典型形象,研究者把它们比附于希腊文化中的"维纳斯",一般认为这是母系社会的象征。但这个时期造型艺术的最高表现,不是岩壁雕像而是洞穴壁画,重要遗址有法国的拉斯科克斯洞和西班牙的阿尔塔米拉洞。这类壁画各有千秋,但所画题材都是野牛、野马,以及其他早已灭绝的猛犸象、毛犀等动物。据勒鲁依-古朗对法国65个洞穴壁画的研究,野牛、野马几乎占绘画动物的一半,且往往是野牛位于洞穴中央处的主要壁面,而野马则遍见于其他各处,布局呈现出某种规律。他猜测,这既与原始人可能萌发的世界阴阳两极的思维有关,也与当时社会以女性为中心的结构有关,是旧石器时代宗教信仰仅有的残留。

但作为原始艺术,它们表现的主要形象是牛、马等动物,而不是人和植物,即使几十匹马、几十头牛画在一起也是单个排列,说明它们还不存在构图和情节,只不过是当时某种宗教活动的"道具",与日后人类"美化生活"的艺术品不可相提并论。总之,虽然它们标志着艺术的诞生,但在性质上还是原始的。

1.2 氏族制度的起源及其演变

由猿到人的转变,不仅伴随着文化和艺术的产生,还导致了氏族制度的形成。因为人本是社会的动物,人与动物的根本区别就在于其社会性,而氏族制度便是人类第一个正式的社会组织形式。它是由类人猿的群体转化而来的。

和任何灵长目动物一样,类人猿从一开始就有自己的群体,性关系是维系其群体组织的纽带。对黑猩猩和大猩猩的生态学研究表明,类人猿群体的结构是极易变动的,某些个体可以自由地脱离一个群体并同样自由地加入另一个群体,这造成了群体数量和组成的流动性。这种流动性并不是坏事,它促进了生物基因的自由重组,为生物的继续进化准备了条件。在很长一段时期内,人们以为灵长类虽然存在群居生活,但这种群居生活的秩序极其有限。近来的研究改变了这种看法,因为这些研究发现调节灵长目群居关系的因素至少有两个:一是母兽与幼兽的相互吸引力;二是单性个体的相互吸引力。因此,人们断定,猿群内部存在许多调节机制,它们的群居生活并非是无序的。尽管类人猿的群体变动很大,但种群的规模一般保持在5—20个个体之间,仍有一定稳定性。

但并不是所有灵长类动物都是人类的祖先,人类的祖先只来自灵长类中的人科动物,而目前学者们比较能肯定的这类人科动物就是南方古猿。为什么这类人科动物能从灵长类中分化出来,并最终逐步进化为人类呢?据学者们研究,使人科动物与其近亲分开的进化方面的变化,集中在以下三个系统:(1)运动系统,双足直立姿势及潜在的更大灵活性;(2)智能系统,语言、技术和复杂的社会及文化方面交往的进化,后者包括相互依赖、互惠的期待和义务这些现象;(3)社会再生产系统,动情期的抑制、排卵的隐蔽,以及配偶长期结合趋势的发展,使男性被卷入供养其配偶和后代的事务之中。人类学家认为,正是上述第三个系统,特别是人科动物结成配偶并长期互相紧密结合,最终发展为核心家庭。因为人类是由群婚制走向对偶婚的,而氏族又是建立在群婚制基础上的,说明人科动物的社会再生产系统的进化,乃是人类氏族制度起源和演变的条件。

但这方面的证据在南方古猿的遗址中很少,至今尚未发现古猿的大规模集中的文化遗存,说明当时还不存在氏族或氏族制度。当古猿进化到能人阶段后,即人属的最早成员出现后,原始人的生活方式和社会形式便开始悄悄发生变化,并在文化遗存中留下了证据。在肯尼亚图尔卡纳湖东岸编号为Fxji50的遗址中,发掘出大约180万年以前的,包括砍砸器、刮削器在内的一组石器,以及大约2100块属于至少20只脊椎动物的骨头和工具,它们很可能是能人群体生活的旁证。由玛丽·利基在奥杜威峡谷发现的"东非人"遗址,第一层的年代大约在220万—150万年前,包括了古猿和能人的大量遗存,在115.1平方米的范围内,清理出4000件遗物和骨头。这些遗存集中在一片长宽约4.57米的地带。有人推测,它很可能是一个古代狩猎-采集者的"营地"。能人具有什么样的社会组织?至今还不能从考古资料中找到明确答案。但我们知道,多数灵长类动物的确是存在社会性的,如前所述母兽和幼兽之间存在着亲和力。因此,从少数已发掘的能人的"营地"可以猜测,能人是倾向于群居的。典型的狩猎-采集者群,是一个大约由25人或若干个家庭构成的群体,但能人还不是典型的狩猎-采集者群,因而还不能按典型的狩猎-采集者群的方式生活。

150万—20万年前的旧石器时代中期,是氏族制度形成的关键时期。因为这时人类的进化已达到一个新的阶段,不仅运动系统已发展到完全能直立行走,而且在智能系统方面有很大进步,其脑容量达800—900毫升,这使人类的活动范围和生活方式都发生了很大变化。手斧和火的普遍使用,使原始人获得了新的征服自然和获取生活资料的能力。与这个时期有关的遗址中大量兽骨被发现。在周口店的遗址内,清理出了至少97种不同的动物遗骨,而在西班牙的安布罗那遗址中,也有30—35只被肢解的大象的遗存,这不仅反映出狩猎在当时取得了很大的成功,也说明一种典型的狩猎-采集经济形式正在原始人中趋于形成。在这种情况下,原始人的生活和活动,不能不采取某种有组织的形式。根据人类学家对现今仍处于原始社会阶段的部落进行的田野调查而获得的民族学资料可知,人类第一个"社会组织形式"应当是血缘家族,因为"血缘"乃是制约人类相互关系的最基本的纽带。而血缘家族的主要特点,就是在族群内实行群婚,只按辈分设立限制,即同辈之间皆可通婚,而长辈与子辈之间不可通婚,从而排除了父母与子女之间的通婚。这种婚姻制度,既要求族群生活相对集中,又要求在族群之内设立一定限制。在已发现的这类遗址中,最为典型的遗址有以下四个:第一个是法国特拉阿马大约 30 万年前的一系列椭圆形棚屋,这类棚屋一般由 8—15 米长、4—6 米宽的浅穴构成,在其中一端有入口。在清理这些坑穴时,发现了不少直径大约 7 厘米的柱子,是用来建造墙壁的,柱子基部用一排石头加固,一些棚屋中央有火塘,屋内有大量野牛、牡鹿、象和小啮齿动物的骨骼,在地上还有铺放兽皮的痕迹。这些棚屋显然是人类群居,然而又有所规范的住所。第二个是 A. A. 切尔内什在德涅斯特河谷莫洛多瓦 1 号村落遗址的第四层发现的保存完好的多炉灶固定住宅的遗址。此处发现的炉灶住宅平均面积为 80 平方米。第三个是 1908 年在法国拉费纳西山洞发现的尼安德特人的墓葬,近年来的进一步发掘表明,此洞可能曾被专门作墓地之用;当时人类的生活住所都在别处,但墓地是由十几处墓坑和若干墓墩组成的。这些墓葬,在某种程度上,再现了人类群居但又有所隔离的生活方式,是这种生活方式在另一个世界的体现。第四个是 1921 年发现的中国周口店的"北京人"遗址,从人骨化石中清理出 40 具男女老幼的遗骸,除了 97 种哺乳动物的遗骨外,洞穴中还发现了朴树籽的遗存。这些发现不仅说明"北京人"已进入狩猎-采集生活时代,而且已存在某种具有一定秩序的社会组织形式,否则这么多人长期住在同一个洞穴内,是难以想象的。

当然,既要以群体形式居住在一起,又要对这种群体生活加以限制,是要以相当复杂的思维能力作为前提的,甚至还要通过语言把这种思想传达给旁人,否则可能难以形成习惯。这可以从尼安德特人墓葬的发现得到证明。在这些墓葬中发现的花粉、红土、陪葬等遗存,特别是在俄国的铁西克·塔什山洞发现的在死者身边排列着几对山羊骨的事实,不仅意味着宗教观念在人类思考中的萌芽,在某种程度上也是现实生活中社会秩序的反映。特别是莫斯特人这样大的公共住宅的存在,应该与母系氏族公社有关,因为它要求仔细规定男女性别之间的关系(禁止乱伦),要求确定一种年龄范畴转向另一种年龄范畴的情况。对法国佩切·德·拉塞和孔比·格内那尔山洞的莫斯特文化遗址的清理发现,其遗址的石器可划分出数十套各具特色的套组,其中每一套组可能都是一个独立的部落的代表。

奥地利出土的维纳斯雕像。夸张的女性特征说明了旧石器时代的人们对繁殖力的关注。

总之,这些都可以看作当时人类由原始群向氏族发展的旁证。

但在旧石器时代中期,氏族制度显然还处于萌芽阶段,不可能达到完全成熟的程度,因为在莫斯特文化中还未发现明显的女性崇拜的遗迹,而女性崇拜或生殖文化是母系氏族存在的主要标志。在原始的条件下,在各原始群的竞争中,一个种群要战胜其他种群而不被其他种群所消灭,最简单的办法就是组成联盟,扩大本种群的力量,争取数量上的优势。而实现联盟的方式,不外乎建立经济上的或血缘上的联系这两条渠道。但纯粹出于经济原则的联盟只能发生在一定的生产条件下,而原始群当时还处于狩猎-采集时代,不可能存在以一定生产为前提的经济活动,因此这种联盟最初只能通过联姻来实现。为了使联盟获得稳定,联姻就必须制度化,具体表现即禁止"族内婚",以"族外婚"取而代之,但仍属母系。到了4万年至1万年前,当石器时代进入晚期时,一系列妇女雕像的出现,既是人类进化的必然结果,也是氏族制度形成的标志。

1.3 农业革命:人类最终摆脱野蛮走向文明的转折点

在大约距今1.1万年,即公元前9000年左右,最后一个冰期结束,气候渐趋变暖。这时,在人类历史上发生了一个重大转折,就是由狩猎和采集时代过渡到定居和农业时代,这一转折在历史上称为"农业革命"。

在生产力方面,为农业革命提供动力的是旧石器向新石器的过渡,磨光石器和陶器的出现。石器经过磨制,器形变得更加准确、合用、锋利,还可重复磨制并保持锋利,这为以后的农耕准备了劳动工具。陶器既可用来盛物,也可用来浇水,也是发展农业的条件。其中,最重要的新石器是在巴勒斯坦纳吐夫(Natufian)发现的石镰、长柄锯齿镰、磨盘、臼、杵等。

但农业革命到来的主要标志不是上述新石器的出现,因为这些新石器并不能直接导致农业和畜牧业的兴起。农业革命到来的主要标志:首先是作物栽培的开始,其次是野生动物的家养,再次是人类由动荡不定的生活方式转向定居。在此之前,人们的食物来源靠的是狩猎和采集,其生活受制于野生植物和动物供应的多少,不可能太稳定。而作物的栽培和动物的养殖,意味着人类开始用自己生产的食品来代替自然提供的野生食物,从而结束了狩猎和采集时代,开创了一个崭新的时代——农业时代。

纳吐夫出土的石制工具

不过,对于什么野生植物可以栽培,什么野生动物可以饲养,人类是有一个认识过程的。人类学家在巴勒斯坦纳吐夫遗址中发现的谷物遗存都是大麦、小麦之类的野生品种,而发现的农具如石镰、磨盘和臼、杵等都是用于收割的,说明当时人类虽然还未真正开始其作物种植,但已把可供选择的植物食品来源集中到某些野生品种上。无独有偶,在肉类食品来源的选择上也出现了类似的情况,在属于纳吐夫文化的贝哈遗址中,野山羊骨几乎占了全部兽骨的76%,说明当时人类的狩猎活动已把目光集中于某些野生动物。它表明,农业革命并不是突然到来的,人类对作物和动物品种有一个认识和选择过程,这个过程即农业和畜牧业发生的过程。据测定,上述纳吐夫文化存在的时间,从公元前1万年持续到公元前8000年,是目前发现的与农业和畜牧业起源有关的最早遗址。可见,农业文明的首发之地是在西亚。

这一论点在历史的发展中获得了有力的支持。有人在属于公元前9000年的两河流域萨威·克米·沙尼达遗址的大量兽骨中,发现了少量家养绵羊的骨头,还在同时期近东的其他遗址兽骨中发现了大量属于一岁左右的雄性幼羊的骨头,甚至还在属于公元前8000年的甘吉·达勒遗址中的一块泥砖上发现了山羊留下的蹄印,而该遗址中90%的兽骨是山羊骨,它们都是畜牧业在西亚兴起的证据。差不多在同一时期和地区,对野生作物的人工栽培也已开始。如在幼发拉底河畔叙利亚境内的穆勒贝特,发现了一个公元前8500年左右的村落遗址,在该遗址中出土了大量原来只在内陆丘陵山区生长的野生小麦的遗存,但在这个占地约2.5英亩(约0.01平方千米)的村落附近,却未找到从事农业耕作的确凿证据。说明,这些谷物种子是人们从山区带到这里并予以撒播的,虽然当时还未培育出真正的农作物,但作物种植的观念和实践却已开始了。客观存在表明,西亚也是作物栽培即农业的正式发源地。

　　作物栽培和动物养殖在最初大多是偶然发生的,因而很可能是分别进行的。但谷物和肉类作为人类的两种基本食品来源,是很难分开的,所以在真正的农业定居地二者总是相伴而行的。在已发现的公元前7000年以后的遗址中,这一农业和畜牧业并存的事实已可看得很清楚,特别是位于西亚的这类遗址尤为明显,因为从公元前7000年起这一地区迅速走进农业时代,其典型代表是贾尔莫(Jarmo)遗址。贾尔莫位于伊拉克东北部的扎格罗斯山麓,属于大约公元前7000—前5000年的遗址,可以看作是两河流域农业文明的代表。它由焙干的泥土盖成的25栋房子组成,在这个遗址的沉积物中,既发现了大量"单粒"和"二粒"大麦、小麦以及其他农作物的种子,也发现了大量绵羊和山羊的遗骨,但其中只有几块野生动物的骨头,工具组合包括石镰、磨石和其他耕作工具。其经济的特点是:农业耕作过程已包括从种到收的各个阶段;肉食来源已主要取自家养而非狩猎;动植物都已出现了人工培育的品种。可见,当时人类虽然还进行狩猎,但农业和畜牧业已占据主要地位,并已成为人类生活的两个不可分割的组成部分。

　　农业属生长性产业,要以土地为基本生产资料,要求有相对稳定的环境和条件。因此,随着农业和畜牧业的兴起,人类便逐步由动荡不定的狩猎-采集生活转入定居生活,于是,村落乃至城市随之而起。上述贾尔莫遗址就是早期农业村落的典型,25栋房屋大致可供一个氏族居住。这一建筑群由小巷和庭院分开,呈长方形的庭院被分为数间房屋,大房间作居室,小房间用作贮藏。屋内的土灶透露出浓厚的生活气息,而大量出土的山羊骨头和作物种子,以及后期出现的斜纹彩陶,体现着当时经济的形态和性质。贾尔莫遗址只有约300人,既不是当时最早的农业村落,也不是当时最大的农业村落。

为什么农业革命会在公元前9000年左右首先发生于两河流域？学术界至今未找到一个圆满的解释。20世纪50年代以前,英国著名考古学家V.G.柴尔德曾提出"绿洲说",认为最后一个冰期后西亚渐趋干燥,于是人类和动物向草木旺盛的绿洲集中,促成人、兽、草三者的接近而引发了农业和畜牧业的出现,位于约旦河谷的耶利哥城的兴起,被看成是这一解释的证据,但伊拉克东北部贾尔莫村庄遗址的发现动摇了这一解说,因为这个著名村社位于扎格罗斯山区而不是河谷绿洲。为此,R.J.布雷伍德提出了所谓"核心地带说",认为农业起源于大麦、小麦等野生祖本生长地的山区,贾尔莫所在的扎格罗斯山区就是这样的野生祖本作物发源地。后来又有人提出所谓"边缘地带说",认为原始人的祖居地到一定时候生产和人口会达到某种平衡或饱和,因此必须让一部分人迁移到别的地区去开辟新的天地,同时也就把某些作物和技术带了过去,在那里文化积累起着重要作用。学者们常常把这几种学说对立起来,其实它们可能都包含着部分真理,又都不能独立完整地解释农业在西亚起源的全部现象。因为偶然因素常常在其中起作用,在多数情况下是各种因素互动的结果。西亚是亚、欧、非三大洲的交汇之处,各种有利因素较容易在这里集中,西亚成为人类文明的首发之地,应该说是容易理解的。

农业革命的发生,农业和畜牧业的兴起,对人类最终摆脱野蛮状态起了决定性的作用。农业,包括畜牧业,是人类的第一项生产活动,其目的是要利用土地和其他自然资源,生产维持人类生活所必需但又不能完全由自然提供的产品。它一方面标志着人类迈出了支配自然的决定性步伐;另一方面推动了人类自身在各方面的进化。在支配自然方面,人类通过自己的生产活动,优化了作物品种,①提高了单位面积产量,并通过种植冬季和夏季作物以及贮藏的办法,保证一年四季食品供应的稳定。营养丰富的熟食对帮助消化和防止疾病尤为重要,因生产劳动而日益增强的社会关系,也推动了语言乃至文字的产生。

整个人类文明可以说都是伴随着农业而生的。从务农中获得的第一项经验,

---

① 据研究,公元前5000年时,玉米棒子只有小拇指一般大,其长不过7.5厘米,而经过三四千年的培育、优化选择,玉米棒已增大了一倍。小麦也是如此,其麦粒的宽度和厚度,在公元前8500—前6000年间增加了近一倍。

或者说首先要注意的事,是要了解和遵守季节时令,这导致了最早的天文历法的产生,科学很可能就是从这里开始萌芽的。这以后才谈得上植物学、动物学、生物学,以及数学、医学和药学问题。但所有这些要形成一定的形态,要有一个过程,不可能一蹴而就。至于技术上的发明则来得要早些,许多东西在由狩猎经济向农业经济过渡之际就出现了。例如,陶器最初是用来打水、煮食和贮粮的,因此陶器常常紧随着农业的兴起而出现。在公元前8500年的甘吉·达勒遗址中已出现了陶器,在公元前8500—前8000年的穆勒贝特遗址中发掘出5件陶制容器,在贾尔莫遗址中,甚至有了斜纹彩陶的出土(公元前6500年以后)。与陶器差不多同时出现的,还有纺织、木船和轮车等,它们的发明标志着机械制造技术的诞生,这不仅是人类征服自然的成果,也导致了航海和军事的演变。

农业对人类社会的影响更大。由于定居生活方式的确立,自旧石器中后期形成的氏族制度得以巩固和发展。氏族的演变和发展,一般以两种形式出现:由于实行族外婚,一个氏族往往和相邻的一个或几个氏族建立紧密的联系,组成一个部落或部落联盟;或者随着人口的繁衍增长,一些子族便从原来的母氏族中分离出来,形成一个又一个"大氏族"或胞族。如果我们把人口约300名的贾尔莫村落视作典型的氏族居住地,那么像拥有2000名居民的耶利哥显然就超出了氏族的范围。这个农业村落遗址可以清楚地划分出两个文化层:被命名为PPNA的文化层属于公元前8200—前7000年的文化,由数以百计的圆形房屋组成,村落四周围绕着高约4米、厚约3米的石墙;被命名为PPNB的文化层属于公元前6800—前6000年的文化,此时圆形房屋被方形房屋取代,而且出现了前一个文化层所没有的文化遗存,如用头骨涂泥、眼窝嵌有贝壳的人头雕像等。耶利哥很可能是某个胞族或部落的居住地。而定居地发展的结果,便是城市的兴起。

如前所述,族外婚、图腾和氏族制度是三位一体同时发生的,在农业和畜牧业兴起后氏族制度得到巩固和发展,无论是由氏族内部发生分化而组成的胞族,还是在氏族之外由两个或两个以上的氏族联合成部落,均可以看作这种氏族制度巩固和发展的结果。因此它只能使婚姻制度远离族内婚而不是回到族内婚,从而使人类进一步摆脱以往的野蛮状态或动物状态。

所以我们说,农业革命是人类最终摆脱野蛮走向文明的转折点。

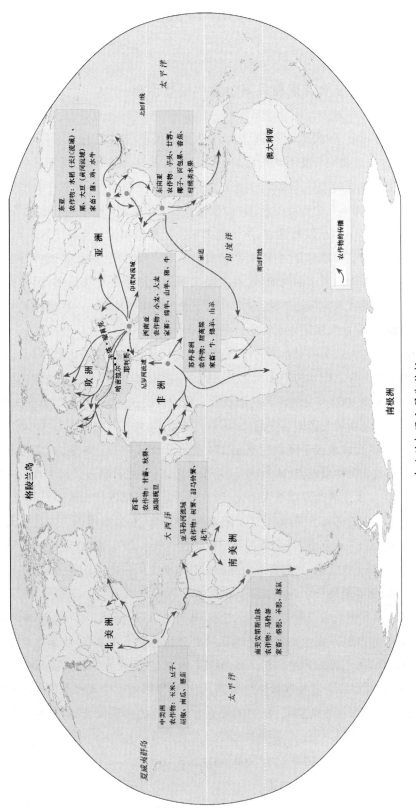

农业的起源和早期传播

1.4 亚欧农业带从狩猎和采集世界中脱颖而出

在 1.1 万年前,各大洲几乎都已留下了人类的足迹,并先后进入了狩猎-采集时代,只是社会进化的程度不同而已。但随着新石器时代的到来,特别在两河流域率先发生农业革命之后,亚欧许多地区先后发生农业革命,并大致在北回归线到北纬 35 度之间十几个纬度的范围内,形成了一个从东亚至西欧的农业地带,史称"亚欧农业带"。由于发展迅速,这个地带很快从狩猎和采集世界中脱颖而出,成为人类文明的核心地带,此后的亚欧历史乃至整个世界史,都或多或少与之有关。农业革命首先发生于两河流域,对人类文明的发展来说至关重要,因为两河流域刚好处于亚欧农业带的中间,非常有利于农业文明的传播——尽管我们并不认为,世界各地农业文明的兴起都是从两河流域传播而来。

两河流域的农业文明对东方的影响当时至多只及于扎格罗斯山脉,以及它东部的伊朗高原。与之毗邻的印度次大陆,由旧石器文化向新石器文化的过渡,发生于大约公元前 4000 年之后不久。旧石器文化的代表,是 50 万年前的苏安文化,它散布于今巴基斯坦北部的苏安河(Soan R.)流域;而新石器文化则发现于印度-伊朗交界之地,因该地区年降雨量不足 254 毫米并全部集中于冬季,其文化以干旱农业和畜牧业为主要特点,家养绵羊、山羊和公牛,使用石制和骨制工具。一般认为,它们由印度土著达罗毗荼人所创,但也包括越过兴都库什山或喜马拉雅山,从中亚或东亚来的移民,还有并非达罗毗荼人的矮黑人和原始澳语人。这些人在俾路支(Baluchi)一带居住,其房屋都是用泥砖建造的。由于印度农业文明最早发现于印度-伊朗交界之地,人们有理由怀疑它是西亚文明传播的产物,但它究竟是怎样传播的,至今仍是一个谜。①

中国是独立的农业文明起源中心之一,其历史可以追溯到公元前 7000 年以前。中国地域辽阔,其农业文化明显地显示出南北两种不同类型:北部以旱作农业为主,南部以水稻种植为主。在北部,经花粉分析证明,在大约公元前 8000—前 4000 年之间,曾有一个温暖气候持续时期,使这片地区成了中国农业理想的发源地。在河南仰韶发掘出的遗址,是中国北方农业起源的典型代表,但这种文化并

---

① Stanley Wolpert, *A New History of India*, Oxford University Press, 1993, pp.1-13.

不仅仅限于河南地区，而是遍及黄河中游的广大地区，西到甘肃洮河流域，东达河北中部。创造了仰韶文化的居民，已由狩猎-采集生活转为定居生活，使用包括石斧、石锄和石磨在内的工具，主要种植耐旱的粟，同时还饲养猪和狗之类的动物。仰韶人已能利用野生麻类来织布，尽管这种平纹布还十分粗糙。在仰韶文化中，还发现了种类颇多的彩陶，有的陶器上有类似文字的简单刻画，被认为是中国原始文字的孑遗。我国考古学家在浙江浦江的上山、萧山的跨湖桥都找到了人工栽培水稻的遗址，时间测定前者为公元前约8000年，而后者为公元前约6000年。在浙江境内长江南岸发掘出的河姆渡遗址，则是中国南方农业文明起源的典型代表，它包括从公元前5000—前3000年之间的四个文化层。在这个遗址中清理出的遗存，包括大量的稻谷、瓶状葫芦和为数众多的野生植物食物，以及家养的水牛、猪和狗的骨头，还有骨锄和绳纹黑陶。值得注意的是，所有这些遗存样品，都是在潮湿湖岸上的木质建筑中取出的，其中有榫接完好的建筑用木板，可见它已不是最原始的民居了。

在东南亚，考古学家找到了另一个农业文明中心，最具代表性的是泰国东北部的仙人洞遗址，其最早的文化层形成于1.1万年以前。在这个文化遗层中，考古学家切斯特·戈尔曼辨认出大量野生植物种子，包括杏仁、槟榔、扁豆、葫芦、荸荠、胡椒及黄瓜，此外还有至少8个薯类的品种。研究表明，公元前7000年后，仙人洞的物质文化发生了明显变化，当地的居民们开始使用斧、陶器和石刀，这些石刀非常类似于后来印度尼西亚用于稻谷栽培的工具。有人推测，这意味着在该遗址附近应存在谷类栽培。在呵帕侬蒂发掘出的一个村落遗址，只比仙人洞遗址晚约2000年，但已是一个名副其实的农业村社，出土了大量稻谷品种和其他农业资料。比此遗址再晚约2000年的能诺遗址，更在其出土的陶罐上发现了稻谷印迹，如果不是农作物的栽培已相当普遍，收获的稻谷和陶器的制作不会这样关系密切，以至于把稻谷的痕迹印在了未烧的陶坯上。

如果说东方的几个农业中心基本上是独立发展起来的话，那么西方的农业文明的兴起在很大程度上受到了两河流域文明的影响。一般认为，两河流域的谷物栽培和动物驯化，在公元前8000年后的某个时间，已沿着西南方向传播到尼罗河流域。虽然至今还找不到具体的证据，但这种可能性不是不存在，因为在尼罗河流域和两河流域之间的地区在地理上自古就和西奈半岛相连。从考古资料看，在公元前1万年前后，在埃斯那(Esna)附近和其他地方就建立过较大的居住地，其平均面积达1000平方米,甚至在此之前当地人就利用过野生禾本植物,但作物的真正种植和动物家养还是发生在公元前8000年以后。无论如何,到公元前5000年左右,尼罗河流域已散布着数千个大大小小的村落,虽然这些村落大多只不过是临时的芦苇棚,这里的居民仍然过着捕捞和猎取鳄鱼、河马的生活,但他们已开始栽种小麦和大麦,饲养绵羊和山羊。在一座始建于公元前4130年的居住地,发掘出陶器、石斧、石刀,贮藏在罐子、篮子和土坑里的谷粒,以及狗、牛、羊和猪的遗骨。它表明,这时的尼罗河流域,农业文明已相当繁盛。

在两河流域的西北方向,第一个农业和畜牧业的兴盛之地是安纳托利亚(Anatolia),这里在公元前7500年已出现了分散的农业村落。据英国考古学家J.梅拉尔特的研究,位于安纳托利亚西南部的哈吉拉尔(Hacilar)是一个建立于大约公元前6700年的农业村落,在居民搬走前形成了七种居住状态,其居住地有庭院、火塘、炉灶,长方形房子内的墙曾经被粉刷过。其居民使用篮子和皮革容器,已开始栽培大麦和小麦,也吃某些野生草本植物的种子,但除狗之外尚未发现他们驯化其他动物的证据。与此略有不同的是哈吉拉尔以东322公里的卡塔·瑜育克,其年代比哈吉拉尔约晚几百年,是一座由许多水泥砖房组成的村落或城镇,但这些房子是连成一片的,且入口开在顶部。从这个遗址中,发现了许多描绘妇女和公牛的绘画,还发现了许多表现妇女生儿育女的小雕像,表明这个村落的主人正处于母系氏族制的发达阶段,但似乎比一般的氏族社会结构要稳定成熟。

欧洲食物生产的最早证据,来自希腊色萨利的阿格萨-马古拉(Argissa-Maghula)。这是一个濒临爱琴海的古老村庄,大约建立于公元前7000年之前,其居民已开始栽培小麦和大麦,也有了养殖绵羊、牛和猪的可能。著名的弗朗奇兹里(Franchthli)洞穴位于巴尔干半岛南部的希腊境内,几千年来一直被与爱琴海群岛交往密切的农民占据着,他们也已开始畜养牛和猪一类的动物。位于巴尔干半岛西北的多瑙河流域在公元前5000年时已建立起为数众多的农业村落,这些多瑙河人建立的房子呈长方形,一般用木材和茅草搭建。多瑙河人已普遍进入农业和畜牧业阶段,不仅栽培大麦、小麦和亚麻等作物,也大量养殖牛、猪及绵羊等动物,他们制作的陶器以螺旋纹或波浪纹装饰,形成不同于其他地方的独特文化。但多瑙河文化并不限于多瑙河流域,而是向北延伸至荷兰南部,向东扩展至维斯杜拉河和德涅斯特河。在波兰奥尔沙尼察发掘的一个遗址,其居室长达20—30米,很可能由几户人家共同居住。从多瑙河再往西便是法兰西和不列颠,这是西欧的核心地区,地处地中海的北岸。这一地区的农业文明至少可以追溯到公元前5000年,其典型代表是法国南部的哈森(Chasseen)遗址,以及瑞士湖畔的村社,当时的农民大多种植大麦、小麦、豆类和亚麻,这和欧洲常见的情况并无不同。所不同者在于他们的陶器和墓葬:他们陶器上的饰纹是用扇贝壳压印而成的,而墓葬则多用巨石建造。尤其是这类巨石合冢流传甚广,在科西嘉岛、马耳他岛、地中海西部、法国、西班牙、英格兰均有发现,形成了独特的"巨石文化"。人们最初以为这种"巨石文化"起源于公元前2500年时的地中海东部,是由来自爱琴海的移民传入西班牙等地的,但后来在法国和英格兰发现的"巨石文化"遗址,其时间远在公元前5500年以前,说明它很可能是西欧人的一种古老传统。它可能是人类生命连续性的永久象征,也可能是人们世世代代拥有土地的象征。果真如此,它也应当属于农业文明的一部分。我们知道,农业村社在英国建立的时间,至少可以推至公元前4300年以前。

从上面的记载和叙述可知,亚欧大陆的农耕文明可以分为三大类型:(1)麦作型,它的主要标志是大麦、小麦、豌豆、萝卜、芥菜等作物的栽培以及绵羊、山羊等牲畜的驯化家养。这一类型的农耕形成于具有地中海式气候的所谓东方"肥沃新月地带",其起源最迟不晚于公元前6500年,可能更早。(2)根栽型,它的主要标志是甘薯、马铃薯之类作物的栽培。这一类型的农耕形成于东南亚,后经印度传入非洲并渡海传入大洋洲,但在它的故乡被杂谷栽培和稻作农耕所代替。(3)杂谷型,其主要标志是高粱、玉米、谷子、黍子、稗子等麦子、水稻之外的谷类草本作物的栽培。它们遍及从苏丹、东非至印度中部的广大地区,属于夏熟作物。与此相适应,这三类农耕所使用的工具也很不相同。但无论如何,亚欧农业带的兴起和脱颖而出,在人类历史和世界历史上打造了一个新的高地,并逐渐地使自己成为古代世界文明的核心地带。

1.5 耕作制度的改进与原始公社的演变

农业是人类诞生以来所创立的第一大产业,在它逐步从采集和狩猎业中分离的过程中,人类经济和社会管理的结构和组织也发生了变化。其突出的表现就是农村公社取代家族公社和氏族公社,成为农业诞生以后的主要经济活动和社会管理组织。

公社是原始人经济和社会生活的基本组织形式,其主要特征是生活资料和物品分配的公有制,但它的形式随经济和社会的变化而变化。农村公社的前身是家族公社,而家族公社的前身是氏族公社。氏族公社曾经兼备经济职能和社会管理职能,它起源于采集和狩猎经济,与比较发达的旧石器文化相联系。随着生产力的提高,特别是种植业和饲养业的兴起,氏族公社的一些分支获得了作为独立经济组织的能力和资格,成为家族公社。但在真正的农业兴起之前,无论是氏族公社还是家族公社,主要执行的还是社会管理的职能,而不是经济管理的职能,因为当时的经济活动还是很有限的。

但是,当种植业和饲养业发展成真正的农业和畜牧业时,原始公社的结构和职能就发生了根本性的变化,原先的氏族公社和家族公社便被农村公社所取代了。农村公社与家族公社或氏族公社的主要区别在于,它首先是建立在一定的土地的基础上的,其次才是建立在产品分配的基础上,因为土地是发展农业的首要和决定条件。而在采集和狩猎时代,人类还过着动荡不定的游猎生活,虽然人类为了生存也需要有一定的空间,但却不把土地视作决定性的条件。不仅如此,有时反而还要尽力摆脱土地或环境的限制。因此,农村公社是地域性的而非血缘性的。

但农业和畜牧业本身的兴起也有一个过程,大体经历了由火耕、锄耕到犁耕等阶段。与火耕和锄耕农业相联系的,还是处于游耕向定居转变的父系家族公社,实际上仍是以血缘为纽带的。只是到了犁耕阶段,或者至少到锄耕阶段的后期,以土地为中心的地域性公社即"农村公社"才有可能真正建立起来。因为在刀耕火种的阶段,农业还非常粗放和落后,对地力的破坏也相当严重,耕作者一般每年烧砍、播种和收获一次,第二年就不得不易地耕种。恺撒《高卢战记》中的日耳曼人,科瓦列夫斯基《公社土地占有制》中的印第安人,都有年年换地易居的记载。我国独龙族所说的"削姻朗",怒族所说的"火山地",黎族所说的"山栏地",实际上都是火耕地。在游耕农业条件下,由于耕作采用刀耕火种的方式——所谓"生荒耕作制",人们必须年年换地易居,因而处于不断迁徙状态之中。

锄的发明或引进是人类由游耕转入定居的前提。由于有了锄,就可以翻地,从而在一定程度上改变作物生长的条件,并使土地利用年限延长至三五年,甚至七八年,谓之"熟荒耕作制"。例如,我国的佤族使用锄头后,一块地可耕种、收获二三年或四五年;而怒族的"阔辽地"即俗称的"手挖地",最长可连续耕种七八年。这样,从前处于游耕状态的(父系)家族公社,就可以在若干年或更长的时间内定居下来,等到地力衰竭后再易地而居。当锄耕农业发展到一定程度,便在这种"熟荒耕作制"的基础上形成"休耕制",耕地可以轮种轮休,而耕作者的定居地却能相对固定。这时,游耕农业便完全转为定居农业。

在由游耕农业转变为定居农业的过程中,原始公社的组织形式发生了怎样的变化呢?考古学和民族学研究表明,这个过程正是农村公社形成的过程,它的直接结果就是原始农村公社,或称"早期村社"。这是因为,处于游耕中的家族公社虽然是以氏族为单位迁徙的,但按当时的婚姻制度即"族外婚"的习俗,这种迁徙一般有一两个通婚氏族同行。它们每到一地便按氏族定居,每个家族公社建一座大屋或许多毗连的小屋,几个家族公社构成一个自然村,同时迁来的氏族则在附近建起相同的自然村。据记载,近代尚存的保加利亚山区的家庭公社,就仍沿用"胞族社"(Bratstvo)这一名称,正说明其起源于两个通婚的氏族。这种新建立的自然村就是农村公社的雏形或早期村社。在这种村社中基本的经济单位是家族公社,因此土地虽然是为氏族所有的,但实际的占有权属家族公社,实行公有共耕制,个人尚无私有财产。但祭祀和婚嫁则由氏族主持。关于人类发展史上存在过土地和财产公有、人们自由地平等相处的原始社会的事实,为人类学、民族学、考古学的大量研究所证实,也在许多民族的古文献和立法中留下了记载,中国经典《礼记·礼运》将之称为实行"天下为公"的"大同"社会,而在古希腊罗马文献中则将之称为实行"自然法"的社会。编纂于公元 6 世纪的《查士丁尼法典》云:"根据自然法,一切人生而自由","根据自然法,一切人生而平等"。而查士丁尼所著《法学总论》的解释是:"自然法是较古的法,因为它是在人类的原始时由自然所规定的。"①

在早期村社阶段,婚姻制度也发生了相应的变化。由于定居和村社已成雏形,长期同居成为可能,以往女子定期回本氏族的习俗渐趋松弛,婚配对象也渐趋单一,于是对偶婚就走到了最后阶段,转而形成专偶婚。专偶婚作为个体婚的萌芽,要求独立居室并进而要求分灶,于是便在以往的母系家族和游耕农人的父系家族大屋中产生了从未有过的同一大屋中分屋分灶的现象,以往的(父系)家族公社因此便逐步由家庭公社所取代。当然,这种转变并非绝对不可逆转,演变的速度也有快有慢,由于战争和灾荒引发的举族迁徙,甚至可能打乱原本不太巩固的定居生活。在这种情况下,一些转变中的部落就会演变为"半游牧"部落,即使在某地定

---

① 查士丁尼:《法学总论》,商务印书馆,1989 年,第 50 页。

居下来后,也会继续实行刀耕火种,年年易居,像塔西佗在日耳曼人中发现的那样。①

开始时,居室独立并不一定造成分灶,共产共食制依然如故,但经过一些时间的生活实践和经验积累,专偶家庭分灶就具有了不可逆转的性质。在这种趋势下,主要食品按家庭分配就有了必要,同时小居室中开始有了小灶和储粮小窖,于是以前分室大屋的共灶共食制就开始解体,演变为分食制。与此相联系,在生产组织形式上,以往的共耕制也便缓慢地经伙耕制演变为私耕制。因为,随着锄耕农业的发展,人数大大缩减(从40—60人减至20—30人)的小家庭逐步获得了独立从事生产的能力。在这种情况下,从前那种大规模的集体共耕制就失去了必要性,于是耕地在分给各小家庭公社后就由各家庭公社共同所有,并先由几个个体家庭伙耕,即实行共有伙耕制;随后,在各个小家庭公社内,当一些家庭的家长利用自己的有利地位多占地、占好地并使自己的小家庭在分配中得利时,一些有经济实力的富户便成长起来,家庭公社便取代家族公社成为独立的经济单位,以往的公耕制便最终发展为私耕制。

家庭公社取代家族公社、私耕制取代共耕制的过程,一方面是原始人的社会经济活动逐步摆脱以往的血缘关系束缚的过程,另一方面则是按地域重组社会经济关系的过程,其结果是形成以土地为中心的农村公社。而农村公社一旦最终形成,其基本的经营单位或经济单位便不再是原先的家族公社,更不是早先的氏族公社,而是个体家庭了。经营单位转移为家庭后,虽然作为个体的家庭的经济实力增强了,但因实力分散,在整体上却被削弱了,不得不在社会上服从于村社的统一管理。由于村社是在非血缘的基础上形成的,是以自然村为基础即在地域的基础上形成的,因此就在原来的氏族的权力之外产生了一种新的权力,主要是一种经济权力。至于个人或家人则仍与宗族和家族保持着密切的联系,这种联系仍是以血缘为纽带。因此,宗族作为家族公社的残存形式,家族作为家庭公社的残存形式,在农村公社形成后还会长期存在,轻易不会消失。

在农业兴起的过程中,由氏族公社经家族公社到农村公社的转变,得到了考古学的有力证明。发现于伊拉克境内的贾尔莫遗址,有20余座由通道相隔、有院子的房屋,大屋内分成几个小房间,且中间有黏土围成的炉灶,显然是一座有分室无分灶的家族公社遗址。位于巴勒斯坦的耶利哥遗址,虽然方形大屋内有墙隔成

---

① 参见《马克思恩格斯全集》第十九卷,人民出版社,1963年,第489页。

约旦南部新石器时代早期的村社遗址

的小房间,但炉灶却位于大屋的庭院内,似乎也是分室而不分灶的,属于家族公社遗址。坐落于胡勒湖畔的马拉哈遗址,由 50 个大小圆屋组成,但分成几个由若干圆屋构成的房屋群,说明它是一个较大的家族公社。在中国的仰韶文化遗址中,有以一两座大房子为中心,四周围绕一二十座中小房屋的村落,也有由 2 个至 5 个此类房屋群构成的聚落,说明当时家族公社已处于繁盛期。在河南汤阴白营遗址中,发掘出 40 余间排成行的圆屋,且这些房间各有炉灶,表明农村公社这时已发展到成熟阶段,其基础已是个体家庭了。

1.6 农村公社:人类社会走向多样化发展的起点

在农业文明兴起之际,农业和畜牧业本是同步发生的,但二者的重要性从一开始在各地就不平衡。在像贾尔莫这样的农业发源地,既发现了大小麦的种子,也发现了大量绵羊和山羊的遗骨,农业和畜牧业几乎并驾齐驱;但在甘吉·达勒的遗址中只发现了山羊的遗骨,却不见谷物;而在耶利哥虽然有大小麦,兽骨则全属野生。这种不平衡,是由于地区适应性的要求和专业化的发展,一些村落侧重于农业而另一些村落侧重于畜牧,并最终使农业从畜牧业中分化出来。

手工业出现于新石器时代晚期,以制陶、纺织、建筑和冶金为代表,它最初也是和农业结合在一起的,手工匠人开始也是亦工亦农的。考古学家发现,属于公元前8500年的甘吉·达勒遗址中已有了陶器,属于公元前8500—前8000年的穆勒贝特遗存中也有陶器出现,但这类陶器不仅粗糙而且有气孔,显然不是出自专门陶工之手。然而,随着农业生产的发展、社会经济活动的扩大以及人类生活对各类器具需求的增加,以往那种单调而简陋的手工制品就无法适应了,一种单独的专业作坊便应运而生,而这时农业生产也有剩余产品来供养这类脱产人员。专业手工作坊的出现标志着人类第二次社会大分工来临,它在西亚的历史最早可追溯到公元前5200年之前,以位于巴勒斯坦的贝达(Beidha)遗址为典型。

巴勒斯坦贝达遗址

农业与畜牧业、手工业与农业的分离使交换在经济上成为必要,因为不同产品分属于不同生产者,一方若不准备用强力夺取另一方的产品,就只能进行交换,于是产生了人类第三次社会大分工。在新石器时代,西亚最著名的交换例子就是黑曜石贸易。考古学家在安纳托利亚的恰塔尔·休于、沙尼达尔、贾尔莫以及阿里·库什都发现了相当发达的黑曜石工具和用具制造业。但现已查明,黑曜石是一种火山岩,主要出产于安纳托利亚东部的凡湖、安纳托利亚西部的阿西戈尔,它们距沙尼达尔、贾尔莫、阿里·库什均在500公里以上。这一事实只能这样来解释:当时在沙尼达尔、贾尔莫、阿里·库什与黑曜石产地之间,存在着相当频繁的物资交换,否则黑曜石不会飞越千里来到它的加工地。太平洋诸岛之间的拉皮塔(Lapita)陶器贸易可以看作新石器时代贸易的另一个范例,这种独特的陶器最初被发现于圣克鲁斯群岛,用黏土和贝壳掺和烧制而成。但后来散布于新赫布里底、斐济、汤加及萨摩亚,它们和原产地之间的距离在600公里以上,说明这些岛屿之间的交流在当时十分频繁。

交换以生产力的提高、剩余产品的出现为必要的和直接的前提条件。在生产力方面,在公元前4000—前3000年间两河流域已有了水利灌溉和犁耕,虽然石器仍在生产工具中占主导地位,但已有了铜的冶炼,并用于工具和武器制造。在中国甘肃东乡林家遗址也出土了锡青铜刀,时间在公元前四千纪和公元前三千纪之交,属仰韶文化晚期。而1973年在陕西姜家遗址中发现的铜片,经碳十四法测定年代为公元前五千纪前期,可见冶铜术的发明在中国还要更早。生产力的提高促进了生产的发展,使产品在满足人们必要的生活资料之外有了剩余,这就为交换提供了前提和条件。交换一旦实施,对一种新的观念即私有观念的形成不可能不产生影响,因为交换是以承认对方对产品的所有权为前提的。

对财产的私有观念由于以下种种因素的作用而逐渐强化,并最终导致了私有制度的形成。第一,交换不仅意味着对对方产品所有权的承认,也不断刺激着人们对物品的需求欲和占有欲,并逐步地把货币(最初是海贝和金属等)引入交换领域,最终成为瓦解原始公社的基础——原始共产主义——的有力因素;第二,随着交换的发展和扩大,人们对财产的积累和占有不仅在数量和品种上越来越多,而且逐渐地由消费资料扩展到生产资料,如土地、牲畜、作坊等,从而在根本上动摇了农村公社的根基;第三,当对物品的积累和占有由消费资料扩大到生产资料以后,对劳动力的需求便迫使一些人以不同方式(包括抢夺和战争等)获取并占有另一些人,并把他们置于从属的地位,于是便导致了奴隶制;第四,由于原始共产主义条件下人们是平等的,在农村公社建立时各个家庭在土地的占有和使用上享有平等的权利,因此对他人的人身占有一般来说也伴随着对土地的掠夺,这决定了奴隶制必然演变成一种社会经济制度。换言之,农村公社成了人类由无阶级社会过渡到阶级社会的母体。奴隶制是人类历史上第一个剥削制度,从此就有了主人与奴隶的区别,即阶级的划分。

关于"农村公社"或"农业公社"的存在,近人常常误以为它们只不过是晚近才出现的事物,其实它们本是大多数民族原始社会或原始公社演变的产物,在农耕民族中尤为普遍。我们从印度的"波古纳"(pergunnah)、古希腊的"科克迈那克托那"(kekemena kotona)、德意志的"马尔克"(mark)、南斯拉夫人的"扎德鲁加"(zadruga)、东斯拉夫人的"米尔"(МИР)乃至美洲印第安人的"卡尔普里"(calpulli)中,均可以发现和找到古代农村公社或农业公社的可靠线索。在中国,不久前考古学家俞伟超也根据从事"换田"活动这一事实,把甲骨文中记载的"单"认定为我国古代农村公社的本名,尽管有人只承认它是祭坛的"坛"。关于这类农村公社在起源上的原始性,且不说在 15 世纪末欧洲人入侵前美洲土著均还处于原始社会的不同发展阶段,也不说早期佛典《政事论》《摩奴法论》《佛本生经》等有关印度雅利安人古代公社中土地公有与私有并存,并不断对村社土地进行重分的大量记载,亦不说记载了"单"与"换田"活动有关的甲骨文本身的古老性质,从语源学上考察俄国农村公社的本名"BepBb"(维尔福)之原意,即来自"丈量土地的原始工具"——"BepêBka"(绳)。① 这个名称本身就表明,当时已进入土地丈量和调整时期,"维尔福"不可能再有氏族性质,而已是地域公社组织。

最初的奴隶可能来自农村公社内部,但对奴隶的需求扩大之后,奴隶的来源便主要靠部落之间的战争掠夺了,因为奴隶制在内部会受到氏族制的限制。例如,在古罗马于公元 4 年通过的《艾里亚·森迪亚法》(Lex Aelia Sentia)中,"奴隶"一词就源于拉丁文"dediticii",即"降服者"或"战俘"。在这种情况下,以往的氏族民主制由于氏族和部落之间的战事频繁,便逐渐演变为军事民主制。军事民主制

---

① 参见马·科瓦列夫斯基:《公社土地占有制,其解体的原因、进程和结果》,中国社会科学出版社,1993 年;俞伟超:《中国古代公社组织的考察》,文物出版社,1988 年;王铖:《〈罗马法典〉译注》,兰州大学出版社,1987 年;刘家和:《古代印度的土地关系》,载《古代中国与世界》,武汉出版社,1995 年。

作为一种过渡性政治组织形式，由民众大会、贵族和长老议事会、军事首领组成。军事首领一般由议事会提名、民众大会选举任命，其决策也须获得议事会和民众大会的同意。但由于战争的特殊性，军事首领逐渐获得了军事上的个人决断权，并进而拥有了政治上的权威。在战争的次数和规模有限时，军事首领的权位既不是终身的也不是世袭的；当战争越来越频繁而规模也越来越大时，特别是把掠夺从人员扩大到财物和领土时，军事首领的权力便越来越稳定，以致最终转化为终身制或世袭制。这时，国家机器便逐渐独立于氏族部落和部落联盟机构之外，出现在人类历史上。

由于当时的文明建立在农业的基础之上，国家、公社和个人三者与土地的关系如何，在很大程度上决定着各文明历史发展的路线和特点，从而显示出多样性。在古希腊和罗马，由于居民的住宅集中于城市，耕地表现为城市的领土，而由家庭组成的公社首先是按军事方式组织起来的，战争的需要使奴隶制获得了充分的发展，以奴隶制为基础的农民个体私有制得以巩固，但农村公社却迅速消失。在中国这样的亚细亚地区，由于财产大部分是通过手工业和农业的结合而创造出来的，农村公社的结构较为稳定；但由于灌溉农业发展和水利管理等的需要，部落酋长的权力加强而演变为专制君主，原始公社的土地公有制便演变为国有制，造成所谓"普天之下莫非王土"的局面，而农村公社作为土地管理的机构却长期被保留下来。在北欧，日耳曼人过着半农半牧的生活，各个家庭住在森林之中，彼此距离相隔很远，公社只存在于公社成员每次集会的形式中，在那里大多数人是自由土地私有者，他们虽然经常将战俘变为自己的奴隶，却不容易将本公社的个体农民变为奴隶，因此奴隶制在这个民族中从来没有占据统治地位。所有这些因素对这些地区以后历史发展的路线和奴隶制发展的程度都产生了深远的影响。

其结果是，在由原始公有制向私有制和阶级社会演变的过程中，奴隶、奴隶占有、奴隶劳动和奴隶生产在各民族和社会中几乎成了普遍存在的现象，却不一定在每一个民族中发展成为独立的社会发展阶段，即奴隶占有方式占主导地位的社会。如果土地和农民一起被主人掠取并占有，则演变成农奴制，在这种情况下土地仍交由农民使用、耕种，而以缴纳地租为条件，农民被束缚于地主的土地或庄园，但其人身保持着某种"自由"。不过，此时"主人"也发生了分化：有时是贵族，有时是教会，有时可能是国家。

1.7 基于农业的文明首先兴起于东方：两河流域与苏美尔文明

这里所说的"东方"在英文中叫作 Levant，指地中海东岸"各地"，从全球的角度来看，基于农业的人类文明首先就是从这里兴起的。更确切一点说，是首先从美索不达米亚即两河流域兴起的。这个新兴的文明称为"苏美尔文明"。它存在于公元前 5000 年至前 2000 年，绵延达 3000 年之久。

这个文明的创造者是苏美尔人。古巴比伦历史学家贝洛苏斯曾通过神话了解到苏美尔。据他说，苏美尔人是在欧内斯率领下"从波斯湾中"来到当地的。但其家乡究竟在哪里？目前有好几种看法：伊朗、里海、阿富汗或印度，尚无定论。可以肯定的是他们与后面的阿卡德人、古巴比伦人、亚述人等均不相同，是一个独立的民族。考古证明，苏美尔人身材矮小壮实，鼻子高而直，前额微向后倾，眼睛略微斜向下。男人多蓄须，女人着套装。据《苏美尔年表》推断，早在 24 万余年前，其祖先已开始在此定居，埃利都是其最早的立国之地。这其中自然包含着许多传说的成分。

对埃利都城的考古证明，埃利都文化在上千年中从未间断，在该城一座神庙的地下保留了多达 18 层的建筑层，最下面的一层建筑建于公元前 4500 年左右，而神庙一般是一个城邦的中心。苏美尔文明的发展很快，其集中的表现就是城邦的数量迅速增加，到公元前 3000 年时，现在已知并发掘了的城邦有乌尔、乌鲁克、拉格什、尼普尔、基什、捷姆迭特·那色等。其中，尼普尔、基什和乌尔的历史，可以分别追溯到公元前 5262 年、前 4500 年和前 3500 年。有些城邦建立的确切时间不详，其走向繁荣的时间也有先后，如埃利都之后乌鲁克较繁荣，乌鲁克之后捷姆迭特·那色比较繁荣，再之后则是拉格什等。但这些城邦显然长期并存，相互征战。从史诗《吉尔伽美什与阿伽》看得很清楚，苏美尔文明由于各城邦之间的战争和城邦内部的矛盾，在公元前 3000 年后面临很大危机，尽管后来出现了乌鲁卡基那在拉格什的改革，也难以使之起死回生。至近公元前 2000 年，当萨尔贡一世（约公元前 2371—前 2316）统治的阿卡德强大起来后，苏美尔文化便走向衰落了。

当时苏美尔人还未来得及建立起自己的统一国家，直至公元前 2000 年时各城邦都还是相互独立的。但在此前，苏美尔各城邦的王权在逐渐加强，开始由军事民主制向氏族贵族君主制过渡。根据《苏美尔王表》，王权在 4 万年前后降于埃利都，虽然埃利都后来为洪水所淹灭，但洪水后王权再次从天降于基什、乌鲁克。现在我们所能查到的国王的确切名字,在基什是恩麦巴拉吉西(Enmebaragisi),在乌鲁克是吉尔伽美什(Gilgamesh),在乌尔是麦什卡拉门杜格(Meskalamgng),在拉格什是恩克赫格尔(Enkhegl)。王权从祭祀中成长起来,宗教是王权的工具,起初国王只不过是酋长兼祭司,逐渐地国王就有了专庙,并凌驾于其他祭司之上,所以国王在苏美尔语中称"帕特西"(Patesi),即"祭司之王"。正因为如此,早期苏美尔人的法律作为规范社会和治理国家的依据,都是以他们崇拜的神的名义发布的。

苏美尔诸城邦的兴起,以农业为其基础和动力。两河流域本是世界农业文明的发祥之地,在公元前9000年时已进入农村公社繁盛时期,早于世界其他地区大约两三千年。所以,苏美尔诸城邦的形成有三大特点:(1)在很长一段时间内只有中小市镇而无首邑;(2)与中心市镇并存着更多的小镇和村社;(3)在很长一段时间内它们在政治上不存在隶属关系,这为亚当斯和尼森的研究所证实。亚当斯和尼森按一定标准把由农村到城邦的发展过程分为四级:农村(0.1—6公顷)、小镇(6.1—25公顷)、中心市镇(50公顷以上)和首邑,结果得出了乌鲁克城邦形成时期各级城镇发展的情况,列表如下:

时间	各级城镇数量			
	农村	小镇	中心市镇	首邑
公元前3500年	17	3	1	0
公元前3200年	112	10	1	0
公元前2900年	124	20	20	1

资料来源:Robert McC. Adams and Hans J. Nissen, *The Uruk Countryside*。参见朱龙华:《世界历史》(上古部分),北京大学出版社,1991年。

值得注意的是,在苏美尔文献中,有大量关于国王购买土地的记载,如拉格什国王恩克赫格尔(约公元前2600)留下的一块石板铭文记载,他购买土地8起12块,计达952.5公顷。这说明,在苏美尔,国王并不是全部土地的所有者,农村公社才是土地的真正所有者,因而也是整个城邦的基础。

苏美尔的社会结构是建立在奴隶制基础上的。关于苏美尔城邦的社会结构,乌鲁卡基那铭文为我们提供了最为可靠的证据,因为乌鲁卡基那是拉格什国王,其铭文具有很高的权威性,且这篇铭文保存完好。这篇铭文首先提到的就是"拉格什之王乌鲁卡基那",说他拥有"在三万六千人中的权力",并恢复了这个王国的

"原有秩序"。其次它提到"僧侣",铭文赋予僧侣许多特权,但又规定"僧侣必须对粮食长官交纳土地税",可见僧侣在国王管辖之下。此外,铭文还谈到"公民"与"奴隶"和"债务奴役"的对立,说乌鲁卡基那曾在城中宣布命令,"使拉格什公民从债务奴役"等情况中"解放出来"。奴隶在拉格什社会中的地位最低,当时参加祭祀或葬礼的歌手可得490块面包,而奴隶一年的报酬只有6块黑面包。由此可知,在苏美尔的社会结构中,至少包括四个不同的阶级或阶层:一是奴隶主贵族,包括国王、贵族和祭司;二是公社农民和城市公民,包括城市"手工业者";三是失去公民身份的自由民即依附民,包括因债务而处于"奴役"地位的人;四是处于最底层的"奴隶",他们分属于王室、神庙和私人。值得注意的是,铭文中一再提到"帕特西的奴隶",说明国王也是奴隶主。[①] 在苏美尔文献中,女奴称"吉姆",意思是"从山地来的妇女";而男奴称为"乌鲁",意思是因"劫掠而得"。可见奴隶制在苏美尔的形成,不仅是对外战争的结果,也包括社会内部矛盾的原因。据估计,当时拉格什人口约12万—13万,其中奴隶人口约3万,为该城邦总人口的1/4,比重不小。

  苏美尔文明作为世界历史上第一个以农业为基础的文明,对人类文明做出了独特的贡献。由于农耕对时令的严格要求,苏美尔人十分注意对天文的观察,在公元前2600年左右就制定了自己的历法,以月的盈亏把两次新月出现的间隔作为一月,每月29天或30天,一年为12个月,其中6个月各为29天,另6个月各为30天,一年共354天;由于和阴历差11天,苏美尔人又以太阳运行为准设置闰月,一年一闰或一年两闰或一年三闰,虽然不太准确,但已注意到日月运行的差异和规律。苏美尔人在数学上不仅掌握了四则运算,了解分数和求平方根、立方根的公式,而且发明了独特的六十进位法,即以6为基数每60进一位,成为后来把圆周分为360度、每小时分为60分钟、每分钟分为60秒等计算法的起源,并成功地把它运用于数学和天文方面的计算。

  苏美尔人的艺术成就集中体现在建筑和雕刻上。建筑以塔庙为典型代表,这种形式的起源可追溯到埃利都时期,在乌鲁克文化时期已趋于完善,每座塔庙均层叠高耸,成为各城市中最引人瞩目的标志。建于乌尔第三王朝的大塔庙,底层长62.5米,宽43米,塔身分为四级,有梯道直通顶层。此塔所用砖块各层都不一样,最底层为黑砖以代表阴间,第二层为红砖以代表人世,第三层为青砖以代表天

[①] 参见朱寰、王建吉:《世界上古中世纪史教学参考手册》,北京大学出版社,1990年,第153—156页。

乌尔塔庙

堂,最顶层为白砖以代表太阳。此塔遗址至今犹存。在乌鲁克时期,苏美尔人发明了一种印章,作为一种标记压印于瓶罐、箱框、门窗等的封泥上,以证明该物为某人所有,是私有制发展的产物。此印章呈圆柱或圆筒形,在柱面镌刻有多种凹纹图案,如神话人物、徽记、文字符号之类,以表明主人的姓氏、身份、地位等,因此印章一般采用名贵石料为原料,有的石料如青金石甚至来自阿富汗。由于形状特殊,雕刻精致,成为苏美尔文化中的珍品。

苏美尔人最重要的贡献是楔形文字的发明。它最初也是作为图形出现的,原是原始陶器上的图画和符号。在基什附近的奥海朱尔丘发现的铭文石板,两面所刻也是这类图画符号和线形记号,属于公元前3500年的遗迹,很可能是人类历史上最早的文字。后来,人们使用文字的地方越来越多,就把文字改刻在用当地黏土制成的泥板上,并用苇笔作为书写的常用工具,因苇笔刻出的线条头重脚轻,原来的象形文字就演变成楔形文字。由于这些文字同字异音和同音异字很多,后来为了便于分辨读写,人们将一些字专作类别符号而不发音,这些字就变成类似汉语的"部首"。再往后,为了在泥板上压写方便,原来的曲线改为直线,长画改为由几笔连接的短画,字序也由最初的自上至下书写,改为从左向右书写,并将直立的姿态改为横卧。据统计,这种楔形文字符号共约600个,而常使用的大约有300个,且每个符号有多种字义。为了保存,后来人们用火将泥板烧制,迄今已发掘的泥板有数万件。这些泥板文字,涉及当时的法规、讼事、遗嘱,更多的则属于账目、

泥板文书

契约、收据、书信之类,包含了丰富的历史和文化信息。

苏美尔人的文字,后来由阿卡德人和巴比伦人继承和发展,在亚述帝国时期成为国际通用的文字,并由楔形文字演变为表音和符号文字。反映公元前三千纪历史的第一部苏美尔人的史诗《吉尔伽美什与阿伽》,就是用这种楔形文字写在泥板上的,该史诗形成于公元前二千纪前期。它也是世界历史上最早的史诗。

1.8 印度河流域与哈拉巴文明

从两河流域往东,另一个建立在农业基础上的原生型文明,在历史中称为"印度河文明",因这一文明最早发现于哈拉巴,也称"哈拉巴文明"。这一文明顾名思义,发源于印度河流域,位于南亚次大陆核心地区的西北边陲,所以其文化遗址今天已不在印度境内,而在巴基斯坦境内。但在历史上,这两个国家的文明是同源的。

在1925年以前,人们只知道雅利安人和吠陀文明,以为它就是印度最古老的文明,而雅利安人是外来的。1925年,考古学家宣布,在印度河流域发现了巨大的城市遗址,其文化大约兴起于公元前3000年,公元前3000年纪中后期进入繁盛时期,最晚在公元前1750年后不久消亡,这就把印度的文明史提前了2000年。此后,考古学家又在印度河中下游和西部沿海发现大小城镇遗址200余处,其范围从西边的伊朗边境至东边的德里,从喜马拉雅山麓到南部的阿拉伯海,总面积达130万平方公里。到目前为止,这一古文明的代表性遗址有两个:一个是哈拉巴,位于北部旁遮普的印度河主要支流拉维河畔;另一个是摩亨佐·达罗,位于南部信德境内的印度河畔。此外,还有一些小遗址,如卡利班根、洛塔尔、苏尔戈德,均在今印度境内。

摩亨佐·达罗发掘现场鸟瞰图，再现了这个城市的细致规划和精确布局。

这一文明虽以哈拉巴命名，但保存最为完整的还是摩亨佐·达罗。此城占地约85万平方米，人口约为3.5万—4万，其规模在当时是少见的。全城明显由东西两大区构成，西区是卫城或城堡，东区则属居民区，风格和水准殊异，但均有城墙护卫。"卫城"全用窑砖砌成，不仅有高墙护卫，还有深壕环绕，且在道旁建有塔楼，这又有别于民区。卫城的重要建筑为"大浴池"，大浴池以东不足50米的地方有一贵霜时期建立的卒塔婆，其底下可能是一个寺庙的遗迹。在大浴池和卒塔婆之间，有一长83米，宽24米的建筑遗迹，中间是一个10平方米的庭院，三面有许多房间与之相依，由于在此发现了楼梯的遗迹，估计二楼曾经还有房间。此地不是"高等祭司"的宅邸，就是一所"祭司学校"。与大浴池并排的是十来个大谷仓，总面积为2035平方米，已发现实心砖石砌墩座27个，以每行9墩分3行排列，各行之间留有1米宽的过道。卫城内另一巨大建筑的遗址，其占地已超过750平方米，上有20个巨大窑砖砌成的方柱，这些柱子分为四排，被认为是一个巨大的"会议厅"。

"大浴池"的构成尤为引人注目。它位于卫城北部中央，是一个南北走向的遗迹，池长12米，宽7米，深2.5米，用窑砖密缝紧砌而成，池底和四壁使用涂了胶泥的灰泥板,四壁另加一层沥青以防渗漏。大浴池呈长方形,南北两头各有一台阶,人们可以沿阶而下。浴池由一个专门的大水井供水,用过的水可顺西南角的排水沟放出。浴池四周都有走廊,走廊旁边有8个专用小浴室,有通道与走廊相接,各房间亦有上下水道。至于大浴池则用于世俗目的,还兼有宗教用途,学者们至今说法不一,不过从附近发现的寺庙遗迹看,它很可能与宗教仪式有关,是供祭司贵族净身沐浴的。在古代,教俗本是纠缠不清、难分难解的,因此并不奇怪。

哈拉巴的规模和结构,与摩亨佐·达罗几乎完全一样。占地约85万平方米,人口约3.5万—4万,全城由卫城和居民区构成,但在许多细节上又有所不同:其西部有部分城墙以土坯砖砌成,而外墙却用烧砖加固。在一些地方,墙高出周围地面15米左右,里面则是7米高的土砖垒成的平台,然后在平台上再造建筑物。建在城墙外的塔楼与摩亨佐·达罗城也不同,不是圆形而是矩形。哈拉巴的谷仓已发现的有十来座,但不像摩亨佐·达罗那样建在卫城之内,而是建在城墙之外。还有,在哈拉巴谷仓附近,发现有一些冶金炉和工人的工棚,而在摩亨佐·达罗却未见此类遗迹。

有意思的是,在今印度境内发现的众多遗址的布局与结构也与上述两城十分类似。例如,位于拉贾斯坦的卡利班根,也有与哈拉巴和摩亨佐·达罗一样的设计模式:"卫城"在西,"下城"在东,城堡由7米厚的土坯砖墙围绕,并且每隔一段有一个防卫塔楼。又如,位于古吉拉特的苏尔戈德,也由一座城堡和下城组成,且也是前者在西而后者在东,整个城市由高达4.5米的城墙围绕。但位于坎贝湾的洛塔尔却与上述几个城址很不相同,它更像一个海港城市,虽然它也有自己的城堡和城墙,有一个总面积达238平方米的仓库,但它有一个其他所有遗址都没有的船坞:长216米,宽37米。这表明,在这一文明兴起之际,它的创造者就已卷入印度洋的竞争了。

哈拉巴文明或印度河文明是建立在农业基础之上的,哈拉巴和摩亨佐·达罗城堡内外巨大的谷仓有力地述说着这一文明产生的背景和性质。从生产力来看,这些文明的创造者还处于铜石并用时代,在已发掘的遗址中发现了发达的青铜冶金业,发现有青铜或铜制的斧、镰、锯、凿、剑、刀、矛、箭,以及少量的金、银制品。另外,还发现了大量石制的刀、罐、秤锤等。从生产关系来看,显然已有了私有制的存在和贫富的分化。在摩亨佐·达罗的下城,即位于东部的居民区,富裕之家往往拥有楼房数层,下层作厨房和盥洗间,上层用作寝室;而普通居民一般只有一间陋室,更无上下水道设施。从哈拉巴那些成排的工棚来推测,奴隶的使用已不是个别现象。这个文明的创造者,不仅生产小麦、大麦、瓜果、椰枣、棉花等,而且还饲养狗、马、猪、牛及大象和骆驼,在制陶、编织和造船、雕刻等方面也拥有很高的技艺。从已发现的数量不少的巨大谷仓看,当时的农业生产已达到相当大的规模,作为基本生产单位的家庭已有了剩余产品。被驯养的牲畜品种繁多,仅牛就有两个品种:一种是称为"泽布"的驼背牛,另一种是称为"乌鲁斯"的平背牛。

考古学家在哈拉巴等遗址中发现了大量红色陶器,这些陶器是用磨细和耐火的黏土作原料制造的。有些陶器上用黑颜料画着多种花卉、飞鸟、动物、人物图案,有一件陶器上绘的是给羊羔喂奶的雌山羊,旁边还有一只走动的母鸡,而另一件陶器上绘着一个左肩扛着两张大网的男人,说明家庭副业和渔业相当发达。哈拉巴文化中有一种赤陶小雕像,雕刻着短角公牛、人物头像或妇女形象,工艺具有很强的写实性。有一个被称为"舞女"的青铜小雕像,她身材苗条,右手叉腰,左手上戴着 20 余只手镯,加上项链和椭圆大花饰,反映了丰富多彩的民间生活和艺术。最值得关注的工艺是当时的一种雕刻印章。这种印章一般用石头作材料,每方 20 毫米至 30 毫米见方,其铭文属象形文字,目前已辨认出近 400 个符号。这些铭文一般按从右到左方式书写,但每换一行书写方式就变换一次方向,说明其文明已进入了很高的阶段。但由于至今未释读成功,不能了解这些文字反映的社会内容。雕刻物中还有一种是砝码,它通常以燧石为原料制成立方体,按 1、2、8/3、8、16、32、直到 12800 的级数制作。而丈量用的尺用象牙或贝壳制成,以 13.0—13.2 英寸为 1 尺,以 20.3—20.8 英寸为 1 腕尺。

哈拉巴印章纹样

从哈拉巴等遗址所反映的情况看,当时印度已存在明显的阶级分化,但没有发现像两河流域乌尔第一王朝那样的王陵,也没有特别富丽堂皇的宫殿遗址,摩亨佐·达罗 70 米长的大厅显然可能是一个公共场所,但却不像是一座王宫的遗迹。在哈拉巴文化中,发现了单薄的长矛,矛头一戳就弯,但至今未发现金属剑,箭头是石头而不是青铜,石斧和刀是工具而不是武器,说明这一文明中的暴力机构是薄弱的。尤其是,这一文明虽然统一性很强,但直到印度河文明的末期,哈拉巴和摩亨佐·达罗两城市也没有多大变化,陶器、工具类型和印章及文字也没有任何变化。所有这些都说明,古印度河文明尚未达到它的繁盛阶段,王权可能已经出现了,但仍是软弱的,这很可能是它走向衰落的内在原因。

1.9 黄河流域：华夏多元一体文明的诞生地

中华文明的诞生,以夏朝的建立为标志,因此可称为"华夏文明",其诞生地为中国的中原,亦即黄河中游地区,时间是公元前21世纪。

华夏文明虽然诞生于中原,但其起源却是多元的。这是因为,在中国,由旧石器向新石器的转变并不仅仅发生于中原。根据考古学提供的资料,到公元前6000年,当新石器时代中期到来时,以农业为主的文化遗址就不限于中原。例如,在黄河流域,有老官台文化、磁山文化、裴李岗文化、后李文化;在长江流域,有彭头山文化、城背溪文化;在辽河流域,有兴隆洼文化;等等。且各地文化均有自己的特色,是独立发展起来的农业中心。黄河流域以种植粟类作物为主,而长江流域以稻作农业为主,差异很大。这时虽然尚不见文明因素出现,但已为多元文明的起源准备了物质基础。

大约到公元前5000—前3000年,中国的新石器时代进入晚期,中华文明的因素经历了一个由孕育到萌生的过程。在其孕育阶段,最具代表性的考古学发现,在黄河流域有仰韶文化(半坡期)、北辛-大汶口文化(早期);在长江流域有大溪文化、河姆渡文化和马家浜文化;在辽河流域则有红山文化(早期)等。一方面,在这些文化中,手工业和农业的分工已经出现,由于生产规模的扩大有了较多的剩余产品,甚至私有制的现象也已出现,作为记事的刻画符号广泛采用,只是今天的人们难以弄懂;另一方面,这时的社会尚未真正发生分化,以血缘为纽带的氏族组织仍是社会的细胞,平等和民主仍是人们崇尚的最高原则,这在西安半坡、临潼姜寨等聚落遗址中表现得尤为明显。但经过近两千年的发展,仰韶文化由半坡期发展到庙底沟期,大汶口文化由早期发展到晚期,大溪文化发展为屈家岭文化,马家浜文化发展为崧泽文化,而红山文化也由早期发展到晚期。这时,不仅手工业和农业的分工进一步扩大,甚至手工业内部也有了新的分工,制玉和金属冶铸成为新兴的生产部门,储藏粮食的窖穴的增多表明财富积累加快了,氏族公墓中大型墓葬与小型墓葬的对比更加鲜明,在红山文化晚期出现了坛、庙、冢等礼制建筑,在屈家岭文化中发掘出城堡式建筑。所有这些都表明,一种新的因素,即文明的因素在新石器时代晚期终于产生了。这一时期,可以称为中华文明的"萌芽时期"或"曙光时期"。

公元前3000年之后,在一千来年的时间里,中华文明获得了长足的发展,这种发展以山东的龙山文化为代表,但又不仅限于山东地区。属于"龙山时代"的文化,还有黄河流域的齐家文化、客省庄二期文化、长江流域的石家河文化、良渚文化等,遍及河南、陕西、山东、河北、湖北、江苏、辽宁、甘肃、内蒙古。"城堡"的大量发掘是这一时期考古学发现的一大特色,最大的湖北石家河古城面积达100万平方米,其他如山东龙山城子崖为20万平方米,河南辉县孟庄古城为16万平方米,山东丁公古城为12万平方米,其规模都相当宏大。城堡作为政治中心,它的广泛出现意味着酋邦的初兴。龙山文化的另一大特色是大型礼仪性建筑的兴建。这类建筑目前在中原尚未发现,但在良渚文化中已不止一处,如上海的福泉山、余杭的反山,以及反山西面不远的汇观山和反山东南的大观山果园。其中,大观山果园是一座土台子,东西长约670米,南北宽约450米,总面积约30万平方米,且土台子上还有三座小土台子。考古学家在土台子上发现了红烧土,说明三座小土台子上原建有房子,原是一座祭坛遗址。专家认为,这样大规模的礼制建筑,其意义绝不亚于城堡的出现。大量玉器的制作和使用是龙山文化的第三大特色,其中以琮和璧最为突出,为什么这时琮和璧如此突出?《周礼·大宗伯》曰:"以苍璧礼天,以黄琮礼地。"这说明,这时大量玉器特别是琮、璧的

龙山文化的黑陶高柄杯

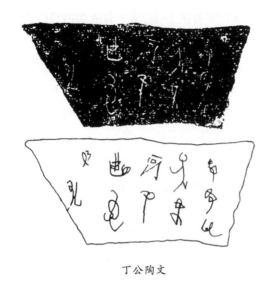

丁公陶文

制作是与大型礼仪性建筑的出现相配合的,均是贵族祭司权力提升的表现。龙山文化中的最大成就是文字的发明和应用,虽然在仰韶文化、大汶口文化的陶器上,就发现过许多类似图画的刻画,但因均属单个发现,尚无法判断它们是否为表意又表音的文字。而在山东邹平丁公山遗址中一块陶片上发现了包括5行11字的陶文,这些陶文排列有序,烧刻于"盆底"而不是盆的边缘或两壁,既可排除它是胡写乱划,也可排除它是供欣赏的图画,虽然关于其含义目前尚无一致看法,但它很有可能是迄今发现的中国最古老的文字,是中华文明诞生的重要标志。虽然在龙山文化中,尚难判断社会结构的演变情况,但龙山文化显示了由原始社会向国家制度演变的许多过渡性特征。

进入公元前21世纪以后,中华文明的兴起进入了决定性阶段,其最具代表性的考古学发现为"二里头文化"。这一文化因最早发现于河南偃师旧县城西南约9公里的二里头遗址而命名,但属于这一考古学文化的遗址在全国许多地方多有发现,形成中原、山东苏北、北方和甘、青四大文化区。1959年发现的二里头遗址,面积达375万平方米,其文化可以明显分为四期。到目前为止,在二里头遗址尚未发现文字遗存,但已发现的青铜器很多,包括青铜工具刀、锥、锯、锛、凿、鱼钩,青铜武器戈、戚、镞和青铜容器爵、斝、盉、鼎、觚等,而且发现了冶铸青铜器的作坊遗址,说明其生产力发展的水准高于龙山文化。大型宫殿建筑是二里头文化中最重要的发现。据考古发掘报告,二里头遗址中心部位存在多座宫殿建筑基址,考古工作者已对两座基址进行了发掘,其中一号基址为一大型夯土台基,东西长约108米,南北宽约100米,总面积约1万平方米。其殿堂位于台基中部偏北,东西长约30.4米,南北宽约11.4米。从存在檐柱和挑檐柱构造看,此殿屋顶可能是四坡出檐式,规模和结构相当宏伟,显然是最高统治者活动之所在。位于二号宫殿以北不远的墓葬M1,仅墓口就东西长5.35米,南北宽4.25米,且发现了陶龙头、漆皮、蚌饰片以及置于一红漆木匣内的狗骨架,被认为是王墓无疑,与上述宫殿遗址相呼应。这样,上述所说的专门青铜武器,当是已存在国家机器的支柱——常备军的证据。据有关文献推算,夏代约始于公元前23—前21世纪,而二里头一期文化的碳十四测定年代不晚于公元前20世纪,且其分布范围与文献记载夏族活动地域基本一致,因此二里头文化很可能就是夏文化,尽管目前尚未找到直接证明二里头类型族属的文字。

二里头遗址出土的镶嵌着绿松石的铜牌

无论将来能否找到有关的文字证据,从地域和时间的吻合看,二里头文化都可以构成夏王朝建立的基础。《史记·夏本纪》记载,夏原是一部落联盟的名字,由夏后氏、有扈氏等12个姒姓氏族部落组成,该族兴起于崇山,建都于阳城。在伊水和洛水两岸"有夏之居",洛水与伊水的交汇处,即偃师二里头文化遗址所在地。但古书另有两说:一说,禹曾都于安邑、平阳,此地在今山西南部,西周初年仍被称为夏墟;另一说,夏后相曾都于帝丘,而帝丘位于今河南与河北、山东的交界处。但此二说仍是以中原为中心。按《竹书纪年》,夏王朝自禹至桀,前后共17君,历时472年。从历史发展上看,夏的立国表现在三个方面:一是用世袭制取代禅让制,即古书上说的"启代益作后",启是夏禹的儿子;二是制定刑法以治理国家,即《左传》所说:"夏有乱政,而作禹刑";三是划公田为私田以征收贡赋,即《孟子·滕文公》所说:"夏后氏五十而贡"。换言之,如果说在尧、舜、禹时还属氏族制度的话,那么自启执政始,夏就在经济、政治和立法上变成一个贵族君主制的国家了。国家是文明的概括,夏王朝在中国历史上的建立应是华夏文明兴起的标志。

《论语·宪问》说:"禹稷躬稼而有天下",说明夏王朝是以农立国的。但这个"农"已不再是"天下为公"时代的集体耕作,而是耕种着大约50亩私田的小农经济。中国的农业似乎自古就很发达,从《论语·泰伯》所说禹"尽力乎沟洫"来看,从夏王朝起就已很注重水利和灌溉了,这和西亚是类似的。农耕最重要的是掌握时令,中国古代如此发达的农业不可能不重视这一点,春秋战国时就流行的历书《夏小正》,从其名称看可能就起源于夏朝。

自夏王朝建立以来,经商周而秦汉,中华的版图由中原扩大到江南、长城内外,终于在秦汉时一统天下,但从其文明起源看却是多元的,可谓"多元一体"。不过,这种一体化的过程为什么仍是以"中原文化"为中心来统一呢?其原因有三:第一,中原优越的地理位置客观上有利于吸收各方文化的优点。如山东龙山文化中的鼎、豆、壶、斝、鬶、觚、盉等陶礼器,良渚文化中的琮、璧、钺等玉器及玉琮上的兽面纹,都被融入二里头文化并成为它的重要特征;第二,中原文化居中的地理位置,使之面临来自多方的矛盾冲突乃至战争,为此二里头人必须加强自己的组织和力量,这在组织上就表现为王权的集中,在军事上就表现为戈、戚等专门青铜武器的发明;第三,据文献记载,尧、舜、禹时代中原地区洪水泛滥成灾,治洪的需要促进了组织的日益严密和绝对权威的形成,成为国家机器及其管理职能演变的动力。作为夏王朝缔造者的禹,如果不是因为治水有功是不可能将权力传子,以确立王位世袭制的。①

关于夏朝,有些人把它列入传说时代,其实世界各文明均有自己的传说时代,但有关夏朝的历史并不只是传说,也有大量文字记载。《史记·夏本纪》说:自禹至桀,17君,14世,且有名有姓。《大戴礼记·少间篇》说:"禹崩十七世,有末孙桀。"《国语·周语》说:"孔甲乱夏,四世而陨。"均与《史记》相合。钱穆认为:"自汤以前商代先王先公,正与自禹以下年世相当。史记所载商先王公已有甲文为证,史记载夏事,自可不必证而信。"此言极是。

1.10 尼罗河流域与古埃及文明

从两河流域往西,第一个值得一提的古代文明是古埃及文明。这个文明兴起于公元前4000年,经历了两度分裂、三度统一,断断续续达3500年。其历史可列表如下:

---

① 参见李伯谦:《中国青铜文化结构体系研究》,科学出版社,1998年。

分　期	年　代	王　朝
早王朝时期	约公元前3100—前2686年	1—2
古王国时期	约公元前2686—前2160年	3—8
第一中间期	约公元前2160—前2040年	9—10
中王国时期	约公元前2040—前1786年	11—12
第二中间期	约公元前1786—前1550年	13—17
新王国时期	约公元前1550—前1069年	18—20
第三中间期、后期埃及	约公元前1069—前332年	21—31

如希罗多德所说,埃及是"尼罗河的赠礼"。为了了解古埃及文明兴起的原因和特点,首先必须了解尼罗河。作为世界四大河流之一,尼罗河位于非洲东北部,南北走向,它发源于布隆迪高地,流经乌干达、苏丹、埃及,注入地中海,全长约6670公里。其干流称白尼罗河,在喀土穆与源于埃塞俄比亚的青尼罗河汇合。此河有两大特点:每年均有泛滥并且准时,总是7月开始涨水,10月达到高潮,11月必退水;但水量差别不大,泛滥而不成灾。这给古埃及人掌握尼罗河的规律、利用尼罗河流域提供了有利条件。但尼罗河环境过于特殊,东有西奈沙漠,西临利比亚沙漠,河谷两岸仅剩下15—25公里的流域,整个流域宛如一条丝带,仅河口三角洲宽阔一点。

20世纪70年代以来,在阿斯旺地区的库班尼雅、伊斯纳等地,陆续发现了一些属于公元前15000—前10000年的旧石器文化遗址,从已发现的野生大麦以及石磨、石臼等农具遗物和遗存看,当时已处于新石器时代的前夕,有了农业的萌芽。但与埃及古文明的兴起直接相联系的却不是库班尼雅等文化,而是拜达里等文化,在这些文化遗址中发现的小麦、大麦、绵羊、山羊等动植物的遗存,从品种上看均来自西亚地区,显然是经巴勒斯坦、西奈半岛引入的。这就向世人解答了这样一个历史之谜:为何古埃及文明和苏美尔文明几乎是同时起步的?

与古埃及文明兴起有关的文化有三:拜达里文化(约公元前5000—前4000)、阿姆拉(涅伽达Ⅰ)文化(约公元前4000—前3500)、格尔塞(涅伽达Ⅱ)文化(约公元前3500—前3100)。在拜达里文化中发现了铜刀、铜锥和薄壁陶艺,说明当时埃及已迈入铜石并用时代。到阿姆拉文化时,埃及中部已形成了一个重要的经济文化中心,即涅伽达。此城遗址有两个不同的文化层,第一个文化层已挖掘出一座城堡遗址。相当于涅伽达Ⅱ期的格尔塞文化形成时期,与之并存的还有另一个重要的经济文化中心希拉康波里,且在涅伽达衰落后获得了进一步发展,成为下埃及的首府。据考证,当时尼罗河流域共有这类城镇42个,上、下埃及分别有22个和20个。历史上,这些城镇在希腊语中被称为"诺姆",在古埃及象形文字中的写法类似中文的"田"字,不过中间不是一个而是好几个"十",其首领称为"阿德西-米尔",原意为"河渠的管理者",其职位可世袭,拥有行政、军事、司法和宗教等权力。现存希拉康波里国王的"蝎王权标头"上刻有他主持开渠仪式和武功业绩的浮雕,正是这种王权及其内涵的证明。可见,这些"诺姆"已不是纯粹的城镇,同时还控制着一定的地域,应是奴隶制小城邦,而它的首领已上升为国王,其权力是在管理水利工程中形成的。

与蝎王有关的雕刻在内容上包含两个方面:一方面,是蝎王手持木锄立于水边、随从扬箕运土、奴隶在田间劳动的情景,说明王权的扩大与水利有关;另一方面,在蝎王头像上方,还有一系列举着联邦标志即旗帜(尽管受到损毁,还残存七面)的人物,这说明其王权的增强与征服有关。但从蝎王头戴王冠仅为白冠这一点看,蝎王至多只统一了整个上埃及,因为白冠当时是上埃及的象征。而到他的继承者那尔迈就不同了,根据一块雕刻精致的石板所反映的情况看,那尔迈已成为统一的埃及王国的国王。因为他正面的王冠是代表上埃及的白冠,而背面的王冠则是代表下埃及的红冠,红白王冠集于一身,这是第一次。在这块石板两面,都刻有以鲇鱼和凿子符号表示的王名,其读音即"那尔迈",亦即美尼斯。在埃及史上,他统治的王国被称为"第一王朝",它是古埃及文明兴起的标志。据推算,古埃及统一的时间,大约是在公元前3100年。至第三代国王阿哈,埃及的统一大业又获长足进展,他首次采用王冠、王衔双重体制,即王冠用红白双冠而王衔则用树、蜂双标,分别代表上下埃及,并最终定都于孟斐斯。"阿哈"意为斗士,无疑这也是一位南征北战的国王,可见统一的确立并非易事。

统一王国的建立促进了埃及经济的发展。从第三王朝起,铜制工具的使用日益普遍,以石材、木材、金银为原料的工艺、纺织和造船等手工业空前繁荣,黎巴嫩的木材、塞浦路斯的铜、努比亚的黄金、阿拉伯的香料、东非的象牙在对外贸易中源源不断运回埃及。在此基础上建立起来的王权越来越具有专制的性质,国王集军、政、财、神诸权于一身,不仅包括宰相在内的一切高级官吏均由法老指定,连各州州长也完全听命于法老,法老还拥有最高审判权,常派亲信审理中央和地方要案。在法老面前,文武百官皆须匍匐敬仰,并以亲吻法老的靴子为荣,甚至被法老

埃及吉萨金字塔

打一巴掌也记入墓志铭。法老的陵墓以前本是其死后的住所,而今却成了登天成神的阶梯。这在古王国的《帕勒摩碑铭》和《金字塔铭文》中均有明确记载。正因为如此,古埃及王国虽在第六和第十二王朝之后,两度衰落,两度分裂,但最终还是得以重新统一,并保持了自己独特的文明。

古埃及文明是建立在奴隶制基础上的。如果把古埃及社会比作一座金字塔,那么高居于塔尖的是法老和王室成员,向下依次是:贵族大官和祭司阶层;中小官吏、下级祭司、医师、建筑师、书吏、管家、中下级年官等;而处于最底层的则是广大的农民、手工业者和奴隶。前几个阶层概念和定义比较清楚,人们对此不会有什么疑议,但农民、手工业者和奴隶的情况就不一样了。当时埃及农民的主要成分应是占有公社份地但需缴纳赋税的自耕农,也包括已丧失了土地并沦为佃户、雇农或农奴的人,在文献中他们分别被称为"尼苏提乌""麦尔特"或"勒麦特"。在手工业者中,技艺较高的可以领取工资并建立自己的家庭,但一般手工业者常常受雇于王室和贵族的作坊而处于依附地位,与依附农"麦尔特"类似。至于奴隶,战争和征服肯定是一个重要来源。《帕勒摩碑铭》所说斯尼弗鲁远征尼西人获男女俘虏7000人,就是掠夺奴隶的一个实例。但并不是所有奴隶都来自战争征服,埃及社会内部的变迁也是奴隶的重要来源,如农民因破产无法还债而沦为奴者不计其数,是为"债务奴隶"。中小奴隶主阶层在历史上是一个不断变动的阶层,因而在不同时期其称呼也不相同,在中王国时期它称"涅捷斯",在新王国时期则称"涅木呼",均是指非贵族出身却拥有奴隶的人。

金字塔是古埃及文明的象征,其起源可追溯到早期王朝的"马斯塔巴"型陵墓,而这种陵墓是古埃及人因视"死后甚于生前"而形成的厚葬之风的产物。最初的马斯塔巴墓已包括地下和地上两类结构,地上墓室呈长方形的殿堂状,后分两步演进成后来的金字塔:第一步,在土墩上加盖数层,并依次减小而成阶梯状;第二步,把阶梯之间填平,使整体成四角尖锥形,这两步分别完成于第三王朝的乔赛尔王和斯尼弗鲁王统治时期。现存最大的金字塔是第四王朝胡夫王的金字塔,它高达146米,底边长230米,由230万块石料建成,每块石料重达2.5吨,估计10万人轮流参加劳动,也得20年才能完工。之所以说金字塔是古埃及文明的象征,首先,因为它是埃及王权强大的体现;其次,它反映了国王登天成神的信仰;再次,它是依靠大量奴隶劳动建立起来的;最后,它是古埃及人民智慧的结晶。据研究,胡夫金字塔,四边底线误差不出20厘米,与230米的总长度比较,误差在1/1000之内;基底四个直角误差最大不过3分2秒,四边方位同准确的东西南北方位误差也只在1分15秒至5分30秒之间。

文字是古埃及文明的伟大创造,它古老而自成体系。古埃及文字也是从图画文字发展起来的,最早见于涅伽达Ⅰ期文化,包括陶器、印章、牙雕上的刻画。如涅伽达1546号墓出土的一块陶片上,有一幅称作"鸟栖园屋图"的图形,其实就是最早的图画符号,它表示的是国王头衔,属于公元前3600—前3500年的遗物。古埃及象形文字在第1、第2王朝已形成体系,到古王国时期便规范化并得到广泛使用,著名的《帕勒摩碑铭》即作于古王国末年。古埃及文字有三种字体:(1)碑铭体;(2)僧侣体;(3)世俗体。其书写顺序可自左而右,也可自右而左,还可以自上而下,或从两边向中间写,使文字有对称之美。因图形符号中有人物和动物,其面孔朝向哪一边,字就从哪一边开始写,字序并不难辨认。古埃及文字有三种符号:意符、声符和定符。意符有的表物,如圆圈中一点表示"太阳";有的表示行动,如鸟展双翅表示"飞";有的表意,如权杖表示"统治"。声符表示辅音,分为"双辅音""单辅音",前者共有75个,后者共有24个,是字母的最早萌芽。由于古埃及人不知把标声字母按语言相连,他们用标声字母写出语词的声音后,还要加上不读音的定符来指示意义。在多数情况下,他们把意符和声符掺杂书写,形成半表音文字,而未达于拼音化。定符不读音,也无独立意义,与声符结合才能表示指定的意义,近似汉字的部首。如三片叶子,既表示"植物",也表示"蔬菜""药草""干草"等。

古埃及在科学上的重大贡献是天文学。尼罗河水的涨落很准时,因此,对古埃及天文学的产生非常有利。两次涨潮时间的间隔便是一年,古埃及人把它定为360天,因河水涨落不可能绝对准确,还有些误差。后来,古埃及人终于找到了计算年份的更准确的标志,这就是天狼星在天空出现的时间,因为它和太阳同时在清晨升起的日子总是与尼罗河水新涨的时间一致,古埃及人把这个周期定为365又1/4天,这与回归年相差无几。

埃及象形文字

纸草与古埃及文明密切相关。它是一种长在沼泽地带的植物,类似人们非常熟悉的芦苇。为了便于书写,古埃及人把纸草心从纵面劈成小条,然后把这些小条紧挨着排在光滑的木板上加以挤压,再放到阳光下晒干,就成了一张张很长的黄纸。古埃及人把纸草粘成一个个长条,然后把它们卷起来,就成了供书写用的纸草卷。第18王朝留下的一份有关医学的《埃培尔斯纸草卷》,全卷长20.23米,上载877服药方。

1.11 克里特文明和迈锡尼文明:东方文明的西传

从两河流域往西,另一个重要的古代文明是克里特-迈锡尼文明。这个文明存在于大约公元前2000—前1100年,晚于苏美尔和古埃及文明,但早于欧洲其他任何古文明,是迄今发现的欧洲最古老的文明。因克里特和迈锡尼地处爱琴海,并集中反映了爱琴文化的特点,又称为"爱琴文明"。

克里特文明的创造者是当地的原住民。在古文献中他们被称为皮拉斯基人、卡里亚人、勒结人,与西亚和埃及人联系较多,属所谓"地中海民族"。而迈锡尼文明的创造者属印欧语族,其故乡原在多瑙河、顿河一带,是在公元前2200年左右才移居希腊的。这些移民,包括亚该亚人、爱奥尼亚人、多利亚人、伊奥尼亚人,自称是神明希伦(Hellen)的后代,因而获得了"希腊人"的称号。

在1870年以前,克里特和迈锡尼文明曾出现于古希腊神话传说中。传说提到,克里特的贤王米诺斯本是天神宙斯与人间美女欧罗巴之子,但其妻却生了一个牛头人身的怪物,于是专建一迷宫供其居住,并让雅典每年进贡七对童男童女供其食用,这迫使雅典王子提秀斯偷入迷宫将此怪杀死。迈锡尼则见于有关特洛伊战争的故事,传说当时希腊联军的统帅便是迈锡尼王阿伽门农,因此迈锡尼当时可能已是一个强大的城邦。由于这些只是传说,学术界历来未敢相信。但这种状况终于在1870年开始被打破。这一年,克里特商人兼业余考古学者谢里曼(Heinrich Schliemann,1822—1890)在小亚细亚东岸的希萨立克进行发掘,认定此地就是历史上特洛伊的所在地。1876年,他又对迈锡尼遗址进行了发掘,证实了史诗中有关"迈锡尼富于黄金"的传说。更重要的是,希腊考古学家卡洛凯里洛斯终于在1878年在克里特找到了传说中的米诺斯迷宫。这个被遗忘的古文明于是公之于天下。

爱琴海上有480多个海岛,其中克里特岛最大,它东西长250公里而南北宽却只有12公里至60公里,有如一艘长船横列于希腊与北非之间。克里特文明的兴起并不突然,早在公元前6000年克里特岛就进入了新石器时代,到公元前2500年已进入铜石并用时代,石瓶、印章、匕首金片外饰都很精美;在克里特东部还出现了大型L形建筑;印章是为确认物品私有而雕刻的,说明当时克里特社会已出现了贫富的分化,跨入了文明的门槛。但克里特文明的真正兴起,是在公元前2000—前1700年间,其标志是宫殿的突起,已经发掘出宫殿的城市有克诺索斯、费斯托斯、马里亚、古尔尼亚、菲拉卡斯特罗、札克罗等,各地宫殿建筑的布局和风格都很一致,其中以位于北部的克诺索斯最为宏大。宫殿建筑是王权强大的象征,大量宫殿的出现说明当时在该岛已出现了众多的奴隶制小王国,并以克诺索斯为中心逐渐实现了统一。据研究,首都克诺索斯当时人口达8万,被称为"米诺斯王宫"的迷宫是一组围绕中央庭院的多层楼房建筑群,各类房间在1500间以上,总面积达2.2万平方米。它不仅是政治、宗教和文化中心,还有库房、作坊、存放经济档案的办公室和征税机关,因而也是经济中心。它表明,克里特的米诺斯王朝的社会、经济、政治和文化是以王宫为中心组织起来的,被称为"王宫制度",可视作欧洲城邦的起源。

以王宫为标志的克里特文化,按其历史发展可分为四个时期:前王宫时期(约公元前三千纪)、古王宫时期(约公元前2000—前1700)、新王宫时期(约公元前1700—前1450)和后王宫时期(约公元前1450—前1100)。新王宫时期克里特文明进入繁荣期,此时米诺斯王朝不仅统治着克里特,而且还统治着基克拉迪斯群岛。米诺斯的殖民地和商站遍及整个爱琴海,其势力达于罗德斯岛、米利都、迈锡尼、雅典、底比斯及利巴拉群岛。在埃及第18王朝宰相列赫米拉的墓中,有一幅壁画表现的是克里特使节奉献文物的场景,上有"海中诸岛及克夫提乌大君和平抵达"的题词。据猜测,"克夫提乌"即克里特,可见克里特与埃及交往之深。希罗多德在《历史》中称米诺斯为海上统治者,"征服了许多土地"。鼎盛时期的克诺索斯总人口在10万以上,可能是当时地中海区域最大的城市。克诺索斯和爱琴海地区的不少地名如科林斯、哈利卡纳苏斯等一样,都以nth、ss为词尾,这种词尾均不为后来的希腊所有,可见克里特文明是本地人所创造。公元前1450年左右,一些操希腊语的人由北向南占领了克诺索斯,克里特文明突然衰落。

如前所述,占领克诺索斯的人自称是神明希伦的后代,于公元前2200年左右才移居希腊半岛,他们原是住在多瑙河、顿河一带的游牧民族。他们带来了克里特人没有的东西:两匹马拉的轻型战车。这些新来的印欧语族人分为两部分:其中较早的一批讲原始爱奥尼亚方言,定居于以雅典为中心的中希腊一带;较晚的一批人主要讲亚该亚方言和伊奥尼亚方言,前者主要分布于伯罗奔尼撒,后者则定居于北部希腊。迈锡尼人即亚该亚人显然比克里特人落后,当米诺斯文明已进入它的繁盛期之时,迈锡尼人才在克里特的直接影响下,于公元前1600年建立起自己的王国。米诺斯王宫是开放型的,四周不设城墙望楼,而迈锡尼王宫却是带有围墙的城堡,它居高临下监视着脚下的平原,显然是为支撑王位而修建的。迈锡尼的国王称"瓦纳卡",权力遍及军事和社会生活的各个方面,同时还负责制定宗教日程、监督宗教仪式等等。处于第二位的人物称"拉瓦凯塔"(la-wa-ge-ta),他是"武装的人"(laos)的首领,即军队的实际指挥官。

迈锡尼狮门

迈锡尼文明以公元前1500年为界标,分为两个明显不同的发展阶段:在此以前被称为"竖井墓王朝";在此之后,被称为"圆墓王朝"。竖井墓把墓室置于地下数米处,陪葬品最初主要为青铜武器,后来多为金面具、金额带、金角杯、金指环、金印章等,其中一个墓葬内的金银葬品多达870件。到目前为止,这类墓葬在城堡内外只发现两处,许多墓形成一个圆圈,称为墓圈A、墓圈B。从竖井墓中发现的大量克里特产品以及来自埃及、小亚细亚等地的产品来看,当时迈锡尼的王公贵族显然处于克里特文明的强大影响之下。但公元前1500年以后,迈锡尼的墓葬制式突然由竖井式改为圆顶式,且风格变得非常豪华:目前发现的最大的圆顶墓基顶高13.2米,墓门高10.5米,门内过道所用石盖重达120吨,其规模大大超过克里特类似工程,显示了迈锡尼王权的强大与自信。到公元前1450年,迈锡尼人终于入主克诺索斯王宫,并迎来了迈锡尼文明的鼎盛期。这时的迈锡尼城堡几经扩建达于极盛,其城墙以巨石环山而建,高达8米,墙厚5米,城堡大门有双狮拱卫。王宫建在城堡内的最高处,中央大厅居于首位,布局对称,内设神灶、宝座。这与米诺斯王宫大不相同。

克里特文明和迈锡尼文明从内容到形式都有明显差异,但从整体上看它们还是统一的,其集中的表现就是文字。克里特-迈锡尼文字经历了三个不同的发展阶段:象形文字、线形文字A、线形文字B。其中,象形文字是线形文字的直接前身,线形文字A是克里特人使用的,线形文字B是迈锡尼人使用的。从已掌握的资料得知,迈锡尼人入主克诺索斯王宫后,曾借用米诺斯的线文符号记载迈锡尼语言,线形文字B正是在这个基础上发展起来的,两者都有大量泥板文书出土。

但从文字字形本身的发展看,线形文字 B 的符号和米诺斯的线形文字 A 是一脉相传的,都有表示音节的符号 90 个,只是线形文字 B 常用的符号已缩减到 59 个,且拼音倾向更为明显,这属于文字发展的规律,并不奇怪。虽然线形文字 A 尚未释读成功,但线形文字 B 早在 1952 年就由英国学者文特里斯释读成功,从而揭开了爱琴文明之谜。线形文字 B 所记录的内容大多是王宫库藏和各地贡物,因此大多是经济文书,对了解迈锡尼社会经济极为宝贵。这些经济文书涉及畜牧业、农业,包括以谷物为单位的地租,拨给各行业的原料和产品订单,闲置和被占用的劳动力,国王、

迈锡尼线形文字 B

贵族和个人拥有的奴隶,王宫向个人和集体征收的捐税,已交纳和有待收取的财物,以及军队的编制、指挥和活动,估计祭神时供品的定额,等等。这类文书不仅出现在迈锡尼,在派罗斯及其他许多地方亦有泥板文书出土,因而大大丰富了关于迈锡尼文明的知识。从这些泥板文书提供的资料看,农村公社的传统依然存在,这表现在"克托那"(ko-to-na)即份地制的存在上。尽管这种份地已划分为"私有份地"(即"基提迈那克托那")和"村社共有"(即"科克迈那克托那")两种形式,但土地私有制已在迈锡尼社会中确立。如派罗斯一块泥板提到某处土地占有情况:国王占 30 个单位,将军占 10 个单位,农村贵族三人共占 30 个单位,而普通农民则不足 1 个单位。据估计,当时 2.4 个单位约合 1 公顷,可见农民土地被剥夺之重。奴隶制也已经形成,有人从派罗斯泥板文书列举的 4000 人中识别出奴隶 1000 人左右,即奴隶占总人口的 1/4;奴隶分为国王或宫廷奴隶和私人奴隶,其中有的奴隶主拥有各类奴隶达 56 名。总而言之,克里特和迈锡尼社会还是一个过渡形态的社会。

与近东和埃及相比,国家体制在形成过程中,对于调节克里特-迈锡尼农业、水利和灌溉工程的需要所起的作用并不明显。但近东和古埃及文明对克里特-迈

锡尼文明的影响之深远并不仅仅体现在希腊的神话和传说中,如宙斯之妻在传说中原是来自亚洲腓尼基的国王之女等。实际上,克里特所用的黄金、象牙、皂石印章及昂贵的首饰、石瓶等可能都来自埃及。克诺索斯王宫有一个"象形文字档案库",已知这种象形文字约使用于古王宫中后期,有实体和线体两种书写法。据估计,所用符号达 135 个,其中有些符号也可能是袭用了埃及的象形文字。此外,在克里特-迈锡尼文明中,从王宫结构到艺术风格都打上了东方文化的烙印。虽然东方文化的影响在迈锡尼文明中比在克里特文明中少,但东方文明的西传乃是不争的事实。

1.12 近农业带游牧民族的兴起之一:闪米特人和印欧语族

如前所述,在新石器时代到来时,农业和畜牧业本是同时发生的。但由于地理条件和降雨量的不同,一些民族从植物的种植发展到农耕,而另一些民族从动物的驯化发展到游牧,从而有了农业民族与游牧民族之分。

在亚欧大陆,适合农耕的地带偏南,从中国的长江和黄河流域,经印度的印度河和恒河,西亚、中亚的伊朗、阿富汗和安纳托利亚,地中海南北两岸和乌克兰,到西欧尽头的不列颠,宛如一个长弧形的地带。苏美尔文明、印度河文明、华夏文明、古埃及和米诺斯-迈锡尼文明等古文明的兴起,都是以农业为基础的,都没有越出亚欧农业带的范围。

但在这个农业带以北,东起西伯利亚,经中国东北、蒙古、中亚、咸海、里海之北、高加索、南俄罗斯,直到欧洲中部,由于雨水很少,人们难于耕作,只能以游牧为主,以利用那里的草原资源,这就形成了一个与农业带并行的游牧带。但游牧带和农业带接壤的地区,并不存在一个明确的、不可逾越的界限,因为许多高原和沙漠常常穿插于两者之间。如在里海之北的伏尔加河和顿河流域是重要的粮食产地,而位于农业带的阿拉伯半岛和西奈半岛却是浩瀚的沙漠,于农业很不利。因此,似乎是起源于农业带的闪米特人并未成为地道的农业民族,而是到处漂泊。

闪米特人,即历史上的"闪族",原称 Shem 或 Sem。据《圣经》记载,闪或闪米特是诺亚的儿子。《旧约·创世记》云:"诺亚是个义人,在当时的世代是个完全人。诺亚与神同行。诺亚生了三个儿子,就是闪、含、雅弗。"《创世记》又说:"闪的儿子是以拦、亚述、亚法撒、路德、亚兰。亚兰的儿子是乌斯、户勒、基帖、玛施。

亚法撒生沙拉；沙拉生希伯。"还说："他们所住的地方是从米沙直到西发东边的山。这就是闪的子孙，各随他们的宗族、方言，所住的地土、邦国。"《创世记》所说的闪米特人的居住地，就是以今天的巴勒斯坦、以色列为中心的近东地区。

闪米特人的分支很多，不少在世界历史上都留下了自己的足迹。其中比较突出的有希克索斯人、巴比伦人、亚述人、希伯来人及腓尼基人。他们最初活动于阿拉伯半岛的沙漠地区，然后分期分批从这里出发向四处游动，将活动范围扩大到周围的广大地区，从地中海到底格里斯河、从托罗斯山脉到亚丁湾，其历史就是由接连不断的迁徙浪潮构成的。在这种迁徙过程中，人们最初用驴作运输工具，公元前1100年前后又驯养了骆驼。当城市兴起后，闪米特人来到城郊，与城市居民形成一种共生关系，对文明发挥着日益重要的影响，以至于后来闪米特人成了"犹太人"或"希伯来人"的代名词。闪米特人是第一个对亚欧农业文明产生冲击的游牧民族，早在公元前三千纪和前二千纪之交就有了活动，到公元前17世纪已十分活跃了。

希克索斯人是闪米特人的一支，但他们究竟兴起于何时尚不清楚。只知道他们原居住于叙利亚、巴勒斯坦一带，在埃及语中有"牧人王"之意。由于在希克索斯语言和文化中有印欧语的残迹，他们之中也可能有印欧人的成分。一些史料谈到，希克索斯人"无情地焚毁城市"，可见当时这个民族的文化还比较落后。但可以肯定的是，至少在公元前17世纪到来之时，希克索斯人已逐渐强大起来，并拥有了战马和马拉的战车，说明他们十分注意吸收别的民族的长处。因为当地——包括文明产生较早的两河流域——最初只知有驴而不知有马，马的驯养是由亚欧草原上的游牧人首开先河的。

除了希克索斯人外，还有几个重要的族群，其起源可能与闪米特人有关，他们是腓尼基人、阿拉米人和希伯来人，甚至巴比伦人和亚述人也有某种闪米特背景。其中，腓尼基人尤其值得注意。希罗多德说他们的祖先来自波斯湾，但他们的家乡可能就在地中海东岸，因为"腓尼基"是希腊人为其取的名字，其原意是指地中海沿岸的一种棕榈树。不论其起源如何，腓尼基人很早就已定居于所谓"腓尼基海"，这是一条长160公里、宽仅16公里的河流，位于叙利亚与地中海之间的狭长地带，其历史可追溯到公元前二千纪之前。他们以海为生，从事航海和畜牧业，从非洲带回象牙，从西班牙带回银；他们同时也种植作物，生产和制造各式玻璃和金属器皿、花瓶、武器、饰物、珠宝及紫色染料。他们已经从游牧生活转向定居和航海。阿拉米人最初定居于叙利亚、巴勒斯坦、美索不达米亚，后以大马士革为根据

公元前 13 世纪的腓尼基船（模型）

地。希伯来人则以巴勒斯坦和叙利亚为主要据点。

但闪米特人并不是真正的游牧民族，他们生活在阿拉伯半岛的沙漠地带，这里并没有广阔无垠的草原，所以他们迁徙但并不放牧。第一个真正以游牧为主并对农业世界产生重要影响的族群应是印欧人。这个族群发源于里海地区，以畜牧为主，也从事少量耕作，因此一旦发现更为理想的地方，他们就会驾起牛车举族迁徙。公元前 2000 年至前 1000 年间，印欧各族已分布在从多瑙河到奥克苏斯河和贾哈特斯河流域的广大地区，并以这片广阔地区为根据地向更广阔的地方扩散。其出击方向：一是向西，直指小亚细亚、希腊；二是向南，直指伊朗高原；三是向东，直指印度半岛。作为游牧民族，印欧语族在经济和文化上要比亚欧农业带的农业民族落后，但他们有两样东西是当时的农业民族所没有的：一是战马，二是战车。在此之前，只有苏美尔人拥有战车，那大约是在公元前 27 世纪至前 26 世纪。但当时战车的轮子是实心的，并且是由驯驴来拉的，因此非常笨重，行动很慢。而印欧人的战车采用的是辐轮，并且是由马拉的。到后来，又发明了马勒和驾具，马便由一般的畜力变成战马，这样印欧人就创建了一个新的军种：骑兵。但印欧人只是一个总称，以后在世界历史上起到重要作用的印欧人并不称印欧人，而是叫赫梯人、多利亚人、迦喜特人和雅利安人。

雅利安人(Aryan)显然是印欧语族中最重要的一个分支,也是其历史为人们了解最多的一支,因为他们留下了他们的民族史诗《吠陀》。据记载,雅利安人之乡原在里海地区,以游牧和劫掠为生,在公元前2000年以前已拥有了战车,学会了使用弓箭、战斧、长矛。公元前2000年以后,雅利安人从家乡出发,沿印度河向东到达恒河,开始转入定居农耕。他们当时还处于氏族部落联盟阶段,"国王"受武士议会的监督,而每个部落的酋长又受部落议会的限制;各村社由族长会议管理;土地以村社为单位在有选举权的家族之间分配,不得出售但可以直接由男性继承。雅利安人禁止与外族人通婚,同族内近亲亦不得通婚,男人在雅利安人中享有无上特权,允许一夫多妻。Aryan,在梵语中有"高贵的"之意。印欧语族的另一个重要分支是波斯人。古波斯人称为"波斯"(Pars),其定居地位于波斯湾东岸,这里多山少水,夏季炎热干燥而冬季寒冷。但波斯人的故乡却不在波斯,而是在俄罗斯的南部,与雅利安人可能有亲属关系。在纳克什鲁斯塔姆的一块石碑上,波斯国王大流士一世称自己是"一个波斯人,一个波斯人的儿子,雅利安人的后裔"。可见,波斯人确属印欧语族。据说,波斯人是古代近东各民族中最英俊的,他们大多身材匀称、体格健壮,有希腊人一样挺直的鼻子,既威武又不失优雅。波斯人认为,人体除脸以外,其余各部分都不应暴露,因此平常总是全身披挂。作为游牧民族的波斯人,从俄罗斯南部迁居伊朗高原后转向农耕。成书于公元前10—前6世纪的波斯经典《阿维斯塔》,在讲述波斯人的伟大先知查拉图斯特拉时,谈到他的身上带有其守护神的血液,而这个守护神的血液来自一株哈玛草,它随哈玛草汁进入一个正在献祭的祭司身体,并在其与一贵族少女结合后进入了先知的身体。哈玛草为我们提供了波斯人的游牧背景。

与印欧语族有关的还有几个重要分支,它们是米底人、赫梯人、迦喜特人和多利亚人。米底人最初游牧于博卡鲁和撒马尔罕一带,大约于公元前1000年南下,最后抵达波斯地区。赫梯人并不是单纯的印欧语族人,他们实际上是印欧人与哈梯人同化的产物。哈梯人原是农耕民族,居住于小亚细亚东部利斯河中上游,而印欧人是在公元前二千纪初才移入的,主要讲尼西语。多利亚人是印欧人的一支,但他们的发祥地在何处目前尚不清楚,只知道他们在公元前2200年左右与亚该亚人相继移入希腊本土。至于迦喜特人,人们所知更少,只知他们发迹于扎格罗斯山脉,其祖先是印欧语族人,但对于他们是什么时候来到扎格罗斯山脉的则没有定论。

1.13　近农业带游牧民族的兴起之二：塞族人、月氏人、匈奴人、鲜卑人及中国北方诸族

在印欧人之东，在从南俄草原至中国北方的辽阔草原上，活跃着难以计数的游牧部落，他们东奔西突、征战厮杀、时隐时现，在历史上留下了自己的痕迹。其中重要的有这样几支：塞族人、月氏人、匈奴人、鲜卑人。

塞族人(Ssek)生活于南俄和中亚之间的草原，在希罗多德的著作中称为"斯基泰人"(Scyths)，在古波斯语中被称为"萨迦人"(Saka)，而在中国史籍中则称为"塞种人"，其中活动于顿河以东的分支被称为"萨尔马泰人"。对塞族人的语言分析表明，他们是伊朗种人，属于印-伊种或雅利安种，在更大范围讲也属印欧语族人。塞族人是一支尚未摆脱原始状态的游牧民族，大约兴起于公元前一千纪之内。据古作家说，被称为"萨尔马泰人"的塞族人，还有较为浓厚的母系氏族的残余，如女子从事战争、男子听命于女子等，并在有关萨尔马泰女人的墓葬中发掘出武器。萨尔马泰人的文化与斯基泰人相似，但他们和波斯、希腊的来往不多，显然比他们更落后。大约从公元前4世纪起，萨尔马泰人不断向西出击，进入多瑙河以西的草原地带，同时也不断向里海以北和以南的地区进击，一些人已开始由游牧转为农耕，所以在希罗多德所著《历史》一书中，已有了"游牧斯基泰人"与"耕作的斯基泰人""农业斯基泰人"的划分和记载。[①]一时影响很大。但塞人从未建立起自己强大的国家，只不过是北方草原上匆匆来去的过客。

在塞族之东、河西走廊一带，生活着另一支重要的游牧民族，这就是月氏人。这是中国北方的古老民族之一，商代时就已出现，公元前3世纪至前2世纪他们游牧于敦煌与祁连山之间，一般随畜迁徙，逐水草而居。据记载，月氏人强盛之时，曾拥兵一二十万，能做战士者只能是家庭中的壮劳力，因此族人总数当在此数的二倍至三倍以上，即二三十万左右。月氏人强盛之时的势力在匈奴之上，以致冒顿单于幼时竟为人质于月氏，后伺机逃回。冒顿立为单于后，遂派大兵进击月氏，至公元前174年即汉文帝前元六年前后，月氏终为冒顿之子所败。被打败的月氏人，大部西迁至今伊犁河上游，并挤走原在当地驻牧的塞族人，但不久自己又

[①]　参见余太山：《早期丝绸之路文献研究》，商务印书馆，2013年，第143—148页。

被乌孙人（Oo-Soon）所逐。于是，月氏人不得不再度西迁至妫水，即今中亚的阿姆河流域，并征服当地的大夏人，族势更旺。

匈奴（Huns）是中国北部的古老民族。初兴于黄河河套及阴山地区，即今中国内蒙古狼山、大青山一带，长期过着游牧式生活，尤善骑射。直到公元前3世纪，在中国编年史上方有记载，最初称为"荤粥"。《晋书》卷九十七《北狄匈奴传》说"匈奴之类，总谓之北狄"，又说此族人"夏曰荤粥，殷曰鬼方，周曰猃狁，汉曰匈奴"。后逐步南下，至周赧王初年，即公元前310年左右，其势力已抵达秦、赵、燕三国边境。所以《史记·匈奴列传》在谈到匈奴与先秦诸侯国的地域划分时说："当是之时，冠带战国七，而三国边于匈奴。"三国即秦、赵、燕。秦始皇（公元前259—前210）统一六国后，派蒙恬率军30万北击匈奴，此时匈奴人开始向北退却。公元前215年，蒙恬收河套以南地区，在此设置34县，还迁几万户汉人到河套定居。同时，为阻止匈奴的骚扰，保护中原农业区域，秦汉修复和连接燕、赵、秦三国长城，形成西起临洮、东至辽东的万里长城。秦二世而亡，匈奴人得以复归故地，汉初其首领冒顿单于，以其"控弦之士"30余万，先后东平东胡、西逐月氏、北服丁零、南并楼烦，终使"诸引弓之民，并为一家"。① 至此，匈奴所辖之地，由南面的阴山到北部的贝加尔湖，从东方的辽河至西部的葱岭，横越整个蒙古高原，成为当时北方最大的游牧民族，总人口约200万。

当时，匈奴人虽主要从事畜牧业，但在某些地方也有少量农业，在生产中开始使用铁器，并在骑兵队伍中装备铁马具、铁武器。奴隶制已在社会经济关系中发生，其法律明文规定，"坐盗者没入其家"，在作战时"得人以为奴婢"。匈奴贵族死后，"近幸臣妾从死者多至数十百人"。由于匈奴人征战频繁，又允许其战士"得人以为奴婢"，加上俘虏以外的其他奴隶来源，其奴隶数可能达到总人口的1/7到1/5，但匈奴人社会组织的核心仍是军事机构与氏族组织的结合，不应称为"奴隶社会"。为了治理其部族，匈奴统治者在一些地方建起城堡，从而形成了一些分散的政治、经济和文化中心。公元前209年冒顿杀父继位，自立为单于，又将整个部族分为中、左、右三部。其中，中部是整个部族的核心，由冒顿亲自管辖，左、右两部分居于东方和西方，分别由左右屠耆王（左右贤王）掌管。由于匈奴人尚左，单于以下左贤王最为尊贵，其权力与地位均在右贤王之上，不仅常以太子为左贤王，

---

① 《史记·匈奴列传》。

还常以左贤王为单于之"储副"。各屠耆王之下依次设谷蠡王、大将、大都尉、大当户、骨都侯等,各领一定战骑和领地,且均贯以左右之别。这样,匈奴人便以战争为中心被严密地组织起来,而其游牧方式也就带上了更加浓厚的军事征服的色彩。匈奴人当时是那样强大,以致汉初统治者也不得不采纳娄敬"和亲"的政策,取"家人子"为公主与匈奴好,用娄敬的话来说:"冒顿在,固为子婿;死,外孙为单于。"①

汉代西域诸国图

匈奴人也拥有自己富于特色的艺术。以用青铜制成的、饰有程式化动物纹的带状或其他形态的饰片,马具或装备上的座架、钩和饰钉,或者是末端刻有牝鹿形状的棍棒为代表。这种艺术,在国际学术界常被称为"鄂尔多斯艺术",因在鄂尔多斯地区发现最多最典型而得名。与这种艺术有关的遗迹,最为著名的发现是位于蒙古诺颜山附近的一位匈奴王子的坟墓,从墓中出土了表现草原艺术的青铜器和毛织品,其年代属于公元2年。但从滦平和宣化出土的鄂尔多斯青铜器看,其年代可追溯到公元前3世纪初,或公元前4世纪末。不过,有人从公元前650年的

---

① 《汉书·娄敬传》。

中国"春秋战国艺术"中发现了鄂尔多斯艺术的风格和影响,说明鄂尔多斯艺术的产生时间可能更早。

与此同时,在匈奴人之东,一个新的游牧部落逐渐强大起来,这就是鲜卑。此族原居于鲜卑山,在今内蒙古科尔沁右翼中旗西境。原是北方东胡的一个支系,以游牧狩猎为生,使用铁兵器,善骑射。西汉初年,单于冒顿发兵东胡,大败东胡而降伏鲜卑。元狩四年(公元前119),汉武帝打败匈奴后,将乌桓等迁至塞外上谷等郡,鲜卑人乃趁机南迁至乌桓故地(今西拉木伦河流域),不过当时仍隶属于匈奴,并经常随匈奴军骚扰汉疆北境。如前所述,公元48年匈奴分裂为南北二部之后,东汉王朝曾联络鲜卑合击北匈奴,此后鲜卑一度归附汉廷。至公元2世纪中叶,即东汉王朝末年,檀石槐(137—181)被鲜卑各部推为大人,乃组成一强大军事和政治联盟,并在今山西阳高县西北的弹汗山建立牙帐,东奔西突,尽据匈奴故地,其疆域东起辽东、西至敦煌,南北亦有7000余里,拥兵10余万,盛极一时。史书上说:鲜卑"兵利马疾,过于匈奴",年年侵扰幽、并、凉边境。在西晋灭亡(317)后,在中国北方的混乱和统一中,鲜卑人都起了重要的作用:在当时出现的北方十六国中,后燕、西燕、南燕、前燕等均为鲜卑人所建。但拓跋珪(371—409)于398年称帝并定都平城,他重建的国家魏国(北魏)及魏军先后于422年取淮河以北的青、兖二州,于431年灭铁弗部的夏国,继而又连灭北燕、北凉,从而完成了中国北方的统一。

除了上述几个重要民族之外,当时活动于中国北方的重要部族还有以下几支:(1)羯。原匈奴之一支。据《晋书》记载,匈奴入居塞内者共19种,最后一种称"力羯",即五胡之中的"羯",历史上也称"石勒"。因长期隶属于匈奴,亦称"胡羯"。羯人高鼻、深目、多须,拜"胡天"即火祆教之神,有火葬习俗。(2)氐。原作羝。氐人多髯,因而被嘲笑为"中央高,两头低"。氐人初居于青海、甘肃,以及关中和益州等地,仇池杨氏是氐人中最强大的一支。在历史上,氐人曾建"前秦""后凉""仇池"等国。均是小王国,不脱部落遗风。(3)羌。商周之际,羌人出现于中国西北,分布于西海(青海)一带。据《后汉书·西羌传》,羌人无弋爱剑被秦人拘为奴,逃回本族后被推为"豪",他及其子孙得以世代为酋长。羌人原以射猎为主,爱剑时又兼事耕作,长期"不立君臣"。(4)乌桓。秦汉之际,乌桓兴起于西拉木伦河以北的乌桓山。乌桓人"俗善骑射,弋猎禽兽为事,随水草放牧,居无常处",也种植一些耐寒的穄和东墙,已能"作弓矢鞍勒,锻金铁为兵器",但族人各自"畜牧营产,不相徭役",尚未发生阶级分化。

1.14 近农业带游牧民族的兴起之三:突厥人、蒙古人和女真人

5世纪至9世纪之间,在北方游牧区兴起了三个重要的游牧民族:第一个是突厥;第二个是蒙古;第三个是女真。与以往各游牧民族不同,这三大游牧民族都获得了空前发展,并都在这种发展的基础上建立了庞大的帝国,给世界历史以巨大影响。

唐代突厥石人

(1)突厥人。对于突厥人的发源地及其族源,国内外文献说法不一。据考证,汉文中"突厥"之名最早见于《周书》卷二十七《宇文测传》,该传说西魏大统八年即542年之前,突厥每岁于河水结冰后即来侵掠西魏北部,而其最初的发源地是在准噶尔盆地之北。至于其族源,据19世纪末在漠北鄂尔浑河畔发现的突厥文《阙特勤碑》和《毗伽可汗碑》说:"九姓回纥者,吾之同族也。"也就是说,突厥人自认与回纥同族,而回纥又是铁勒族的主要组成部分,可见突厥族当属铁勒族系。又据考证,铁勒族的先世在魏晋南北朝时称"高车",而高车的先世即战国秦汉时的"丁零",可见不仅突厥人的发源地是清楚的,且其族的形成源远流长。① 突厥人以游牧狩猎为生,以狼为图腾,兴起后迁至高昌(今吐鲁番)的北山,掌握冶铁技术并以冶铁著名,5世纪中叶柔然征服高昌后,被迫迁居金山(即阿尔泰山)南麓,一度沦为"锻奴"。金山形似兜鍪(一种古代战盔),

---

① 参见林幹:《突厥与回纥史》,内蒙古人民出版社,2007年,第3—26页。

俗称"突厥",因此得名。

6世纪中叶,突厥人逐步摆脱柔然的控制,大力发展锻冶手工业,又加强与西域和西魏的边市,力量日益壮大。546年,首领土门部众击败铁勒诸部,收其众5万余户。552年春,又发兵柔然并大败之,遂以漠北为中心建立突厥汗国,自称"伊利可汗"。次年年初,土门卒,其子科罗代位,可不久科罗亦死,由其弟燕都掌权,号木杆可汗。木杆可汗在位19年(553—572),占柔然、破嚈哒、逐契丹、并契骨,建汗庭于都斤山,即今鄂尔浑河上游的杭爱山。其领地东起辽海,西至西海,南自漠北,北抵北海,东西在万里以上,南北亦有五六千里。①

这时的突厥,畜牧业兴旺,锻冶手工业发达,官制、刑法、税法齐备,并已有了自己的文字,突厥是中国北方各族中第一个创造了自己文字的民族。突厥文大约创制于5世纪,但直至1889年俄国学者N.M.雅德林采夫于鄂尔浑河流域和硕柴达木湖畔发现古突厥文《阙特勤碑》和《毗伽可汗碑》,并由丹麦学者V.汤姆森加以解读,于1894年公布之后,方被世人知晓。据研究,突厥文来源于阿拉美亚字母,但在传入突厥后有所改造和发展,共有35个或38—40个字母或符号,既不是一种纯粹的音素文字,也不是纯粹的音节文字,其书写方法或由左向右,亦有由右向左者。突厥人建立的是一个等级制国家,在最高统治者可汗下,设叶护、特勒等28等官职,实行严密控制。而且,为了统治辽阔的疆域,又在各个地区分设许多小可汗,但均由大汗封命。突厥法律规定,凡反叛、杀人致死、伤人者以女或马赔偿,偷盗者十倍偿还;被征服族人进行反抗或本族人违犯刑律,均得降为奴隶。563年,乘北齐、北周对峙之机,突厥引兵出塞,纵兵大掠,使晋阳以北700多里,人畜无遗。582年,突厥被一分为二;东突厥由波罗可汗掌管,西突厥由达头可汗统治。此后东突厥虽强盛一时,但已改变不了势力日衰的趋势。

与之相反,西突厥却获得很大的发展。1077年,西突厥以锡尔河下游为根据地,建立军事政权"花剌子模王朝",进入13世纪以后开始猛烈扩张,该王朝的算端摩诃末先将被称为"河中地区"的锡尔河、阿姆河流域的大片绿洲占领下来,接着又灭亡了位于现阿富汗地区的神秘政权"古尔王朝",进而把前进方向指向伊朗和巴格达。"算端"是阿拉伯语"苏丹"的音译,而伊朗和巴格达当时是"阿拔斯王朝"的天下。

(2)蒙古人。蒙古人原是室韦部落的一支。8世纪之前,室韦部落兴起于额

---

① 《北史·突厥传》。

尔古纳河流域,即东北亚最大的河流黑龙江的上游。约8世纪左右,室韦部落开始西迁,抵达克鲁伦河、鄂嫩河和土拉河发源的肯特山一带,逐步散布于西起三河之源、东至呼伦贝尔的辽阔草原。室韦部落当时分为好几支,如岭西室韦、蒙兀室韦、黄头室韦、山北室韦等,蒙古人原属"蒙兀室韦",只是当时一个部落的名称。"蒙古"一语,初见于唐代汉籍,当时即称"蒙兀室韦",应是"蒙古"的同音译名,至两宋、辽、金之际仍有20余种译法,如"萌古""朦肯""蒙古里"等等。9世纪至12世纪,室韦部落进一步分化、发展,在今蒙古草原及其周围涌现出很多的部落,其中有蒙兀部、克烈部、塔塔儿部、蔑儿仑部、斡亦剌部、翁吉剌部、汪古部等等。此时的蒙古仍只是一个部落的名称。

蒙古人"以黑车白帐为家",过着游牧兼狩猎的生活,以肉和奶制品为主要食物。放牧的牲畜种类齐全,有马、牛、羊等,马的品种虽然瘦小,但耐饥寒,善奔走,成为蒙古人重要的交通和作战工具。手工业亦有所发展,除用毛皮做衣、用羊毛制毯而外,还能用木、铁制造各种工具和武器,只是产品比较粗糙。直到12世纪之前,蒙古人还处于氏族和部落阶段,游牧时一般以"古列延"即氏族为单位,其居住地由各户的毡帐围成一圈,氏族部落的首领居于中央,且已由群婚过渡到族外婚,有时也直接把掠夺的外族女子娶作妻子。丈夫死后妻子可改嫁,但不能脱离男方氏族。由于男子较少,多妻制较流行。这说明,当时已由母系氏族过渡到父系氏族。

12世纪左右,蒙古的社会经济获得迅速发展,有的部落如汪古部落已开始务农。与"汉地"毗邻的一些部落,如塔塔儿、翁吉剌等部落常常以自己的马匹、皮毛在互市中换取内地的绢帛、铁器,深受中原先进文化的影响。与此同时,畏吾儿人使用的文字,也在族际之间的交往中,从西部传入与之相邻的乃蛮部。蒙古社会内部贫富的分化日益明显,社会被划分成贵族、牧民和奴隶三大阶层。贵族称"那颜"(官人)、"必勒格"(智者)或"薛禅"(贤者),他们都拥有大量畜群和牧地,并控制着一批由"那可儿"(亲兵)组成的武装,为争夺财富和地位相互攻伐,"天下扰攘"。普通牧民被称为"哈剌出"(黑头),为避战乱不得不寻求大贵族的庇护,并连年向自己的主人纳贡、服役,最终沦为贵族的依附民。牧民除因战争被俘而成为奴隶外,有的还因无力还债或交换关系沦为奴隶,不过奴隶在蒙古人中主要供贵族家内使用,而不是用于生产,奴隶的下一代可获自由。蒙古贵族们为了争夺财富和领地,在各氏族和部落之间不断挑起战争,在战争中一些弱小部落被吞并、消灭,同时也有一些部落因征服和合并而强大起来。以铁木真为"大汗"的蒙古国,就是在这种征战中诞生的。

蒙古人的战术是从匈奴、突厥人那里学来的,也是一种"游牧战术",但却发展到了极致。作战时,先派出一些探子去观察敌人,但做得神不知、鬼不觉,不让敌人有任何察觉。一旦发起攻击,便从两翼包抄、拦截敌军,靠着他们那支高度灵活的骑兵给敌人一种从天而降、草木皆兵的感觉,令对手还未交锋便仓皇失措。有时他们佯装退却,将敌人引入迷途,使其远离自己的阵地,一旦进入他们的伏击圈,就乱箭齐发将其射死。蒙古人有句名言:"白天以老狼般的警觉注视,夜间以乌鸦般的眼睛注视,战时像猎鹰般扑向敌人。"

(3)女真人。在蒙古人之东,与蒙古人几乎同时兴起的一个民族是女真人。女真,一作"女直",亦译"朱里真""朱儿扯特""珠申"等,最早见于五代汉籍。但女真人的起源,可追溯到唐时的黑水靺鞨。自五六世纪起,即居住于今黑龙江和松花江流域及长白山麓,以狩猎为生。8—9世纪,女真人附属于粟末靺鞨族所建的渤海国。926年,渤海国为辽所灭。

辽灭渤海国后,将女真人分为"熟女真"和"生女真"两部分,把其中汉化较深的数千家豪右即熟女真迁往辽阳以南地区,并编入辽的户籍。未汉化的生女真,则仍留在粟末江(今松花江)之北、宁江州之东,不编入辽的户籍。当时生女真"地方千余里,户口十余万"。① 这十余万户分属于72个部落,散居于河流两岸和山谷。各部落以雄豪为酋长,但各部落居民的户数不等,大者数千户,小者仅千户,尚未脱离原始面貌。

11世纪初,绥可为女真完颜部酋长时,该部落正居于按出虎水一带。此地"土多林木,田宜麻谷",完颜部不仅种植五谷,而且还刳木为器,制造舟车,修建屋宇,甚至已开始烧炭炼铁。② 由于铁器的使用,生产力和战斗力有所提高,同时也增强了完颜部在女真各部中的地位。11世纪中叶,石鲁及其儿子乌古乃为酋长时,对部落民"以条教为治",发动了对居于青岭和白山之间的部落的战争,借助契丹贵族的力量打击依兰以东的五国部,征服粟末江以外呼兰河流域各部落,又降服东南纶石烈等部落,终使完颜部"基业始大"。③ 以此为基础,完颜部酋长的势

---

① 《三朝北盟会编》卷三,"女真古肃慎国"条。
② 1961年,考古学者在黑龙江阿城县五道岭、道平岭等地发现十多处金初采矿和冶铁遗址,其中许多地方还发现了炼铁炉遗址。
③ 《金史·世纪》。

力逐渐凌驾于各部落酋长之上,终在1115年统领女真各部,正式建立女真国即金国,国王便是来自完颜部的阿骨打。

据完颜部不成文法,11世纪和12世纪之交,女真人已开始向阶级社会过渡。其法律规定,凡犯杀人和劫掠罪的,除本人要处死刑外,还要"没其家资",并以其家人为奴。而当时因负债而出卖妻子或直接以妻子偿债者数量不在少数,说明债奴制也已存在了。女真建国后,其势力和疆域都有进一步扩大,在明代分为海西、建州、野人三部,后来入主中原的满族就是以建州女真为核心发展起来的。

1.15 远农业带游牧民族的兴起:斯拉夫人、日耳曼人和非洲游牧民

游牧民族的活动地区可分为两种情况:一种靠近亚欧农业带,另一种则远离亚欧农业带。前一章所讲述的三组游牧民族属于前者,本章谈的斯拉夫人、日耳曼人和非洲游牧民则属后者。这里所说的"非洲"主要指撒哈拉以南的非洲。

斯拉夫人的扣针,年代约在6世纪晚期

(1)斯拉夫人。斯拉夫人兴起于公元后的几个世纪,但其起源可追溯到公元前的若干世纪,当时斯拉夫人比较分散,并无明显的固定地点。现在比较清楚的是,大约在2世纪以前,部落大流动把斯拉夫人推到多瑙河中下游地区。据成书于11—12世纪的《初始编年史》记载,大约从2世纪起,斯拉夫人受到沃尔赫人即罗马人的侵袭后,开始从多瑙河向各地迁徙。其中,一些人来到维斯瓦河流域,后被称为波兰人;另一些人来到第聂伯河流域,被称为波利安人。

不过,从多瑙河、第聂伯河来的斯拉夫人并不是直接过来的。据瓦·奥·克柳切夫斯基研究,实际上他们不断地更换牧地,从公元2世纪到7

世纪,在喀尔巴阡山脉长期停留,然后才从那里散布到俄罗斯各地,并最终建立起俄罗斯第一个国家基辅罗斯。因此,这位历史家断言:"喀尔巴阡山是斯拉夫人共同的老家。"①

6—7世纪期间,居住在喀尔巴阡山的斯拉夫人不断遭到阿瓦尔人的入侵,其妇女更是遭到阿瓦尔人的残酷折磨,如令斯拉夫女人代替马给入侵者拉车。为抵抗东罗马人的侵略,斯拉夫人结成了军事联盟,而在这个联盟中起主要作用的就是波利安人,波利安人的酋长成了这个联盟"最高的王"。10世纪40年代,阿拉伯人马苏第撰写的地理著作《黄金草原》记载了这个军事联盟的历史,他在书中把这个居于统治地位的部落称作"沃林人"。而在俄罗斯古文献《初始编年史》中,沃林人即杜列伯人,也就是斯拉夫人。6世纪以后,由于内部纷争,这个军事联盟逐渐解体,分成一个个独立的部落,并开始向东欧平原迁徙,占领了从第聂伯河至奥得河之间的地区,同时由游牧民族转变为半牧半农的民族。这一带原为哥特人占领,4世纪末西进的匈奴人打败了哥特人,并把他们驱逐到更远的西部,从而为斯拉夫人留下了地盘。这些人与各地原来散居的斯拉夫人汇合,逐渐形成东、西、南三支斯拉夫人:西斯拉夫人居于德斯特河上游和维斯瓦河之间,南斯拉夫人散布于整个巴尔干半岛,东斯拉夫人则把第聂伯河上游当作自己的前进基地。他们在7—9世纪建立了一系列斯拉夫王国,如萨英公国、保加尔公国、大摩拉维亚、波兰、基辅和诺夫哥罗德等等。

从882年起,诺夫哥罗德首领奥列格先后占领基辅及周围各小公国,并以基辅为中心建立起"罗斯"国家,从此罗斯的最高统治者称"大公",各公国的王公在统一的大公国形成后便成为地方性的"总督",并要向中央政府缴纳"贡赋"。贡赋一般以兽皮等实物充当,但后来也包括犁税或木犁税,当时每把木犁缴税1什里雅格(щияг)。维护大公统治的主要支柱是大公的"亲兵队",亲兵又分成高级、低级两部分:高级亲兵由王公的武士和大贵族组成,低级亲兵由年轻武士和少年队员构成。大公的国务委员会称为"杜马",由高级亲兵即大贵族和城市长官组成——"城市长官"之所以成为杜马的成员,是因为他们同时指挥着亲兵队。这个社会是由这样一些阶层构成的:亲兵队、城市商人、农民和奴隶。但奴隶现象在这个社会中并不很突出,社会的大多数还是拥有一定土地的农户。因此,斯拉夫人

---

① 瓦·奥·克柳切夫斯基:《俄国史教程》(第一卷),商务印书馆,1992年,第103页。

没有经过典型的奴隶制社会阶段。

古罗斯人的历史和文化主要体现在两部文献中：一是《初始编年史》，它由三部分组成："往年纪事""罗斯接受基督教的传说"和"基辅佩切尔斯基寺院编年史"；二是《罗斯法典》。这两部文献记载了古罗斯人的历史、文化、社会生活和制度。

（2）日耳曼人。日耳曼人是来自北欧的游牧民族，第一个已知的日耳曼部落发源于斯堪的纳维亚半岛，其历史可追溯到公元前2000年。但他们自称"德意志人"而非"日耳曼人"，"日耳曼人"是凯尔特人和罗马人对他们的称呼。大约从公元前1000年起，可能由于当地人口过剩的缘故，日耳曼人开始离开他们的故土南下。于是，日耳曼人分成了三大支：西支、东支、北支。

西支即条顿人。他们首先到达易北河和莱茵河，公元前200年左右到达美因河，100年后散布于德意志南部各地。上莱茵的阿勒曼龙人和士瓦本人，中下莱茵的法兰克人，威悉河、易北河及哈尔茨山区的萨克森人，以及萨克森以南的图林根人，均属条顿人。日耳曼人的东支，包括汪达尔人、马可曼尼人、哥特人等，于公元前600—前300年间渡过波罗的海，溯维斯瓦河而上到达喀尔巴阡山脉，然后又于2世纪抵达黑海。汪达尔人最后定居于西里西亚，马可曼尼人最后定居于波希米亚，哥特人到达黑海后再分为东西两支，其中东哥特人在4世纪建立起庞大的王国，其统治范围一度扩及从黑海到波罗的海的地区。日耳曼人的北支，即后来的诺尔斯人（Norseman）或诺曼人，最初仍留在故地斯堪的纳维亚，但8世纪后也纷纷渡海南下。其中一些人在征服斯拉夫人和芬兰人后，于864年定居于基辅并在那里建立起罗斯公国，Rus（罗斯人）就是当时被征服者对入侵者的称呼，是基辅罗斯大公国的前身。另一些人于8世纪侵入英格兰，9世纪在诺曼底建立据点，然后从诺曼底进入意大利南部和西西里，于11世纪建立起强大的王国。

尽管日耳曼人的分布如此之广，但在历史上其生活和活动的范围始终在维斯瓦河、莱茵河、多瑙河与波罗的海之间。这是一片面积广袤的原始森林，其间杂以众多的平原、沼泽和水乡，从气候、土壤和地理上看毫无吸引力，因此，日耳曼人只能以户或几户为单位散居于此。人口较多、有十几户或二十几户的村落很少，各村落之间相距较远，相隔以森林。日耳曼人在公元元年前后，即从斯堪的纳维亚南下以后，便过着一种既不完全是游牧，也不完全是定居，随时准备迁徙的生活，因此他们没有形成居住中心，也没有教堂或庙宇，唯一类似于市镇的建筑物是建有围墙的营房（Fluchtburgen）。日耳曼人的房屋是一种木结构长屋，一般有100—

200平方米左右,一部分住人,另一部分养畜。由于男人要狩猎、畜牧、作战,耕作大部分留给了妇女、儿童和老人。

公元元年前后,日耳曼人还处于由原始社会向阶级社会的过渡期,其基本的社会形式是克兰(Clan),由克兰发展为部落,而部落又分裂出新的克兰,因此血缘关系还起着重要作用。虽然经常有许多小王国兴起,但不过昙花一现而已。土地归克兰或部落所有,每年的耕作和收获在家族或克兰之间分配,虽然个体耕作和个人财产还有发展,但公共土地和牧场(Allmende)一直存在。奴隶虽然已经产生,但他们一般领种主人的土地并拥有自己的房屋和家庭,同时向主人交纳谷物、衣服、牲畜等。日耳曼人除游牧和耕作外,还兼营简单工商业,甚至已开始使用铁器,并发明了带铁头的"夫拉矛"(framea),但他们没有自己的货币,采取以物易物的方式,只有和罗马人交换时除外。

日耳曼人实行军事民主制,实权掌握在氏族贵族议事会手中,但遇有重大事件和战事须由民众大会决定。氏族首领为了维护自己的权力,建立了只听命于他的"亲兵队",它由青壮年组成,专事作战和防卫而不事生产,渐渐地发展成为一个特权阶层。据塔西佗记载,"当一个人到达能使用兵器的年龄,就在[人民]大会上由一位酋帅,或本人的父亲或亲属给这个青年装备一面盾和一支矛"。可见,当时日耳曼人的社会是建立在军事组织基础之上的。

(3)非洲游牧民。在世界历史上,讲到游牧民族,人们常常只想到亚欧农业带以北的那些民族,很少想到亚欧农业带以南也存在过游牧民族。撒哈拉以南的非洲游牧民亦属远农业带游牧民族。

从地理上看,非洲有3/4的部分在南北回归线之间,赤道横穿非洲中部,赤道两侧是大片的热带森林。而在这片热带森林的两侧,便是广阔的热带草原,南侧的草原尤为肥美,这里除稀疏地分布着波巴布树以外,生活着羚羊、斑马、犀牛、长颈鹿等多种动物。在南部非洲,热带森林和热带草原的分界线是刚果河,从这里往南,热带森林就让位给草原。南部非洲草原上的游牧民族,比较大的有科伊桑人、班图人和布干达人,他们游牧但也从事锄耕,可称之为游耕民族。

科伊桑人是非洲大陆自古以来的基本人种,是东非和南非广大地区的最早居民。其最早的发源地在东非大湖地区,他们的肤色为黑色但略带黄色,从一开始就过着狩猎和采集的原始生活。当班图人强大起来后,科伊桑人在班图人的挤压下,不得不一边战斗一边撤退,一直迁徙到非洲大陆的南端,即今南非开普省境内。考古学家发现,在南非一些山脉的峭壁上,至今还残留着他们与班图人交战的画面。尽管科伊桑人早已由游牧转为游耕,但欧洲人仍把他们称为"布须曼人"(意为"丛林中人")和"霍屯督人"(意为"愚蠢的人"),前者指在丛林中以狩猎为主的科伊桑人,后者指草原上以游牧为主的科伊桑人。

班图人发源于喀麦隆高原的西侧,即今尼日利亚和喀麦隆的交界地,后迁移到刚果河与赞比西河之间的分水岭地带。由于冶铁技术和锄耕农业的发展带来的人口增长,以及北方苏丹尼格罗人不断南下的威胁,从1世纪起班图人开始了长达1800年之久的大迁徙。其中一支向西到刚果和安哥拉一带,向东的一支则迁到了东非沿岸,向南的一支经过赞比西河而至南非。在漫长的大迁徙过程中,一些氏族和部落不断独立出来,在新的环境下形成新的族群,建立过大小30多个国家。今天赤道以南90%的非洲居民可能都属班图人及其支系。班图人在大迁徙过程中走走停停,逐步地由游猎民族发展成以农牧业为主、兼事狩猎的民族。

据传说,布干达人的祖先是巴契维希人,而巴契维希人的祖先是巴希马人,巴希马人原是游牧民族,视牲畜为他们的主要财富,发源于北方某地,最后定居于维多利亚湖谷地。他们后来显然受到班图人的巨大影响,并接受了班图人使用的语言,因为他们居住的这个地方后来被称为"乌干达","乌"乃是一个班图语前缀,是国家、土地的意思,"乌干达"即干达人之地。

1.16 远农业带半开化土著人:澳大利亚人及大洋洲其他土著文化

大洋洲,由澳大利亚、新几内亚、新西兰、新喀里多尼亚岛及太平洋上的众多岛屿组成,包括美拉尼西亚、密克罗尼西亚和波利尼西亚三大群岛。一般认为,大约在10万年前,当旧大陆的辽阔原野被人类占据之时,大洋洲和美洲一样仍杳无人迹。人类在澳大利亚、新几内亚及大洋洲其他岛屿登陆,可能是5万多年以前的事了。这和印度尼西亚的情况大不一样,印度尼西亚是东南亚的一部分和延伸,1891年由荷兰人类学家杜布瓦(E. F. T. Dubois)在爪哇岛特里尼尔发现和挖掘出的"爪哇猿人",被认定为直立猿人,应属更新世中期,距今约70万—80万年。但这一发现属于旧大陆的范畴。

据考古学家和人类学家研究,大洋洲的土著人并非属于一个人种,而是分属两个人种:澳大利亚土著人,与生活于非洲的黑人是同一个种族,但不是直接从非洲,而是间接从古印度来的,古印度人是黑种小矮人,东南亚和印度尼西亚是其进入澳大利亚陆地的桥梁或跳板;而生活于大洋洲其他各岛屿的人类,则是蒙古种而非黑种人,是很早以前从中国东南沿海逐步迁徙而至的。这些人迁徙的路线大致是:自台湾岛南下到菲律宾,再经所罗门群岛或斐济群岛向东到波利尼西亚,并散布到其他太平洋诸岛,甚至远至夏威夷,并发现"复活节岛"。有趣的是,生活于东非沿岸马达加斯加岛的土著人,在人种上也与大洋洲各群岛上的土著人同源,可能是从波利尼西亚或其他岛屿出发,向西渡海而来的。这些人是人类文明史研究中常常被遗忘和被忽视的部分,而他们的文明与历史有着不应当被遗忘和忽视的价值。从文明发展和研究角度看,大洋洲和撒哈拉沙漠以南非洲及新大陆一样,是人类学资源的巨大宝库,不了解和认识生活在那里的人类祖先,人类就不可能真正了解和认识自己。

据研究,在欧洲探险者和殖民者到来之前,大洋洲土著居民既没有自己的文字,也没有建立起真正的国家,各部落尚处于原始社会的不同发展阶段,少数岛屿上被称为"君主国"的组织,基本上还是建立在部落和族群基础上的,可能连"酋邦"也称不上,既落后于撒哈拉沙漠以南非洲文明,也落后于印第安文明,但在一些岛民中已出现了私有制,甚至阶级的分化。以密克罗尼西亚人为例,在他们之中已有了私有财产、社会不平等及世袭贵族政权,在有些地方甚至还可以看到奴隶的使用,显然已处于由原始社会向阶级社会过渡的边缘。但据苏联民族学家A.M.佐洛塔寥夫研究,密克罗尼西亚人的社会发展模式似乎是在母系氏族逐渐解体的条件下,直接向阶级社会转变的,连父权制阶段也被越过了,被称为"晚期母权制"。该岛的居民分为不受地域限制的母系氏族和母氏家族公社两类,后者以从妻居和走婚为基础,每个公社由三四十人组成,在一个年长男子和年长妇女领导下从事共同的经济活动,继承问题严格遵循母系原则,妇女保持着平等和自主,甚至享有婚外的性自由,离婚时孩子总是归母亲。大洋洲土著的社会发展水准,由此可见一斑。"父权制"在大洋洲土著人中的不发达,直接影响到该文明中权力的集中和国家的形成,而造成这种不发达的原因则是男性在经济活动中的重要性偏低。

这是因为,大洋洲的土著人,是在旧石器时代和新石器时代之交来到当地的,岛屿的极度分散和活动范围的相对狭小,使这些人基本只能靠狩猎和采集过活,很难发展到大规模游牧和征战,而处于相对和平的状态,并且较早地进入定居和

这个复原的拉比塔陶罐发现于新喀里多尼亚，上面的图案展示了所有拉比塔陶器的特点。

农耕生活。而他们的邻居东南亚人在农业中又很早就发明了根栽作物种植，这很快传入地理和气候都比较适宜的大洋洲各群岛，并继而成为大洋洲土著人农耕活动重要而突出的特征，而农事劳动主要是由妇女承担的。此处所说的"根栽作物"，主要是指甘薯、马铃薯、香蕉、甘蔗、椰子等，它们很早就脱离了野生状态而被栽培化。而且，根栽型农耕经济，与麦作型和杂谷型农耕以及"稻作文化"相比，对环境及土地整理方面的知识和技术要求较低，掘棒成了唯一的农具，也不用犁。这种在热带雨林中发展起来的农耕经济，一般尚处于"刀耕火种"的状态，在伐木、烧荒后种植1—3年作物，然后弃之他徙，令土地轮休10—15年。另外，与种子栽培型农耕不同，根栽型农耕的祈神、谢神等农耕礼仪形式很不发达，因而也缺少产生特殊祭祀阶层的契机，进而影响到政、祭合一的古代王权的形成。这是造成大洋洲国家形成缓慢的另一原因。然而，也必须承认，根栽型农耕的发展，是大洋洲土著文化的一大特色，同时也是这些土著人对人类文明的一大贡献。由于农业主要是根栽型的，所使用的工具主要是掘棒，也影响到大洋洲土著手工业的发展，手工艺主要体现于石制工具中。尚未发现使用铁的情况，陶器的制作也受到原料的限制。为了弥补饮食的不足，土著人畜养了鸡，并发展了捕鱼业，因为大洋洲群岛虽多，但可游猎的动物却有限。不过，澳大利亚土著人发明的"飞去来器"却很有名，此器用"<"形木板制作而成，使用时执其一端飞掷而出，画一直径50米左右的圆圈，然后再回到手中。这是一种捕杀小动物和鸟类的工具。

大洋洲土著人主要以独木舟作航海工具，但在人类航海和文化交流史上却创造了惊人的奇迹。他们不仅驾舟在各岛之间穿梭，运送各种食品、物品和石料，用以在各土著部落之间交换，还远航至马达加斯加岛和复活节岛。据考察，第一批定居于马达加斯加岛的居民，所说语言马尔加什语属马来-波利尼西亚语系，该岛上居民今天所说的语言与遥远的婆罗洲居民的语言更为相似,而与毗邻的非洲语言的关系则比较松散。而复活节岛只不过是大洋中的一个小圆点,距离最近的人类居住地1600公里,这里的居民讲波利尼西亚语,但岛上留下的600座石像却不是完全出自波利尼西亚人之手,显示出大洋洲其他土著人的影响。

1.17 神话时代和庙宇文化:祭司和权威的形成

在文明产生时期,人类文化的主要特征是祭祀活动的频繁和庙宇文化的繁荣,其精神和观念基础是神话和传说,而其社会支柱便是祭司阶层。从某种程度上说,作为文明概括的国家及王权的形成也与祭祀活动有密切的关系,因为权威最初就是在祭祀活动中形成的,国王原是最大的祭司。《礼记·祭统》云:"凡治人之道,莫急于礼;礼有五经,莫重于祭。"说的就是这个意思。而文字主要就是用来记载神谕和其他祭礼活动的。

在此以前,人类崇拜的对象是图腾,图腾异化地代表了大自然神秘莫测的主宰,其思想基础是直观的感觉,因此图腾崇拜常常与交感巫术相联系。当人类逐渐认识到自然的独立性时,便开始把大自然想象成有着某种独立意志的人格神,想象成具有人的感性特征的超人形象,于是对神的崇拜就取代了对图腾的崇拜。因此,在神话时代,最初出现的神灵均为自然力的化身。例如,在两河流域,阿努是天神,莫利尔是地神,马尔杜克是雷雨之神;在古埃及文明中,阿蒙是太阳神,图特是月亮神,塞特是黑暗神;在古印度河文明中,毗湿奴是太阳神,库什是月亮神,山塔什(一音"特拉")是司暴风雨之神;在华夏古文明中,人们崇拜的有掌管日月星辰的"天帝",也有代表社稷、五岳的"地示",还有代表先王、先公、先祖、先妣的"人鬼";在希腊神话中,有代表河神的俄刻阿诺斯,也有代表大地之母的盖亚,还有代表宇宙的乌拉诺斯。人们所崇拜的神有几个特点:第一,它们都是自然力的化身;第二,这些自然现象在人类生活中有重要的作用;第三,当时人们对这些自然的奥秘缺乏了解。因此,当时人对这些神的观念是二重的:一方面把神抬到主宰一切的高度而加以崇拜,另一方面这些神在人们心目中又常常是形象诡异、面目狰狞的。

由于"神"是自然、人间、天宇的主宰,对神的祭祀活动成为古文明形成时期人类一切活动中最重要的活动,用《礼记·祭统》的话来说就是一切"莫重于祭"。

因此,在所有古文明形成时期,在当时人们留给后人的所有文物遗址中,最突出也最重要的建筑是用于祭祀的祭坛。例如,苏美尔最古老的城市是埃利都,其最重要的建筑就是它的神庙,神庙建筑前后存在千余年,在地下留下了多达 18 层的建筑层,祭供神像的大厅长 26.5 米、宽 16 米。在以哈拉巴命名的古印度文明中,虽然未发掘出高大突出的神庙,但摩亨佐·达罗城中最突出的建筑设备是被推测可能供祭师净身之用的"大浴池"。1987 年在中国浙江余杭发掘出的一处属于原始社会向文明社会过渡阶段的良渚遗址的祭坛,东西长约 670 米,南北宽约 450 米,其规模之大令人惊诧。在克里特文明中,克诺索斯王宫内、处于突出位置的中央庭院是王宫中最大的庭院(长约 60 米、宽约 30 米),其西楼既有国王的办公处,也有许多神龛神坛和专门的祭仪大厅,可见祭祀的重要。至于美洲印第安文明,玛雅文明中最庄严雄伟的建筑物是金字塔,如奇琴伊察有名的"库库尔坎"金字塔,便是一种专供祭祀的祭坛。所以,从文明发展的角度看,庙宇文化的繁荣是古文明兴起时期的重要标志,也是各古文明的重要内容。

凡大祭,有两件大事为要:一是要定人,二是要立制。定人,就是要选定祭祀活动的主持人即祭司,祭司担负着在神与人之间进行联系的重任。祭司一方面向人们传达神灵的旨意,另一方面又把人们的祈愿转告冥冥中的神灵。久而久之,在频繁的祭祀活动中,祭司作为一个拥有特殊身份和职责的集团,就被赋予了超出一般人的权威,而成为人类社会中第一个也是当时唯一的特权阶层。立制,就是确保各种祭祀活动的权威性、严肃性和有序进行。在摩亨佐·达罗城遗址中发现的"大浴池",如果真是供祭司祭祀前净身之用的话,那么从其建造的规模和水准来看,古代对有关祭祀的礼制是非常重视的。在中国专门记载古代各种礼制的《礼记》中,有关祭祀礼制的篇幅有三:祭法篇、祭义篇、祭统篇,对祭坛的设置、祭祀的时间及各种注意事项,均有详细的规定。各古文明中有关祭祀的仪制也类似。因此,大体可以说,历史上最早的制度是礼制,而礼制中最重要的制度是祭祀制度。

在历史上,最大的祭祀活动通常是由氏族、部落或国家的首领来主持的,因此国王原是最大的祭司。甚至可以说,国王之所以为国王,首先由于他是宗教领袖,他首先是通过转达神的意旨而获得权威的。例如,在苏美尔各城邦国家形成的过程中,城邦最初的统治者通常称为"恩希"(Ensi),他同时也是掌握城市神庙的祭司。国王起初借助主持祭祀活动,即借助神灵来树立自己的权威,为了巩固和增强自己的权威和权力,进而便产生了把自己也变成神的思想。所以古埃及第 3 王朝的乔塞尔在建造金字塔时,就把原来的马斯塔巴形变成了尖锥形,以便自己死后由此登天入云成为拉神。以后,国王干脆就把自己说成是神或神的儿子,如克里特米诺斯王在传说中就是天神宙斯与人间美女欧罗巴所生之子,以便国王可以直接代表神的意旨行事,如汉谟拉比在制定法典、武王在伐纣时所做的那样。前者在一个碑文中曾说,《汉谟拉比法典》是在"阿努和贝尔授予我治理苏美尔和阿尔德之权时"制定的。武王伐纣时在《泰誓》中也说,"今商王受,弗敬上天","皇天震怒,命我文考,肃将天威"。由此看来,历史上最早的政体和体制,都是政权和神权合一的。詹·乔·弗雷泽在《金枝》一书中写道:

> 当我们指出古代国王通常也是祭司的时候,还远未详尽阐明其官职的宗教方面的内容。在那些年代里,笼罩在国王身上的神性绝非是空洞的言辞,而是一种坚定的信仰。在很多情况下,国王不只是被当作祭司,即作为人与神之间的联系人而受到尊崇,而是被当作神灵。他能降福给他的居民和崇拜者,这种赐福被认为是凡人力所不及的,只有向超人或神灵祈求并供献祭品才能获得。因而国王们又经常被期望能赐予国家风调雨顺、五谷丰登等等。这种期望,必然使现代人感到奇怪,但对早期人类来说,这是一种十分自然的思想方式。①

与此相联系,这个时期的文学和艺术,许多也打上了神话和宗教的色彩。世界上第一部史诗是苏美尔人创作的《吉尔伽美什与阿伽》,形成于公元前二千纪前期,它反映的是乌鲁克王吉尔伽美什的故事。它是史诗而不是神话,自始至终是历史的。但大量的文学和艺术产品,都深受神话和宗教的影响。一名约公元前950年的古埃及作者,在被称为《阿美涅莫佩的智慧》的诗篇中写道:"宁要上天所赐一口,不爱他人盗粮千斛;宁可穷但得神喜悦,不可富却成守财奴。"更早年代的《沉船水手的故事》的作者,把自己的脱险完全归功于神的搭救:"啊,神啊,出于你的意愿我逃离故国亡命此地,现在求你让我重返故土。"苏美尔古地亚王用类似的诗句来颂扬拉伽什城的保护神巴欧女神:"啊,女神,创建拉伽什城的圣母,在你的庇护下,你的子民富庶强盛。"这个时期的医学、天文学和几何学,也与宗教活动有着密切关系。如制作木乃伊的需要导致古埃及解剖学的产生。为了确定农时,同

---

① 詹·乔·弗雷泽:《金枝》,中国民间文艺出版社,1987年,第17页。

时也为了确定举行宗教仪式的日期,天文学和最初的历法产生。甚至地图的绘制也与宗教有关,如埃及的地图均以冥界为终点,因为人们关心死后如何继续走完通向冥界的旅程。促成文字发明的原因是多种多样的,但在古代,唯一拥有知识、使用文字的是祭司阶级,许多文字的发明都与祭祀活动有关,并用来记述占卜的结果。例如,作为世界古老文字之一的甲骨文,就是用来记述占问之事和吉凶情况并供日后检查是否灵验而刻在甲骨上的。它包括的内容广及天时、年代、祭祀、征伐及天灾、人祸、疾病等等。

长期以来,不少历史家几乎毫无例外地把神话、传说归入"非历史"的范畴,但作为人类学鼻祖之一的爱德华·泰勒却把神话、传说定义为"原始文化"[1],这就为我们找到了由神话、传说到历史的通道,因为既然神话、传说是"文化",那么它们就是人类思考和活动的产物,因而本是历史的组成部分,而神话、传说中所包含的荒诞、错误的内容,不过是古人观察和认识世界时原始性的表现。[2] 这样一来,一个民族、国家的古代神话、传说,也应当被视为该民族、国家的宝贵遗产。

本编所讲的几大古文明,如苏美尔文明、古埃及文明、哈拉巴文明、华夏文明及爱琴文明,有一个突出的和共同的特点,就是它们都是各自独立发展起来的文明,并为以后各大文明的形成和发展提供了原型和母体。因此,这些文明都是原生型文明。最能体现和区分这些原生型文明的是文字,古埃及的文字分碑铭体、僧侣体和世俗体,它不同于苏美尔人发明的楔形文字(或钉头字)。克里特-迈锡尼的文字有象形的,也有线形的,分为 A、B 两种,自然更不同于古埃及的文字。中国的文字,从仰韶时代陶片上的刻符到在山东邹平丁公山发现的龙山时代的土陶文,再到殷墟出土的大量甲骨文,既不同于古希腊的线形文,也不同于苏美尔人的钉头字。至于印度最早的文字和玛雅人的文字,至今尚未释读成功,更不同于上述所有古文字。这只能说明,这些古文字和它们所代表的整个文明一样,最初是在完全独立的条件下发生和发展的,尽管它们产生和发展的时间不同,有先有后。因此,可以进一步说,人类各文明的起源是多元的,而不是一元的。

---

[1] 爱德华·泰勒:《原始文化:神话、哲学、宗教、语言、艺术和习俗发展之研究》,广西师范大学出版社,2005 年。
[2] 何顺果、陈继静:《神话、传说与历史》,《史学理论研究》2007 年第 4 期。

第 二 编

蛮族入侵与文化交流

从约公元前1750年起,人类文明发展中的一个重要事件是北方游牧世界对亚欧农业带的断断续续的入侵,并由此形成三次较大的游牧文化与农耕文化交流的浪潮。在"蛮族"冲击下,个别古代原生型文明灭亡了,但大多数古代原生型文明获得了更新,形成一批又一批派生和再生形式的文明,并产生了一系列更加强大的帝制国家。这些帝国无论是由本族还是异族所建,都是以原有的农耕文化为主建立和发展起来的,并都直接或间接受到异质文化的影响,而从这种文化交流中所获明显大于所失。正因为如此,人类文明从经济到政治、从制度到文化、从物质到精神,在这个时期都比以往的原生型文明更加成熟。在经济上,农业和手工业空前发展;政治上,国家体制日益完善;制度上,立法和监察制度各成系统;文化上,文学和艺术都空前繁荣;物质上,衣、食、住、行都更加丰富;而在精神上,则形成了三大世界性宗教即基督教、伊斯兰教、佛教,和一个起着近似宗教作用的儒家思想(或称儒教),它们在宗教-伦理价值上都自成体系,并分别影响世界上绝大多数人的精神生活,塑造着人类各大文明体系的基本面貌和特点,使之具有不同的文化性状和本质差异。从这个意义上说,三大宗教和儒家思想及其价值体系的形成,应是人类各文明成熟的主要标志,其实确可称为"宗教时代",尽管儒学在本质上并非宗教。

2.1 蛮族入侵与文化交流

在上一编,我们讲述了农业文明如何率先兴起于东方,尤其是五个原生型古文明兴起的历史和特点,以及若干情况。只要稍加留意就不难发现,那些游牧民族的兴起在时间上要晚于农业文明的兴起,且各游牧民族出现于历史舞台的时间也是有先有后的。这些游牧民族好比演员,总是把某个山区当作自己的化妆室,把茫茫的大草原当作舞台,当他们一个接一个梳妆打扮后,便依次走出化妆室进入大草原,上演并非完全属于自己的历史剧。只不过,他们演出的历史剧大部分都是武戏而不是文戏。这是由游牧民族的性格和特点决定的。

农业民族从事的是种植经济,它要以土地为基本生产资料,因此其生产和生活方式相对稳定,甚至世世代代离不开土地。同时,农作物的生长受季节变化的制约,农业耕作虽然劳动繁重但又很有规律。农业属于自然经济,以家为本但兼营手工业和小商品,因而带有很大的自给自足的性质。《帝王世纪·击壤之歌》说,"日出而作,日入而息,凿井而饮,耕田而食",形象地概括了农业民族生产和生活方式的特点。与此相反,游牧民族却要以水草的好坏为转移,逐水草而居,因而其生活带有很大的流动性。为了适应这种流动性,游牧民族必须具有两种优良品质:一是骁勇强悍,二是善于骑射。而这两种品质相结合,就产生了自人类社会诞生以来的一个新兵种:骑兵。骑兵成为日后游牧民族与农业世界对抗的有力工具。正如《史记·匈奴列传》所云:匈奴"逐水草迁徙,毋城郭,常处耕田之业,然亦各有分地。毋文书,以言语为约束。儿能骑羊,引弓射鸟鼠;少长则射狐兔,用为食。士力能弯弓,尽为甲骑。其俗,宽则随畜,因射猎禽兽为生业,急则人习战攻以侵伐,其天性也"。游牧民族对农业世界的多次入侵,就是在这样的背景下发生的。换言之,就主观而言,所谓"蛮族入侵"与文化交流并没有关系,人们不得将二者等而视之。

游牧世界对农耕世界的冲击比较大的有三次,但在这三次大冲击的前后还有序幕和尾声。游牧世界冲击农耕世界的序幕,是由印欧语系的民族进入安纳托利亚和希腊半岛拉开的,但是他们最初并没有对这些地区原有的农业文明构成威胁。游牧文化对农耕世界的第一次大冲击始于公元前18世纪,入侵者主要是印欧语族的游牧民,结果除古埃及文明和华夏文明外,米诺斯文明、苏美尔文明和哈拉巴文明均灭亡了,但同时也促成了巴比伦、希腊古典文明的兴起和印度文明的更新。游牧民族对农耕世界的第二次冲击始于公元前2世纪,入侵者主要是来自中国北部阴山和祁连山的匈奴人,其结果是促成了秦汉帝国、萨珊王朝、西罗马帝国的灭亡和印度笈多王朝的衰落,同时在这些旧帝国的废墟上建立起了大唐帝国、阿拉伯帝国、拜占庭帝国,并间接导致了基督教文明在西欧的兴起。游牧民族第三次对农耕文明的大冲击始于13世纪,这次大冲击主要来自蒙古人和突厥人。但与以往的历次大冲击不一样,这次冲击不仅没有直接导致众多主要文明的灭亡,反而在西方促进了基督教社会向现代社会的转型,在东方则造成了元朝对中国的统治。蒙古帝国的瓦解已耗尽游牧民族最后一点气力,以后再也无力重新组织对农耕世界新的冲击了,后来虽然还发生过满族人入主中国的事件,但那已是游牧民族对农耕世界所带来的冲击的尾声了。①

　　游牧民族对农耕世界的冲击,在历史学中常常被指称为"蛮族入侵",在某种意义上也是一种文化交流的形式。首先,与农耕民族相比,游牧民族虽然较为落后,但并不是都处于"野蛮"状态。他们大多仍处于氏族和部落发展阶段,但不少游牧民族已有一定程度的文明,有的已开始由游牧转为定居,并从事一定耕作;有的在手工艺方面已达到相当水平并开始使用铁;有的已出现了国家形式的萌芽并拥有了自己的文字。所以,当游牧民族侵入农耕世界后,也多多少少把游牧民族的文化和技术传给了农耕民族。事实上,后来印度的古典文明和希腊的古典文明,都是由入侵的印欧语系民族创造的。其次,农耕民族虽然在文明程度上高于游牧民族,但相较之下过于文静柔弱,缺乏活力。为了抵御游牧民族的不断侵袭,许多农耕民族不得不对自己的政治、经济和军事体制进行改革,甚至借鉴入侵的游牧民族的某些技艺,从而使自己更加强大。中国战国时期,赵武灵王于公元前307年起在国中实行"胡服骑射",成为关东各国中除齐国之外的最大强国,以至于公元前270年一度大败秦兵,就是一例。它说明,对异质文化的吸收有助于农耕民族提高自身的文明水准,增强抵御外来侵扰的能力。最后,文化的力量比武器的力量大千百倍,在不同文化相互交流和影响中的一个基本事实是,对文明民族的武力征服最终会被文明民族的文化所征服。其中,最突出的例子是农耕经济对游牧民族的影响。由于这种影响,在每一次游牧民族的大冲击之后农业文明的空间都得到了扩大。如前所述,最初的亚欧农业带仅限于北回归线至北纬35度左右的狭长地带,游牧民族的第一次大冲击使之扩展了8—10个纬度,达到了多瑙河—高加索—药杀水(今锡尔河)—天山山脉一线,第二次大冲击又使之向南北扩大了共约20个纬度,向北扩展到易北河、黑海、里海一线,而向南则扩展到孟加拉湾。第三次大冲击之后,游牧世界明显更加缩小,以致到最后收缩为一些孤立的地区,并演变成半农半牧的民族,和农业民族的区别越来越小。

　　游牧世界与农耕世界之间的交流,从客观上和实践上看其情况和影响有三:

---

① 参见吴于廑:《世界历史上的游牧世界与农耕世界》,《云南社会科学》1983年第1期。

一种情况是一般化，二者之间虽有某些接触，但不很深入，难以产生重大的结果或影响；另一种情况是，力量对比悬殊，以致一个被另一个吃掉或消灭，当然也就谈不上什么弱者对于强者的影响。但如果两者之间的交流超出一般交流的范围，又未能造成一个被另一个吃掉的后果，而是通过交流产生了新品种，就可称之为"杂交"了，属于第三种情况。文化之间的交流也是如此。游牧民族对农耕世界的三次大冲击，在亚欧大陆上演了一出又一出悲喜剧，引发了一个又一个王朝的兴衰更迭，但也由此造就了一个又一个庞大无比的帝国，其中有不少是超出地区范围的世界性帝国。有形的帝国虽然没有一个存留下来，但在各种文化之间的冲击、交流和碰撞中形成的几大宗教——基督教、伊斯兰教、佛教以及并非宗教的"儒教"，却各自影响着成千上万人的生活、行为、伦理、道德，并历经种种磨难仍能长存于世，成为比有形帝国更长寿的无形帝国，原因就在于它们是在文化杂交中形成的，是留存于心的伦理价值体系。看来，司马迁在《史记·太史公自序》中的重要概括："非兵不强，非德不昌"，不仅是对秦汉帝国历史经验的总结，也适用于那个时代所有帝国的历史。

2.2 希克索斯人的入侵与古埃及文明的中断

古埃及文明在其发展中期曾十分繁荣。第12王朝的创立者阿门涅姆赫一世被称为"一位像查理大帝一样的强人"，他把埃及的首都从孟斐斯迁至底比斯，大大地加强了对上埃及的控制。这位国王在一篇碑文中自我夸耀说："由于我，尼罗河和两岸河谷，风调雨顺。在我当政的年代，没有人挨饿。因为我，人民安居乐业。"据历史家研究，他的话并非全属虚妄。在第12王朝统治期间，埃及人一次又一次地驱逐了入侵的努比亚人，并修建了从尼罗河到红海的运河，塞努斯里特三世还曾带领他们远征巴勒斯坦。

但衰落往往是紧随着繁荣而来的。中王国本是在长达140年的混乱后建立起来的，大规模的奴隶和贫民的暴动与起义虽然被镇压了下去，但奴隶和贫民与奴隶主的矛盾并没有从根本上消除。

在中王国时期，由于农业和手工业的发展，奴隶的使用更为普遍和扩大，为此以掠夺为目的的对外战争频仍，以致叙利亚奴成为奴隶的通称。阿门涅姆赫一世告诫儿子说："臣属一个也不可信任，危险的人到处都是"，"不要相信什么兄弟，不要相信什么朋友","因为在这乱世,人人不可信赖"。他的担心并非空穴来风,就在他在位期间发生了诸侯叛乱,为首的就是他一手提拔的两个部下。

第12王朝末年,埃及法老政权再趋衰微,其突出表现就是地方割据的再起。第12王朝后,新建的第13王朝虽然仍以底比斯为都,但已不具备统一全国的实力,只能盘踞于南方一隅,苟延残喘。而新起的第14王朝,则不再以底比斯为国家的政治中心,而是以尼罗河河口三角洲为基地,实际上只不过是一个地方小朝廷。与此同时,奴隶和贫民暴动再起,其规模之大、影响之深可谓前所未有,这在《伊浦味陈词》中可找到有力的证据。伊浦味是一名贵族阶级的代表,整篇陈词充满了贵族对奴隶和贫民的仇视,有人认为陈词反映的是第一中间期,即中王国以前奴隶和贫民起义的情况,但该纸草卷发现于萨卡拉墓地,从字体和书法看是写于新王国后期,其文辞用语带有很强的纪实性,所述事实与写作者不应相隔太久。因此,我们认为它所反映的正是新的混乱时期的史实。

陈词提到"三角洲""北国",其中一个具体地名"伊布赫特",据考证大约在尼罗河第二瀑布以北,也在下埃及。因此,陈词所说的暴动和起义很可能发生于下埃及。但暴动发生后,显然已由地方性起义演变为全国性的起义,以致"污秽遍于全国",国都"在顷刻之间遭毁"。起义的最大后果是法制的破坏,"审判厅"已变为可任意出入的场所,"档案库"被起义者抢劫,官吏被打死,公文被拿走。在失去了法制后,奴隶成了自己的主人,"女奴隶越来越擅长自己说话了"。于是"最好的田地已落在匪徒之手,庶人已变成珍宝的所有者",而"贵人饥饿而陷入绝望",甚至不得不去做"推手磨的工作",以至于那些书吏也"无事可做"了。这份陈词的作者惊呼:"以前所预言的事,现在都实现了。"①

内政的混乱、奴隶的暴动以及国力的衰落,为外族的入侵提供了机会。正是在这种情况下,原住于巴勒斯坦、叙利亚的希克索斯人乘虚而入并在埃及找到了立足之地。如前所述,希克索斯人是闪米特人的一支,但从其语言中留下的印欧语言和文化的残迹看,这支族人中也掺杂了西亚甚至中亚游牧民族的成分。他们当时还处于游牧部落阶段,在经济和文化上比较落后。但他们已使用了马拉的轻型战车,即两轮战车,而这是当时已处于先进地位的埃及人所没有的,这给希克索斯人在埃及的战争提供了优势。他们进入埃及之后,采用逐步渗透的办法,终于

---

① 《伊浦味陈词》,载林志纯主编:《世界通史资料选辑》(上古部分),商务印书馆,1962年,第3—12页。

占据了尼罗河三角洲,进而控制了整个下埃及。约从公元前1720年起,希克索斯人自立王朝,先后建立起第15、16王朝,以三角洲东部的阿瓦里斯为都,从而使埃及人的政统第一次被打断。这和第一中间期有些不同——第一中间期虽然出现了大规模的混乱,但第7—10王朝的建立者都是埃及人,而第15、16王朝的建立者则是外族人,所以我们说它标志着埃及政统的"中断"。

希克索斯人建立的政权不仅控制了三角洲和下埃及,也最终使上埃及臣服于它,只有地方各州仍保留着自己的政权。关于希克索斯人的入侵及其影响,在《伊浦味陈词》中也有所反映,只是以往的研究者只注意到它所反映的奴隶和贫民起义的情况,而不太注意它所反映的外族入侵的情况。例如,陈词说:"国境变成沙漠,各州被洗劫一空,蛮人从外面进入埃及了。"过去由于认定它反映的是国内奴隶起义,该文献的俄译者把"蛮人"解释为"奴隶",但为什么说"蛮人"是从外面进入埃及的呢?这本来是不合逻辑的,如果把它解释为蛮族入侵,就合情合理了。明白了这一点,陈词下面的话也就易解了:"那全部三角洲,它已不[再]是有防卫了……要使得不至处处都成为侵入的路径,我们又有何计可施?……蛮人对于三角洲的工作,已经熟悉了。"当然,由于文献并没有直接说明"蛮人"为何许人,我们的解释还只能算推测和一家之言,待以后考察。但有一点很清楚,迄今为止史家只提到第一中间期有奴隶起义,却极少提到有外族入侵(特别是大规模入侵),这和陈词所谈到的史实是不符的。

但希克索斯人对埃及的统治不可能长久,一是本来各州还保留着埃及人的政权,二是希克索斯人"残酷地对待一切本地居民"。所以,当雅赫摩斯一世领导的驱逐希克索斯人的斗争兴起后,他显然得到了广大埃及人民的支持,并终于在公元前1570年重新建立起统一王朝:第18王朝。而且,从雅赫摩斯一世起,前后有四位国王均发动过对外战争,先后征服努比亚、巴勒斯坦、叙利亚,从而把古老的埃及王国变为帝国。为了巩固帝国的统治,加强中央集权的体制,阿蒙霍特普四世在位期间(公元前1353—前1335)提出只崇拜太阳神而废止原有的多神崇拜,以抑制神权而提升王权。因国王本人的名字与被封闭的阿蒙神庙的名字相同,乃易名为"埃赫那吞",意为"阿吞之光",故这次宗教改革史称"埃赫那吞改革"。一神教思想的提出在世界历史上还是第一次,它是埃及统一的文化形态形成的标志,其影响是深远的。

埃及文明的一些重要成果都形成于新王国时期,特别是第18王朝。这个时期留下的医书《埃培尔斯纸草卷》涉及解剖、生理、病理等，所载药方达877件。它认为："脉管是从心脏分向人体的每一部位的……医生秘诀的根本，就是心脏运动的知识。"这个时期创作的《阿吞颂诗》，语言炽热而不失纯朴，有很强的感染力和文学价值。石刻铭文《图特摩斯三世年代记》长达223行，详细记载了一代国王转战南北的历史，是一篇难得的编年体史著。底比斯阿蒙神庙经几代扩建，其面积达5335.4平方米，其圆形大石柱就有103根，12根中央大柱直径3.6米、高21米，是现存的古代最大石柱。至于在数学、几何、天文学等方面的进步，以及雕刻、绘画、艺术等方面的发展，就更多了。

埃赫那吞像

但这个帝国从第21王朝起开始分裂，形成底比斯、塔尼斯两个首都。此后各王朝除第28—30王朝为埃及人所建外，其余几乎都是由外族人——包括利比亚人、努比亚人、亚述人、波斯人、希腊人——建立的，古埃及历经31朝终为外族人所亡。但古埃及灭亡的根本原因在内不在外，其根源可追踪到埃及人"死后胜于生前"的观念和习俗。为此历代国王大兴土木建造金字塔等陵墓，不仅耗尽了几乎全部财富，而且使奴隶制在埃及实行得极为彻底。古埃及文明远离亚欧农业带，几乎是在封闭状态下发生和发展的，其文明对异质文明缺乏抵抗和包容能力。希克索斯人来而复去，未见对这个古文明留下任何重大影响，在赶走希克索斯人之后建立的帝国，以对外征服掩盖了国内早已存在的重重矛盾，可以说又耗尽了它最后一点国力。在这种情况下，这个伟大的古文明的灭亡是不难理解的。

2.3 赫梯、腓尼基和希伯来

在古埃及和巴比伦之间，曾经兴起过三个重要文明：赫梯、腓尼基和希伯来。它们从北部的小亚细亚到南部的加沙依次排开，不断遭受附近其他文明的侵袭，但也对它们周围的文明产生影响，在历史上留下了令人难忘的印迹。尤其是希伯来文明,其影响和它的地理面积比起来,正好成反比。

印欧人与哈梯人的融合,以及统一的赫梯民族的形成,显然为这个民族在小亚细亚的崛起提供了活力。早在公元前二千纪初,赫梯人就学会了开矿、冶金技术,并与周围许多地区有商业往来。亚述人还在赫梯境内设立商站和据点,这些对赫梯原始社会的瓦解,以及向阶级社会的过渡都有很大助力。在大约公元前1800年,赫梯人先后建立起一系列奴隶制小国,并在相互征战中逐渐形成以哈图斯为中心的统一国家,遂崛起于小亚细亚。至公元前16世纪后期,为了巩固和加强王权,赫梯王铁列平制定王位继承法,确立长子优先的原则,同时规定无长子时由次子继位,这就既巩固了王权又确保了家族的统治。赫梯在西亚的势力是如此强大,以至于公元前1595年竟一举攻陷巴比伦,灭其第一王朝。之后,虽然在埃及新王国走向帝国,入侵叙利亚、巴勒斯坦时,赫梯相形见绌,一度臣服于它,但赫梯仍是当时西亚和埃及的最大威胁。公元前14世纪,赫梯已控制小亚细亚东部,并将势力渗入叙利亚及巴勒斯坦。赫梯的强盛,除它有着游牧民族的传统、使用马拉战车和骑兵赋予它在军事上的机动性外,生产力的发展——作为最早使用铁的民族之一——也是一个重要因素。公元前15世纪末和前14世纪制定的《赫梯法典》,共200条,不仅相当完整地规定了国内的政治、经济和社会制度,一些条款还涉及对外关系和对外国人的事务,其内容之丰富、法制之完备仅次于《汉谟拉比法典》,有的地方更有过之而无不及。法典多处将"公社"和"家庭""村落"并提(第47、146条),规定公社成员负有"鲁采"(公共服役)和"萨含"(军事)义务,说明氏族公社的残余还大量存在。但法典关于土地买卖和不得侵犯他人财产的大量规定表明,私有制已经确立并已是赫梯社会的经济基础。赫梯社会中,阶级和阶层极为复杂,分为王公、贵族、大屋、祭司、商人、农民、战士、奴隶等等。但和《汉谟拉比法典》一样,"自由民"和"奴隶"的划分也是赫梯谈得最多,因而也是该社会最基本的划分,说明赫梯文明是建立在奴隶制之上的。赫梯人在文化上有诸多成就,他们用楔形文字来记述印欧语言,同时仍保留了哈梯人原始的图画文字的痕迹,在铭刻和印章中使用象形文字,并有借用埃及象形文字的迹象。赫梯在建筑艺术方面亦有特色,尤其善用石料装饰门面,古都哈图斯以巨石砌城墙,城门两侧各有一座石雕雄狮,王宫大门也有类似神兽守门,在古代各文明中独具风格。亚述、波斯、中国的守门石狮可能就是源于赫梯。至今,在柏林一家私人博物馆中,还藏有出自赫梯的一头精致的黑色石牛、一座三面神神像和一具狮身人面像。

表现赫梯国王和王后向神灵献祭的石雕

公元前13世纪初,赫梯与埃及交战于叙利亚,从此元气大伤,后为亚述所灭。

公元前11—前9世纪,当埃及与赫梯均已衰落而亚述帝国尚未兴起之际,腓尼基是活跃于地中海东岸的重要民族。这是一个古老的民族,大约在公元前三千纪至前二千纪之交,就跨入人类文明的门槛,在地中海东岸以港口为中心形成一个个奴隶制城邦,其中比较著名的有西顿、推罗、毕布勒、乌加里特。这些城市虽然占有一定领土,但其经济主要是建立在商业的基础上,因腓尼基的东边有山挡住了去路,只有大海才是唯一的也是广阔的出路。正因为如此,这些城邦的贵族、奴隶主大多是商业奴隶主,城邦的国王、官吏和城邦会议的成员也都从他们中间选出。腓尼基商人的足迹遍及地中海、非洲沿岸,远及西班牙和英格兰,在那里留下了大批商业殖民地,如塞浦路斯、梅利他(马耳他)、迦太基、加的斯等等。希罗多德在《历史》一书中,记载过腓尼基人环航非洲的传说:"于是腓尼基人便从红海出发航行到南海上去,而在秋天到来的时候,他们不管航行到利比亚的什么地方,都要上岸在那里播种,并在那里一直等到收获的时候,然后,在收割谷物之后,他们再继续航行。"①公元前二千纪中期,埃及由王国演变为帝国,控制着腓尼基毕布勒及以南各邦;而北部的乌加里特,在公元前14世纪和前13世纪,则处于日益强

---

① 林志纯主编:《世界通史资料选辑》(上古部分),第167页。

大的赫梯影响之下。尽管如此,由于商业的活跃和财富的积累,腓尼基各城邦以雄厚的经济为基础,都在相当程度上保住了自己的半独立地位,从而为以后的发展准备了条件。公元前9世纪时,在国王希拉姆一世(公元前969—前936在位)领导下,推罗发展成腓尼基最强大的城邦,远征塞浦路斯和非洲,并把毕布勒和西顿都纳入自己的势力范围,使腓尼基进入鼎盛时期。《旧约·以西结书》称赞推罗说:"你由海上运出货物,就使许多国民充足;你以许多赀财、货物使地上的君王丰富。"另一文献说,到色卡里亚(约公元前520)统治时,推罗"街上堆银如土"。

　　这个时期腓尼基的最大成就是完成了字母文字即腓尼基字母的创造工作,字母即拼音符号的使用在埃及象形文和巴比伦楔形文中均已存在,但均未能将其彻底发展并简化成单一的拼音符号,而腓尼基人完成了这一工作。大约在公元前二千纪中期,乌加里特人采用楔形文字符号,制定出一套共29字的字母,而毕布勒人则利用埃及文字中已有一定简化的西奈字体,创造了一套仅22个字的字母。

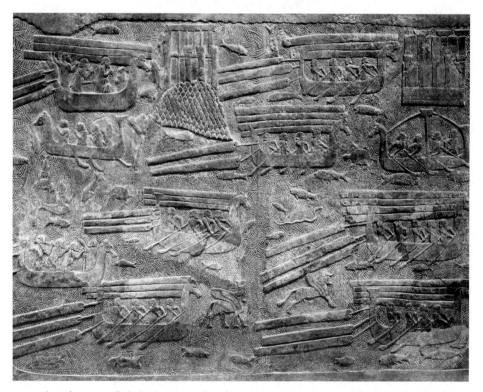

亚述宫殿中的一幅浮雕作品,描绘了腓尼基人用船只运送庞大的雪松木的场景,他们有时将其拖在船后,有时吊在船上。

这套字母虽然只有辅音而无元音,但它已为西方拼音文字的发展奠定了基础。已知最早使用腓尼基字母的证据是出土于毕布勒的埃赫伦王石棺铭文,其年代在公元前1000年左右。

在巴勒斯坦这个"流着乳与蜜的地方"①,住着几千年来闪米特人的后裔,在公元前11世纪时正处于从部落联盟向奴隶制国家过渡的时期,在北方和南方分别建立了以色列和犹太国家。据记载,从生产和工艺看,当时这里已从青铜时代过渡到铁器时代,农业中已有了铁制铧、犁的使用,而且可能是世界上最早使用铧、犁的地方之一。这里出产的谷物,常用来换取腓尼基的木材、黄金及埃及的工艺品,还有非洲来的檀香、象牙。私有制已经出现,奴隶的使用也很普遍。《旧约·出埃及记》中说,"你若买希伯来人作奴仆,他必服侍你六年,第七年他可以自由";若奴隶不愿离去,"他的主人就要带他到审判官那里……用锥子穿他的耳朵,他就永远服侍主人"。公元前11世纪后期,为了结束民族内部的争斗和抵抗外来压力,经各个部落在部落会议上抽签选举,来自以色列的扫罗(公元前1040—前1012在位)被推为这个民族的第一位国王。不久,扫罗死,大卫(公元前1012—前972在位)与扫罗之子争夺王位,大卫得胜为王,终建成统一的以色列-犹太国,并定都耶路撒冷。到大卫之子所罗门统治时,在外交上采取与埃及、腓尼基等交好的方针,使之在政治上巩固、经济上繁荣,以色列-犹太国遂成为当时西亚最重要的国家之一,乃在耶路撒冷城东部建王宫和圣殿即以色列民族的神庙,永留青史。所罗门死后,这个国家再度分裂为南北两部,以色列奉耶罗安为王,另立新都撒马利亚,犹太仍以耶路撒冷城为都。公元前721年,亚述王萨尔贡二世攻陷撒马利亚而灭以色列,掳去27290人。公元前586年,新巴比伦王尼布甲尼撒摧毁耶路撒冷并洗劫其圣殿,犹太举族成为"巴比伦之囚"。到公元前539年波斯灭新巴比伦后,才将其送回巴勒斯坦,并重建耶路撒冷。

以色列-犹太人所用语言为希伯来语,它和腓尼基人使用的字母类似但亦有自己的特色,因此一般把以色列-犹太人的历史和文化统称为"希伯来文明"。它虽然不是最古老的文明,但却是一个自成体系且影响很大的文明,其集中的表现就是犹太教。与大多数古老民族一样,以色列-犹太人最初亦是多神信奉者,崇拜耶和华、巴力神和亚斯他采神。考古学家发现,公元前9世纪时,米兹帕古城就有

---

① 因这一带不仅出产大麦、小麦、玉米,还盛产葡萄、橄榄、枣及无花果。

一个供奉耶和华的神庙和一个供奉巴力神的神庙。但以色列被灭,仅犹太国尚存之际,苦苦挣扎的犹太人开始把耶和华奉为最高天神——上帝,希望它能拯救作为"选民"的以色列人,并开始有人以"先知"的身份在群众中宣传这种信仰和教义。后来这些传教活动和教义被不断积累和整理,遂形成一个自成体系的宗教——犹太教——的经典,称为《旧约》。此典共39卷,形成于公元前5世纪至公元1世纪之间。其内容涉及以色列人定居巴勒斯坦、建国的历史,以及有关的法律、政治、伦理和科学知识,不愧为犹太文明的经典。按其教义,耶和华即"永存者"为宇宙唯一的主宰,以色列人都是上帝的"选民",相信上帝一定会派"弥塞亚"即救世主来拯救其受苦受难的"选民"。因此,耶和华实际上是以色列-犹太人凝聚力的象征。

犹太人的经典《旧约》后来通过基督教传遍世界,成为世界历史上第一个自成体系的宗教,但犹太教却不是一个世界性宗教,它主要还是犹太人的宗教。

2.4 阿卡德、巴比伦、亚述和新巴比伦

大约从公元前2371年开始,原生型苏美尔文明逐步演变成巴比伦文明,统一的奴隶制国家取代了过去分散的城邦,但推动这一转变的是塞姆人而非原来的苏美尔人,而由塞姆人建立的第一个统一国家就是阿卡德,它是由苏美尔文明转变为巴比伦文明的过渡形式。如前所述,塞姆人即历史上的"闪族人"。《旧约·创世记》上说,他们是诺亚的儿子。

大约在公元前2371年前,基什国王身边有一位叫萨尔贡的"献杯侍者",原是塞姆人的一个弃婴。他趁基什被乌玛打败之际自立为王,后在两河最接近处建造新都阿卡德,创建了由5400名青壮年组成的常备军,发动34次征伐,迅速统一了苏美尔各邦。之后,他在农业上扩充全国的灌溉系统并加以集中管理,在财政上推行十进位计算方法的度量衡制,在行政上以"十时行程范围"划分行省,并以王族子弟为总督,建立起用"一张嘴"说话的中央集权制。以阿卡德为基础,他东征西突,先后征服叙利亚、黎巴嫩、亚述和伊朗,形成庞大的版图,自称"四方之王"或"大地之王"。一泥板文书记载:"萨尔贡大王俯首祈祷于天神之前,神即把上部地区赐予他,此即马里、拉尔本提、厄布拉诸国,直到雪松林和银山。"从塞姆人的厄布拉遗址发现的16500多块泥板文书大多以楔形文书写,并使用了厄布拉-苏美

尔文辞典等事实看，阿卡德显然继承了苏美尔文明的传统。但阿卡德也发展了苏美尔文明，厄布拉的 1.65 万多块泥板文书中有 1.4 万块谈及经贸，其中提到与之有贸易联系的地名达 5000 余处。但由于阿卡德实行奴隶制，而且残酷地对待被征服者，结果八世而亡，仅存在了 180 年。

阿卡德王国灭亡后，原苏美尔各邦乘机而起，其中乌尔曾一度统一两河流域，但从未达到阿卡德的水平。这时，一些散居于两河流域的塞姆人，在该地区建立起一系列小城邦，其中之一便是巴比伦，它起源于何时已不可考，但在后世修编的《萨尔贡年代记》中曾提及，它作为王国始于公元前 1894 年，第一位国王名叫苏姆阿布门。公元前 1792 年，第六位国王汉谟拉比登位时，巴比伦国土不过百里，甚至还要向亚述称臣。但汉谟拉比文武兼备、审时度势，花了五年时间来兴建运河，加固城防、建立法制①，然后才把视线转到国外。他首先联合马里、拉尔萨打败南邻伊新和东邻埃什努那，在势力日盛后乃决定一个一个消灭劲敌：公元前 1760 年夺取拉尔萨，公元前 1759 年征服马里；当他最后征服厄布拉时，巴比伦便成为重新统一两河流域的大国，自称"巴比伦的太阳""四方的庇护者"。公元前 1752 年左右，立著名的《汉谟拉比法典》石柱，永垂青史。但汉谟拉比死后，巴比伦国势便开始衰落。公元前 1595 年终被赫梯人攻陷，巴比伦第一王朝结束。之后，伊新人、加喜特人及巴比伦人先后建立第二、第三、第四和第五王朝，但都无法挽救古巴比伦的命运，终为亚述所灭。

亚述亦是塞姆人建立的国家，发源于底格里斯河上游西岸的亚述城。直到公元前 883 年，亚述尚属城邦制国家，在国王沙马什阿达德一世统治时期（约公元前 1815—前 1783），虽通过扩张使势力范围达于地中海，并使埃什努那、马里和巴比伦一度臣服于它，但大体上还是一个地方国家。从公元前 883 年纳西尔帕二世即位起，亚述开始大量对外用兵，仅他在位的 25 年间就发动了 14 次远征，其势力扩及叙利亚、黎巴嫩、腓尼基等地，使亚述由一般的城邦变为奴隶制帝国，乃在亚述之北另建新都卡拉赫。② 公元前 745 年，提格拉特-帕拉沙尔三世登位，对帝国的政治、经济和军事进行全面改革。在行政上，将全国分为 80 个行省，各省长由国王任命并直接听命于中央；在军事上，实行募兵制，并由国家提供给养，又创立新

---

① 汉谟拉比把他在位的第二年称为"在国内建立正义之年"，"建立正义"即建立法制。
② 亚述经常迁都，已知的都城就有亚述、卡拉赫、尼尼微等。

亚述巴尼拔猎狮图

的兵种——工兵;在经济上,允许战俘和奴隶按户领取土地耕作,并向政府或主人缴纳一定地租,增强了国家的实力。不久,亚述占领巴比伦,夺取底比斯,攻陷苏撒,终成为空前的大帝国。

但亚述的强大是建立在征服之上的,对内它实行残酷的奴隶制,对外它面对一大批渴望独立的异族人,因此不久就由盛而衰。这时,在原古巴比伦的版图内,一位叫那波帕拉沙尔的迦勒底人于公元前626年重建巴比伦王国,即巴比伦第六王朝,史称"新巴比伦"。新巴比伦迅速崛起,于公元前614年攻克亚述城,两年后即公元前612年再夺尼尼微,宣告庞大的亚述帝国的灭亡。至尼布甲尼撒二世掌权时,又通过与米底公主联姻而与东方的米底结盟,得以相继征服埃及,夺取耶路撒冷,迫使腓尼基称臣。耶城攻陷后,不仅犹太王被挖眼锁手押往巴比伦,所剩居民也被强行迁往巴比伦,成为历史上著名的"巴比伦之囚"。新巴比伦在经济上采用类似于亚述的政策,分给奴隶小块土地耕种,令其以每年收成的一部分作为"人身租"交给奴隶主,使经济获得了很大发展。重建的巴比伦城内神庙高塔摩天,"空中花园"堪与埃及金字塔媲美。然而,尼布甲尼撒死后不足30年,新巴比伦即被新起的波斯所灭,时为公元前539年。

由阿卡德到新巴比伦,虽然历史的连续性多次被打断,国家体制也有所不同,但它们都是由塞姆人所建,因而具有共同的文化类型和特点。巴比伦人使用楔形文字,采用60进位法、阴历置闰和塔庙风格,说明巴比伦文明是苏美尔文明的继续。但塞姆人属于闪米特族,是从沙漠进入农耕世界的,因而在政治、军事上带来了游牧民族的特点。正因为如此,巴比伦文明是游牧文明和农耕文明融合、杂交的产物,既有苏美尔原生型文明注重礼制文化的内涵,又增添了粗犷强悍的风格,这在汉谟拉比身上得到了充分体现。他自称是"人民的牧者",又崇拜苏美尔最高之神恩利尔,并以塞姆人和苏美尔人共奉的同一神——恩奇(或埃亚)①的名义进行统治。这一点载入了《汉谟拉比法典》,已成为永不改变的事实。

《汉谟拉比法典》除序言和结语外,正文共282条,涉及诉讼、审判、盗窃及奴隶、各类不动产之占有、继承、转让、租赁、抵押、借贷、经商和债务奴隶、婚姻、家庭、伤害及其处罚,各类职员的报酬及其责任,租用工具、牲畜和雇工,等等,是巴比伦留下的唯一一部完整的法典,也是古代世界留下来的唯一一部完整的法典,更是现存的世界上第一部较为完备的成文法典,涉及当时社会生活的各个方面,是一份难得的珍贵遗产。从法典反映的情况来看,当时与生产和生活有关的最重要的活动是水利和灌溉,说明巴比伦文明主要是建立在农业基础之上的,但手工业和商业也有相当的发展。巴比伦人已普遍使用青铜工具,而且有了带播种漏斗即耧的犁。土地私有制已完全确立起来,因而不动产的占有、继承和转让成为立法关注的财产关系的核心,有关问题的处理规定占了62条。社会被分为国王、官吏、贵族、商人、农民、雇工、奴隶等不同群体,最大也最基本的社会分野是"自由民"和"奴隶"的区别,并贯穿于法典的几乎每一个条文。自由民按其社会法律地位之不同又可分为两类:一是称为"阿维鲁"的全权公民,一是称为"穆什根努"的非全权自由民或依附民,二者又分为许多阶层。法典规定,奴隶若被人伤害致死,凶手只需赔银20余克勒,说明奴隶是被看成主人的财产即物的。因此,奴隶若否认他与主人的隶属关系,说一声"你非吾之主人",就得割去其耳朵。这种把自由与奴隶的划分视作社会的最大和最基本的区别的社会,显然应是典型的奴隶社会。

巴比伦的文明独具特色。如在天文与历算方面,巴比伦人已发现了恒星和行星不同的运动规律,并观测出太阳在恒星背景上的视运动轨道,又以星座来划定太阳在一年十二个月中所处的位置,再以太阳、月亮和五大行星代表星期之数,排出星期日至星期六各天,这成为西方关于星期及各天名称的起源。此外,他们对月的计算也相当准确,一月为29日12时44分3又1/3秒,与现代测定的数据只差0.4秒。与此相联系,巴比伦人在数学,特别是代数方面取得了很大成就,已能

---

① 海、河和地下水之神,天神安努之子,苏美尔人称恩奇,塞姆人称埃亚。

够解出有三个未知数的方程式,并已掌握几何学的商高定理,即希腊人所说的毕达哥拉斯定理。巴比伦的图书馆业非常发达,几乎每个王宫都设有专门的图书馆或档案库,如马里王宫的馆藏泥板文书达 2 万件,尼尼微王宫的馆藏泥板文书在 2 万件以上。巴比伦的建筑和艺术十分发达,尼尼微城占地 7.5 平方公里,城墙周长达 16 公里,设有 320 余座堡塔。王宫位于内城的北部,其中有著名的"空中花园",底部由两列共 14 间拱顶厅房构成,屋顶用沥青、苇席、铅板密封,上覆以泥土并种植奇花异草。《汉谟拉比法典》石柱以雪花岩精雕细刻而成,上面是一块两丈见方的浮雕:太阳与正义之神沙马什侧身端坐,右手正授予站立于前的汉谟拉比王以权标,是古巴比伦最重要的文物。巴比伦人虽然主要使用楔形文字,但也开始使用字母文字即阿拉美亚文,它是阿拉美亚人从腓尼基人发明的字母中学来的;楔形文字在巴比伦时期也更加完善、典雅。

2.5 波斯帝国、安息王国、萨珊王国

当埃及帝国衰亡,赫梯、亚述帝国先后兴起之际,另一个更大的帝国也悄然兴起,这就是伊朗高原上的波斯。这个帝国的创立者为阿黑明尼得家族的居鲁士二世(公元前 558—前 529 在位)。据大流士一世说:"我们称为阿黑明尼得,自古以来我们就享有荣誉,自古以来我们的氏族就是王族。"

波斯作为一个部落联盟,原先属于公元前 6 世纪一度强大的米底王国。公元前 6 世纪中叶,波斯在居鲁士二世领导下获得统一,并反客为主将米底变为波斯的一部分,民族气势大增。乃频频用兵,先后征服亚述、亚美尼亚、吕底亚。公元前 539 年,早已衰落的文明古国巴比伦不战而降,居鲁士二世得以"和平地进入巴比伦城",叙利亚各邦于是称臣纳贡。之后,居鲁士二世挥师东进,抗击中亚草原上不断来袭的斯基泰人和马萨革太人,虽然居鲁士二世中途死亡功败垂成,但波斯东北边境形势大为改观。这使新继位的冈比西(公元前 529—前 522 在位)有可能再度率军西征,并于公元前 525 年占领底比斯,灭了埃及第 26 王朝,自称法老。然而他野心太大,西征利比亚,南侵埃塞俄比亚,终失败而归,暴卒途中,以致各地纷纷起义,埃兰、亚述、巴比伦和埃及分离而去。不过,冈比西的堂兄弟、新王大流士(公元前 522—前 486 在位)雄才大略,先杀冒充其胞弟、发动起义的原米底僧侣高墨达,然后一一平息帝国各地叛乱,一年多便恢复了原帝国的版图。按公元前

波斯国王

520年年底刻成的《贝希斯敦铭文》①所记,此时帝国共辖23省。大流士统治的帝国版图最大时,西起多瑙河河口,东到印度河一线,南起埃及、利比亚,北至亚欧草原,大约有30省。在罗马帝国和中国汉朝以前,它是最大的国家了。

波斯人属印欧语族,本来就勇猛强悍,进入半牧半农阶段后,更兼农业民族的富足与游牧民族的骁勇,在骑兵和神射手之外又增加了骆驼队,加上铁制工具和兵器的发展,战斗力提高不少。但波斯帝国的建立,与居鲁士二世的政策,特别是大流士的政策不无关系。大流士在各地设省,但省长只有行政、司法和税收大权,军权则由督军负责,并在省长身边设置"皇室秘书",充当耳目。为了防止各地形成武装割据,全国被划分为五大军区,并派波斯贵族充任各级军官之职,还在最高统帅下建立了一支强大的近卫军,近卫军由1000名骑兵、1000名枪手和1万名步兵组成。帝国有四个首都,其中苏撒最为重要,为了保证政令、军令畅通,修筑了从首都到各地的驿道,由苏撒到小亚以弗所城的"御道",每20公里一站,实行每站换马快递,公文7日可达。帝国实行统一币制,地方和城市只能制银币和铜币,金币铸造之权集中于中央,金银比价为1:13.5,金币名为"大流克"。② 考古学家在苏撒遗址中发现了刻有大流士王号的标准尺,用黑色石灰岩制作,长18英寸;还有青铜制狮形权,重210公斤,铭文注明为7塔兰特,说明波斯已实行统一的度量衡。在税收方面,大流士明文规定,除波斯省享有免税权外,其余各省都必须照

---

① 它是大流士的记功碑,刻于米底都城爱克巴坦那与巴比伦之间的山崖之上,全文长达1.5万字。
② "大流克",来自波斯语Zariq(意为"一块黄金"),与大流士没有关系。

章纳税,每年赋税收入总额达 14560 塔兰特。大流士将波斯琐罗亚斯德教(即袄教)定为国教,奉光明与幸福之神阿胡拉·马兹达为最高神,以火为光明之象征而加以崇拜①,同时对被征服各族原有的宗教、文化和传统,采取宽容甚至保护的政策。就是在文字方面,波斯文字也兼取楔形文和阿拉美亚文。楔形文字主要用于雕刻,阿拉美亚文字主要用于公文,并让各族文字并行不悖,著名的《贝希斯敦铭文》用三种文字,即波斯文、巴比伦文和埃兰文刻写。波斯文化的经典,即琐罗亚斯德教的经典《阿维斯塔》,用古波斯语即赠达语写成。这说明,波斯帝国的创立,并非仅是军事征服的结果,还有许多人文因素在起作用。

大流士建立了空前庞大的帝国,且帝国民族混杂、信仰各异,其维系主要依靠军事专制。为了镇压希腊城邦的起义,进行了长达 11 年的希波战争,大流士派往希腊本土的军队在马拉松惨遭失败(公元前 490),从此一蹶不振。当亚历山大大军压境时,波斯帝国最后一位王大流士三世不得不败走中亚,于公元前 330 年为部下所杀。波斯帝国仅存在了 200 年。波斯帝国灭亡后,希腊人在原波斯帝国版图上建立了塞琉古王国,开始了所谓"希腊化"时代,但其重心在叙利亚。公元

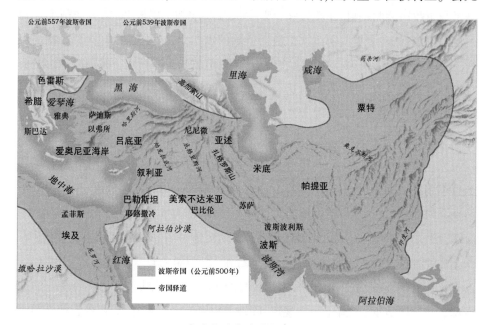

大流士时期的波斯帝国

---

① 这种宗教在历史上俗称"拜火教"。

前3世纪中叶,位于中亚的大夏、粟特和帕提亚纷纷起来反抗塞琉古的统治,宣布独立。其中,有一个重要国家即安息迅速兴起于原波斯本土,成为中亚、西亚的大国。此国家起源于印欧语族的达赫部落,其创立者为来自大夏的阿尔萨息,公元前250年他率部起义杀死塞琉古总督,于公元前247年称王,以尼萨为都。此后,安息发展很快,公元前175年控制中亚的马尔吉安那,公元前155年占领米底,公元前141年夺取塞琉西亚城,版图逐步扩大至200万平方公里,乃于公元前1世纪中叶将首都移往泰西封,把其重心定在两河流域。

安息不仅由印欧人所建,在政治、经济和文化上也基本承袭波斯的传统。据希腊史学家普鲁塔克说,安息一位大将的"骑士扈从和奴隶总数在一万以上",可见它和波斯一样是建立在奴隶制之上的。作为君主制国家,安息的军政设置与波斯大同小异,但它的贵族会议和僧侣会议可罢免国王另立新王,使安息不可能发展成波斯那样的专制国家。它和波斯一样奉琐罗亚斯德教为国教,但在文化上对异质文化的吸收却不如波斯,在尼萨发掘出的数千件安息文献,都用阿拉美亚文字书写,文字使用单一。安息的版图也有限,从未把埃及、印度这样的地方包括进去,但它曾是东西方文化交流的重要通道,在安息控制的、位于叙利亚东部的帕尔米拉遗址中,曾发掘出属于公元1世纪的中国丝绸残片,上面还织入了汉字和其他纹样。不过,安息既是这种交流的促进者,也是这种交流的障碍之一。公元前138年,中国汉朝使者张骞第一次通西域,曾到过与安息关系密切的大宛、大月氏等地。公元前119年,当他第二次奉令出使西域时,其副使专程前往安息并拜见了安息国王,为此安息特派使者来汉,并以大鸟卵、犁轩善眩人为礼献汉。但当73—97年班超出使西域,并让副使甘英出安息抵西海(即地中海)而申请前往大秦(即罗马)时,却由于安息"船人"的阻挠不得启航。在东西方交通问题上,大秦人也有过同样的遭遇,他们想通过陆路通使于汉,但由于安息的阻拦而未能如愿。

224年,安息再次为波斯人所灭,新建的国家取名"萨珊王朝"。创立者为波斯贵族阿尔达希尔一世,因当时波斯人受到安息的歧视,又不堪忍受过重的赋税负担,阿尔达希尔得以波斯族为号召,杀安息国王并重建波斯人的国家。"萨珊"是波斯族始祖。阿尔达希尔一世承袭安息遗产,故仍以泰西封为都,以琐罗亚斯德教为国教,实行中央集权制,致力于领土的扩张。这就不得不和罗马对峙,此时罗马尚不强大,故在两国交战中屡屡失利,260年罗马皇帝瓦勒良竟被波斯人所俘。但286年亚美尼亚起事后,萨珊势力不得不后撤,最终退至底格里斯河以东。

虽然476年西罗马帝国灭亡,但东罗马帝国即拜占庭帝国仍占有叙利亚一带,说明萨珊已无力恢复昔日波斯帝国的疆界。在萨珊内部,虽然王室和贵族仍然大量使用奴隶,但许多庄园开始用依附农民和雇工代替奴隶劳动,甚至让奴隶享有1/4或1/10的劳动产品,说明奴隶制正走向崩溃。637—651年,在伊斯兰入侵下,萨珊王朝终于衰落。

由波斯帝国到萨珊王朝,虽然统治这些国家的家族几经变换,但他们的一个共同特点是都来自印欧语族,而以位于伊朗的波斯人为主,因此,几个王朝的文化都具有游牧文化的风格和特点。但这时的游牧民族都已进入半牧半农阶段,并且都把自己的势力伸入农耕世界,特别是苏美尔和巴比伦文明发源之地两河流域,甚至把各自的首都迁至两河流域。这反映了农耕文明对游牧文明的巨大吸引力,后者也深受农耕文化的影响,两种文化得以交流、杂交,使农耕世界向北扩大到里海以南,同时也产生出一些新的文化因素。琐罗亚斯德教对人类起源、文明发展的解释,以及它所提倡的伦理道德,就包含了这种新的文化因素。

波斯人不仅促进了南北文化的交流,也促进了东西文化的交流。如果说"丝绸之路"的正式开通是在安息统治时期的话,那么到萨珊王朝时期这条路已畅通无阻、繁华昌盛了。当中国的丝绸远销西亚之时,波斯的商人也纷纷来华开店经商。据统计,我国已发现的萨珊银币达49批,共1200枚。总之,萨珊王朝揭开了人类文明交流的新时代。

2.6 吠陀时代、列国时代、孔雀帝国

印度虽然产生过自己的古文明,但它却在公元前1750年以后突然终断了。造成这种终断的原因究竟何在?学术界至今仍争论不休。但有一点是肯定的:公元前1750年以后,印度新文明的主要创造者,是由北而来的雅利安人而不是原来的达罗毗荼人。当时这些人由中亚经阿富汗南下,首先进入印度河和恒河上游,雅利安人称之为"七河之境",然后转而向东来到恒河流域,并最后定居下来。雅利安人把当地人称为"达萨人",他们在入侵过程中大肆掠杀,仅在"七河之境"就毁灭城堡90座。成书于公元前12—前6世纪的经典《梨俱吠陀》《沙摩吠陀》《耶柔吠陀》和《阿闼婆吠陀》记录了雅利安人的这段历史,故称"吠陀时代"。"吠陀"意为知识、学问。

雅利安人入侵时,尚处于部落时代,过着半农半牧生活,养马牛但不食鱼,显然落后于印度原有文明,即使定居恒河流域后,畜牧仍是其本业。其部落称"贾那",氏族叫"维什",村社称"哥罗摩",一个部落包括几个村落或村社。当时氏族内部的重大事务,如产品分配、军事活动、宗教祭祀及祭司选任,都由"毗达多"即民众会议决定。公元前900年左右,雅利安人社会开始出现重大变化,首先是青铜器被铁器所取代,位于北方邦的阿特兰吉克拉遗址,发掘出一些属于这个时期的铁器,包括锛、锄、钩、钳、箭镞、矛头等。与此同时,雅利安人经济活动的内容和范围都有所扩大,小麦、大麦、水稻的种植越来越普遍,饲养的家畜则有牛、马、猪、狗,灰色彩陶的制作开始遍及印度河和恒河上游。在个别地方以烧砖砌墙,标志着各村向城镇转变的开始。这时,雅利安人原来的氏族组织也发生了变化,两种新的会议,即称为"萨巴"的长老会和称为"萨米提"的议事会(仅限男性参加),逐步取代了原来的"毗达多"的功能。据研究,"毗达多"这种组织,在公元前900年以前成书的《梨俱吠陀》中提到120次,而在以后成书的《阿闼婆吠陀》中就只提到22次。

这个时期,"种姓"(caste)作为一种独特的社会制度,也在雅利安人统治的印度社会中逐步形成。"种姓",在吠陀时代称"瓦尔那",原是色、质的意思,最初指不同的人种和民族集团,后来成为主要的等级划分制度。按《梨俱吠陀》,社会的各个等级,最初是人祖布路沙为诸神用作祭祀的牺牲时,切割自己的身体变来的:"其口转化,为婆罗门。两手制成,罗阇尼亚。尚有两腿,是为吠舍。至于两脚,作首陀罗。"①这是以其来源的部位高低来表示社会等级的贵贱。婆罗门为第一等级,由主管祭祀的氏族贵族组成;罗阇尼亚(或刹帝利)为第二等级,由王族和军事行政贵族组成;吠舍为第三等级,初指雅利安人的一般公社成员,后指从事士农工商的平民;最低一级为首陀罗,他们是社会最底层的劳苦大众,包括奴隶。雅利安人入侵时,把自己称为雅利安瓦尔那,而把被征服者称为达萨瓦尔那,"达萨"即敌人。后来,随着雅利安人的分化,雅利安人作为统治民族也分成不同等级,但雅利安人与达萨之间的这种划分作为基本划分,在以后的种姓制度中仍然可以找到痕迹。按后来的种姓制度,前三个等级都属高级种姓,其灵魂可以投胎成人,属再生族,最后一个种姓首陀罗,属非再生族,死后不能转世。成书于公元前6世纪的乔

---

① 林志纯主编:《世界通史资料选辑》(上古部分),第197页。

达摩《法经》规定:"瓦尔那有四","每前一(瓦尔那)都生来就高于后一(瓦尔那)","首陀罗的(义务)是为其他瓦尔那服务"。① 种姓制度带有很强的种族、出身等背景色彩,但同种姓的人因能力、教育和其他因素,在社会经济中的地位并非一成不变,因此种姓、等级并不等于阶级。由于种姓制度在印度由原始社会转变为阶级社会的过程中成为基本的社会等级制度,印度并没有经历典型的奴隶制,即主要建立在生产关系和经济关系上的奴隶制,因为"在种姓制度下,[主人]无需奴隶制,就可以占有劳动果实"。② 这是研究印度奴隶制乃至整个古代史时不可忽视的关键之处。这个时期形成的婆罗门教,提出梵天婆罗摩或大梵天为世界精神、最高主宰,世界万事万物皆为梵天所创,宣扬人死后灵魂投胎转世、善有善报、恶有恶报等等,并把四部《吠陀》及解释它的《梵书》《奥义书》等奉为经典,实际上是为种姓制度服务的,是婆罗门统治的工具。

正是在这种分化的基础上,在印度次大陆开始形成一系列小国,到公元前6世纪初经互相征战,出现了16国并存的局面,史称"列国时代"。政治、经济上的变革,引发了思想意识和文化领域里的争鸣,导致了各种新思想、新教派的产生,正如佛教文献中所说,当时有"六师"、"六十二见"、九十六种"外道",其活跃和激烈的程度,可与中国春秋战国时的"百家争鸣"和希腊古典文明繁盛时期的文化纷争媲美。当时主要有三大流派:(1)"顺世论"派。梵文称"路伽耶陀",意为流行于群众中的观点,其创始人为毗诃跋提。它认为世界由土、水、火、风四大元素构成,生命产生物质,感觉产生认识,否认《吠陀》圣书的权威,不承认有脱离肉体的灵魂。(2)耆那教派。其创始人为传说中的筏驮摩那,此人出身吠舍厘城刹帝利家族,三十岁后出家苦修,云游各地终成"耆那",意即情欲的战胜者,被尊为"大雄"。它批判《吠陀》,反对婆罗门教的权威,但其基本教义仍不脱"业报轮回",主张正智、正信、正行。(3)佛教派。其创立者为释迦牟尼,原为迦毗罗卫国王子。他在对耆那教失望后,经49天冥思苦想终于大彻大悟:人生是"无常""无我"和"苦",造成"苦"的原因,既不在超凡的"梵天",也不由社会环境所决定,而是由自身的"惑""业"所致,摆脱痛苦之路唯有依经、律、论三藏,修持戒、定、慧三学,彻底改变世俗欲望和认识,以达"涅槃"境界。总之,它们都不同程度地批判了婆罗

---

① 林志纯主编:《世界通史资料选辑》(上古部分),商务印书馆,1962年,第199—200页。
② D. D. 高善必:《印度古代文化与文明史纲》,商务印书馆,1998年,第59页。

孔雀帝国统治时期的华氏城遗址

门教,反映着印度社会和思想领域正在发生的变迁。

　　大约公元前5世纪末,摩揭陀在国王瓶沙王及其儿子阿阇世的专制统治下,先后征服鸯伽等国,从列国之中崛起。至公元前324年,孔雀饲养者出身的旃陀罗笈多,借反抗马其顿军队的力量自立为王,赶走入侵的希腊人,建立起孔雀王朝。接着,他东征西战、南征北讨,攻克摩揭陀首都华氏城等,把疆土向南推进到迈索尔一线,向西扩大到喀布尔等地,使孔雀王朝成为南亚最大的帝国。至旃陀罗笈多之孙阿育王(约公元前273—前236在位)时,又进一步扫除羯陵迦国等独立王国,使孔雀帝国达于极盛。灭羯陵迦国后,阿育王皈依佛法,①使佛教成为帝

---

① 据说,我国高僧曾见过一尊阿育王身着僧服的偶像,我国宁波还建有阿育王寺。

国统治的精神工具,以此为标志,阿育王事业的重点也从武功转向文治。但阿育王死后,孔雀帝国发生分裂,巽伽族出身的将军补沙弥多罗刺杀了帝国末王,建立巽伽王朝(约公元前187—前75),仍定都于华氏城。约公元前75年,巽伽王在宫廷政变中又为女奴所杀,出身于甘婆族的伐苏迪跋乘机夺取王权,另建甘婆王朝(约公元前75—前30),但不久又为南部安度罗所灭。此后,小国林立,再未统一。直到1世纪上半叶,丘就却为贵霜王时,才逐步入主印度,但贵霜王朝的建立者原是大月氏族人,其发源地在中亚而不在印度。在迦腻色伽(约78—101在位)即位后,贵霜发展成地跨中亚与南亚的大帝国,并把统治的中心从中亚移到印度的富楼沙(今巴基斯坦白沙瓦),但即使如此,印度也没有完全统一。

孔雀王朝虽为帝国,但统治的基础仍是村社。据估计,瓶沙王统治的摩揭陀下属村镇达8万个,这个数字到孔雀帝国时期应有扩大。据侨底利耶著《政事论》,当时村社建制以首陀罗农民为准,每村农户在100—500家之间,村社与村社之间留有1—2克罗沙①的地带为界;每10村设一个桑格罗哈那,每200村设一斯多尼那。"斯多尼那"是堡垒名称,可见这个国家是以暴力来维系的。《摩奴法典》称,国王"是国家的保护者,也是土地之主人",但土地的占有和使用情况比较复杂,大致可分为国有和王有土地、贵族和僧侣占有土地,以及农村公社农民占有土地三大类。除国有和王有土地外,其他土地在名义上都是国王"授予"或"赐予"的,因而都应交租、纳税,税额约占收入的1/4。"妻、子与奴隶,此三者被认为没有财产,他们所获得的财富属于他们的所有者。"

在孔雀帝国前后,都有大量奴隶存在。佛典及当时的文献,都经常明文提到"奴隶",且数量很大。据印度学者恰那那在《古代印度奴隶制度》一书中所说,巴利文本佛经中提到100名奴隶达14次,500名奴隶有51次,1.6万名奴隶有20次,10万名奴隶亦有20次。关于奴隶的来源,早先成书的《摩奴法典》列举了7种,而较晚成书的《那罗陀法典》则列举了15种,似乎说明奴隶制有扩大的趋势,新增加的奴隶来源主要是债务、抵押、赌博等。但从整个印度社会结构看,主要的社会成分仍是组织在村社中的农民,其比重在瓶沙王以后还有所增加。自那时以来,国家实行侨底利耶的建议,"招致外国人迁入,或使本国人口稠密的中心区调

---

① 1克罗沙=2057.4米。

出过剩人口,在新地点或旧废墟建立村庄",因而增加了自由农户的数量。① 加之,种姓制度这时又有发展,如实行各种姓内婚制,禁止低级种姓之男与高级种姓之女通婚,这不仅使四个瓦尔那种姓之间的划分更为严格,而且在两个劳动种姓内产生了许多从事不同职业而又代代相袭的实行内婚制的群体,即梵语中所说的"阇提"。这样,奴隶制就进一步被纳入种姓制度之内,从而便利了印度社会向封建制的转变,同时也限制了奴隶制在印度的充分发展。

雅利安人的入侵,以及它对原土著民族的统治,在印度创造了一种独具特色的古典文明,而这种文明的基础和核心就是种姓制度,以后印度政治、经济、法律、宗教和文化的发展无不打上种姓的烙印,这从成书于公元前后 200 年的《摩奴法典》可以得到说明。此法典分 12 章,共 2684 条,借人类"始祖"摩奴(Manu)之口为印度人立法,涉及宇宙万物的创造、法的本源和各种礼仪的形成,种姓的起源及各个种姓之间的关系,以及各种风俗、习惯和生活方式,等等,包括了几乎整个印度古文明的内容。四部《吠陀》经典,以及两部史诗《摩诃婆罗多》和《罗摩衍那》,都是这一独特的古典文明的灿烂之花,它们都反映了这个文明的本质特征及其丰富内涵,因为它们都肯定种姓的核心作用。不仅如此,它们还是梵文得以形成和流传的主要因素。梵文不同于哈拉巴文化使用的文字,直接来自阿拉美亚文字母,但传入印度后又分为两个体系:婆罗谜字母和伽罗斯底字母。这些文字在雅利安人中流传、使用了上千年,但直到公元前 6 世纪当人们用这种文字来记载和整理民间传说和神话故事,并把它们写成书时,梵文才逐渐成为比较规范的书面语言,《梨俱吠陀》也因此成了最早的梵文文献。

但印度古典文明的成就是多方面的。印度人提出,地、空、水、风、火是构成自然界的五大元素,同时又提出躯干、体腔、体液、体气和胆汁是人体的五大元素,二者可以构成印度人宇宙观的核心。他们在吠陀时代,就认识和划分了 28 个恒星星座,并确定了太阳和各行星在天空的位置。为了进行天文计算,印度人运用了三角学及其函数表。他们使用阴阳历,把一年定为 360 日、12 个月,每隔 5 年置一闰月。完成于 4 世纪的《太阳手册》认为大地是球形的,并在数学上第一次使用了"0"的符号,西方所说的"阿拉伯数字",实是起源于印度。当时的印度人,在病理学、解剖学、胚胎学和药物学方面,都取得了巨大成就。印度的第一名医苏斯路

---

① 参阅林承节:《印度古代史纲》,光明日报出版社,2000 年,第 97—104 页。

塔,在《妙闻集》中研究了1120种病症、760种药物。此外,古印度人在建筑、美术、雕刻方面也多有建树,阿育王在鹿野苑建立的著名石柱高70余尺,下部为莲花座,中部为圆盘,上部是四只合体雄狮,圆盘侧刻有法轮和兽,莲花、法轮已成为印度雕刻艺术的重要标志。

2.7 由夏商周到秦汉:华夏文明的两大转变

从夏、商、周到秦、汉,是中华文明的古典时期。在这个时期,中华文明实现了两大转变,即政治上由分散到统一的转变,以及经济上由领主制到地主制的转变。而政治、经济和文化的中心却始终未变,这就是中原大地。

《国语·周语》说:"孔甲乱夏,四世而陨。"继夏而起的是商。商族起源于黄河中下游,传说其始祖为契,以"玄鸟"即燕子为图腾,经常迁徙于山东、河南境内,《尚书·序》说:"自契至于成汤八迁。"当夏桀无道丧失民心时,商汤乘机翦灭夏之属国,并在鸣条大败夏桀,最终在亳建立新朝,即商朝。在商代,由商王直接统治的地区称"内服",分封给邦伯的封地称"外服",还有由侯、甸统治的边疆,尚未纳入商的版图的国家称"方"或"邦方",武丁时期有这类方国三十几个。商王在臣民之前常称"予一人",说明王权明显加强。国家机器也有了发展,在见于卜辞和铭文的官名中,文臣有小屋、小籍臣、小众人臣、卜、史、作册、御史、宰、尸等,武官有马、亚、射、卫等,军队分左、中、右"三师"。商朝的刑法也已相当齐备,《吕氏春秋》说商有"刑三百",这在夏代是不曾见到的。尽管如此,商朝的统治并不稳固,从汤至盘庚竟五次迁都,自盘庚迁殷才"更不徙都"(《竹书纪年》)。由于"殷罔不小大,好草窃奸宄","小民方兴,相为敌仇"。至纣统治时,商为周所灭。商时已有奴隶、奴隶占有、奴隶生产,甲骨卜辞中与之有关的字词多达30个,其中"役""執""係""孚""㚔"等卜辞看来都直接与奴隶制相联系。[①] 不过,第一,与奴隶制相关的卜辞,多数是表示战俘和奴婢的,表示"生产奴隶"的极少;第二,"众"字甲

[①] 赵诚编著:《甲骨文简明词典——卜辞分类读本》,中华书局,2009年,第162—168页。关于"奴隶"的定义和性质,虽然甲骨卜辞及其他古代文献中鲜有提及,但《唐律疏议》卷第二十讲得很清楚:"不言奴婢、畜产,即是总同财务。"此说法还证明了:虽然奴隶占有方式在中国可能从未在社会上升到主导的地位,却是广泛和长期存在着的。中国的奴隶制似乎带有明显的普遍性的特点,但这一特点妨碍了奴隶制在中国深化和升级,进而上升为主导的生产方式。

骨卜辞写作"㖣",郭沫若先生释为"奴隶",但至今学界仍有争议;第三,《尚书·商书》常将"上帝"与"下民"对举,又多次谈及"我众""众庶""百姓"问题,显然,贵族与平民的矛盾,而非平民与奴隶的矛盾,才是商代社会的主要矛盾。商至多是一个不发达的奴隶社会,不能与古埃及和古巴比伦相比。

如果说商人兴起于夏之东,那么周人则兴起于夏之西,即渭河支流漆水、沮水之间,相传其始祖是后稷(名弃),其母姜嫄乃有邰氏之女。《诗经》说后稷长于种植,说明他来自于一个农业民族。但在很长一个时期内,周处于商朝的管辖之下,接受了商王朝边侯的封号,替武丁伐鬼方。至古公亶父时,由于西北游牧民族西戎的入侵,周人东迁至豳(今陕西旬邑县),并以豳为基地兴邦立国,奉古公亶父为太王。此后周人发展很快,对内推行"九一而助"的办法,将劳役地租制度化,对外先后灭西落、始呼、翳徒诸戎,以及密、邗、戡黎和崇等邦国,在文武之际两次迁都并最后定都于镐,形成"三分天下,周人有其二"的局面。所以,当商纣王"厚赋税以实鹿台之钱",到处修离宫别馆、作"酒池""肉林"之时,武王得以联络庸、蜀、羌等方国,于公元前1027年一举灭了商朝。周朝既立,一面兴建成周安置和改编商代遗民,一面大封诸侯以安邦定国,即《荀子·儒政篇》所说:周公"兼制天下,立七

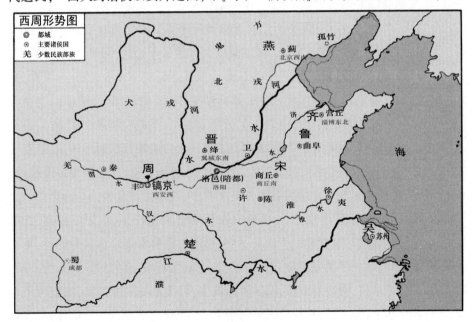

西周形势图

十一国"。周初的封侯即周人亲戚和归附于周的小国首领,如神农、黄帝及尧、舜、禹的后裔,卫、鲁、齐、宋、晋、燕等国的首领。"册封"既包括授地亦包括授民,但受封者对天子要承担镇守疆土、捍卫王室、缴纳贡物、朝觐述职等义务,也可将所受封地转封卿大夫,卿大夫还可再转封给他们的家族。中国第一次形成了一个以依附制、等级制和领主制为主要内容的制度,即封建制度。

封建制的实施加强了王权,也通过分封把周朝的疆土扩大到从未有过的规模,超过了夏、商的疆域。但分封也为诸侯专制创造了条件,最终危及周天子的权威,以致在厉王死后出现了朝政由诸侯共管的局面,史称"共和行政"。至公元前770年,当关中发生大地震时,西周就在西戎和申侯的内外夹击下,走向灭亡。这一年周平王将首都从镐迁到洛邑,只据有洛阳周围几百里的领土,因天子已失去天下共主的地位,诸侯也不再向他述职、纳贡,由此开始了诸侯割据和争霸的"春秋与战国时代"。据记载,春秋时期列国在140个以上,其中重要的有齐、晋、楚、秦、鲁、郑、宋、卫、陈、蔡、吴、越等国,但到战国时代比较强大的就只剩下秦、楚、燕、韩、赵、魏、齐"七雄",各国之间征战不已,百姓因此深受其害。这种情况,为秦的崛起,以致最终兼并六国,建立统一的秦帝国,提供了有利条件。秦初兴于陕甘一带,在秦孝公以前偏居于雍州,不与中原诸侯交盟,中原诸侯则视之为夷狄。在内外压力下,秦孝公乃起用商鞅,于公元前356年和前350年两次变法,规定凡民有二子以上者必须分家,禁止家人"同室而息",即使父子、男女别居;"平桶、权衡、丈尺",即统一度量衡制;将全国小都乡邑集合成31县,又下令废井田、开阡陌,并允许土地买卖,使秦迅速强大起来。公元前247年,秦嬴政即位,旋即以李斯为佐,采取远交近攻策略,于公元前230年至前221年,率其"虎狼之师"先后剪灭韩、魏、楚、燕、赵、齐六国,建立起中国历史上第一个中央集权的封建国家,定都于咸阳,自称"始皇帝"。其疆土东至东海,西至甘青,南至岭南,北至阴山以及辽东,在中国历史上前所未有。在世界各国古典文明中,统一意识最强的是秦帝国。为了使这个大帝国达到真正的统一,秦始皇在廷尉李斯支持下,首先废封建、行郡县,把全国分为36郡,又在郡以下设县,中央和地方重要官员均由皇帝任免,不再世袭;其次,以秦国文字为基础制定小篆推行全国,实行统一的货币:黄金为上币,以镒(20两)为单位,铜钱为下币,以半两为单位;再次是统一度量衡,规定六尺为步,二百四十步为亩。中央丞相、太尉、御史大夫,分管政事、军事、监察,但所有政务均由皇帝裁决。其统一程度在当时世界各国之上。

当中国在政治上由分散走向统一的时候，在经济上则出现了由公有制向私有制转化的过程，其间有一个过渡形态，即所谓"领主制"。领主制的前提是"国有制"，"国有制"的实质是王有，而王有是大私有而非公有，所以说领主制是由公有制到私有制的桥梁。为了说明这一转变过程，我们以"单"即农村公社的土地关系的演变为线索，对华夏文明中土地关系的演变做简要叙述，因为"单"是中国农村公社的本名。没有人怀疑，原始社会是公有制社会，这在中国和世界其他地区都是一样的，正如我们在第一编1.10中所说，那时是"天下为公"的。《孟子·滕文公上》说："夏后氏五十而贡"，就是分给每个农户五十亩土地，让农户向国家纳贡，说明在此以前土地是公有的。但这种分给农户的土地其实只有占有和使用权而无所有权，因为直到商代武丁时期公社内还要经常换田，如《甲骨续存》下166所载卜辞云："庚辰卜，□贞，翌癸未，屍西单田，受屮年。十三月。"这里的"单"即农村公社，"屍"专家释为"徙"，"屍田"即换田活动。① 这种换田活动几乎每年都要进行。在殷商金文、铭文中，常常出现"×单"与一个甚至两个族徽合文的情况，当时氏族还在发生急剧的分化和重新组合，合文可能是由母氏族徽号与子氏族徽号结合而产生的新徽号。到商周之际，以家庭为单位的氏族公社逐渐由以地域为单位的农村公社所取代。一方面，由于王权的强大，土地"国有化"取代原来的公有制，形成所谓的"普天之下，莫非王土"；另一方面，在原来的农村公社内部，由于土地占有和使用权的固定化，土地私有化倾向日益加强。周天子实行分封制，由此产生的领主制既不能改变天子对全国土地的所有权（因为领主要向天子纳贡），也不能改变公社成员对土地实际占有和使用的现实。但有一点很清楚，农村公社土地的使用日益固定，再也不能像夏商时期那样经常"换田"了，现在采取的是所谓"三年一换土易居"②的办法，因为当时实行井田制："方里而井，井九百亩，其中为公田。八家皆私百亩，同养公田。"③已明确划分了"公田"和"私田"，耕种者必须"雨我公田，遂及我私"④，土地已不能随便更换了。到战国时，晋"作爰田"而秦

---

① 参见俞伟超：《中国古代公社组织的考察》，文物出版社，1988年，第6—15页。该书第一次对"单"作为中国农村公社的本名作了认定及系统地论证，并很快被译成日文在日本面世。尽管学界看法不一，乃可备一说。
② 《公羊义疏》。
③ 《孟子·滕文公上》。
④ 《诗经·小雅·大田》。

"制辕田","令民各有常制",不再重新分配土地。秦朝建立后,土地已可普遍进行买卖,地主制或土地私有制便完全确立下来。这样,由公有制向私有制的转化过程便基本完成了。

夏、商、周至秦汉之际,是中国历史在政治、经济上大转变的时期,也是华夏文明奠基的时期。其转折点是春秋、战国时代。从思想和文化角度看,中华文明的基本形态和特征,可以说都是在这个时期形成的。这主要体现于三大家的兴起:(1)儒家。其创始人为孔子(公元前551—前479)。孔子名丘,字仲尼,鲁国陬人。祖先也是宋国贵族,曾祖时迁鲁国,父亲做过陬邑大夫。他少时贫贱,做过"委吏""乘田",但以"知礼"闻名,曾问礼于老聃,自周返鲁后开始私人讲学,有弟子三千、圣人七十二名。后任鲁国中都、宰、司空、大司寇,以后周游列国,晚年从事文化典籍整理,曾删《诗》《书》,定《礼》《乐》,作《春秋》。他提倡以"仁"为最高道德标准,认为"克己复礼为仁",主张有教无类,因材施教,强调"思"对于"学"的重要性。其代表作《论语》,言简意赅,鞭辟入里。(2)道家。创始人是老子。相传老子姓李名耳,字伯阳,又称老聃。楚国人,曾作周朝史官,后引退。他否认天有意志,认为"天地不仁";提出"道法自然","道"是世界本原,"可以为天下母",万物均由它派生而来;认为"有无相生,难易相成,高下相倾,声音相和,前后相随";主张"无为"而治,认为只有无为才能无不为,无为即"寡欲""绝学""不争";希望回到"小国寡民"时代,过一种"鸡犬之声相闻,老死不相往来"的生活。《老子》一书,记载了他的思想。(3)法家。代表人物为商鞅(约公元前390—前338),姓公孙,名鞅,卫国人,亦称卫鞅。因受封于商地,故称商鞅。初为魏相公叔座家臣,后入秦向秦孝公宣传法家主张,被任命为左庶长,于公元前356年和前350年,两次在秦实行变法:"开阡陌封疆",废止井田制度;承认土地私有,按丁男征赋;奖励耕战,缴纳粮食布帛多者可改变原来的身份,有军功者可授爵位;推行县制,把全国划分为31个县,由秦王直接任命官吏。他主张"燔诗书而明法令",认为"反古者不可非,而循礼者不足多"。这三大学派,在中华文明的发展中,都产生了不可磨灭的影响。它们的主要特点是强调伦理道德在人类文明中的重要性,带有很强的世俗化倾向。但中国"轴心时期"的文化不只是这三家,还有名家、墨家、兵家等,均有自己丰富而独特的思想,以及包括语言、逻辑、科学在内的学问。

在中华古典文明中,甲骨文的发明和使用占有十分重要的地位。这种刻有文字的甲骨,在1899年以前二三十年已在河南安阳小屯出土,但当时由于无人认识而被当作药材"龙骨"出售,至1899年才被北京一位叫王懿荣的古文字学家认出,这就是"甲骨文"。原来那个出土这种甲骨的地方,正是"盘庚迁殷"后定都的殷地,是十几代殷王统治全国的中心,且历时长达270多年,所以留下了大量甲骨记录。经多次发掘,现已得到有字甲骨十几万片,整理出4000多个单字,已释读成功的也已有1000多字,是中华文明的一大遗产。这些甲骨文又称"卜辞",因它是历代统治者遇有大事,进行占卜、询问吉凶的记录。由于涉及大量国家政治、经济、军事和社会事务,因而留下了宝贵的历史文化史料和信息。秦国后来流

安阳殷墟出土刻辞卜骨

行的"篆书",分为大篆和小篆,原是从甲骨文演变而来的,秦统一六国后以小篆为标准统一全国文字,但把图形性的线条改为"笔画"而成"隶书",再平整笔画就成了"楷书",从汉朝起一直使用至今。

关于甲骨卜辞,2004年陕西师范大学出版社出版的,由李曦所著博士论文《殷墟卜辞语法》,第一次运用结构主义、转换生成和传统语法相结合的方法,在坚持功能关系分析的原则上对卜辞进行了全面系统的研究,建立了一个由句法、词组法和词法三大系统构成的语法体系,说明它已是一种相当成熟的语言。这就提出了一个问题:在甲骨文之前,还有没有更原始的文字?看来,对丁公陶文之类的探讨,并不是毫无意义的。

秦二世而亡,在秦末农民战争中建立起来的汉朝(公元前206—公元220),通过"与民休息"和"文景之治"迅速获得恢复和发展。到汉武帝统治时期(公元前140—前87),其疆域已远远超过秦朝,但在政治、经济等各方面仍采用秦制而又多有发展,如实行察举制度,在长安城外建立太学等。这使汉帝国成为当时世界历史上,唯一可以与罗马帝国相提并论的国家。

2.8 由希腊到罗马：西方古典文明的兴起及其理性基础

西方古典文明有三大传统：重海外开拓，重理性与科学，重民主与法制，它们都是城邦制的产儿。这些传统是由希腊人开创的，但只有到罗马时期才得到完善。例如，希腊人虽然提出了自然法的观念，但真正的可以反映西方法制观念的立法，却是在罗马帝国才出现的。因此，从整个西方古典文明的形成看，只有把希腊文明和罗马文明联系起来，才能构成一个完整过程。

公元前12世纪的特洛伊战争毁灭了特洛伊，也削弱了迈锡尼，使早已集结在北希腊的多利亚人得以乘虚而入，迅速征服除雅典外的中希腊和伯罗奔尼撒半岛，包括迈锡尼城（灭于公元前1125年）。由于入侵前的多利亚人还处于氏族部落阶段，入侵后他们竟弃城而居，继续过一种简朴的村落生活，历史反而从迈锡尼奴隶制文明倒退了。成书于公元前750年左右的《荷马史诗》，描述了特洛伊战争前后的历史和故事，因而历史上把多利亚人入侵的时期称为"荷马时代"。但多利亚人入侵的影响并不都是消极的，因为他们带来了铁器（铁斧、铁锯、铁锄等）和冶铁技术，这为希腊以后造船业和冶铁业的发展提供了重要的动力。此外，由于多利亚人的挤压，许多原生活在希腊本土的族人被迫外移到附近岛屿如克里特岛、罗德斯岛、塞浦路斯，以及小亚细亚等地，并在那里建立了大量移民区或移民点，这为以后希腊文明的兴起准备了条件。

从公元前800年起，在大约300年之内，希腊文明进入了一个重要时期，这就是希腊城邦（Polis）的兴起，即以城市或村镇为中心形成大批奴隶制小国。希腊城邦的兴起过程可分为三个阶段：最早的城邦是由移民在小亚细亚和爱琴海诸岛建立的，接着是希腊本土各部落以城镇为中心联合建邦，第三类城邦是希腊城邦殖民运动的产物。前两种城邦散布于传统的所谓"希腊世界"，到公元前750年左右已有上百座之多，它们以腓尼基字母为基础创造了自己的文字，各邦有共同的节日和纪年。参与殖民城邦创建的有44个城邦，它们共建造了这类殖民城邦139座，散布于地中海四周及其岛屿，包括爱奥尼亚的加尔西斯和厄津特里亚，意大利波提库萨和库美城，远到北非、埃及和里海沿岸。著名的有叙拉古、马富、昔兰尼、拜占庭等等。对于希腊人来说，地中海就像一个扩大的爱琴海，如果说希腊本土是他们活动的第一座历史舞台，爱琴海是他们的第二座历史舞台的话，那么地中海就是他们的第三座历史舞台。古希腊有众多的城邦,但没有形成统一国家。城邦形成的背景和方式决定了希腊城邦的特点:(1)小国林立,一般城邦方圆不过数十里,人口不过万余;(2)政治民主,因为它的政体是在军事民主制的基础上演变而来的,普遍实行共和制①;(3)奴隶制普遍而分散,因为小农和手工业者是城邦的支柱,他们每人一般只拥有奴隶三四名;(4)开放性,因为城邦主要的经济活动是工商业而不是农业,对外联系是其生命线。但贵族和平民的力量一旦失衡,也会给城邦的民主政治带来威胁,公元前7世纪至前6世纪一度出现的僭主政治就是如此,僭主即依靠武力僭越夺权的独裁者。像科林斯、墨伽拉、西息温等都经历过僭主制。②

在希腊众多城邦中,斯巴达和雅典比较特别。据传说,多利亚人入侵时,指挥官赫拉克利斯有三个儿子,其中两个都得到了土地供其统治,但由于老二阵亡,他的那份土地最终由他的两个儿子所得,这个地方就是斯巴达。所以"双王"统治成了斯巴达的传统。又据说,建国之初,为了把"双王"确立为斯巴达的传统,立法者来喀古假托了一份神谕,这份神谕说:"要为宙斯神和雅典娜女神建立神庙,要组成新的部落和选区,建立包括两国王在内的30人议事会,按季节召开民众大会;议事会向大会提建议并宣布休会,公民们皆参加大会并有决定权。"当时斯巴达的立法制度,基本上就是按它制定的。但有一条不在"神谕"之内,即规定它的公民特别是成年男性公民,必须过脱离生产的军营般的集体生活;而把分配给公民的份地交由希洛人③(即国家奴隶)耕种,耕种者按规定向主人交纳谷物,土地和产品都不准买卖。这虽然带有原始"平等公社"的色彩,却使斯巴达拥有了"无敌"的军队。以此为基础,它先后两次发动对邻邦麦西尼亚的战争,到公元前6世纪下半叶,整个伯罗奔尼撒都已在斯巴达的控制之下,形成"伯罗奔尼撒同盟"。

和斯巴达一样,雅典也是在公元前9世纪建国的,创始人是提秀斯。它是一个以协议方式立国的城邦,最初包括4个部落。当时虽然存在王权,但主要权力在中央议事会手里,而平民虽然可以参加公民大会,但法律严禁平民当官。公元前8世纪时,王权进一步削弱,因为城邦的首脑已是执政官而不是国王,国王只是

---

① 最初各邦曾存在过王权,那是由氏族贵族首脑演变而来的,后来终被废除。
② 僭主,在西文中用 tyrant,即"暴君"之意。
③ "希洛人"这一名称,来源于被斯巴达征服的希洛城。

执政官之一(称王者执政官)。执政官数目最后稳定在9人。执政官制是氏族贵族的胜利,标志着贵族寡头统治的开始,公民大会的作用也降低了。但随着工商业的发展,工商业奴隶主加入了平民的队伍,使平民与贵族的矛盾日益突出,并引发了公元前632年基伦企图利用平民对贵族的不满,暴动夺权的事件。在这种情况下,在平民的支持和推选下,出身贵族兼商人的梭伦出任"执政兼仲裁",于公元前594年主持雅典改革。他的改革有三:一是颁布"解负令",解除平民一切债务,并取消债务奴隶制;二是以500、300、200和200以下麦斗为收入标准,把公民分为四级,规定第四级不能担任官职但可充当陪审员;三是另立四百人院,由4部落各选100人组成,凡公民皆可入选,四百人院负责为公民大会拟定议程,准备和预审提案。这就扩大了公民的参与权,以至于出现了在10名执政官中贵族和平民各占一半的情况,但这些人立即分成"平原""山地"和"海岸"三派,分别代表贵族、农民和工商业主的利益。而野心家庇西特拉图于是得以利用矛盾,指使私人卫队占领雅典卫城,当上了雅典的僭主。直到公元前506年,新当选的首席执政官克利斯梯尼推出新的改革,僭主政治的影响才得以消除。新的改革的主要内容是,废除原来的4个血缘部落,另按地区组成10个新的部落,且规定每个新的地区部落应由三个"三一区"组成,每个"三一区"又由平原、山地和海岸三地组成。这就以新的地域原则取代了传统的血缘关系,从而使雅典得以完成国家建立的过程。梭伦改革有一项潜在的影响:债务奴隶制的取消限制了内部的奴隶来源,这促使雅典更多地依靠从外部获得奴隶。

希波战争给雅典提供了另一个机会。公元前514—前513年,大流士一世率领波斯大军渡过博斯普鲁斯海峡进入欧洲,多次派使者向希腊人索取"土和水"。公元前490年雅典军队在马拉松打败波斯军,挽救了雅典。公元前485年,薛西斯即波斯王位,扬言要以百万之师问罪于希腊,迫使希腊人第一次团结起来,组成以斯巴达为首的全希腊同盟。但由于温泉关战役失利,薛西斯军队最终席卷中希腊,攻占雅典并付之一炬。不过,早在特米斯托克利任执政官时,就估计希波将会再战,因而投巨资新建战舰100艘;而且在薛西斯军队进入雅典前,雅典人又听从特米斯托克利的劝导举国渡海南迁,保存了实力,得以在萨拉密海战中,重创波斯军舰300余艘,迫使波斯在公元前499年与希腊签约,正式结束希波战争。战后,雅典在希腊地位大为提高,乃于公元前478—前477年之交新组"提洛同盟",先后有250个城邦入盟,雅典从此登上希腊霸主宝座。恰在这时,马其顿在希腊北部

伊苏斯战役中的亚历山大大帝

迅速崛起,完全改变了希腊政治的形势。马其顿人自言其远祖也是希腊人,在腓力二世在位(公元前359—前336)时,他们创建了更为密集、纵深的正方形战阵,即有名的"马其顿方阵",以其不可阻挡之势攻克一个个希腊城邦,终于公元前337年在科林斯召开全希腊会议,正式确立马其顿在希腊的霸主地位,随后向波斯宣战。腓力被刺身亡后,年仅20岁的亚历山大继位,以杰出的军事才能率领马其顿和希腊联军,于公元前334年入侵小亚细亚,公元前332年征服埃及,公元前330年灭亡波斯,公元前329年抵达印度,仅用几年就建立了一个地跨欧、亚、非的大帝国。公元前323年,亚历山大大帝因疟疾突然病逝于波斯首都苏撒,帝国迅速分裂为三个王国,除希腊和马其顿本土外,还有埃及的托勒密王朝和西亚、中亚的塞琉古王朝,分别由亚历山大的将领们统治。亚历山大对东方的统治虽然只有十年,但在政治、经济和文化上都产生了重大影响,仅以亚历山大里亚命名的城市就有70多座。亚历山大大帝及其继承者对东方的统治,史称"希腊化"时期。

当亚历山大统治的帝国走向崩溃的时候,一个更大的史无前例的帝国即罗马帝国正在兴起。罗马建立于公元前753年,位于意大利中部台伯河东岸,居民讲拉丁语。它的历史可分为三个时期:(1)王政时代(公元前753—前509),(2)共和时代(公元前509—前27),(3)帝国时代(公元前27—公元476)。和希腊一样,罗马也是一个城邦国家,最初也经历了一个王权统治时期,但很快就被共和政体所取代,国家权力握在具有同等权力的两名执政官手中,平时负责行政、立法和司法,战时则是军队统帅,其权力显然大于希腊初期的执政官,所以有"独裁者"之称。公元前5世纪初,平民借罗马与高卢人战争之机发动"分离"运动,获得推选保民官的权利,并把其数目由2个增加到10个。为了保障这些权利,平民进而展开要求制定成文法的斗争,以便在判案时有法可依,而不是靠口传的习惯法。这迫使政府正式成立"十人委员会",于公元前450年在习惯法的基础上制定《十二铜表法》,把它刻在12块铜牌上,并将其安放于罗马广场。但这个法律的主要任务是维护私有制和债权人的利益,而平民的公民权及债务奴隶制的废除,则是在公元前287年公布的另一立法中才实现的。但由此罗马也走上了对外征服的道路。公元前290年罗马统一中意大利;公元前264—前146年通过三次"布匿战争"①完全征服迦太基,并设阿非利加行省;公元前55年罗马入侵不列颠;公元前51年尤利乌斯·恺撒征服高卢;公元前30年埃及变成罗马的一个行省。当公元前27年元老院为自称"元首"的屋大维授予"奥古斯都"称号时,帝制便取代共和制,在罗马确立起来了。罗马进行对外征服的得心应手的工具,是其组建的"罗马军团"和采用的"龟形屏障"。罗马帝国是一个典型的奴隶社会,或者说高度发达的奴隶社会,以致按查士丁尼的说法,该社会的"一切人不是自由人就是奴隶"②,目前在世界历史上找不到第二个划界如此简单而鲜明的例子。但此处的"自由人"又分为"出身自由人"和"解放自由人",而"解放自由人"又包括了"市民解放自由人""拉丁解放自由人"和"外籍解放自由人"。"奴隶"也有三个层次:奴隶、准奴隶、农奴(colonus),准奴隶又包括误信为奴隶者、被私禁之债务人、欠赎金者、被雇佣之斗兽者和被出让之子女;而农奴虽为永久世袭之农夫,但本人及其后裔不得脱离其所耕作之土地,因而被研究者称为"耕作地之奴隶"。③

希腊文明是整个西方文明发展的基础。城邦是解读希腊文明全部问题的钥匙。由于海外拓殖是城邦起源的重要原因,城邦建立后也把海外殖民当作它的重要使命,希腊人在思想和观念上从一开始就是探索性的,其集中的表现就是它的哲学,它首先兴起于希腊的殖民地米利都。什么是"哲学"?希腊人称之为"智慧之学",以循理探究天地众相演变因由(即自然规律)为任务,从而形成了一种外在

---

① 罗马人称腓尼基人为"布匿人",迦太基人属腓尼基人。
② 查士丁尼:《法学总论》,第12页。
③ 参见陈朝璧:《罗马法原理》,法律出版社,2006年,第31—37页。

于宗教的思想,因而是理性的。为此形成了两大学派:(1)唯物派。泰利斯所说的万物生于水又复归于水,赫拉克利特所说的万物源于物质且"万物皆变",德谟克利特关于一切物皆本源于原子且原子不可分的猜测,以及伊壁鸠鲁关于原子因重量而生运动,又因重量不同而发生偏离的思想,都可以归于这一派。(2)唯心派。其代表人物有苏格拉底,他认为天地万物生死存灭皆受神意安排;而芝诺虽然认为世界由火而生,但又说火是世界之灵,哲理实即神道,最后归于神学目的论。尽管有唯物唯心派之争,但第一,它们都重视对自然的观察;第二,都强调对观察的结果作理性的思考;第三,唯物主义始终在希腊哲学中占据着优势。这种理性思考,直接导致了希腊自然科学的兴起和昌盛,在天文、地理、数学、几何、物理等领域,希腊人都进行了系统的探讨。尤其是"医学之父"希波克拉底首创体液学,认为人体由血液、黏液、黄胆、黑胆四种液体构成,并能影响人的气质。希腊科学具有明显的几何学性质,不论是地理学、天文学还是宇宙学,都被投射到一个空间背景上进行研究。这种思想和方法也影响到文艺理论,如戏剧中的"三一律"、建筑中的"黄金律"、雕刻中的"人体比例",都反映了希腊人的数理和逻辑要求,也就是所谓的科学精神。这种精神也反映在史学研究中,希罗多德为了写作《历史》,进行了广泛而详细的调查研究和史料搜集,其足迹遍布三洲、两海。① 希腊人的哲学是自外于宗教的,但希腊宗教不是其哲学科学发展的障碍,因为:第一,希腊宗教是多神教;第二,希腊宗教主张"神人同形"。所以,宗教在希腊未能造成神对人的统治,反成为思想和艺术的土壤。

罗马文明和希腊文明不同源但同型,因为它们之间有明显的传承关系,二者在性质和特点上十分相似。首先,它们都是由城邦发展起来的,罗马帝国实际上是许多共和国的联合体,在商品经济方面达到了前所未有的高度。罗马人使用的拉丁字母,是从希

庞贝古城出土的家庭神龛

---

① "三洲"即非洲、亚洲、欧洲,"两海"即地中海和黑海。

腊字母移植过来的,而希腊字母又是在腓尼基字母的基础上改造而成的,腓尼基字母则源于闪米特字母。荷马史诗《奥德赛》的拉丁文译本,曾是罗马学校第一部文学教材。公元前2世纪罗马征服希腊后,许多希腊著作传入罗马,那些被当作人质带到罗马的受过良好教育的人,成了罗马奴隶主的教师、医生,希腊的征服者被希腊文化所征服,甚至希腊的神也成了罗马的神,宙斯和朱庇特、赫拉和米诺、雅典娜和密涅瓦、阿佛洛狄忒和维纳斯都是同一个神,只是名称不同而已。但这并不是说罗马文明只是对希腊文明的继承,它也有自己多方面的创造和发展。罗马人很重视法律和法学,很注意法律的制定、登记和注释,从《十二铜表法》的制定开始,逐步形成了一个十分完整的法律和法学体系。罗马法以希腊斯多葛派自然法观念为基础,以公民为主要立法对象,强调公民婚姻、财产和权利的调理,对西方法学的贡献远远超过了希腊。罗马人在科学技术方面也有自己独特的贡献。赫伦设计的计程器、虹吸管、照准仪及蒸汽反冲球都有很大的创造性;普林尼的《自然史》、斯特拉波的《地理学》和赫伦的《建筑十书》都是当时的代表性著作。罗马拱券结构建筑、罗马城引水渡槽以及哥罗赛姆大剧场和万神庙,还有著名的罗马广场,均堪称世界建筑史上的杰作。但罗马人的哲学却比希腊人大大倒退,失去了希腊人那种理性的光彩,人生哲学、伦理道德成了哲学的主题,甚至有一种蜕化成单纯宗教伦理的倾向,唯心论在哲学中占据了优势。总之,在探索和进取精神方面,大不如希腊人。

当然,罗马帝国是一个空前的大帝国,它在文化上自有其博大精深之处,从整体上看难有匹敌者。

2.9 "丝绸之路":开辟东西方两大文明交通与交流之路,并赋予"亚欧农业带"以新的内涵

"丝绸之路"一词,首见于德国地质学家李希霍芬(Ferdinand von Richthofen)1877年于柏林出版的5卷本《中国——亲身旅行的成果和以此为根据的研究》第1卷。这是作者于1860年随德国经济代表团访问包括中国在内的远东地区,以及他于1868年9月至1872年5月对中国14个省区再次进行访问和考察的成果。他发现:"绝大多数的旅人在穿过沙洲、罗布泊边的楼兰和于阗之后,较少会选择通过帕米尔山口的道路。与之相反,穿过特勒克达坂、经拔汉那到大宛这条路上

的交通却非常活跃。"①

这条丝路的正式开通,应归功于西汉建元三年(公元前138)和元狩四年(公元前119),张骞先后两次奉命出使西域。汉朝(建立于公元前202年)的建立者,是"楚汉之战"的得胜者刘邦,而"楚汉之战"本由秦末农民战争演变而来,因为刘邦和他的对手项羽原是农民军的领袖。张骞"通西域"之举缘于匈奴之事。"匈奴"始见于战国文献,其族源和语言在学界说法不一,以为夏时之荤粥、商时之鬼方、周时之猃狁之后裔,今以突厥说为主。

秦汉之际,冒顿于公元前209年杀父头曼并自立为单于王,又建立和强化其军政体制和内部组织,迅速崛起和强盛于中国北方。楚汉之争时,匈奴人东破东胡、西逐月氏,相继夺取楼兰、乌孙、呼揭及附近26国。然后,又北服浑庾、屈射、丁零、鬲昆、薪犁等国,南服楼烦、白羊河南王,并占领河套地区,几乎控制了中国东北、北部和西北广大地区,其统治范围东自今朝鲜边界而西至帕米尔山脉,南达今晋北、陕北。汉武帝时,偶然从审讯匈奴降汉者的口供中获悉,遭匈奴攻击而西迁的原住在敦煌、祁连山一带的月氏部落,时刻都想返回故地并向匈奴报仇,乃决定募人出使大月氏以联合抗匈,应募人就是张骞。

张骞乃汉中成国人,武帝建元初年为郎官,即皇帝侍从。他率100多人,于公元前138年出陇西赴大月氏,但在河西地区被匈奴人所获,受单于强制阻止而滞留当地十余年。其间他虽在匈奴娶妻生子,但从未忘记自己出使西域之使命,乃伺机与其属逃脱,数十日后方先至大宛,并在大宛向导和翻译帮助下,再经康居国抵大月氏。然此时的大月氏,已在妫水北岸定居并由游牧转为农耕,因此"自以远汉,殊无报胡之心"。② 无奈,张骞在当时臣属于月氏的大夏停留一年后,沿南山(昆仑山)北麓前行并企图经羌人与匈奴人的中间地带返汉,不料又被匈奴所俘并再次被拘。元朔三年(公元前126)匈奴发生内乱,他才乘机逃脱,回到长安。元狩四年(公元前119),张骞再度奉命出使西域,企图招乌孙回河西故地,"断匈奴右臂"而令大夏等国为外臣,然而也无果而返。但此次出使与上次有几点不同:其一,此次出使率将士多达300人,且各备马两匹并带有数以万计的牛羊、金币、丝帛③;其二,

---

① 引自石云涛:《丝绸之路的起源》,兰州大学出版社,2014年,第1页。
② 《史记·大宛列传》。
③ 同上。

张骞在西域再派副使从乌孙前往大宛、康居、大月氏、大夏、安息、于阗、身毒诸国，带回大量有关西域各国的信息及来汉的使者。以此为基础，武帝得以于太初元年（公元前104）和太初三年（公元前102），两次派贰师将军李广利领军西征，攻破宛都外域并迫使其与汉军言和，得马匹（包括汗血马）3000多匹。不仅如此，汉朝随即在轮台、渠犁等地分别驻兵、屯垦、置校尉领护，成为中华帝国在西域设置行政机构的开始。元帝建昭三年即公元前36年，西域副校尉陈汤远征康居，击杀了挟持西域各国并与归汉的呼韩邪单于为敌的郅支单于，从此匈奴的势力消失于西域。正因为如此，《史记·大宛列传》把张骞通西域称为"凿空"之举，而裴骃《史记集解》引苏林云："凿，开；空，通也。骞开通西域道。"诚如司马贞《史记索隐》所说："谓西域险阨，本无道路，今凿空而通之也。"

请注意，我们之所以把张骞通西域看成是丝绸之路"正式开通"的标志，是因为在此之前中国的丝绸早已通过不同的路径散布于域外多地，且有可靠的记载。例如，《汉书·地理志》"燕地"条云："殷道衰，箕子去之朝鲜，教其民以礼义、田蚕、织作。"这可能是中国养蚕植桑和丝织技术传至朝鲜半岛的最早记载。又如，《汉书·地理志》"粤地"条云：汉武帝平南越，曾遣使出海至印度、斯里兰卡，所带为"黄金、杂缯"以与对方之明珠、碧琉璃交换。再如，在北方，在张骞通西域和灭匈奴之前，刘邦为缓解与匈奴之关系曾行"和亲"政策，陪嫁品中应不乏"丝绸"及中原多种贵重之物。有趣的是，在张骞通西域之前，唯独"西域"不见中原"丝绸"之传入，这有《史记·大宛列传》的记载为证，上面说此时"自大宛以西至安息……其地皆无丝漆"。但这并不等于说，当时整个西方没有中国丝绸传入，西方发达的考古学为我们提供了大量而可靠的证据：在克里米亚库尔·奥巴（Kul Oba），曾出土公元前3世纪希腊制象牙版，上面所绘"波利斯的裁判"之画，希腊女神身上穿着的纤细衣料，就是能将乳房和脐眼完全显露的透明丝质罗纱；在更早的公元前430—前400年的雅典阿尔·西比亚斯富豪墓，曾出土6件丝织物和一束三股丝线；比之更早，在德国西南部巴登-符腾堡发掘的公元前6世纪的贵族墓葬内，发现当地产羊毛衫、羊毛和装饰图中，都掺杂有中国蚕丝。据猜测，那些来自中国的丝绸技术，可能是经北方亚欧草原之路传过去的。所有这些都表明，各式各样早期丝路是确实存在的。

但因张骞通西域所导致的"丝绸之路"的正式开通，其历史意义非凡而伟大：第一，为维系西域与汉朝的关系，也是为了稳定刚刚打开的"丝绸之路"，汉帝国先是向西域诸国派出自己的使节，后又于武威、酒泉、张掖、敦煌设郡并派兵驻守，将西域正式纳入汉帝国行政管辖之下。东汉时，总管西域的行政长官称"西域都护"，或以"西域长史"代行，班超父子均曾受命任此职，为管理西域立下汗马功劳。先后纳入汉帝国管辖的西域属国多达50余个。第二，在正式开启"丝绸之路"的同时，中国人此前以今日新疆为界限的关于"西域"的概念也大大地得到了扩展。张骞所到之国仅5个：大宛、大月氏、大夏、康居、乌孙，但所传闻之国则有9个：葱岭以东为扜弥、于阗、楼兰、姑师；葱岭以西则有奄蔡、安息、条支、黎轩、身毒。至东汉班超出使西域时，居龟兹而任西域都护的他，曾再遣甘英西使大秦（罗马帝国），甘英穷临"西海"而还，而"西海"据考证是波斯湾。第三，随着"丝绸之路"的正式开启，一条时有变更但又相对固定的、通过亚欧大陆中部连接东方中华帝国和西方罗马帝国的大道日益明晰并得到有效利用。这条道路的走向大致是：从西汉都城长安或东汉都城洛阳出发，经甘肃境内的河西走廊抵敦煌，从敦煌向西再出发则分为南北两道：西北行出玉门关为北道，西南行出阳关为南道。实际情况是：西北之行，从玉门关出发至沙西井，然后沿塔里木河北岸和天山南麓西行；而西南之行，从阳关出发亦至沙西井，然后沿昆仑山北麓和塔克拉玛干沙漠南缘西行。两条路线均会合于葱岭或木鹿城，此后再往西则要经里海东南和伊朗北部至叙利亚地中海东岸。叙利亚地中海东岸，可以说是"丝绸之路"的终点，但也可以从此地西北行至伊斯坦布尔入欧，或西南行至亚历山大里亚入非，不过当时西域均在罗马帝国管辖之下。第四，名曰"丝绸之路"，商品交易当然是以"丝绸"为主，它体现了丝绸产地中国在当时东西方交通与交流中的主导地位和作用，但同时也应指出以下几点：其一，除丝绸之外还有其他许多物品进入交易名单，如瓷器、茶叶等；其二，由此形成的交通和交流从来不是单向的而是双向和多向的，也不仅是物质的，还有文化和精神的，如苜蓿、葡萄和祆教、佛教的传入就是明证；其三，上述"丝绸之路"只是东西交通和交流的主干道，随着"丝路"贸易的发达而衍生出来的支线和支路数不胜数，如"南方丝绸之路"和"海上丝绸之路"。

不过，很少有人注意到，这条陆上"丝绸之路"和前面提到的"亚欧农业带"，实际上恰恰是平行或重叠的这一重要事实。这条连接东西方两大文明的"丝绸之路"上的交通与交流的发达和繁荣及其巨大的提升和辐射作用，所体现的正是日益形成的"亚欧农业带"成熟、发达和繁荣所积蓄和释放的巨大力量。由此可知，随着这条"丝绸之路"的正式开启和不断扩展，古老的"亚欧农业带"正在上升为人类古代文明"东西交流"和"南北辐射"的核心地带,这才是张骞通"西域"和"丝绸之路"正式开通为我们所揭示的真正内涵和意义,而这一内涵和意义是世界性的:"亚欧农业带"是整个古代文明世界的核心地带,而中国随着"丝绸之路"的正式开通正在上升为这个核心文明带的核心,因为中国是"丝绸"(和瓷器)世界公认的原产地和输出国。

2.10 匈奴的崛起及其对游牧世界和农耕世界的影响

公元前3世纪和前2世纪之交,刚刚崛起的匈奴就以其强悍气势频频出击,不仅对农耕世界也对游牧世界本身产生了令世人震惊的巨大影响,在世界历史上留下了不可磨灭的痕迹。其影响有三:第一,引发了亚洲高原上第一次民族大迁徙;第二,给秦以后的中国造成巨大麻烦;第三,直接导致了印度笈多王朝的灭亡。

1. 亚洲高原上第一次民族大迁徙

发源于黄河河套及阴山一带的匈奴人,自头曼和冒顿父子相继任单于并经过整顿而迅速崛起于中国北方后,就开始不断出击,其出击的第一方向,就是向西。当时生活于匈奴之西、甘肃西部的一个游牧民族,是汉籍中称为"月氏"的民族。大约公元前176年冒顿率军西征,到老上单于即冒顿之子在位时,月氏人已完全被打败,老上用月氏王的头盖骨做了饮器,然后把月氏人逐出甘肃。

月氏人离开甘肃后,穿过北部戈壁西逃。其中小部分在天山南部的羌人或吐蕃人中间居住下来,并学会使用他们的语言,这些人在汉籍中称为"小月氏"。但大部分月氏人则继续向西,先是到了伊犁河流域以及伊塞克湖定居,不久很快又被当地的乌孙人赶走。这些月氏人离开伊犁河和伊塞克湖后,继续向西迁徙并最后定居于锡尔河上游,此时大约是公元前160年。换言之,月氏人从甘肃西部败走,到最后定居锡尔河上游,前后共花了15年左右。定居于锡尔河上游的这批月氏人是月氏人中最大的一支,汉籍中称为"大月氏"。

然而,这次由匈奴人冲击引发的大迁徙还未结束。锡尔河原是塞族人即斯基泰人居住的地方,月氏人的侵入或者还有别的原因,致使塞族人被迫南下越过索格底亚那(粟特),进入巴克特里亚。大约在公元前140—前130年间,这些南下的塞族人从希腊人赫利奥克勒斯手中夺取了巴克特里亚,并且可能在监氏城建立过国家,但似乎仍臣属于西来的月氏人。不过,大约在公元前126年,月氏人再次越过阿姆河进入巴克特里亚,并由其五首领瓜分了它的土地。巴克特里亚即中国史籍中所说的"大夏",它原是希腊人建立的塞琉古王国的一个省,大约公元前3世纪中叶大夏总督狄奥多特乘塞琉古内乱而据地称王,所建之国即称大夏。当月氏人入居巴克特里亚时,希腊人的统治早已四分五裂,无力抵抗。

2. 匈奴人对中国北方的征服与被征服

在逐走了月氏人后,匈奴人的气势大增,加快了扩张的步伐。公元前167年进入陕西,放火烧毁彭阳城的皇宫。公元前158年,匈奴人返回渭河以北,直接威胁长安的安全。公元前142年又直逼山西大同。这时,匈奴拥有骑兵约30万,单于不仅在鄂尔浑河源头建立大本营,还在翁金河畔建立"龙庭",从而将重心南移。这对新兴的西汉是极大威胁,从此双方交战频仍。

公元前129年匈奴袭击河北。汉将卫青奉命从山西出发,远征匈奴南方中心龙庭。公元前127年匈奴再次进犯,卫青从云中出发迎击,并夺回河套一带,又移民10万于朔方。之后,匈奴连年进犯,波及上谷、代郡、雁门、定襄、云中、上郡。武帝增派霍去病迎敌,出陇西、过焉支,突入匈奴境内千余里,然后南下祁连。此时匈奴内乱,浑邪王杀休屠王,率4万余人归汉。汉于是设郡于酒泉、武威、张掖、敦煌,匈奴人乃哀叹:"失我祁连山,使我六畜不蕃息。"公元前119年,卫青、霍去病第三次出击,卫青从定襄、代郡出发向漠北追击,至赵信城而还;霍去病则与匈奴战于塞北,败屠耆王并追至居胥山等地,匈奴主力撤向西北。之后,汉又遣60万人,屯田于上郡、朔方、西河、河西等地。公元前52年呼韩邪单于率部归汉,汉元帝以宫人王嫱(昭君)嫁呼韩邪单于,汉与匈奴之间首次出现和平景象,经济文化交流不断,持续达六七十年。汉宣帝说过:"汉家自有制度,本以霸王道杂之。"西汉对匈奴的政策,亦可谓霸王道杂之,看来是有效的。

平帝死后,原以大司马辅政的王莽于公元8年自立为帝,改国号为新,西汉帝国灭亡。随即爆发绿林、赤眉起义,天下大乱。时西汉宗室、南阳大地主刘秀为"复高祖之业"乘机起兵,于25年在高阳南称帝,定都洛阳,史称"东汉"。然后继续剿灭义军,削平地方割据势力,进行全国统一事业。这时,一度衰落的匈奴又起,再次成为东汉的一大威胁。26年,渔阳太守彭宠反汉,曾得到匈奴的援助。割据三水的卢芳则依附匈奴,占据五原、朔方、云中、定襄、雁门等郡,经常与匈奴一

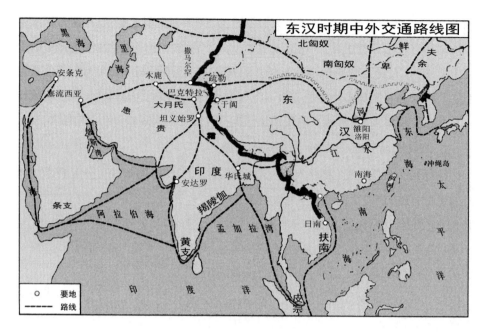

东汉中外交通示意图

起寇边。光武帝刘秀为保边境安宁,多次遣使欲与之修好,均无结果。幸此时匈奴地区连年蝗旱,赤地千里,人畜死亡,东面又遭乌桓乘机进击,引发贵族之间争权夺位的内讧。48年,日逐王比由南八部拥立为南单于,进而袭用其祖父呼韩邪单于称号,并请求内附获准,造成匈奴分裂为南北二部,蛮族寇边的威胁方得以缓解,汉与匈奴之间再次有了和平景象。据载,50年,南单于入居云中,不久又转驻西河郡美稷县,分屯部众于北疆各地,并助汉守边。同时,东汉朝廷也常以财物、布帛、牛羊相赠,费用每年达1亿余万钱。时南匈奴,计3万余户共23万口,因定居逐渐由游牧转事农耕。此乃农耕世界对游牧世界的一大胜利。

东汉在220年灭亡后,中国进入历史上第一次大分裂时期:先是魏蜀吴三分天下,接着是两晋与十六国,其后出现了南北朝的局面,这给了匈奴人以可乘之机。入居山西平阳的呼厨泉单于(195—216在位)忆起其远祖曾是汉朝公主,遂采用大汉帝国的父姓刘氏。308年,匈奴首领、刘氏后裔刘渊,以汉朝合法继承人为借口在平阳称帝,建国"汉"。311年,刘渊之子刘聪率军占领洛阳,将晋怀帝迁往平阳,强迫他作斟酒侍者,后又杀之。晋人又在长安另立愍帝,亦为匈奴军抓获,带往平阳,杀之。晋朝在洛阳、长安先后失守后,它的继位者逃到建康,于317

年建立第二个晋朝,史称"东晋",原来的晋朝乃称"西晋"。晋朝南迁后,刘聪的统治地盘扩大,势力扩及山西、陕西、河北、河南、山东。318年,汉廷发生内乱,刘曜称帝,另建"前赵",以长安为都。这时,北方两个新的游牧民族兴起:一个是拓跋部,于260年入侵山西北端,后又进入长城以南定居;另一个是鲜卑慕容部,在辽东和辽西获得发展,并形成小王国。面对来自东北与西北的压力,刘渊部将石勒在河北南部割地为王,并于329年废前赵,改建"后赵",定都河北邺城,以洛阳为第二都城。到石虎统治时(334—349),这个由羯人建立的国家,疆域已扩大到淮河流域。

无论是前赵还是后赵,虽然生活方式还是蛮族的,但其典章制度、文化政策大都采用汉制,因为这些人特别是上层实际都已在相当程度上汉化了。《晋书》一〇一卷《刘元海载记》云:"(元海)幼好学,师事上党崔游,习《毛诗》《京氏易》《马氏尚书》,尤好《春秋左氏传》《孙吴兵法》,略皆诵之。《史》《汉》、诸子无不综览。"同书一一二卷《刘聪载记》云:"(刘聪)年十四,究通经史,兼综百家之言,孙吴《兵法》靡不诵之。工草、隶,善属文,著《述怀诗》百余篇,赋颂五十余篇。"此处"元海"即刘渊,可见其汉化程度之高。如果说匈奴由游牧转向农耕是农耕世界对游牧世界的一大胜利,那么汉化的前赵、后赵的建立,则是农耕世界对游牧世界的又一大胜利。它说明,文化征服显然强于武力征服。

3. 嚈哒人的南下与笈多王朝的崩溃

3世纪,当印度还处于贵霜帝国统治之下的时候,在印度北部的摩揭陀地区兴起了另一个王朝,这就是笈多王朝。由于贵霜帝国从未完全统一整个印度,因此给别的势力留下了权力空间,笈多王朝得以强大起来,直至取代贵霜的位置。

笈多的强大始于旃陀罗笈多在位之时(320—335),当时他因和北印度很有势力的利契察毗公主鸠摩罗提毗结婚,占有了比哈尔、孟加拉及北方邦等地区。然而,笈多王朝的真正强大,还是在沙摩陀罗笈多即位之后(335—380)。沙摩陀罗笈多是一位伟大的军事家,据说他一生指挥过百余次战争,从未打过败仗。他的军事征服活动是从恒河流域开始的:使该流域9个小王国降服,然后吞并了它们的领土。接着,他挥师南下,先后征服了12个小王国,直抵南部的帕瓦拉王国。他的第三个征服方向,是北方邦和中央邦,据说这些地方有18个统治者被降服,承认了笈多的宗主权。他的最后一个征服方向是东北部的东孟加拉、阿萨姆等地的一些小王国,还有喜马拉雅山南侧的尼泊尔。总之,经过40年的征战,沙摩陀罗笈多已为他的国家奠定了强大基础,其领土不仅包括整个北印度,还向南伸展到马德拉斯。但和孔雀王朝一样,笈多王朝的核心在恒河一带。

笈多诸王均称"王中之大王",尽管此前的孔雀王朝在政治上比它强大得多,但从未使用过这样的称号。从形式上看,笈多和孔雀王朝一样,在行政上被划分成省、县和村,但笈多时期比较强调地方的权力,来自中央的直接控制较少,而且城市委员会也是由行会和商人代表组成,而不是由国家官吏组成。田赋仍由国王的官吏征收,但这些官吏可以保留一部分作为薪俸,这种做法在以前是少见的。国王有时还把一些田赋或土地赏赐给一些非官吏,如有学问的婆罗门。在笈多时期,印度的商站星罗棋布于整个东南亚岛屿,以及马来西亚、柬埔寨和泰国。富有的商人和王公把越来越多的财富捐献给宗教事业,在宗教文化发展上具有特别的意义,这可能是印度宗教文化繁盛的重要因素。这时印度教已从吠陀时期的信仰,演变成一种人道的、富有经验的宗教,崇拜仪式也逐渐由个人虔诚取代了献祭,这为印度教增添了活力。科学文化此时也有了很大发展,499年,印度人已计算出 π 的值为3.1416,阳历一年为365.358天。

然而,5世纪后半期开始,笈多王朝受到北方游牧民族越来越大的威胁,这个游牧民族就是嚈哒人。据研究,嚈哒人的主要血统是匈奴人,原分布于阿尔泰山以南至天山东部地区,约从4世纪70年代开始越过阿尔泰山西迁,在这个过程中与一些大月氏人混血。嚈哒人先灭本已衰落的贵霜,然后继续南下进入印度,6世纪初已占领克什米尔、旁遮普、拉贾斯坦、北方邦和中央邦。在这种情况下,各邦纷纷离笈多王朝而去,并最终导致笈多王朝的崩溃,是时大约705年。

2.11　中华民族的重新统一和强大:盛唐时期的文化及其特点

汉朝灭亡后,在长达两百多年的分裂时期内,中华大地上建立过许多王朝,其中一个就是北周。581年,北周大丞相总知中外兵马事杨坚拥兵自重,迫周静王让位,建立隋朝。589年,其子杨广率50万大军渡过长江,一举拿下建康并灭掉陈朝,从而结束了两百余年的南北分治局面。中华民族得以重新统一。

隋不仅结束了长期的分裂局面,而且在巩固和发展统一方面做了很多工作。首先是整顿吏治,废除过去为大族垄断的九品中正制,并首次建立科举制度即分科举人制度,不以门第而以才学取士。为了抑制地方豪强的势力,还颁布关于均田和租调的新令,实行输籍之法以便使大量隐漏、逃亡人口成为国家编民。又废除郡制,只设州、县两级,从而大大节省了国家开支,也加强了中央对地方的控制。由洛阳经淮水至扬州的运河和由涿郡经黄河至杭州的大运河的开凿更是沟通南北、有助统一的壮举。特别是京杭大运河,全长达1710公里,是世界著名的伟大工程之一。但隋朝只存在了37年,就在农民起义的打击下土崩瓦解。

相比之下,继隋之后的唐朝,不仅疆域空前扩大,而且延续了289年,在秦以后的各王朝中是统治时间最长的一个。开国之君李渊,原是太原留守,建唐之后一切政制基本承用隋制,只是略加修改和调整。但李世民(626—649在位)、武则天(690—705在位)和李隆基(712—756在位)统治期间均政绩卓著,先后出现了诸如"贞观之治"这样的三次发展高峰,是以往各朝各代中未曾见过的。唐的开国之君,李渊、李世民父子,都是在和隋末农民起义军——主要是瓦岗军——的战争中发展起来的。尤其是李世民作为唐军的主要将领,是开国的主要战将。因此,他们很了解隋末农民起义的原因,知道那是由于"赋繁役重,官吏贪求,饥寒切身"引发的。隋朝的兴亡告诉他们:"君者,舟也;庶人者,水也;水则载舟,水则覆舟。"为了缓和阶级矛盾,巩固地主阶级的统治地位,要"去奢省费,轻徭薄赋,选用廉吏"。因此,唐的统治者采取了一系列有利于调整吏治、安定民心、发展生产、繁荣文化的措施,终于成就了中华历史上的伟大文明。这个文明,既是经济的也是政治的,既是制度的也是文化的,既是物质的也是精神的。下面择其要者,分述之。

唐建立了相当完备的国家机构,其严密程度超过以往任何朝代。早在唐初,就在中央政府机构中实行分权,由尚书省负责最高行政权,而把有关机要的事务交由中书省和门下省。其中,中书省负责整理、陈奏来自各方的表章,起草并宣行皇帝的制诏;门下省则负责审查中书省起草的制诏和尚书省拟定的奏抄。

尚书省的首脑部门为都省,下设吏、户、礼、兵、刑、工六部,分别负责处理各方面的事务并与各州联系。其中御史台最值得注意,它实际上是国家监察机关,有弹劾中央和地方官吏之权。为了完善官吏选拔制度,除继续隋朝所设进士科外,又增设秀才、明经、俊士、明法、明书、明算等科,并在这些常举之外加设制举,由皇帝临时订立考试名目。至武则天执政时,始有殿试并增设武举。科举制度的实质在以才取士任职,它是中国的一大发明,而为当时世界各国中所仅有,其缺点在重于文章而疏于实践,在量才上有偏颇,影响了官吏的创造性。

唐章怀太子墓室壁画：客使图

中国自战国起，就有了法制的传统，其先驱可上溯到春秋时的管仲、子产，其内容包括商鞅的"法"、申不害的"术"和慎到的"势"，但之后的实践似乎"术""势"更重于"法"。战国魏文侯相李悝所编《法经》是中国第一部比较完整的成文法典，后来各朝各代都制定有自己的法典以适应自身的情况，但直至唐建立以后，法才趋于完备、系统。唐朝的法，分律、令、格、式四类。"凡律，以正刑定罪"①，为刑法典。唐律于太宗时便修订完成，至高宗时又加以疏议，对律文的内容进行解释，《唐律疏议》成为中国现存最早的一部大型成文法典，包括12篇，共502条，其中刑名有：笞、杖、徒、流、死。除律以外，唐法中还有格、令、式三种，"令，以设范立制"②，即对各种制度所做的规定；"式，以轨物程事"③，实质上就是各种行政法规；而"格"则是对律、令、式所做补充和修改的汇编。按唐律，贵族、官僚犯罪可以减、赎、官当，而平民侵犯贵族、官僚则要加等处罪，奴婢更是"律比畜产"，可见贵族和

---

① 《旧唐书·职官二》。
② 同上。
③ 同上。

平民之间的划分,是唐代社会最基本的划分。但唐代政策的重点是在鼓励农耕和扶植中小地主,这可以从它的田令和租庸调法看出来。它取消奴婢、部曲、耕牛的受田,这显然是要限制豪强地主占地的数量,因为他们拥有最多的奴婢和部曲;它一方面降低农户的受田限额,另一方面又禁止地主在土地不多的狭乡"占田过限",但又准许狭乡的地主在土地较多的宽乡"遥受田亩",这显然是企图保障普通自耕农户有田可耕,特别是给新兴地主合法多占田地的权利。唐的租庸调法,给役期以最高限额,并施行按丁征税和以庸代役,则是要给农民以较多的时间来从事农业生产,并保证国家税源的稳定。这既是唐代文明发展的基础,也决定了唐文明的性质。

唐近 300 年的统治,国家相对安定,为社会经济、物质文化的发展提供了重要条件。从唐初到天宝十四年,全国户口从 200 万增加到 891 万,增加了 345%。[①]根据考古发现和《耒耜经》记载,唐代的生产力也有很大的提高,犁铧上部加宽并装上了犁壁,"以木桶相连汲于井中"的水车以及带竹筒的水车,分别在南北各地投入使用。在河北、河南、山东、山西各地,都兴起了一系列水利工程,包括渠道、池塘、引水或排涝系统。所有这些,都推动了农业生产的发展,同时也增加了国家的岁入。据统计,唐天宝年间,仅地税收入一项,就达 1246 万石。[②] 手工业也获得很大进步,河南、河北的丝织业,关内、河东、陇右一带的麻丝业,广西桂州和西北西州的棉织业都已经各具特色。据记载,定州给国家贡献的细绫、瑞绫和特制绫每年达 1500 多匹,是其他州的 100 倍。瓷器制作技术的进步更为突出,越州的青瓷和邢州的白瓷都非常有名。尤其是江西景德镇的瓷器,其质地与玉几乎难辨真假。对在胜梅亭窑发现的唐代白瓷所做的化验表明,当时瓷胎的白度已达 70%,已接近现代细瓷的水准。中外驰名的唐三彩更是唐朝瓷器中的精品。此外,采矿业在唐代也有很大发展,山东、河北、河东、剑南等地铁矿达 40 多处,而铜矿则主要分布于河东、淮南、江南、剑南等地。与此相联系,铜器的制作,在扬州、并州、越州、桂州均很普遍,扬州的铜镜制作尤为精细。从已出土的当时生产的铜镜看,花纹装饰的种类很多,有的还用螺钿镶嵌。值得注意的是,唐朝政府还十分重视发展官办手工业,每年都要从官婢和官户中挑选一些人为工户,送至少府监学习细

---

① 梁方仲:《中国历代户口、田地、田赋统计》,上海人民出版社,1980 年,第 6 页。
② 同上书,第 284 页。

镂、车辂、乐器制造等精细工艺。

　　文化的繁荣是盛唐文明的重要标志。这主要体现在史学、文学和艺术三大领域。在史学方面，除了《晋书》《梁书》《陈书》《北史》《周书》《隋书》等正史的编纂之外，这个时期史学的最大成就是刘知几的20卷《史通》(710)，它是中国第一部体系性的史学批评和史学理论著作。作者不仅对以往史书的编纂体例、史料选择、语言运用、人物评价及史事叙述等方面进行了分析和批判，而且还就"史才"问题发表了自己的重要主张，认为史才必须具备才、学、识三长，并且必须使三者相结合，否则便不会有好的史著问世。在文学方面，诗歌、小说、散文的创作都取得了很大的成就，但其中最突出的是诗歌创作。唐前期的王翰、王之涣、王昌龄、孟浩然、王维、李白、杜甫，后期的韩愈、李贺、杜牧、李商隐，犹若满天群星，仅诗人就有2200多位，诗作近5万首。他们之中最杰出的代表是李白(701—762)和杜甫(712—770)。前者出生于西域碎叶，其诗歌的特点是豪迈奔放、气势磅礴，充满了积极的浪漫主义精神。后者出生于河南巩县，由于时逢动乱、深察民情，其诗具有很强的民主性，《兵车行》《丽人行》"三吏""三别"等作品深刻反映了安史之乱前后唐朝的社会矛盾，被称为"诗史"。李、杜是唐代双峰并峙的伟大诗人，代表了中国古代诗歌艺术的顶峰。针对六朝以来的形式主义文风，韩愈、柳宗元积极倡导古文即散文运动，提出文道合一、文以载道的主张，写出了大量既有思想又有生活的散文，列入唐宋散文八大家。在艺术方面，绘画和雕塑都取得了很大成就，但最重要的是石窟艺术。唐代的石窟艺术，主要有洛阳的龙门石窟、太原的天龙山石窟、四川大足的北山石窟和敦煌莫高窟。敦煌莫高窟，现存石窟480个，其中95个属于隋代，但2/3属于唐代。洞窟塑像以佛像为主，也有菩萨、天王、力士等像。除了塑像外，洞壁四壁布满了经变、佛传及本生故事的图画。这些塑像和绘画千姿百态，生意宛然，具有很高的艺术价值。莫高窟艺术是唐代文明的重要代表，中华文明的艺术瑰宝。

　　科学技术在唐代也取得重大进展。王孝通《辑古算经》第一次用解三次方程式的方法进行工程计算，僧一行(683—727)发现恒星位置变化，实测子午线长度，以及漏水转动的浑天铜仪的制造，在科学史上都占有重要地位。发明于隋末唐初的雕版印刷，在唐代广泛流传普及，现存最早的雕版印刷品，即王玠印行的《金刚经》，完成于868年，经卷高约30厘米、长约5米，由7个印页黏结而成，画和文字都很精美。唐代出版的书，有字书、韵书、历书、佛经、咒本、杂记、占梦、相宅之类，种类繁多,内容庞杂,是唐代文化繁荣的表现。

唐代文明的一个重要特点是其开放性。自唐建国以来,特别是唐太宗在位期间,有一系列重要的对外活动。贞观三年唐太宗派李靖出击东突厥,于次年俘颉利可汗,遂被铁勒、回纥首领尊为天可汗。贞观六年又大破吐谷浑。十四年灭高昌,次年以文成公主嫁吐蕃松赞干布。十九年还曾率军远征高丽。唐因此成为地域辽阔、广纳百川、文化繁荣的大国,得以以锐不可当之势把中华文化推向世界,也有勇气和魄力吸收来自各方的文化。鉴真东渡日本,日本遣唐使来华,都是唐代文化交流的大事。玄奘(602—664)为去西天取经,历经138个古国,带回佛经657部,又著《大唐西域记》,在中外文化交流史上更是功勋卓著。据说,在唐都城长安,来自各国的使者、商人络绎不绝,一派繁华景象。

2.12 伊斯兰教、阿拉伯帝国和东西文化交流

8世纪至9世纪,东起帕米尔高原和印度河,西至直布罗陀,有一个盛极一时并对世界产生过重大影响的帝国,这就是阿拉伯帝国,在汉籍中称为"大食"。这个帝国兴起于7世纪的阿拉伯半岛,在很大程度上与一个叫作穆罕默德(Muhammad,570—632)的人有关。

阿拉伯半岛约322万平方公里,大部分为沙漠和草原所覆盖,只有西南端有较充足的雨水,适宜农耕。因此,大部分阿拉伯人属于游牧民族,直至7世纪还处于氏族部落阶段。两个比较著名的城市麦加和麦地那,均位于从也门到叙利亚的商道上。阿拉伯人属闪族或塞姆族,但很早就和附近的其他种族混杂,并接受了亚美尼亚人、苏美尔人等民族的文化。这个半岛上的游牧民族通常被称为"贝都因人",主要放牧羊群和骆驼,其基本的社会单位是氏族,每个氏族大约包括100—150个家庭,但各个家庭有自己单独的帐篷。氏族上面还有部落,部落首领同时也是军事长官,重大事情由氏族长老会议讨论决定。在城市(如麦加和麦地那),情况则有些不同,这里的居民多数与商业贸易有关,但阶级分化比较明显,有了富商、平民和奴隶的划分。

穆罕默德生于麦加,属古莱氏部落的哈希姆族(Hashim),家族比较低微。但因受雇于富孀赫底彻,成为商人并最终与她结婚,有了安定的生活。后来,他隐居于麦加郊外的一个山洞沉思默想,以求解决困扰人类的种种问题,终于获得"启

示"，开始其传教活动，向世人传达据说是他所听到的造物主的旨意，由此宣告了一个新的宗教——伊斯兰教的兴起，而它的经典即穆罕默德所宣传的教义便是《古兰经》。伊斯兰(Islam)原意为"服从"，即服从唯一真神安拉(或真主)的意志。据说，安拉是万物的创造者，是全知全能、至仁至慈、不生不灭的；而穆罕默德则是真主的使者，也是先知和人民的警告者。伊斯兰教的信徒称"穆斯林"，信徒必须信安拉，信诸天使，信死后复活和末日审判，信一切皆由安拉前定。信徒的主要功课有：(1)沐浴；(2)祈祷；(3)斋戒；(4)朝觐。这最后一项，一生至少一次亲自到麦加朝觐，只有因病因贫才可免除。《古兰经》共114章6236节，实际上就是穆罕默德传教活动的记录，原有很多不同的抄本，经哈里发奥斯曼(644—656在位)统一编定，流传至今。穆罕默德的传教活动始于610年左右，初期不仅没有立即取代半岛的多神崇拜，还遭到麦加城的当权派如伍麦叶家族的反对和镇压，直到622年他率领62名男信徒和几名女信徒(其中包括他的女儿和女婿乌斯曼)，从麦加迁至麦地那，并在那里建立起政教合一的宗教公社，才在组织上、制度上和军事上保证了伊斯兰教的继续发展。与此同时，在麦加，由于强大的麦赫助木氏族的亲戚欧麦尔·赫塔卜改奉伊斯兰教而使形势发生变化，但反对派对伊斯兰教的仇恨也因此加深。此后麦加和麦地那之间经常发生战争，直至630年穆罕默德的军队占领麦加，捣毁反对派圣地克尔白供奉的旧神，并在次年宣布克尔白为伊斯兰教单独朝觐的圣地，伊斯兰教在阿拉伯半岛的统治地位才得以确立。

632年，穆罕默德在麦地那逝世，其继承人被称为"哈里发"(Khalifa，意即安拉使者的代理人)。第一个被选出的哈里发是穆罕默德的岳父兼老友艾卜·伯克尔。后来因争夺哈里发之位而发生分歧：一些人主张继承人应由古莱氏部落选出，称逊尼派；另一些人则认为继承人只能出自哈希姆家族，称什叶派。尽管发生分歧，自艾卜·伯克尔任哈里发起，就在部将哈立德等人支持下迅速走上领土扩张道路，并在8世纪初建立起一个庞大的帝国：635年攻占大马士革，637年进入波斯首都泰西封，642年占领埃及亚历山大里亚，706—709年征服粟特首都布哈拉，710—712年征服撒马尔罕和花剌子模，并占据印度信德和旁遮普的一部分，710年起进军西班牙并用10年时间占领西班牙。至此，阿拉伯帝国已成为地跨亚、欧、非三洲的大帝国，东与唐朝接壤，西临法兰克。帝国建立后，先后统治这个帝国的主要是两个家族——伍麦叶家族(661—750)和阿拔斯家族(750—1258)。在体制上，自661年穆阿维叶执政并建立倭马亚王朝起，哈里发演变成国家君主并转为世袭,集国家元首、宗教领袖和军事统领于一身,因此阿拉伯帝国是政教合一的国家。帝国最初以麦地那为都,后又以大马士革为首都,762年再迁巴格达。全国分为5个行省并置总督统治,西班牙和埃及是其重要的非本土行省,总督有军事、政治、司法等大权,开始还兼管税收。从阿卜拉勒·麦立克执政(685—705)起,用阿拉伯文取代各地方文字,作为全国官方通用文字,并开始铸造帝国货币:金币称第纳尔,银币称第尔汗,1第纳尔等于12第尔汗。《古兰经》是穆斯林的基本法律,帝国建立后又吸收了各属地的立法因素,结果就出现了这样一种情况:一方面,在由中央政府制定的公法领域,司法基本上是统一的;另一方面,在私法领域里,司法则保留了多样性。按伊斯兰法,信奉伊斯兰教的阿拉伯人为第一等级,其次是改宗伊斯兰教的新穆斯林(大部分是叙利亚人和伊朗人),再次是非伊斯兰教徒的帝国各属地居民,而处于阿拉伯社会最底层的是奴隶。

帝国的土地按其所有权,可分四大类:一类属于神地,即穆罕默德居住过的地方,它们是奉献于安拉的土地,永远不许非穆斯林居住,也不许在这里杀生。另一类是瓦克夫,即属于清真寺、教育机关和慈善机构的土地,这些土地永远归其机构所有,不得转让、买卖,但也不必纳税。第三类是慕尔克,实际上是个人的私有地,

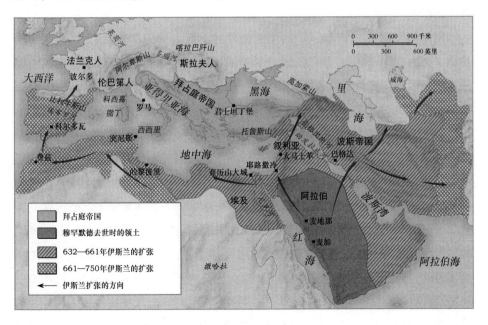

伊斯兰教的传播

包括被征服地区改奉伊斯兰教的人占有的土地、阿拉伯贵族在被征服地区占有的土地,以及穆斯林占有的无主地。占有者有权自由处理甚至买卖、转让,但须向国家交纳土地税,一般为收入的 1/10。第四类是国有地,交由农民耕种并交纳哈拉吉(土地税),其收入完全归国家支配。不过,从阿拔斯时代开始,国有土地常常被哈里发作为"伊克塔"赐予战士、法官、总督或贵族,起初规定不得世袭所有,但随着某些职位的世袭化,其赐地也逐渐世袭化。由此可见,阿拉伯帝国虽然保留了奴隶制,但整个经济是建立在地主经济的基础上的。这是因为,这个帝国的建立虽然在很大程度上是以游牧民族为主要动力的,但它所征服的大部分地区如埃及、巴比伦、拜占庭、萨珊波斯和印度都是农业发达之地,这些地方的土地关系早已带有很大的封建性。但与其中许多地方不一样,阿拉伯帝国很注意工商业的发展,因为《古兰经》说得很明白,"安拉曾准许贸易",只是应当"禁戒重利"并使用"公平的秤"。东方的中国、西方的摩洛哥和西班牙都留下了阿拉伯商人的足迹。据说,在帝国之内,资本在数万第纳尔的富商很多,不少从事海上贸易的商人资本在 400 万第纳尔以上,巴格达一珠宝商被哈里发穆格台迪尔没收了 1600 万第纳尔,仍然是一个富商。帝国的手工业也很发达,在兴都库什山的银矿里,矿工人数在 1 万以上。

  阿拉伯人原是一个落后民族,被它征服的地区大部分却是文明古国,因此阿拉伯文化就其渊源和结构来说,很难说是阿拉伯的。例如,它的清真寺建筑大多采用的是西哥特式的风格。历代哈里发都奖励学术,认为"人最美的装饰品是知识",而帝国的建立又得以把许多的古文明纳入其中,这就为阿拉伯文化的繁荣创造了条件。大约在八九世纪,在帝国内部形成了巴格达、开罗、科尔多瓦三大科学文化中心,每一个中心都集中了大量人口、建筑及各种文化设施。据说,位于西班牙的科尔多瓦发展高峰时有 50 万人、700 座清真寺、300 所公共澡堂,以及许多的图书馆、书店和店铺。830 年,哈里发麦蒙(813—833 在位)下令在巴格达设立智慧馆,搜集了大量图书供学者们研究、翻译,并在其中设立天文台,很像是一座国家科学院。许多希腊古典著作就是在这里被翻译的,稿酬是根据译稿的重量用黄金支付的,由此可见其对文化的重视。阿拉伯人对世界文化的贡献很多,其中之一是从印度借用了所谓"阿拉伯数字",并把它传至西方。阿拉伯人为了使自己的礼拜在任何地方都朝向克尔白,十分注意通过辨认星体的方位来确定自己的方位,甚至还测量过太阳的高度。他们曾幻想,用一种神秘的物质作媒介,把铅、锡、铜、铁等变成黄金和白银,虽然这种炼金术未能也不可能取得成功,但他们因此进行了大量化学试验,从而懂得了氧化和还原,以及诸如熔化、蒸馏、升华、结晶等方法。哲海什雅里所写的《天方夜谭》,虽然是以古波斯和古印度的故事为基础,但也增添了阿拉伯人的生活和经历,已成为世界文学宝库中的瑰宝。用阿拉伯文写的《苏莱曼东游记》是阿拉伯人有关中国和印度的第一部报道,至今仍有重要的史料价值。

阿拉伯人对世界文明的最重要的贡献,是在翻译希腊古典著作的同时,将中国的"四大发明"传播到欧洲,这四大发明是指南针、火药、造纸术和印刷术。早在公元前3世纪,《韩非子》已有关于"司南"的记载,纸发明于公元元年前后的西汉时期,印刷术发明于8世纪的唐朝,火药于12世纪已用于中国战场。所有这些发明,在13—14世纪都已传入阿拉伯,然后由阿拉伯人经西班牙传入欧洲,其中纸的传播记载最为清楚,在751年怛罗斯会战中唐军战败,阿拉伯人将唐军俘虏中的造纸工送往撒马尔罕,大约795年巴格达已建立了造纸厂。造纸术西传的过程大致是:埃及(960)、利比亚(1040)、西班牙(1150)、法国(1189)、德国(1320)、瑞士(1350)、奥地利(1370)、比利时(1405)、英国(1494)。

有记录可考的造纸年代

地　区	时　间
西安	公元前2世纪
洛阳	105年
平壤	4—5世纪
京都	610年
撒马尔罕	751年
巴格达	793年
开罗	约900年
大马士革	1000年
非斯	1100年
哈提瓦	1151年
埃罗	1189年
法布里亚诺	1276年
科隆	1391年(1320年?)

续 表

地　区	时　间
纽伦堡	1411 年
克拉科夫	1491 年
维也纳	1498 年（或 1546 年）
伦敦	1494 年
多尔赫雷维特	1586 年
哥本哈根	1635 年
莫斯科	1576 年
奥斯陆	1690 年

资料来源：中国国家图书馆

然而，无论伊斯兰文化多么繁荣，庞大的阿拉伯帝国毕竟是建立在对异族统治的基础上的。各行省及其总督都有很大权力，有的行省的总督后来自称哈里发，宛若独立的伊斯兰王朝，可与中央政府分庭抗礼。早在776年，在阿拔斯王朝统治的中心，就爆发了声势浩大的漂布工人起义。869年，巴士拉又爆发黑奴大起义，参与人数最多时达20万，曾攻下巴士拉城，有力地打击了奴隶制。至9世纪初，帝国的东西两部都出现了许多小王朝，西部的小王朝虽然大多还属阿拉伯血统，但东部的则主要为波斯人或突厥人所建，离心倾向日益明显。10世纪时，哈里发禁卫军的统领权力扩张，以致出现了大元帅等尊号而可与哈里发并列。1055年和1258年，塞尔柱突厥人和蒙古人先后进入巴格达，一度强大的阿拔斯王朝终于土崩瓦解。

2.13　日耳曼人入侵、西罗马帝国灭亡和西欧诸国的建立及其封建化

罗马帝国的强盛，毕竟是建立在暴力统治基础上的，因此它的版图越是扩大，离心的倾向也就越明显。当安敦尼王朝的最后一位国王于192年被杀后，罗马帝国终于由衰落走向危机，它的灭亡成为定局。

罗马帝国的衰落和危机，出现于3世纪前后，主要表现有三：一是奴隶制庄园在经济上越来越无利可图，不得不收缩生产并把土地分块出租给佃农耕种，于是

隶农制逐渐取代奴隶制成为新的剥削方式，它说明奴隶制已维持不下去了。但另一方面，虽然隶农似乎生来是自由的，但罗马统治者又企图把他们和奴隶一样束缚在土地上。364年的一项法令把"奴隶、隶农及其子孙"相提并论，371年的一项法令宣布隶农无自由离开原居住地的权利，该世纪末的一项法令更指称隶农为他所出生的土地的奴隶，主人在出卖土地时可以将隶农与土地一起出卖。二是由于农业衰落，国家的财政负担因宫廷、官僚和军队不断扩大有增无减，加之节日繁多①、官场腐败、饮宴不断，大量负担以税收形式转嫁到市民和商人身上，而按罗马税制，若税额收缴不足要由市议员自费填补，这就加重了城市工商业的负担而使之衰落，同时也削弱了城市市民的力量。在这种情况下，为填补税收减少、财政亏空，只好靠增发劣质货币来应付局面，以致卡拉卡拉统治时期金币成色减少17%，银币含银量只占5%，导致货币贬值，通货膨胀。三是军队权力上升，皇帝权力下降，军人干政现象日益严重。据说，塞维鲁曾言："让士兵发财，其余皆可不管"；他在位时就把军饷提高一倍，还允许士兵在服役期间成家，可以不住在军营之内。渐渐地，骑士阶层成为帝国官僚的核心，不仅许多新的行省总督由骑士取代，而且在元老担任总督的行省也派了骑士出身的代理官。此后，好几任皇帝都被士兵所杀，有时一年之内就有4个皇帝上台又悉数被士兵所杀，253—268年间各地割据称帝者竟达30人。

在这种情况下，284年以近卫军身份上台的戴克里先一度取消"元首"制，由两个"奥古斯都"和两个"恺撒"对帝国实行共治，并把行省数目扩大到1000个，以缩小行省的地盘和实力。他本人和马克西米安分别担任东西方的奥古斯都，这已埋下了东西罗马帝国分裂的种子。新继位的君士坦丁（306—337在位），显然已经看到了帝国分裂的危险，决心用武力剪除那些自封的奥古斯都，重新确立自己作为帝国唯一最高统治者的地位，但他也不得不以分封的方式来治理帝国：由君士坦丁二世掌管西班牙、高卢和不列颠，由君士坦西阿二世统治埃及及亚洲各省，由君士坦斯治理意大利、伊利里亚和北非，两个侄儿分驻于北部边区和黑海一带，他本人则直接控制巴尔干、色雷斯和小亚细亚。为了与变化的形势相适应，君士坦丁于330年将首都从罗马迁至拜占庭，并更名为君士坦丁堡。君士坦丁堡位于帝国的北部边缘，更像是一个东方中心而不是帝国中心，所以当395年罗马帝国

---

① 据统计，1世纪罗马全年娱乐日为66天，2世纪增加到123天，4世纪时已达175天。

君士坦丁大帝雕像

一分为二时,不得不把罗马作为西罗马帝国的首都,而只把君士坦丁堡作为东罗马帝国的首都。罗马虽然仍是西罗马帝国的首都,但皇帝和宫廷则常驻米兰。

如果帝国的分裂是罗马帝国走向灭亡的开始,那么给罗马帝国以决定性打击的,是日耳曼人的入侵与帝国内部人民的起义。关于这个问题,国际学术界的"灾变说",把蛮族的入侵当作了罗马帝国灭亡的主要原因。其实,如前所述,早在3世纪前后,在帝国内部已出现了隶农制取代奴隶制的情况,它说明帝国这个躯体的内部已开始腐烂。应该说,进入4世纪以后,帝国躯体内部的这种腐烂进一步扩大了:首先是隶农的地位越来越像奴隶,而且手工业者和商人在同业公会中也很难有自己的自由,甚至出现了市议员因交不足税款而被处死的危险。结果,在4世纪30—80年代期间,出现了民族起义(如372年毛里塔尼亚柏柏尔人起义)、人民起义(如4世纪30年代北非的阿哥尼斯特运动)和奴隶起义合流的趋势,从而导致罗马帝国社会的总危机。

三四世纪,当罗马帝国内部发生危机的时候,在罗马帝国的北部出现了另一种情况,这就是日耳曼人在西来的匈奴人的挤压下西迁和南迁,逐步进入罗马帝国境内,构成罗马帝国灭亡的外部因素。如前所述,日耳曼人原是游牧民族,到1世纪中叶左右开始定居,过着半牧半农的生活,并有了农奴制的萌芽。这时的日耳曼人有许多分支:北支,是盎格鲁-撒克逊人、法兰克人、伦巴第人和汪达尔人,主要生活于莱茵河与易北河之间;西支,是日耳曼族的西哥特人,主要生活和活动于多瑙河的下游;东支,即日耳曼族的东哥特人,则生活于黑海沿岸至伏尔加河、顿河一带。当匈奴人在1世纪被汉朝击败后,他们先西迁至月氏,然后进一步西迁进入伊犁河上游乃至锡尔河流域。在这里,匈奴人分成了两支,一支南下进入伊朗高原以至印度北部,而另一支则继续西进进入伏尔加河、顿河流域,即原东哥特人所居住和生活的地区,远至多瑙河流域的中下游,即原西哥特人生活的地区。

这就迫使日耳曼族的各支,特别是东哥特人和西哥特人作相应的迁徙,从而形成对罗马帝国的入侵。

早在376年,受匈奴人进攻的西哥特人就在罗马帝国当局允许的情况下,入居于帝国的美西亚省。由于罗马当局拒不提供答应给他们的粮食,反而对他们大加勒索并迫使他们为奴,西哥特人不得不于377年举行反罗马起义,得到当地许多农民、隶农和奴隶的响应。378年8月,起义者与瓦伦斯皇帝亲率的帝国主力决战于爱德纳尔城,使包括瓦伦斯在内的4万罗马帝国官兵阵亡,罗马当局被迫答应起义者定居色雷斯和马其顿的要求。但当395年帝国正式分裂后,西哥特人乘机再起,于401年越过阿尔卑斯山进逼米兰,罗马宫廷仓促从米兰撤退至拉文纳,410年"永恒之战"时罗马终于陷落。与此同时,帝国各边界几乎无不遭受"蛮族"入侵。406年汪达尔人进入高卢,3年后又进入西班牙,429年渡过直布罗陀,430年攻克希波城,439年占领迦太基,并在此建汪达尔王国。之后,在盖塞里克率领下,汪达尔人又渡海北上,于455年再克罗马城,在城内洗劫14日,使罗马变成了废墟。当汪达尔人横扫西欧、北非之时,西来的匈人在阿提拉国王的率领下,向东欧、北欧大肆扩张,在数年内即建立起庞大的"阿提拉帝国",其版图南至莱茵河、黑海、里海一线,北至波罗的海。其间,帕提拉频频出击,多次威胁巴黎、罗马。476年,日耳曼人奥多亚克废黜罗马末帝罗慕路斯·奥古斯都并自立为王,西罗马帝国终于灭亡。代之而起的是一系列新的王国,它们是:西哥特王国(419—714)、勃艮第王国(457—534)、东哥特王国(493—555)、伦巴第王国(568—774)、奥多亚克王国(476—493)、法兰克王国(481—843)。

此外,日耳曼人的另一支即盎格鲁-撒克逊人,也于500年左右侵入英格兰,但在很长一个时期里并未建立起统一的国家,直到829年英格兰才有了一个名义上统一的国王——爱格伯特。

由日耳曼人在罗马帝国废墟上建立的诸王国,在性质上与奴隶制的罗马帝国已大不相同。第一,日耳曼人原是半牧半农的民族,奴隶制从来不曾发达过,由于分散居住也尚未形成大土地所有制,普遍使用的是农奴劳动。第二,在日耳曼人入侵前后,罗马帝国境内的奴隶制已逐渐由隶农制取代,许多奴隶这时已分户安家或以佃田耕作为生。第三,日耳曼人入侵后,少数贵族靠侵占原帝国国有土地和无主土地演变成新地主,而大多数日耳曼人则按古老习俗,在被征服的土地上组成新的农村公社并经营农牧业,将土地分给各户耕作并享有世袭权。更为重要的是，在 8 世纪，日益强大的法兰克王国在国王查理(768—814 在位)的领导下，通过不断扩张和征服，终于将西罗马帝国境内的日耳曼诸国统一起来，建立起一个新的"查理帝国"，并于 814 年获得拜占庭皇帝的正式承认。查理大帝为了维护帝国的秩序，不得不蓄养大批武装家丁，并以服军役为条件让其终身领有他封赐的"采邑"，以后这种封建采邑越来越扩大，一种更加完整的新的土地制度即封建制便在西欧普遍流行起来，成为西欧社会共同的经济基础。在历史上，这一过程叫作西欧的"封建化"。

与罗马帝国衰亡相关的一个问题是，基督教由民间宗教演变成为国教。原始基督教兴起于 1 世纪中叶，它最初实际上是犹太教的一个新教派。按基督教的传说，这个教派是由耶稣基督及其门徒在巴勒斯坦创立的，耶稣于公元元年生于犹太伯利恒一个木匠家庭，是玛丽亚"因圣灵降孕"而生；从 30 岁起，他开始宣传上帝的福音，招了 12 个门徒，还施行了许多神迹，使瞎子复明、跛子行走、死人复活等等。他的说教虽获得一些群众的信仰，但遭到犹太祭司和罗马当局的反对，耶稣被判处死刑钉上十字架，但三天后又复活并升天，以后将再次降临人间，对世界进行审判，建立"千年王国"。但历史上这个人是否存在，尚存争议。基督教的兴起，与罗马帝国对犹太人的压迫有关。公元前 40 年，罗马扶植当地贵族希律做巴勒斯坦国王，并残酷镇压犹太人的反抗。希律死后，罗马又将巴勒斯坦一分为三：北部为叙利亚和外约旦，中部为撒马利亚，南部为犹太，分别由希律三个儿子统治。公元 6 年，犹太成为罗马直属行省，人头税、什一税、农业税及各种苛捐杂税接踵而至，终在 66 年爆发大规模起义。与此同时，一些秘密的教派开始在巴勒斯坦人中间形成，其中已知的有艾赛尼派和吉拉德派，前者主张离城独居、财产公有、禁欲修行，相信救世主即将降临；后者主张用暴力把犹太民族从罗马统治下解放出来，并建立独立的犹太国，信徒大多是下层农民、牧民、工匠、乞丐。可见，基督教的兴起绝不是偶然的。和犹太教一样，基督教奉上帝耶和华为宇宙唯一真神，而上帝永远惠顾着自己的选民。但基督教把选民由犹太族扩大到一切民族，而不是只承认犹太人为唯一选民，强调人人可以因信得救而无须大量献祭，只要受洗就算入教，并可通过圣餐享受平等待遇。这在当时是与群众的社会和宗教活动一致的。

但由于下面这三个因素，基督教很快由一个民间宗教演变成罗马帝国统治的工具：一是原始基督教本身存在着一些消极因素，如它宣扬顺从忍耐，等待死后从

"上帝"那里得到报答,即所谓"原罪"和"神恩说"。二是随着基督教影响的扩大,一些剥削者和富有者加入它的社团,企图改变原始基督教的社会内容,如根据希腊灵智派信奉的逻各斯理论,提出圣父、圣灵、圣子三位一体的保罗,就是一个受过较好教育、家境比较富裕的希腊化犹太人。三是随着基督教教会的扩大①,一种由教会、主教、大主教构成的金字塔式的教会组织逐步形成,教会的上层人士与一般教徒的利益和要求日益冲突。如教父德尔图良就宣扬说:"君主是神的代表,基督徒应像侍奉神那样侍奉君主。"正是在这种背景下,非基督教徒的君士坦丁皇帝于313年颁布《米兰敕令》,初步确定基督教的合法地位,并发还已没收的教会财产;又于325年在尼西亚主持召开基督教的宗教会议,决定基督徒必须遵守"三位一体"和基督与圣父同体的信条,此事非同小可。至392年,提奥多西皇帝更是做出重大决定,正式宣布基督教为国教,并严禁异教的存在,使基督教变成罗马统治的精神工具。

2.14 拜占庭帝国、查士丁尼与罗马法之整理

395年,罗马帝国分裂为东西两部分。西罗马帝国到476年灭亡,而东罗马帝国却继续保留下来,虽然至7世纪它已蜕变成一个君主国,但一直存在到1453年。东罗马帝国以拜占庭为都,故在历史上也称"拜占庭帝国",其版图包括巴尔干半岛、小亚细亚、叙利亚、巴勒斯坦、两河流域,以及埃及等地区,是一个地跨欧、亚、非的大国。

拜占庭,位于博斯普鲁斯海峡南口西岸,原是希腊殖民城市,由来自墨伽拉和伯罗奔尼撒等地的殖民者所建,始建于公元前658年。330年重建,395年起为东罗马帝国首都,改称君士坦丁堡,另称新罗马。这个城市最著名的建筑是圣索菲亚大教堂,由查士丁尼大帝参与设计和施工,用时5年10个月,耗费黄金32万磅。这个大教堂的独特之处是,它的圆顶不像罗马万神殿那样置于圆形的结构之上,而是在圆形的边缘和方形的基柱之间加上三角穹窿和拱门,从而圆满解决了基柱的承受力问题,开创了拜占庭式建筑风格。这个大教堂使君士坦丁堡成为东正教

---

① 据统计,3世纪时,罗马帝国境内已有基督教徒600万,教会的数目从180年的74个增加到325年的555个。

的真正中心。

拜占庭之所以成为罗马之外的另一个中心，首先因它是南来北往、东西交通的战略要地。但更重要的是，它统治的是一个不同于西罗马帝国的区域，这里是许多东方文明的发祥地，有深厚的东方文化底蕴。它在被罗马帝国征服后，虽然也移植了一些罗马式文明，却难以从根本上改变东方式文明的传统。例如，它的奴隶制始终没有发展到西罗马那样的水平，大多数劳动仍是由自由农民、隶农和佃农来承担的，奴隶劳动在农业中并不那么重要。此外，拜占庭作为重要的商业中心，很早以来就是东西方贸易的必经之地，来自印度、中国的香料、丝绸、象牙、珠宝等和来自北欧的毛皮、蜂蜜、琥珀等，均可在这里交换，再转运到巴尔干、西欧和地中海各地。君士坦丁堡及拜占庭帝国的许多城市本身的手工业如麻织业、毛织业和丝织业以及采矿、金属加工、玻璃制品、纸草生产等也都很发达，这些手工业虽然有许多是为宫廷服务的，但由于许多技术是从外部引进的，因而处于领先的地位，如造纸术。

西罗马帝国灭亡后，依然发展良好的东罗马帝国不仅成了一些罗马元老的避难之地，也成了一些人企图从"蛮族"手中夺回西罗马、重建昔日辉煌的基地，而扮演这个"遗嘱执行人"的就是查士丁尼一世。查士丁尼出生于索菲亚(Sofia)附近一个低微的农民家庭，但被他的教父查士丁带到君士坦丁堡接受良好教育，并担任查士丁的副官达9年之久。后来查士丁以武力干政篡夺拜占庭王位，他死后查士丁尼得以继位为王，是时527年。查士丁尼虽以军人身份起家，但他兴趣广泛、多才多艺，还有心成为音乐家、建筑师、诗人、律师、神学家和哲学家，精力过人。由于其王位的取得并非来自正统而缺乏支持，他在公开场合总是力图以一种令人畏惧的仪式来加以掩饰，如要求求觐者一律下跪并亲吻其紫袍的边缘。他的妻子狄奥多拉原是一名驯熊师的女儿，做过演员和妓女，曾以其哑剧风靡整个君士坦丁堡，但她在成为皇后后也能助夫治国，留名于世。查士丁尼为了实现其恢复罗马帝国版图和声威的理想，果断地平息了于532年爆发的尼卡起义，并处死了一些参加起义的元老。同时，他又以4989.6千克黄金的代价买得与波斯之间的和平。之后，他才放心地去进行他的军事征服。

533年6月，贝利萨鲁斯奉查士丁尼之命，率500艘运输舰、92艘战舰和1.6万人，从博斯普鲁斯海峡出发远征迦太基，开始了著名的"汪达尔之役"。汪达尔人本以骁勇善战著称，在征服罗马帝国时曾南征北战建立过惊人的战绩，但在贝

查士丁尼及其廷臣

利萨鲁斯面前却不能组织有效的抵抗,贝利萨鲁斯仅以 5000 名骑兵、几个月时间就将其征服,于 534 年结束了"汪达尔之役"。535 年,贝利萨鲁斯又奉查士丁尼之命,以突尼西亚(Tunisia)为据点,兵分两路进攻那不勒斯城并一举成功,由此开始了 18 年的东哥特之役。贝利萨鲁斯在占领那不勒斯之后,迅即挥师北上直逼罗马城下,未想到竟在无任何抵抗的情况下进入罗马,并受到"解放者"一般的欢迎,到 540 年时他几乎占领了整个意大利。这时,残留的东哥特军队推举年轻的托提拉(Totila)为统帅,他把没收的教会财产、罗马地主的土地分配给士兵,又尽量吸收奴隶、隶农、流民参加军队,竟由此向南节节进逼,与贝利萨鲁斯的军队作战达 14 年之久,但由于查士丁尼派来大批援军,托提拉于 552 年在塔地那决战中战死。554 年,在刚刚稳定了东哥特的局面之后,查士丁尼又发动了他的第三大战役——征服西哥特。西哥特王国原以图卢兹为都,由于法兰克人这时逐步扩张,遂于 507 年南迁至西班牙的托莱多。查士丁尼以制止教派纠纷为名进行干涉,仅用了一年时间就占领了整个西哥特。至此,在20年内,查士丁尼就凭借武力,从"蛮族"手中收复了罗马帝国昔日的很大一部分领土,再次将地中海变成罗马帝国的内湖。

查士丁尼的战争不是没有问题的。第一,它具有很大的破坏性。以对东哥特的征服为例,在整个征服过程中罗马城5度被占领,3次被围攻、被劫掠,加之饥饿,人口由原来的100万锐减至40万,其中半数靠教会赈济生活。在汪达尔人攻占时也没被毁坏的几百个雕像,却被拜占庭军队毁坏并融化,做成了兵器和机械。而米兰的遭遇更惨,全城居民悉数被屠杀,数百乡镇因勒索而难以维持,昔日的耕地大多荒芜,18年中有5万人死于饥饿。第二,它带有明显的反动性。它企图恢复昔日罗马帝国的辉煌,而罗马帝国是靠大规模的奴隶制来维持的。拜占庭统治者在意大利颁布国务诏书,要求归还原罗马地主的土地,包括他们过去的奴隶和隶农。但奴隶制的瓦解、隶农制的兴起,本是罗马帝国社会经济演进的必然结果,并不能靠一纸敕令就把它们改变。因此,拜占庭帝国在东哥特、西哥特和汪达尔的统治并不巩固。从6世纪起,大批斯拉夫人进入巴尔干半岛定居,只把一些沿海地方和岛屿留给拜占庭人。568年,伦巴第人入侵意大利,并在北部建立起伦巴第王国,拜占庭对意大利的统治退到南部山区。在东部,新兴的阿拉伯帝国在7世纪以后逐渐夺取叙利亚、巴勒斯坦和埃及。在这种情况下,庞大的拜占庭帝国实际上已蜕变成一个小王国,最后仅据有巴尔干的一部和小亚细亚而已,尽管它的寿命一直延续至1453年,但作为一个帝国的辉煌则一去不复返了。

但查士丁尼有他永垂青史的业绩,这就是他在整理和编纂罗马法典方面的巨大作用。早在登基的第二年,即528年,他就颁布了一道有关编辑新法典的敕令。根据这项敕令,一个以前司法大臣乔万尼为首的十人委员会得以成立,其任务是对以前的法律和敕令加以划分、编排、删略、补充和修改,删改其中重复和矛盾之处,删掉已被废除或不再使用的内容,编成一部"简单明了的成文法律"。这个工作于529年4月7日完成,其成果就是《查士丁尼法典》,它的具体主持人为特里波尼安。由于在编纂工作中,发现了大量有关罗马法的理论、解释和证明之类的文献和资料,查士丁尼在法典颁布后又下令编辑《法学汇纂》,于533年12月16日完成并公布,它实际上是一部罗马法学的理论著作,是罗马法的重要组成部分。与此同时,还编辑了一部名为《法学阶梯》的教材,是由特里波尼安等三人完成的,它虽然以服务教学为目的,但它的权威性也使之具有立法的意义。这三部法学著作的完成,在很大程度上丰富和改变了查士丁尼最初的想法,发现了大量新的立法方面的问题和资料,因此第一部《查士丁尼法典》立刻显得有些陈旧。查士丁尼乃下令编辑《新查士丁尼法典》,并于534年11月17日完成并公布。值得一提的是,这一巨大的立法工程还有一个重要成果,就是以《五十项裁定》为题编辑出版的皇帝敕令,它是查士丁尼对一些有争议的重要法律问题做出的最高裁决,对理解罗马法的实质有重大的意义。除《五十项裁定》之外的四部法典和著作后来被总称为《罗马法大全》,或《民法大全》。其实,查士丁尼一世只执政了38年,其后帝国还继续存在了888年,其间总共有74位皇帝,帝国的事业至少有过4次盛衰兴替,整个帝国权力的巅峰亦不在查士丁尼一世,而是在瓦西里二世(976—1025在位)时期。但历史何以如此青睐查士丁尼有关编纂法典的业绩呢?编纂者在《法典》序言中写道:"皇帝陛下除以武器增其荣耀之外,亦应以法律为武器,以求平时与战时均能得有良好之政府;使统治者得以正义成为战胜敌人之表征。"①它告诉人们,重新立法并使之运用于全罗马,是查士丁尼所推行的第二次罗马征服的有机组成部分,其重要性远在武力征服之上。

然而,查士丁尼重新统一罗马帝国的最大障碍不是物质的而是精神的,这就是一性派与"三位一体"学说的对立。一性派的创始人为阿里乌(Arius,约250—336),他出生于利比亚,曾创办安提阿教理学校,313年起在埃及亚历山大里亚任主教,从323年起反对"三位一体"。一性派教义认为圣子不是上帝,与圣父不是同性、同体,换言之,只承认耶稣具有神性,否认其兼具人性和神性。其实质是反对教会占有大量财富,尤其是占有大量田户,因而得到下层群众和被压迫的异族的拥护和支持,在罗马帝国东部广为传播。325年,君士坦丁召开尼西亚会议,一方面把"三位一体"定为正统原则,同时又宣布一性派为"异端",这就埋下了帝国东、西之间对立以致分裂的种子。因此,罗马帝国的统一从来就是貌合神离的,查士丁尼的武力也不能把二者弥合在一起。诚如著名历史家乔治·奥斯特洛格尔斯基所说:"任何倾向于埃及和叙利亚一性论教会的地区,必定意味着不仅与西部而且与拜占庭中心省区的分离。"②因此,查士丁尼重新统一罗马帝国的梦想注定是要失败的。

---

① 参见查士丁尼:《法学总论》,商务印书馆,1997年,第1页。
② 乔治·奥斯特洛格尔斯基:《拜占廷帝国》,青海人民出版社,2006年,第57页。

2.15 成吉思汗、蒙古帝国及其四大汗国

蒙古征服,是人类文明史上所经受的最后一次,也是最野蛮的游牧民族征服,这一征服与一个著名的人物——铁木真联系在一起。

成吉思汗像

铁木真(1162—1227)原是蒙古乞颜部分支孛儿只斤氏贵族。其父也速该是乞颜·孛儿只斤氏首领,因和东邻塔塔儿部作战,被塔塔儿人用毒酒所害,其部属在他死后四下逃散,铁木真受尽磨难。铁木真长大后,不仅学会了骑射,而且决心继承父业,先投靠其父在世时的安答、克烈部首领王汗并认为父子,趁机收复离散的部众。然后,他以父亲的旧部为基础,又联合王汗、扎答阑等部,打败蔑儿乞部,并争取到乞颜部一些贵族的支持,终被推为一个强大的部落联盟的首领。此后,铁木真整顿那可儿(亲兵),令一些人专门负责战斗、侦察、炊膳、放牧、修造等事务;另一方面,又周密部署,先后击败札木合和王汗的势力,于1204年战胜最后一个敌人——乃蛮部首领太阳汗。1206年,在斡难河源创建蒙古历史上第一个汗国即大蒙古国,铁木真成为全蒙古的大汗,号成吉思汗。

当时的蒙古国,东起兴安岭,西至阿尔泰山,南抵阴山。它原是由一系列氏族和部落组成的,在形成国家的过程中,为了建立与国家相应的统治机器,成吉思汗必须打破原以氏族或部落为单位的组织。为此,他首先建立了一支由一万亲兵组成的护卫军,即怯薛。由于只有贵族和被称为答儿罕的有特权的自由人才有资格参加,护卫军一个普通士兵的地位也在其他军队千户长之上;他们平时担任大汗的护卫,战时随大汗出征,是铁木真大多数将领的摇篮。其次,他实行分封,把他所属的亲兵和归附他的各部首领封为万户那颜、千户那颜、百户那颜和十户那颜,按等级封给相应的牧地和依附牧民。这一方面打破了原先以氏族和部落为单位

的组织形式,另一方面又得以使整个蒙古民族按军事方式组织起来。① 再次,他又在皇后、儿子、公主和亲族中进行分封,让他们去管理先后因征服而获得的领地,并赋予他们这些领地的所有权,从而使铁木真家族成为蒙古人的核心家族,或"黄金家族"。成吉思汗把征收赋税作为统治者注意的中心问题,所以他专门设立了兼理罪犯、人户、财赋的名为达鲁忽赤的断事官,但并未建立起一套统一的行政制度,审判所依据的只是自古以来的习惯法和大汗所颁布的札撒(规章或公共法典)。札撒既是民法典又是行政法,且无论军、民,只要犯罪都可适用,因而其处罚比较严厉。

不难看出,这个社会除了贵族之外,主要由三个阶层组成:亲兵(那可儿),完全是自由人;普通百姓,或称平民;最后是奴隶(孛斡勒),主要由非蒙古人组成。蒙古人最初信仰萨满教,相信万物有灵和灵魂不灭,奉长生天为最高神,但由于并未形成精细的思想和组织体系,一直允许基督教、伊斯兰教、佛教和道教的存在。其文字最初也是从回鹘人那里借来的,直到1260年忽必烈才尊吐蕃僧人八思巴为国师,创制出一套蒙古自有的文字。

蒙古刚刚统一,中国北方就成了它征服的对象。当时中国北部和蒙古之间存在两个国家,一个是西夏,蒙古人称之为唐兀惕,为党项人所建,以宁夏为都;另一个是金,由女真人即通古斯人所建,以北京为中都,而以大同为西京。从1205年起,成吉思汗两次围困宁夏,都因该城城防坚固而未果,但西夏王承认自己为纳贡者,并将其女献与成吉思汗,方罢。从1211年起,成吉思汗把进攻的矛头转向金朝。金以重兵把守中都北京和西京大同,成吉思汗久攻不克,遂转向河北、山东、河南等地,劫掠大批牲畜、人口、财物而归,前后达7年。之后,成吉思汗把战略重点从南方转向西方,先后于1218年和1220年灭西辽、花剌子模,一直把前锋推进到印度河流域,并越过高加索进入钦察草原。蒙古军一路杀掠,布哈拉、撒马尔罕、乌尔根奇均遭屠城。② 在攻陷基辅并迫其王公投降后大军回转,于1226年顺路再攻西夏并灭亡之。1227年8月25日,成吉思汗病死于途中,但为免发生变故,秘而不宣。当时西夏王虽已出城投降,蒙古军仍将其杀死,然后拔营返回草原。

---

① 蒙古军队,初建时7万多人,到成吉思汗去世时,已达129000人。
② 例如,蒙古攻下布哈拉后,令全城居民出城,他们出城后即遭屠杀;而蒙古军将城内财务掠夺一空后,又纵火将该城烧成一片废墟。

成吉思汗生前曾把他所攻掠之地分封给自己的几个儿子：长子术赤占有巴尔喀什湖至乌拉尔之地，次子察合台据有今新疆至阿姆河之地，三子窝阔台之领地为今新疆额敏河流域，四子拖雷则仍据守蒙古本部。这成为蒙古几大汗国的历史起源，或历史基础。但帝国四大汗国建立的历史仍曲折而复杂。直到1236年，术赤之子拔都再次占领原术赤之封地，并进而把疆域扩大至多瑙河下游，才于1243年正式建立"金帐汗国"（亦译作"钦察汗国"），而把都城定在伏尔加河畔的萨莱城。成吉思汗第三子窝阔台，在其封地上建立"窝阔台汗国"，以也迷里城（在今新疆额敏县）为都城，但后来其孙海都与元世祖忽必烈争夺帝位失败，乃于1310年左右被察合台汗国兼并。察合台的封地当时仅领有西辽旧地，14世纪初合并窝阔台汗国之后，疆域始兼有天山南北及阿姆河以东地带，察合台汗国建都于阿力麻里，但后来分裂为东、西二部，西察合台部很快陷入了内乱之中，1370年被帖木儿汗国所灭。1253年，成吉思汗之孙旭烈兀率军西征，于1258年攻占巴格达，并建立"伊儿汗国"（又译"伊利汗国"），以蔑剌哈为都城，是为帝国的第四大汗国，但其后亦于1388年为帖木儿所灭。四大汗国之中，只有金帐汗国寿命最长，一直存在到1502年。

　　1229年，在克鲁伦河全蒙贵族大会①上，三子窝阔台被选为大汗。大会决定，为完成成吉思汗的未竟之业，蒙军将兵分三路继续远征：一路远征波斯，一路远征俄罗斯，一路指向金朝。攻金蒙军由窝阔台亲自指挥，虽遇到已掌握震天雷、飞火枪技术的金军的顽强抵抗，但仍于1234年占领了它的最后一个城池蔡州。西征军由术赤长子拔都统领，于1236年平定钦察草原的游牧民族，入俄罗斯，并于1237年攻克梁赞，但在接近诺夫哥罗德时收兵南下，于1240年占领重要城市基辅。之后，西路蒙军兵分两路：一路指向波兰，此时波兰分裂为5个公国、内乱不已，大公鲍烈斯拉夫五世弃城逃走，首府克拉科夫不战而克；另一路进攻匈牙利，轻松拿下首都布达，占领全境。因1241年年底传来窝阔台死讯，拔都乃匆忙从欧洲撤军，使西欧免遭浩劫。在波斯，当年花剌子模灭亡时，其王子札兰丁逃往印度避难，后因谋反为德里苏丹所逐。但这位王子是一位少有的勇敢骑士，在返回波

---

① 全蒙贵族大会创建于成吉思汗时期，有人把它视为"民主制"的开端，但它既不同于14世纪波兰实行的贵族君主制，也不同于17世纪的英式民主制，因为波兰贵族会议的代表是指定的，而不是选举产生的，且实行的是"自由否决权"即一票否决权；而17世纪的代议制下的下议院或众议院的代表是选举产生的。

斯后仅用五六年时间(1224—1230),就先后占领了整个西波斯,从而恢复了家族的王位,把都城定在桃里寺(大不里士)。3 万蒙军在那颜绰儿马罕率领下,于1230 年冬出其不意地出现在桃里寺,惊慌失措的札兰丁逃亡迪亚巴克尔,在那里被库尔德人所杀。之后,蒙古军在木干和阿兰草原建立了永久的司令部,1231—1256 年,绰儿马罕和拜住先后任驻军首领,曾把领地扩大到东罗马帝国边界,但劫掠本性未改,对文明难有建树。这是蒙军的第二次西征。

1241 年窝阔台病故,新选出的第三任大汗贵由仅仅执政两年就去世。这时窝阔台系和拖雷系争夺大汗位,最后由成吉思汗长孙拔都提议,并由库里勒台大会选举才确定蒙哥为第四任大汗。蒙哥上台后,立即寻机镇压反对派,窝阔台系贵族有 70 余人被处死。在巩固大汗地位后,蒙哥于 1253 年令其弟旭烈兀为统帅,率蒙军第三次西征。旭烈兀的远征军于 1255 年抵达撒马尔罕,1256 年初渡过阿姆河,攻克阿萨辛人的主要中心阿拉木图,1258 年又渡过底格里斯河攻占巴格达,宣告了伊斯兰阿拔斯王朝的灭亡。之后,蒙军继续西进,先后拿下叙利亚的阿勒颇、大马士革城,这时因蒙哥去世,旭烈兀率主力东归,留下的 5000 人马由怯的不花率领,他曾于 1260 年侵入埃及,但被麦木鲁克王朝的军队所败。这说明,蒙哥发动的第三次西征,已到了它的极限。在东方,在旭烈兀西征之际,忽必烈奉蒙哥之命,于 1252 年率蒙军远征大理,并获成功。但 1259 年蒙哥自己率领的军队,却在攻打四川合州时失败,不久蒙哥便死去。这时,远在湖北作战的忽必烈赶忙与南宋议和,轻骑北上,并于 1260 年在开平即大汗位。忽必烈即位后,蒙古帝国史发生了两大变化:

其一,忽必烈在和内部反对派的斗争中增强了实力,把蒙古统治的中心从和林南移至大都,入主中原。当忽必烈在开平称汗的时候,蒙哥的幼弟监国阿里不哥也在和林被选立为大汗,这就在蒙古历史上出现了两汗并立的形势,于是引发了争夺汗位的内战。由于忽必烈利用汉人组成军队,而阿里不哥因镇压阿鲁忽旧部引起其部下不满,忽必烈得以迅速战胜阿里不哥的势力,确立其在蒙古的大汗地位。忽必烈为了巩固地位,率领他强悍的蒙古军队展开了新的征服战争,于1276 年攻克南宋都城临安,并把侵略的矛头指向缅甸、印支、爪哇,以及东方的朝鲜和日本。他先是建立起一个以和林为中心的、比以往任何时候都更辽阔的横跨欧亚的大汗国,然后又于 1271 年仿效中原王朝建制,取《易经》"乾元"之意改国号为"大元",自称元世祖,并以大都(原金中都,今北京)为新都,从而把蒙古帝国由一个少数民族的王朝,变成了一个中国的正统王朝。这对蒙古人来说,是一个重大的转变。

其二,本来意义上的蒙古帝国,即由成吉思汗建立的草原帝国,由于内外两方面的原因逐渐瓦解以至灭亡。在内,为争夺大汗之位而进行的内战耗尽了各汗国的最后一点精力,它们在忽必烈建元后虽然纷纷宣布独立,但这些失去了大后方的汗国已无力抵御被统治的各民族的反抗。在外,受汗国统治的亚欧各民族随着社会经济的发展,已逐渐积累起足以摆脱蒙古统治的实力,一旦时机成熟它们就会揭竿而起。这样,1480年金帐汗国进攻伊凡三世统治下的莫斯科公国失败,自然地就成了蒙古帝国灭亡的最后标志。

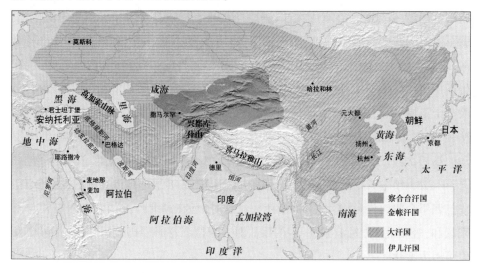

1300年左右的蒙古帝国版图

2.16 蒙古帝国在东亚的变体:中国的元朝

1272年,元世祖忽必烈决定将统治重心南移,改原金朝的中都为大都(即汗八里),待宫殿建成后即迁都于此。这是忽必烈的一个重大举措,目的在于为入主中原做准备。

为了入主中原,早在正式建元之前,忽必烈就挥师南下,于1253年攻占大理;接着,又派人攻入吐蕃,迫使吐蕃人承认蒙古的宗主权。建元之后,忽必烈更加快

忽必烈狩猎图

了统一中国的步伐,不久即派大将伯颜等人征宋,首先攻取樊城、襄阳。然后,蒙军沿长江而下,于1275年先后占领汉阳、芜湖、南京、镇江、杭州,终于在1276年攻克南宋都城临安,1279年南宋灭亡。这样,忽必烈就真正成了中国的"天子",蒙古帝国就演变成为中华帝国,统治的主要对象也由游牧民族变为农业民族。这是蒙古文化上的一大转折。

这一事实,迫使蒙古统治者首先在观念上发生改变,这个观念就是正确认识和对待农业文明问题。因为蒙古人原为游牧民族,无固定的居地和职业,他们逐水草而居,以攻掠为生,因而不懂得农耕,也不了解其意义。他们初入农耕地区,自然也是以攻掠为目的,抢夺财物、杀戮人畜、烧毁房屋,然后掠财而还。所幸的是,在忽必烈建元之前,不仅有一个政治上的过渡时期,还任用过一个过渡性的人物——耶律楚材。窝阔台对中国北方的统治以金朝的地盘为基础,这本是蒙古游牧区与中原农业区的过渡地带,早已是游牧民族和农业民族的杂居之地。而耶律楚材虽是契丹贵族,却早已汉化并通晓中原文化,曾随成吉思汗西征,又获窝阔台的重用。据说,当初汴京陷落时,由于其军民曾抵抗蒙军,主将速不台执意要依旧习屠城,认为汉人无用不如杀了之事;但身为大臣的耶律楚材对窝阔台说:"天下虽得之马上,不可以马上治之。"①他争辩说,如果保留这些汉人,而向他们征收土地、商业等税,一年可得不少金银粮食布帛,怎能说汉人没有用呢?他进而建议立

---

① 勒内·格鲁塞:《草原帝国》,商务印书馆,2011年,第328页。

燕等十路课税使,使汉人按户以银、丝和谷物交纳赋税,蒙人交纳马、牛、羊的1%①,在蒙古历史上首次建立起一种稳定的预算财政。之后,耶律楚材又陈时务十策:信赏罚,正名分,给俸禄,官功臣,考殿最,均科差,选工匠,务农桑,定土贡,制漕运。他尤其重视汉人和儒学对于蒙古统治的必要性,认为"制器者必用良工,守成者必用儒臣"。他的这些建议和政策,在窝阔台统治期间基本得到实行,从而为忽必烈建元做了全面准备。

忽必烈即位后,继续窝阔台时的做法,在攻下临安后下令将士不得肆意杀掠,违者将受到惩处。所以,对南宋的征服战争虽然一直不断,但江南新占地区却破坏较少,这对元代经济的恢复和发展不无益处。建元后,忽必烈作为入主中原的蒙古君主,对农耕的重视不仅远胜于窝阔台,就是与以往的中原君主相比也不逊色。这位元世祖多次颁布禁令,宣布诸王不得因田猎践踏田亩,亦不得改田亩为牧场,他在给南宋降将高达的诏书中,明确提出要让"百姓安业务农"。为了恢复和发展农业生产,巩固元朝在中国本土的统治地位,元世祖先后在中央政府中设立劝农司、司农司和营田司,大力提倡垦殖。与此同时,还设立专管水利的都水监、河渠司,于1289年和1292年先后开凿会通河、通惠河,治淀山湖"以兴三吴之地",修泾渠"以溉关中之用",还多次整治黄河。此外,元初,政府还下令在北方和汉地农民中建立"锄社"一类的组织,以"年高通晓农事有兼丁者"为社长,组织本社居民垦荒耕作、修理河渠、经营副业,若有病患之家,锄社也可"共力助之"。"锄社"后来遍布南北,成为与里甲并存的基层组织,它虽有编制乡民之一面,但亦有鼓励农耕、发展生产的作用。以往蒙军所到之处,屠城劫掠不一而足,忽必烈建元之后,各地驻军均以汉人为榜样设置屯田。据《经世大典序录》统计,全国北至岭北、和林,南至海南、八番,共有屯田军人122879户,所垦田地达177880顷。据梁方仲统计,1299年即成宗大德三年,全国岁入粮共12114708石,其中81.25%来自各行省,另有18.75%来自腹里。② 由此可见,元政府的农业政策是很有成效的。

其实,元朝政府的组织和原则均"遵用汉法"。元在中央设中书省统领全国行政,同时设枢密院管理军事、御史台负责监察,又设宣政院掌管宗教、通政院掌管驿站,此外,还设有翰林院、集贤院、礼仪院、太史院、太医院、将作院等机构。这是

---

① 《圣武亲征录》。
② 梁方仲:《中国历代户口、田地、天赋统计》,第303页。

中央政府权力的分配。关于中央和地方的关系,元朝在中央政府下设省、路、府、州、县五级,省级政府称"行中书省",各省设丞相一人统领军政大事,路、府、州、县设"监临官",均称"达鲁花赤"。这使元朝的行政体系比以往历朝历代都更复杂、严密,这固然强化了蒙古贵族对中华大地的统治,但也决定了元朝的汉化是整体性的。为了使这套行政系统能有效运转,元政府在全国设立了 1383 处驿站,又每 10 里(或 15 里、20 里)设一急递铺,以"通达边情,布宣号令"。这些设置显然不仅是为了交通,更重要的是致力于"海宇会同"。据说,元政府调集了 20 万匹马分发给各驿站,用于全国的交通、邮政系统。

元朝统治者在思想和文化方面的汉化倾向,集中地表现在它的宗教政策上,这就是它对佛教的优待。蒙古帝国自创立始便实行宗教宽容政策,基督教、伊斯兰教、佛教和道教均可流传。在成吉思汗西征时,曾召见长春真人丘处机令其讲长生之道,并颁布敕令免除道士赋税,以后道教势力在国内发展较快。但佛教自西汉传入中国,经魏晋南北朝的传播,至隋唐已达于鼎盛,对道教的扩张警惕性很高。信奉佛教的耶律楚材著《西游录》,其中有专门驳斥道教的内容,而丘处机弟子李志常则刊行《老子化胡经》,声称老子西游曾化身为佛以化胡,因而佛应属老子的弟子,进而纵容道士损毁佛像,侵占寺庙。1255 年和 1258 年,蒙哥和忽必烈曾先后两次召开会议,辩论《老子化胡经》真伪问题,结果道家失败。佛教得到忽必烈的偏袒,在 1258 年至 1281 年间多次颁布法令,迫使道士归还从佛教徒手中夺得的佛寺,甚至焚毁道藏伪经。忽必烈又封吐蕃喇嘛八思巴为国师,以便使蒙古人皈依佛教。这显然有利于忽必烈汉化政策的实行,以及元朝的统一。吐蕃于元朝起正式成为中国行政区划的一部分,亦与这一政策有关。

元除了陆上征服,使国家版图超出唐代中国的范围以外,还多次用兵于海外:1274 年和 1281 年两次出兵日本,1292 年出兵爪哇。这是中国历史上首次在海外用兵。它固然是扩张政策的必然产物,但也包含着汉族王朝从未有过的新观念。元朝是一个空前的大帝国,其扩张足迹西至多瑙河流域,东至日本列岛,北至俄罗斯,南至爪哇。这在主观上就容易形成一种开放的观念。如前所述,它实行宗教宽容政策,允许天主教、伊斯兰教、佛教以及其他各种宗教在国内传教,这本身就是一种开放的体现。元朝政府在用人上亦是如此,前面所说的契丹贵族耶律楚材,被任用为窝阔台汗的大臣,并让其发挥重要作用,是一个著名的例子。威尼斯商人马可·波罗,在受到忽必烈会见后被安排在政府部门任职,并被委派以各种重要差使,包括担任扬州副官三年,还曾随忽必烈的使团到过占婆和锡兰,这是元朝用人方面的又一个著名例子。吐蕃喇嘛八思巴是著名梵学家萨班的侄子和继承人,为了使蒙古人皈依佛教和确保吐蕃的藩属地位,忽必烈特派人去吐蕃请他入朝,并尊为"国师",这是元朝在用人方面的第三个著名例子。元朝的对外贸易和文化交流也比之前有所扩大,当阿拉伯人和塞尔柱人统治的伊朗对欧洲实行闭关时,波斯的蒙古汗王们却对企图经海路去中国的商人和教士敞开了大门。当时,大批的中国船只定期在爪哇港停泊,返航时带回大批的胡椒、良姜、丁香和其他香料,来往于中国刺桐(今泉州)与爪哇的船只数量是来往于爪哇和欧洲各港口船只数量的百倍。所有这些都证明,元朝统治者具有更为开放的观念。

蒙古帝国被视为世界历史上最大的帝国。四大汗国是成吉思汗分封的领地,各地汗位继承须实行"国俗旧礼"即"忽里勒台"仪制,同时其封地仍由大汗委以长官统管,帖木儿等统管整个西亚的行政长官的设立更加强了帝国对各领地汗国的直接管辖。忽必烈入主中原以后,新疆畏吾儿系和伊朗粟特系商人因可优先使用帝国靠公费维护和管理的陆路、水路、海路交通和住宿机构,融合并壮大起来,组成官商"斡脱"(突厥语为"ortaq",波斯语为"ůrtaq",意为"伙伴""联合",当时一种企业组织),由它们所联结的亚欧大商业贸易①成为支撑元朝核心地区与各汗国联系的重要经济基础。但各汗国对其领地有"所有权",其政治和军事有相当大的独立性,地方官僚尤其是掌管税收和财政的"迪万"(Diwān)基本沿用当地人,合赞改革后的"伊儿汗国"更是伊斯兰化,终成"伊朗诸朝代中的一部分"。忽必烈与阿里不哥争夺大汗之位时,旭烈兀甚至拒绝帝国的调遣——东行赴约参与商议继承问题。只在原中华帝国范围内建立的元朝,是由原成吉思汗帝国的总部和核心地区扩张而成的,并把原宋朝的官僚体系纳入其中,因而在观念和体制方面是上下贯通的,或者说总体上是统一的。

2.17 突厥在西亚的崛起:奥斯曼帝国

奥斯曼帝国(Ottoman Empire)1299年左右兴起于小亚细亚,因其创始人奥斯

---

① 参见杉山正明:《蒙古帝国的兴亡》,孙越译,邵建国校,社会科学出版社,2015年。该研究由于利用了蒙古极盛时期用波斯语编成的《蒙古正史》《史集》,有系列发现和开创性见解,对"斡脱"的性质和作用的探讨很有新意。

曼一世而得名。但奥斯曼人的老家并不在小亚细亚，而是在中国北部的草原即今叶尼塞河上游一带，因为他们是突厥人的一支。所以，奥斯曼帝国的兴起，也是突厥人的兴起。

突厥人进入历史是在5世纪左右，"突厥"是汉籍中的命名。史书上说，当时突厥人居于天山和阿尔泰山之间，以"畜牧为业，随逐水草"而居，"无文字，刻木为契"，"父兄死、子弟妻其群母及嫂"，以狼为图腾。可见，突厥当时还处于原始社会阶段。不过，突厥人很早就学会冶铁技术，后来又从汉人那里吸收了先进文化。它先是和北周联合灭了称雄漠北的柔然，后又与萨珊王朝联合消灭了中亚的嚈哒人的国家，于六七世纪之交以"突厥斯坦"之名崛起于辽河、贝加尔湖、里海和青海之间，以中亚为中心，其首领称"可汗"。由于它横亘于古"丝绸之路"的中

13世纪的突厥苏丹塑像

段，又时常对中国进行侵扰，583年隋朝不得不以重兵相逼，突厥在战败后分为东西两部，630年和659年先后为唐朝所灭。此后，散落于中亚的突厥人的一支，曾于1000年左右在酋长塞尔柱领导下，以古波斯为中心建立塞尔柱国家，其势力渗透到安纳托利亚，在苏丹马立克统治期间达于强盛。但1092年马立克死后，塞尔柱国发生分裂：西为罗姆苏丹国，亦即花剌子模。奥斯曼人作为突厥人的一支，就是在塞尔柱国家形成过程中，于11世纪进入小亚细亚的，后受罗姆苏丹之赐定居于半岛西北角。具体地说，是卡拉苏河流域和道曼尼赫山之间的地带。

但奥斯曼人并非完全意义上的突厥人，即生活于中国北方的突厥人。当他们从中亚移居小亚细亚后，就逐渐地与当地的希腊人、亚美尼亚人和库尔德人融合，形成一个新的民族，在历史上，这个经融合而形成的新民族，一般称为"土耳其人"（Turk）。不过汉学家伯希和认为，汉文"突厥"一名，本是蒙古语"Turk"的复数形式"Turkut"。① 而推动这一融合过程的重要动力，就是伊斯兰教，或称"伊斯兰化"。这是因为，根据伊斯兰教经典和传统，穆斯林可以比非穆斯林少交赋税，因

---

① 参见勒内·格鲁塞：《草原帝国》，第115—116页。

而当地人一般都皈依伊斯兰教。在11世纪,当塞尔柱突厥入侵小亚细亚时,这一地区在名义上仍是拜占庭帝国统治的领地,一些拜占庭封建主为了保全自己的家产,也纷纷皈依伊斯兰教。奥斯曼人初入小亚细亚时势单力薄,为了保存自己也基本皈依伊斯兰教。据研究,16世纪时,小亚细亚的重要工商业城市布尔萨有穆斯林6125户,而基督教徒只有69户。这说明,这时小亚细亚伊斯兰化的程度已达到很高水平。

奥斯曼帝国的创始人为奥斯曼(1281—1324在位)。据传说,其父名叫埃尔陶格鲁,埃尔陶格鲁的父亲是苏莱曼,苏莱曼就是带领其族人进入小亚细亚的首领。奥斯曼于1281年接替卡伊部落首领之位,他任酋长后改变了部落以往的政策,不再安于做罗姆苏丹的顺民,而是努力扩张自己的实力和地盘,包括围攻商业重镇布尔萨,使其领土增加到5000平方公里。1299年,他宣布脱离罗姆苏丹而独立,成立以自己的名字命名的新国家,这就是奥斯曼国家。但奥斯曼帝国的真正奠基人是奥尔汗(1324—1359在位),他是奥斯曼的次子,他的第一个胜利是于1326年攻克布尔萨,并把自己父亲的遗体埋葬于此,这样商业重镇布尔萨就成了奥斯曼的圣城和首都。奥尔汗开始使用苏丹的称号,并在中央设立称为迪万的国务会议,充任维齐即宰相的是他的兄弟阿拉丁。从1337年起,奥斯曼人不断进攻君士坦丁堡,但久攻不克。穆拉德一世(1360—1389在位)[①]即位后,把进军的方向转向广大的巴尔干地区,于1389年6月与塞尔维亚、波斯尼亚、匈牙利等组成的巴尔干联军激战于科索沃,虽然穆拉德一世阵亡,但奥斯曼人仍以少胜多,使塞尔维亚成为奥斯曼帝国的附庸。新即位的巴耶济德一世(1389—1402在位),继续其前任的扩张政策,至1390年夺取拜占庭在小亚细亚的最后一块领土——费拉德尔菲亚城,然后于1393年长期围困君士坦丁堡,虽未达到完全攻克该城的目的,但获得了在城内设立穆斯林区、修建清真寺和任命伊斯兰法官之权,拜占庭答应给奥斯曼的年贡增加一倍。但这时帖木儿率20万蒙军来犯,与奥斯曼军在安卡拉郊外发生激战,巴耶济德及他的一个儿子被俘,帝国萎缩到穆拉德一世时的边界,国家的重心被迫转入欧洲,直到穆罕默德二世(1451—1481在位)于1453年5月夺取君士坦丁堡后,帝国才重新恢复了发展的势头。之后,奥斯曼帝国急剧扩张,1517年1月攻占开罗,1521年夺取贝尔格莱德,1526年占领布达,1534年进入

---

① 关于穆拉德一世即位时间有三种说法:1359年,1360年,1362年。

巴格达,1551年夺取的黎波里。这样,奥斯曼就变成一个地跨欧、亚、非的大帝国,横亘于日益频繁的东西方交通线中间,迫使正处于资本主义萌动期的西方各国,努力去寻找和开辟通往东方的新航路。

奥斯曼帝国的崛起,主要靠它强大的军队。它和所有突厥-蒙古人一样,拥有一支最多时达13万人的骑兵,但奥斯曼帝国的统治者并不拘泥于传统,又在骑兵之外新建了庞大的步兵和海军。为了建立一支强大的步兵,从1361年起国家每年都要招募新兵,每年的征兵人数由最初的3000人增加到后来的1万人以上,所有新兵(8—20岁)都必须编入新兵训练团,接受语言、劳动和军事等方面的训练,毕业后才能分配到耶尼切里兵团(禁卫军)。兵团纪律森严,一生不准结婚,也不准离开军营,退役后也生活在军营,但兵团战士待遇很优厚,每天饷银1个阿克切,外加服装、鞋费和其他费用。据估计,17世纪时该兵团人数在7万至10万人左右。奥斯曼帝国的海军初建于1390年,舰队拥有多种型号的战舰,最大型号的战舰有26—36个排桨位,每支桨配备5—7人;还有一种帆桨并用的战船,虽然不如大型战舰之规模,但其船员也在300人左右。加上陆战队,舰队总人数达七八万人。帝国军队的兵源并不全是土耳其人,大量的是来自被征服民族的战俘,包括亚美尼亚人、波斯尼亚人、阿尔巴尼亚人,因此其管理和惩罚之严近乎对待奴隶。这既带有突厥人传统中野蛮的一面,也吸收了伊斯兰国家中组织奴隶兵团的做法。

奥斯曼帝国实行封建军事专制制度。苏丹总揽一切大权,在苏丹之下分为三大权力系统:(1)军事行政系统,由宰相、贝勒贝伊(总督)、桑贾克贝伊(州长)和蒂马尔哲(封建领主)各级构成;(2)宗教司法系统,由伊斯兰教教长、卡扎斯凯尔(军队法官)和卡迪(地方法官)各级构成;(3)财政系统,上有大代夫泰尔达尔(财政总监),下有收税官。为了协调各系统的工作,在中央设迪万即国务会议,起初由苏丹亲自主持

奥斯曼禁卫军

讨论国家大事,从穆罕默德二世起改由宰相主持,苏丹只在旁边的密室进行监视。按帝国王位继承制度,王子年满12岁就要去基层担任总督以积累统治经验。为了保证皇家安全,继位者有权杀死他的所有兄弟。由奴隶出身的人担任宰相,是奥斯曼帝国的一大特色。据统计,从1453—1600年,48名宰相中只有4名是土耳其人,其余均是奴隶出身。这是因为,这些奴隶在新兵训练团受过严格的训练,这也是苏丹要求官吏绝对服从于他的产物。

奥斯曼帝国的土地制度,是为确保土耳其人在帝国内的统治而设计的。全国的土地被分为三大类:第一类是国有土地,称"阿尔齐·米里"。它属国家所有,由"世袭和永佃者"耕种,以保证国家的稳定。据估计,1528年时,全国土地的87%是国有地。第二类是穆斯林的土地,称为"马什里耶"。包括征服前属于当地穆斯林的土地,以及征服后用于安置穆斯林或由穆斯林占领的土地。这类土地完全私有,可以出售、转让、世袭,但要向国家交纳土地税和什一税。第三类叫"哈拉吉耶",是征服后留给当地非穆斯林的私有地,承担着繁重得多的义务,高达全部收入的1/3到1/2。国有地的比重之所以如此大,是因为它包括了国家官吏的禄田和各类封地以及给教会的赠地,被分为22个类别或等级。其中,苏丹、皇家和大臣总督的土地称为"哈斯",苏丹、大臣、总督之外的高级官员的土地称"泽阿梅特",而一般的封地则叫作"蒂马尔",教会土地称"瓦克夫"。国有地占有者一般不能世袭,或只有少部分可世袭。在所有各类封地中,最基本的和数量最多的封地是"蒂马尔",因此人们也把奥斯曼帝国的土地制度称为"蒂马尔制度"。

土地是农业时代主要的生产资料,因此"蒂马尔制度"可以说是维系奥斯曼帝国的决定性因素:蒂马尔原本是帝国扩张的产物,为了奖赏军人们而给予他们封地即采邑,蒂马尔因此成为帝国君臣关系的纽带;但这些封地或采邑的主人即领主,也因此而必须承担为帝国服务,即在战时为帝国提供各种军队及装备的义务,从而使自己成为了帝国战争机器不可或缺的组成部分;同时,帝国对这些封地的收入实行优惠性的特许税,即领主根据征税权所获收入被允许作为其履行职责和义务的薪俸,及供养士兵和购置装备的费用,从而极大地减轻了帝国的财政负担。不过,这并不是帝国经济制度的全部,还有几项政策不能不提:(1)"捐赠"制,起源于所有的穆斯林直接履行其忠诚的一种基本需要,但后来转变成政府收取的一种"常税";(2)"包税"制,实行于一切财政资源提供单位,特别是大城市的"包税区"和"委托地",包税者或"特派员"负责为政府包收税款,同时从财政部直接领取薪俸,或把必交的固定税款之外所余部分留作自己的利润;(3)贸易"优先权",允许在帝国从事国际贸易的外国商人交纳通常低于帝国臣民的关税(一般在2%—5%),并可不受当局的干涉做自己喜欢做的事情。这些政策都在一定程度上和一定范围内构成了帝国繁荣和强盛的要素,但可能同时也埋下了帝国以后走向衰亡的种子。①

奥斯曼帝国在文化、艺术方面的贡献,既不如拜占庭帝国也不如阿拉伯帝国,因为它较多地继承了突厥人的传统,抑制着人们的创造力。圣索菲亚大教堂的改建,象征性地反映了这几种文化之间的对立和差异。1453年奥斯曼人在占领君士坦丁堡后,第一个重大决定就是把圣索菲亚大教堂改为清真寺,而正统的伊斯兰教是禁止给任何生物画像的,为此不得不用石灰将原拱形圆顶上的涂金彩画掩盖,这就使原教堂从形式到内容都发生了改变。

2.18 伊斯兰化蒙古人与印度莫卧儿帝国

莫卧儿帝国的创始人,是来自中亚的巴布尔(Babur)。据巴布尔本人说,其父系是帖木儿后裔,而母系则是成吉思汗后代,故他自称是蒙古人,并以此给他的国家命名莫卧儿(Mughal,波斯语),即蒙古(Mongol)的变音。实际上,巴布尔和帖木儿一样,其血统均比较复杂,可能属于蒙古-突厥人。

巴布尔(1483—1530)生于中亚地区。12岁时从他父亲手中继承了费尔干纳王国。由于野心勃勃,多次进攻中亚名城撒马尔罕,但都以失败告终。1505年他征服喀布尔,在那里建立起新的根据地,并于1519年起效法帖木儿,率军进攻印度,曾四次入侵旁遮普。由于当时统治印度的德里苏丹正处于衰落期,南亚次大陆境内小国林立。1525年,当巴布尔再次攻入印度时,受到德里苏丹伊卜拉欣·洛迪4万人的阻击,1526年4月两军会战于德里北部的帕尼特,巴布尔以少(只有2.5万人)胜多,进入德里,并建立起莫卧儿帝国(1526—1761),巴布尔成了帝国第一位皇帝。巴布尔的胜利,其一是由于有周密的计划;其二是由于它拥有一支高度机动的炮兵,由700辆用编织的牛皮连在一起的战车加以保护,在每对大炮之间有六七垛可以移动的胸墙保护火枪手;其三是精锐骑兵的侧翼攻击使他的战

---

① 参见斯坦福·肖:《奥斯曼帝国》,青海人民出版社,2006年,第39、158—159、211—212页。

车成为一座难以攻破的堡垒。莫卧儿帝国存在了两百多年,其社会经济和政治的发展有两次高潮:一次是在阿克巴(Akbar,1556—1605在位)统治时期,他完成了对北印度的占领;另一次是在奥朗则布(Aurangzeb,1658—1707在位)统治期间,此时帝国的版图几乎扩大到整个半岛。由于巴布尔过早去世,莫卧儿帝国的典章制度主要是在阿克巴时期确立起来的。

阿克巴是莫卧儿帝国的第三位皇帝。当时帝国虽然已建立30年,经过了两代皇帝的经营,但由于他的父亲胡马雍能力平庸,以及舍尔汗领导的阿富汗人在北印度的反叛,帝国的势力一度被迫退至伊朗。胡马雍的军队于1555年再次进驻德里,但他本人不久就不慎坠楼而死,并没有给阿克巴留下一份很好的遗产。阿克巴继位时仅13岁,由他父亲的老臣贝拉姆汗摄政,直到1560年3月他才在其乳母的帮助下,推翻颇具实力的贝拉姆汗的势力,实际控制帝国政治。据记载,阿克巴从小就不喜欢读书,几乎是一个文盲,但他头脑敏锐、勇猛过人,作战时往往敢于冒险犯难,累立战功。阿克巴掌权后,用了很多精力来扩大帝国的领土和巩固帝国的统治。1564年,他首先派军攻打冈德瓦纳并将其吞并,然后又派兵进攻拉其普特王公并将其降服。1572年,他对古吉拉特实行亲征,并一度把势力范围扩大到面对阿拉伯海的坎贝湾。当班师回亚格拉时,传来古吉拉特发生叛乱的消息,阿克巴轻骑疾进,在9天内行进450英里返回当地,直到叛乱平息为止。1574年,他又率军东征,先后占领比哈尔和孟加拉。至此,整个北印度都已在帝国的控制之下。

莫卧儿帝国由蒙古-突厥人创建,它的组织结构即国家体制也具有蒙古帝国的某些特点。成吉思汗把他的全体人民划分为十户、百户、千户、万户等一系列十进位制的组织,令其分别由十户长、百户长、千户长、万户长(号那颜)统领。同时又规定全体成年男子都要服兵役,一旦有召即携带武器、马匹及粮秣参军作战,从而使国家建立在军民合一的基础上。1574年阿克巴推行的所谓曼萨卜达尔制度,把政府官吏和军官划分为66级,最低为十夫长,最高为万夫长,武官以带兵的数额确定其等级,文官则以管辖的户数确定其等级,这显然是承袭了蒙古帝国的体制。但这一体制在莫卧儿帝国又发生了某些变化,等级的划分和实际拥有的户数开始分裂。例如,在军队中,等级称"札特",只是指规定应拥有的兵员数额;而真正拥有的骑兵数则称为"萨尔瓦"。但有一点是和蒙古帝国完全一样的,即曼萨卜达尔的任命和升迁并无固定办法,一切均操于皇帝之手。

这种等级划分与实际占有发生分裂的现象,在莫卧儿帝国的土地制度中也存在。在蒙古人统治建立前,德里苏丹实行一种称为"伊克塔"的军事封土制,亦即按其管辖的户数划分等级。波斯语称封土为"扎吉尔",称受封者为"扎吉达尔",莫卧儿帝国建立后仍继续推行。但帝国规定扎吉达尔占有的封地不能世袭,且封主不论是否住在他的封地上都应按规定纳税。为了防止扎吉达尔坐大发展成割据局面,后来又经常更换其封地以使扎吉达尔与扎吉尔发生分离。由于这一做法造成不良后果,扎吉达尔只顾搜刮而不关心生产,莫卧儿政府乃于1574年下令取消扎吉尔制度,将全部扎吉尔土地收归国家,而对扎吉达尔按等级由国家给予货币报酬。全国的土地被划分为182个区,各区向国家交纳固定税金25万卢比,各区收税官可预先向国家垫付全部税金,然后再

莫卧儿帝国的市场

到他所在的管区去征税,并对管区的耕植情况全面负责,以消除扎吉达尔不关心农业之弊。但由于征税办法带有包税性质,这给征税官从中作弊提供了机会,他们可以不按规定向农民乱收乱派,常常造成农民因负担过重而流离失所。在这种情况下,帝国后来不得不取消此种税收办法,另行丈量土地,依产量定税额,收1/3实物税。1580—1582年贵族叛乱之后,便完全取消扎吉尔制度,不再推行。

但扎吉尔制不涉及归顺莫卧儿的原印度教王公,这些王公仍可保留自己的地产并世袭,只要他们按规定向中央政府纳贡,中央一般不干涉其土地内部状况,以

及王公与他的农民的关系,这种制度在历史上称"柴明达尔"。但后来"柴明达尔"这个术语,并不限于原印度教王公或酋长,而是包括了除单纯的耕作者以外的各种类型的土地收益持有者。按努尔乌勒·哈桑分类法,它主要还涉及两类人:一是所谓基层柴明达尔,指那些农耕地和居住地所有权的持有者,既包括亲自或借助雇佣劳力耕作的自耕农,也包括一些拥有几个村庄土地的所有者;二是所谓中层的柴明达尔,这些人向基层的柴明达尔收税,并把税收交归国库。扎吉尔持有者或柴明达尔同时享有各种额外的津贴,而且其权利可以世袭。柴明达尔,特别是那些上层柴明达尔,由于往往住在高山深谷又负有某种治安责任,常常在当地建有自己的城堡,以防止敌人或官方的侵犯。这样一来,他们就能各霸一方、为所欲为,从而形成一系列独特的区域,在历史上这些地区通常称为"马瓦"(Mawas)。

与蒙古帝国和忽必烈在中国的统治一样,阿克巴统治的莫卧儿帝国对宗教采取宽容的态度。尽管随阿克巴入主印度的突厥贵族都信奉伊斯兰教,但阿克巴允许印度教及其他宗教存在,以消除和当地居民的民族和宗教矛盾。阿克巴相信,王权是真主放射出的一束光芒,是"只有当数千种崇高的必要条件都齐备于一人之身时才能赐予"的一件伟大的赠品,增进普遍和谐是他的职责。因此,他重用归顺帝国的拉其普特王公并尊重其信仰,甚至与其结婚的拉其普特公主也不必改宗伊斯兰教。1563年,阿克巴取消印度教徒的朝圣税。1564年,他又取消印度教徒的人头税,并废除沿用已久的将战俘卖为奴隶的习俗。1575年,阿克巴邀请各教派在锡克里宫的祈祷堂讨论教义问题。1577年,下令停止在货币上铸"除安拉外,另无真主"的伊斯兰口号。这些政策,虽然遭到一些入主印度的伊斯兰贵族的反对,但即使在他们于1580年发动叛乱失败后,仍能得到有效执行。这是伊斯兰化的突厥贵族入主印度,并能维持其统治达两百年之久的重要条件。

印度自雅利安人入侵以来,多次遭外族入侵和统治,社会、经济和政治秩序动荡不定,种姓制度成为整个国家社会结构的核心。莫卧儿帝国两百多年的统治给印度提供了一个相对稳定的环境,因此它的工商业在此期间有一定的发展。以印度的传统工业棉纺织业来说,16世纪时已能生产棉织品30种、丝织品26种、毛织品23种。据记载,1608年,孟加拉总督一次购买和雇佣的船只达100艘,同时雇佣了900名工人对它们进行修缮,可见其造船业也已达到相当的规模。在某些部门,如在哥康达的金刚石开采业中,一个矿场雇佣的工人达3万人之多,并且挖掘、装筐、运土、淘水、筛选各有分工,似乎已有了资本主义的最初萌芽。但国家整个经济仍建立在封建土地制度的基础上,农民不仅固着于土地而且负担日益繁重,租税几乎占了全部收入的一半。因此,从整体上看,其经济是乏力的。1658年即位的奥朗则布,虽然通过战争把帝国的版图扩大到南印度,但他错误地改变了阿克巴制定的宗教宽容政策,以伊斯兰正统逊尼派的捍卫者自居,并对印度教实行迫害,结果导致了锡克教运动的反抗。这个运动和17世纪60年代发生的马拉特人起义一起,成为最终埋葬莫卧儿帝国的主要力量。

2.19 边缘文明之一:日本国的形成及其文化

日本文明的真正兴起,大约是在二三世纪之交,明显晚于亚欧大陆文明带的各主要文明,并长期相对独立于这个主要文明带之外,但正因为如此,它也保留了自己的独特性,成为重要的边缘文明之一。

迄今为止,在日本尚未发现过直立人或手斧的痕迹,因此,日本肯定不是人类的发源地,但人类活动的足迹至少可追溯到公元前3万年左右。一般认为,熊袭人和虾夷人是日本最早的居民,但今天的日本人的祖先并不是熊袭人和虾夷人,而是从亚洲北部和东南亚来到日本后融合而成的。大约从公元前五六千年至公元前2世纪,是日本的绳纹文化繁荣的时期,已发现了有关文化的遗址1万余处,以手制绳纹式黑陶而出名。从公元前1世纪到公元2世纪,一种新的文化即弥生文化取代了绳纹文化,那是以一种用陶轮制成的褐色陶器为代表的文化。前者以东部为中心,而后者以西部为中心,说明日本文化有了普遍的进步。这时不仅出现了以水稻为主的农业,还发现了与祭祀有关的青铜器和玉制殉葬品,说明氏族贵族已拥有了某些特权,原始社会趋于瓦解。

这个时期,一种类似于酋邦的国家开始在日本各地形成。据《汉书》记载,仅九州就有百余个国家,但它们并没有脱离部落或部落联盟的性质。1784年发现的"汉委奴国王"金印,是57年汉光武帝给位于福冈附近的倭奴国的赐物,证明了《汉书》的记载。到3世纪,按《三国志》记载,日本国家的数目已减少到30个,说明互相兼并和权力集中趋势加强。而位于九州的邪马台国应是其中最大者,这个国家统治着20多个部落,拥有7000多户居民,女王卑弥呼身边有上千奴婢服侍,死时殉葬奴隶在100个以上,社会分为王、大人、下户和生口等不同等级。3世纪后期,以本州中部地区为中心,形成了另一个国家——大和。它的创始人是传说中的神武天皇。这个国家仍以某一个大氏族为核心组成,因此国王还保留氏族酋长的痕迹而称"氏上",但他由于受到"氏神"即天神的监护而拥有至高无上的权力。这个氏族和国家的起源似乎一开始就融入了中华文化的某种基因。国民是按"部"即行业或地域组织起来的,分为服部(纺织)、陶部(制陶)、鹈饲部(渔工)、弓削部(制弓)等,这种组织方式具有打破原来的血缘关系的作用。但部民没有人身自由,虽不能任意处死但可以转让,带有普遍奴隶制的特点。这个国家真正的奴隶称"臣",约占总人口的5%,但主要供家内使用。日本似乎不存在典型意义上的奴隶制,因为普遍的奴隶制阻碍了典型的奴隶制的发展。大和建立后,实力逐步增强,并把势力扩张到各地,到5世纪已基本统一了日本,且天皇制一经形成就基本连续下来。邪马台国和大和国的建立,是日本国家形成的标志。

国家虽然产生了,但国家体制并不完善,实权为苏我氏掌握。豪族世袭,兼并土地,奴役部民,严重阻碍社会的发展。在这种情况下,一些皇室贵族和受中国文化影响的留学生,决心进行改革以确定新的体制。603年,圣德太子首先颁布十二官阶制,以提高大和君主的权力并抑制豪族世袭制,604年又发布十七条政令,把君臣关系比作天地关系,并把538年就传入日本的佛教定为国教。645年,在三韩朝贡仪式上,苏我氏为中大兄皇子和中臣镰足所杀。政变次日,孝德天皇即位,中大兄皇子以太子身份掌实权,定年号为大化。孝德天皇在646年改革诏书中宣布:此后土地和人民均将收归国有,部民因而也成为公民;每6年重新按人口分配口分田,男子得2段(1段约1.5市亩),女子2/3段,奴婢为良民的1/3,受田者应承担相应的租庸调。① 改革行政机构,在全国设中央、国、郡三级政府,而在中央设神祇官和太政官,又在太政官下设八个省(即部门)。国的数目虽有变动,824年定为66国2岛(壹岐、对马)。此外,还废除官位世袭,实行征兵制,等等。此即日本历史上的"大化改新"。"大化改新"由于触动了旧贵族的利益,引起了后者的强烈不满与反对,以致发动了所谓"壬申之乱",但被大海人皇子镇压。673年大海人即位为天武天皇,701年又制定《大宝律令》17卷,将"大化改新"的成果以法律形式加以确立。只可惜《大宝律令》大部分已散佚。710年,按"大化改新"时的决定迁都奈良。"大化改新"集中反映了中华文明对这个东方岛国的影响,或者说日本文明与中华文明的渊源关系,因为这个国家的基本制度是在此时奠定的。

---

① 每段租,稻2米2把(1米约5升);庸,每人每年10天;调,每户绢或布1丈2尺。

"大化改新"有的措施也并不成功,征兵制就是如此。但中央集权体制的建立,对于完善日本国的国家体制是重要的,这个时期不仅完成了全国的统一,连日本国的国名也是在这个时期确定下来的。这个国名(Hinomato)是"大和"与"日之国"的结合,其意为"日出之国"。但这个时期最重要的结果,是"班田制"的实行使班田农民成为日本的主要劳动者,在这种制度下田地是国家所有的(公有的),农民以口为单位向国家领有土地并以户为单位耕种,从而完成了土地制度封建化的过程,有些类似于中国的井田制。佛教之传入日本,原是借助了中国这个桥梁,输入日本的佛经都是中文译本,因此佛教成了传播先进的中国文化和艺术的工具,而佛教的国教化更是维护中央集权的重要条件。但是,佛教不仅是一种信仰体系,它同时也是一个强大组织,随着佛教在日本的国教化,不仅寺庙越建越多(仅奈良就有48座),民间组织和宗教组织也难于分开,这就为僧人干政开辟了道路,以致发生764年道镜和尚被任命为太政大臣、769年又图谋篡夺王位的事件,最后天皇不得不下令于784年迁都平安京,以割断京城与奈良寺庙的关系。不仅如此,这时在日本社会、经济和政治领域中,也发生了一系列深刻的变化。

首先是土地制度的变化。当初,奈良政权为了鼓励垦荒,曾宣布开垦者可传三世而后土地收归国有,开熟荒者则可以占领一世,即所谓"三世一身法"。可后来为防止被垦地复荒,又于743年宣布垦田永作私有,不再收回。在这种情况下,许多贵族和寺庙开始大量驱使奴隶和依附民垦荒,利用多种手段兼并农民土地,而贫困破产的农民也不断把土地"寄进"于贵族名下,使贵族私有土地迅速发展和扩大,国家控制的土地日渐减少,班田制推行困难重重。班田的重新分配最初定为6年,后来改为12年、20年甚至50年一次,到9世纪末不得不完全废止。据记载,743年圣武天皇下令,新开荒地不再纳入口分田,允许垦荒者永远拥有其田。844年进行了最后一次土地重分,"公田"的概念从此不再存在。不得已,政府只好设立所谓"敕旨田""公营田"等,租佃给农民或征发徭丁耕作,以维持国家财政。一方面是班田制的破坏,另一方面则是庄园的兴起。庄园的兴起,其实质是土地私有的发展,与国家的豁免政策有关。本来,寺庙和神社早已享有对土地的某些豁免待遇,宫廷贵族也早在某些财产上享有豁免待遇。后来这种豁免又扩及某些人的粮食税,进而扩大到地租及其他项目。豁免剥夺了地方政府和司法部门对土地的监督,而土地一旦免除了租税也就完全由公田变为私田,这就是庄园的起源。不仅如此,土地私有后,田产还可以通过各种办法加以扩大,如土地买卖、非法兼并都变得不可避免。据估计，至13世纪，全日本庄园数已达5000个，其中大庄园约几百个。950年前后，奈良东大寺的庄园散布于23国，总面积在1.4万英亩以上。石清水八幡宫神社在6国共拥有34个庄园。1150年，藤原赖长在19国中有20个庄园。由于许多庄主并不住在庄园，只能依靠庄官管理土地、收租和招募劳动人手，庄民也有了某些权利而成为名主。这就形成了三个等级：领家、庄官、名主。

庄园私有，面积扩大，庄园主为了维护其统辖权，开始蓄养私人武装力量，逐渐形成以地方家族为核心的封建军事贵族，这就使日本历史上兴起了一个新的集团——武士。这时，由于皇室衰落，大贵族藤原氏专擅朝政，并随意废立天皇，统治阶级内部的斗争日益激烈，于是在平安时代末期形成了两大政治势力：关东源氏和关西平氏。而武士作为地方武装力量就成了必争的对象，其地位日显重要。1180—1185年间，源氏和平氏进行了长达五年的军阀战争，实际上就是两大武士集团争夺权力的战争，以平氏的失败而告终。但取胜的源氏却不急于进入宫廷去掌握大权，而是首先建立军事力量和个人组织。1185年，源赖朝获得总追捕使（武警首领）头衔，1190年接任总守护（各国总的武装首领）和总地头（武装的土地总管）头衔，1192年在镰仓建立幕府即司令部，自称"征夷大将军"，同年正式获得将军称号，其权力合法化，名义上仍尊重天皇的统治，实际上成为独立于天皇之外的新政府，而把天皇变成将军的傀儡。更重要的是，当时作为源氏领袖的源赖朝，以镰仓幕府为中心不断扩张自己的权力。1221年退位的后鸟羽天皇企图以武力打击镰仓，却遭到幕府的镇压，从而使幕府的权力最终确立。这样，镰仓幕府不仅是地方权力机构，同时也是一个国家行政机构，而且具有军事和行政的双重权力。因此，镰仓幕府的建立，对日本历史而言已构成了一个新时代的标志——军事封建贵族专政的幕府时期。

最初，幕府主要包括三个机构：(1)侍所；(2)政所；(3)问注所。分管军事、行政和司法。1199年源赖朝死后，遗孀北条政子(1157—1225)和娘家男性掌权，又在1225年增设国务院（评定众），管理幕府本身的事务。而为使这种管理规范化，北条氏又于1232年制定法典《贞永式目》，明令宗教机构和朝廷的土地所有者的利益必须保护，武士贵族必须恪守庄园法规并尊重上级，并阐明守护、地头及幕府的职能，成为日本历史上第一部成文法典。从武士掌权的过程来看，一般认为可以把这个过程分为三个时期：(1)镰仓时代(1185—1333)，这是幕府及封建武士与京都皇家势均力敌的时期;(2)足利时代(1338—1573),此时武士逐步接管政府中皇家制度的残余部分,并取消了宫廷的大多数所有权;(3)德川时代(1603—1867),武士阶级成为国家的统治者,也更加依赖政府的非封建措施。

幕府和武士专政时代,是以统一和分散、公家和武家、文官和武士的对立为特征的。但这从经济和文化发展的角度看并非全是消极因素,反而有助于多元经济和文化的形成。它也打破了土地国有的观念和班田制的做法,实现了土地私有化。地方割据助长了地区利益和地方经济的扩张,使区域交换成为必要。在天皇制衰微、国内混乱之际,忽必烈对日本的两次远征(1274年、1281年)大大刺激了日本的造船业和航海能力。幕府和武士实权的扩张,使没有实权的公家满足于财富和荣誉而垄断了高层文化,形成日本传统文学艺术的两个重要特点:"苦涩"和"闲寂"。所有这些,都大大加速了独特的日本民族性格和文化的形成。

2.20 边缘文明之二:莫斯科与大俄罗斯的统一

莫斯科,这个大俄罗斯统一的中心,1147年始有记载。不过,当时它还只是苏兹达里王公长子尤里辖区内的一个小村,王公们在以前只把它当作临时停驻的驿站,并不常驻于此。从1156年起,达尼尔王公才开始常驻于此,于是莫斯科便成了一个独立的公国的首都,而达尼尔便被视为这个公国家族的鼻祖。

据考证,莫斯科(Moscow)一名,至少有四种语源:(1)Москва,斯拉夫语,意为潮湿;(2)Мостква,斯拉夫语,意为大桥的流水;(3)芬兰-乌戈尔语,意为牛犊的渡口;(4)Мээкуу,卡巴尔达语,意为密林。这几种词源都是对当时莫斯科河两岸自然和气候的描述。究竟哪一种更为准确,难于确定,但可设想它们都有一定道理,是从不同角度进行的描述。它说明,莫斯科的兴起并不是偶然的,除了它地处俄罗斯中心位置而外,还具有优越的自然条件。

莫斯科公国的兴起,与基辅罗斯的衰落和封建制的形成关系极大,这是其兴起的社会条件。这是因为,大约在12世纪末,基辅已失去其作为罗斯国土中心的地位,1240年基辅被蒙古军占领后,基辅罗斯国家就彻底解体。但在基辅被蒙军毁灭之前,罗斯国家实际上已发生了裂痕。因为这时在罗斯的北部,即伏尔加河上游兴起了另一个政治中心:弗拉基米尔。① 弗拉基米尔的统治者,越来越不遵行基辅罗斯的传统——按辈分顺序选定继位王公,而是父子世代相传。这样,以往作为王公宗族公共财产的所有公国,现在逐渐变成了由某个王公永久占有的独立产业和个人财产,从而改变了王公领地的法律性质。这种改变,意味着13世纪封邑制的兴起。达尼尔正是在这样的背景下,获得别人的遗赠,而成为莫斯科王公的。莫斯科在成为独立的公国后,便逐渐走上了争夺俄罗斯领导权的道路。②

莫斯科公国争夺俄罗斯领导权的第一大障碍是尤里的堂叔特维尔王公米哈伊尔,因为二者都想得到大公的位置。机会终于来了,伊凡·达尼洛维奇(1325—1340在位)即位莫斯科王公后不久,特维尔公国便发生了反对蒙古统治的起义,并杀死了驻当地的一些蒙古军。伊凡·达尼洛维奇于是前往萨莱向蒙古大汗做了报告,并答应带领蒙军前去镇压,迅速平息了起义。伊凡因此事很得大汗信任,乃于1328年获封伊凡大公称号,同时还得到替蒙古人向各公国征收贡赋的权力。莫斯科大公地位的获得产生了两个重要后果:一是罗斯居民从此摆脱了因蒙古入侵而造成的沮丧和麻木心情;二是使整个北俄罗斯得到大公保护而摆脱因分封造成的政治分裂。所以,不久就以莫斯科为核心形成了一个王公联盟,这个联盟起初主要是财政的,以后变成政治的和精神的,以致俄罗斯教会总主教也于1328年移到了莫斯科。

14世纪后半期,莫斯科大公国面临着两方面的挑战。一方面是特维尔与立陶宛结盟,两次率军进攻莫斯科,但均未成功。另一方面,是1378年、1380年和1382年金帐汗国三次派军进攻莫斯科。这时正是德米特里·伊凡诺维奇(1362—1389)在位时期,德米特里虽然遏制住了特维尔-立陶宛联盟,在1375年迫使特维尔放弃和立陶宛的联盟,答应不再谋求大公封号,但却未能顶住金帐汗国几十万大军多次的入侵,在蒙军最后一次入侵时,莫斯科失守,不得不再次向蒙古汗称臣纳贡。不过,虽然再次称臣,却因此保住了莫斯科大公的地位,即保住了它作为全俄罗斯政治中心的影响,并暗中积蓄自己的力量,以备最终打败蒙古占领军。终于,当1480年金帐汗阿合马再次攻击莫斯科时,伊凡三世(1462—1505在位)的军

---

① 弗拉基米尔位于克利亚兹马河上,在伏尔加河上游地区。
② 参见瓦·奥·克柳切夫斯基:《俄国史教程》(第一卷),第333页。

队与之在乌格拉河长期对峙,虽然发生恶战,但迫使蒙军退兵。莫斯科虽然得以最终摆脱蒙古的统治,但在政治上却保留了蒙古帝国的某些遗产。

俄罗斯之所以能摆脱蒙古的统治,一方面与蒙古帝国本身的全面衰落有关,另一方面也与俄罗斯内部力量的变迁有关,在很大程度上是莫斯科公国扩张的结果,这种扩张在伊凡三世父子统治期间已十分突出。早在1463年,雅罗斯拉夫的所有大公和分封王公,就请求伊凡三世把它们纳入莫斯科的管辖范围,放弃独立。在佩尔姆邦的部分领土上,早在14世纪就已建立了俄罗斯人的定居区,1472年该州已纳入莫斯科的版图。1474年,罗斯托夫的王公们决定把它们领土的一半卖给莫斯科,以换取作为莫斯科公国大贵族的地位,另一半领土在此以前已被莫斯科征服。1485年,被伊凡三世围困的特维尔不战而降,宣布效忠于伊凡三世。进入15世纪90年代以后,先后并入莫斯科的公国有:普斯科夫城及所在的州(1510)、斯摩棱斯克公国(1514)、梁赞公国(1517)、切尔尼戈夫公国和北方公国(1517—1523)。与此同时,莫斯科公国的扩张甚至开始越出俄罗斯的范围,先后与波兰、瑞典、德意志和立陶宛发生了战争或交涉。1492年和1501年莫斯科两次与邻邦立陶宛交战,与波兰的战争在伊凡三世及其儿子在位期间共发生过4次。

在此期间,在思想意识形态上的表现就是俄罗斯民族思想的形成。这种思想在基辅罗斯时代已有萌芽,但由于基辅罗斯的衰落和莫斯科公国的兴起,特别是封邑制所造成的一系列封国的事实,使这种民族统一思想的发展一度受挫。但之后的几种因素又使俄罗斯民族思想重新复活:一是莫斯科公国的逐步扩大;二是金帐汗国统治的压力;三是越出俄罗斯范围的与其他民族之间的交往。所有这些,使俄罗斯人日益明显地感觉到俄罗斯人不仅是一个具有同一性的民族,而且有必要建立一个统一的共同的祖国,而莫斯科是他们共同的前哨,可以维护他们共同的利益。正因如此,当1501年新即位的波兰国王亚历山大①的大使在莫斯科申诉说,莫斯科的君主夺取了立陶宛的世袭领地,而他没有这种权利的时候,莫斯科政府反驳说:"教皇谅必知道,弗拉基斯拉夫王和亚历山大国王分别从自己的祖辈那里继承了波兰王国和立陶宛的土地,而罗斯邦则是我们从我们先人手中继承下来的,自古以来就是我们的世袭领地。"它实际上宣布,被宣布为莫斯科君主的世袭领地的是整个"罗斯邦",而不仅仅是大俄罗斯或莫斯科所管辖的那部分土

---

① 亚历山大原是立陶宛大公。

地。伊凡三世还宣称：只要莫斯科没有收回自己在立陶宛的那部分世袭领地，那么莫斯科同立陶宛之间就无持久和平可言。这样，关于俄罗斯土地应该在政治上统一的思想，就从历史的记忆变成了一种政治要求，即变成了一种民族思想。

与民族思想相一致的是沙皇制度的建立。这一过程始于伊凡三世，中间经过了瓦西里三世（1505—1533 在位），完成于伊凡四世（1533—1584 在位）。沙皇制度的关键是提高国王的地位，把原来的"大公"变成"沙皇"，也就是把国王变成以军事独裁为特征的主宰一切的最高权威，因为"沙皇"（Царь）一词借用了罗马帝国皇帝的封号"Caesar"（恺撒，拉丁文）。虽然直到 1547 年伊凡四世才正式加冕为"沙皇"，但伊凡三世已以继承罗马帝国自诩，并逐渐使用了"全俄罗斯君主"的称号。在沙皇之下，有一个全国性的类似于立法机构的机关即缙绅会议，它由大贵族、高级教士和服役贵族的成员组成。另外还有一个类似于民意机构的机关即杜马，它形成于伊凡三世时代，其成员多为大贵族和城市代表。由于国务日繁，后又在杜马和缙绅会议之外设置各种衙门，以处理日常行政事务，包括封地、军务、外交和度支等部门。沙皇制度的支柱已不是公国时代的世袭贵族，而是沙皇俄国统一战争过程中为莫斯科大公效命的服役贵族。为了把服役贵族变成沙皇统治的工具，沙皇政府首先进行军事改革，限制按门第选任军官的制度，又以各城市火枪手为基础组成射击军，从服役贵族中挑选缙绅会议、杜马和衙门的官吏。此外，从伊凡四世起，开始把大量土地赏赐给服役贵族，使之变为地主贵族。例如，1550年，伊凡四世把莫斯科及附近的大量土地赏赐给了 1078 名服役贵族。这样，服役贵族就真正演变为沙皇统治的社会和经济基础。

为了巩固和扩大沙皇制度的基础，沙皇政府制定了一系列法典，把过去由农村公社时期遗留下来的自由农民固着在新的贵族封地之上。其中最重要的是三部与"尤里日"①有关的法典，故称"尤里日法典"：（1）1497 年法典。此法典规定，农民一年内可以在"尤里日"前后各一星期离开领土，外出干活。（2）1550 年法典。它将农民可以离开领地的时间限定在"尤里日"这一天。（3）1581 年法典。它干脆取消了农民可以在"尤里日"这一天外出的权利，完全禁止农民离开主人，故又称"禁年法"。"尤里日"法典的实质，在于把农民固着于土地之上，从而变成庄园的农奴，因而这一过程实际上是一个农奴化的过程。但这一过程并未到此完

---

① "尤里日"（юрьев день），俄历 11 月 26 日，是纪念圣徒 Геoргий 的节日。

1550年左右的莫斯科

结,因为1597年法令还只允许地主在全国范围内追回逃亡未满5年的农奴,1607年法令则规定农奴要终生为地主服役,到1649年又取消追捕逃奴的时间限制,这才完成了农奴化的过程。

所以,沙皇俄国的建立,即俄国统一国家形成的过程,也是俄国农民农奴化的过程。换言之,沙皇俄国从一开始就是建立在封建农奴制的基础上的,它也没有经过典型的奴隶制社会阶段。这是俄国历史的独特之处。

2.21 边缘文明之三:黑非洲的古文明

所谓"黑非洲",即撒哈拉沙漠以南的非洲,因为这里的居民在远古时代完全是由黑种人组成的。尽管他们分属于不同语系,如尼日尔-刚果语系、尼罗-撒哈拉语系、苏丹语系和科依桑语系等等。

由于撒哈拉沙漠的阻隔,黑非洲的历史和文化长期不为世人所知晓,它常常被误认为是一个落后的大陆,某些西方学者甚至把它贬称为"黑暗大陆"。其实,非洲不仅可能是人类最早的发源地,而且是多个独立起源的农业中心的所在地,并且在这些独立的农业中心的基础上产生过一系列灿烂的古代文明。只是由于撒哈拉大沙漠的阻隔，它们难以被融入亚欧核心文明地带，长期孤立地存在而自生自灭，亦难以提升其文明发展的水准和层次，成为名副其实的边缘文明。

黑非洲第一个重要的古文明区域是库什。它是公元前1000年左右兴起于尼罗河上游的一个黑人国家，最初定都于纳帕塔。"库什"一名源自埃及语。库什在公元前2000年时本是古埃及的一个省，其文化深受古埃及的影响，所以作为政治和宗教中心的纳帕塔所供奉的是埃及的阿蒙神及其他神祇。当北方的古埃及走向衰落的时候，库什国王卡什塔(约公元前760—前751在位)曾进军埃及，其子佩耶继位后便完全占领埃及并在那里建立了埃及第二十五王朝，所以古希腊人称之为"埃塞俄比亚"王朝，意即黑人王朝。在库什人统治埃及期间，曾多次击退亚述对埃及的入侵，使第二十五王朝延续了88年之久，但不久库什人不得不退回到纳帕塔。这时，在库什境内兴起了一个新的经济和文化中心——麦罗埃。此城紧靠尼罗河，又地处北部雨带的边缘，周围是一片难得的适合发展农业的地区，被古人称为"麦罗埃岛"。从该地区发掘的一些冶铁遗址来看，库什人已使用铁制工具，而麦罗埃就是重要的生产铁的中心。正是在这种背景下，公元前540年，库什人把首都从纳帕塔迁往麦罗埃。这次迁都是库什历史上的一个重要转折点，它标志着库什已摆脱埃及的影响，成为一个拥有真正文明的黑人国家。它不仅建立了比较完备的国家机构，如设立了军事、财政、掌玺、档案、粮食等方面的管理人，而且还形成了自己独特的文化。据研究，麦罗埃建筑上的浮雕都是麦罗埃式的，雕像的头饰、装饰及王室的徽章也都具有当地色彩，麦罗埃供奉的主神是属于麦罗埃的狮神而不是埃及的阿蒙神，文字的语法结构也变得与埃及文字不同，到2世纪已出现了全部用库什文刻写的碑文。这种碑文已发现的多达800多条。这说明，库什已演变成为一个名副其实的黑人文明古国。

继库什之后兴起的黑非洲另一个古文明中心是西非，即阿拉伯人所说的"西苏丹"。这里先后建立过三个黑人奴隶制国家：加纳、马里和桑海。加纳这个国家，最初很可能是由从撒哈拉南迁的柏柏尔人建立的，但8世纪当属于曼丁戈族的索宁凯人夺取政权后，它便成为一个完全的黑人国家，已知第一位黑人国王是索宁凯族的酋长卡雅。10—11世纪加纳达于极盛，其版图从塞内加尔河和尼日尔河上游延伸至撒哈拉南缘，首都昆比·萨利赫由两座城市组成，一座是穆斯林居住区，其中有两座清真寺；另一座是王室和政府所在地，国王住在一座圆顶型建筑中,两城相距10公里,中间由民居连接,总人口在3万以上。这时国王已很有权力,接见大臣时要敲一种特制的"达巴"手鼓,指挥着20万人的军队(其中4万人是弓箭手)。黄金开采和奴隶贸易是加纳经济的两大支柱,据说它产出的金块有的重达1吨,国王卡雅·玛甘即"黄金之王"的意思。黄金主要用于与国外的交易,尤其是换取阿拉伯商人的盐。交易的方式很独特:在交易双方之间划一条线,盐商在线前放下商品,索宁凯人放上黄金,这样反复几次直到把货物加到对方满意为止,但双方只增减交易物品,从头至尾不说一句话,谓之"哑巴交易"。加纳人本信仰多神教,信奉伊斯兰教的穆拉比特人南侵,于1076年攻占加纳首都,企图强迫加纳人改信一神教的伊斯兰教。加纳人虽然后来重新夺回主权,但国力大伤,1240年左右终被马里所灭。

马里是另一支曼丁戈人即马林凯人建立的国家,11世纪兴起于尼日尔河的康加巴(巴马科附近)。13世纪初在松迪亚塔王子领导下,先后击败苏苏人和加纳人,建立起西抵大西洋的强大帝国,定都尼日尔河下游的尼安宁即马里。马里人当时已建立起比较完整的帝国体系,他们在各征服地都设置了行政长官,城乡则分别由市长或酋长各负其责,军队分为步兵、骑兵和水兵。后者是加纳所没有的,因为马里已是一个濒海国家。与加纳人不一样,马里统治者早就接受了伊斯兰教,所以松迪亚塔之孙曼萨·穆萨即位后,特于1324年率500名奴隶和80头骆驼的庞大队伍去麦加朝圣,每人都带有一根金手杖。据埃及一位官员艾尔·阿玛记述,马里国王途经开罗时慨赠大礼,广为施舍,以致当地金价大跌。返回时,带来了麦加著名建筑师兼诗人伊夏克·厄尔-图埃金,专门负责廷巴克图清真寺、图书馆和学校的设计。廷巴克图成为西非最著名的宗教和文化中心,经常接待前来讲学的埃及、摩洛哥学者。这里的图书馆藏有大量书籍、文献和手稿。马里的商业也十分发达,据说,它的商队每年定期来往于马里和开罗,商队的骆驼数目多达1.2万头。

在西苏丹地区兴起的第三个黑人国家是桑海,7世纪时,桑海人就在尼日尔河中游的登迪建立邦国。1009年国王迪亚·索科伊统治时皈依伊斯兰教,并把首都从登迪迁往加奥。14世纪初曾一度被马里兼并,两位桑海王子被带入马里宫廷作人质,后来他们逃回桑海,重新复国。1462年索尼·阿里即位,以其出色的军事才能先后夺取廷巴克图、杰内,击败莫西人和富尔贝人,并占领马里帝国大片土地。索尼·阿里死后,其将领索宁凯人穆罕默德·杜尔另立新朝,其版图超过了原来的马里,1495—1497年麦加朝圣时又从麦加大主教处获得"哈里发"称号,成为名副其实的帝国。穆罕默德·杜尔注意帝国机构的改革,不仅在中央设置大臣管理各方面的工作,还以战俘和奴隶为主编成常备军和水军,同时大力兴修水利,开凿运河,统一度量衡,设立学校,奖励学术。当时的廷巴克图,仅学校就有150所,已发展成与开罗和巴格达齐名的伊斯兰文化中心。桑海的社会结构正处于由奴隶制向封建制过渡的过程中,开始时奴隶被用于农业、修船、捕鱼等劳动,渐渐地就演变成农奴,以实物和劳役向主人交纳地租。城市和手工业也有了新的发展,首都加奥有房屋建筑7626幢,估计人口在7万左右。廷巴克图是文化中心,也是手工业中心,仅裁缝作坊就有26个,作坊雇工50至100人不等。1594年,桑海亡于摩洛哥。

与西非几个文明古国相对应的是东非一系列沿海城邦的兴起,其时间也在7世纪至15世纪。据统计,到15世纪末,在东非沿海地带,从今索马里的摩加迪沙到坦桑尼亚的基尔瓦,共有城邦37个。其中,除摩加迪沙、基尔瓦外,比较重要的还有:布拉瓦、帕塔、拉木、马林迪、蒙巴萨、奔巴、桑给巴尔、马菲亚、莫桑比克、索法拉等等。其中,前期以摩加迪沙最为著名,后期则以基尔瓦最为著名。东非沿海城邦兴起的背景有三:第一,地中海区域不断出现地跨欧、亚、非的大帝国,东非先后被置于埃及、罗马、阿拉伯帝国的阴影之下,难于形成统一和强大的国家,于是以城邦形式出现;第二,大约公元前后,从喀麦隆高原、贝努埃河上游不断向外迁徙的班图人,到10世纪时已遍布中非、南非和东非广大地区,并使这一地区进入了铁器时代,促进了当地社会的发展;第三,从阿拉伯、波斯和中国来的商人先后抵达东非沿岸各地,有的在当地立足并与当地人融合,形成以黑人为主体的语言和社会,即所谓"斯瓦希里"文明。所谓"城邦",即以城市、堡垒或港口为中心的国家,摩加迪沙、基尔瓦、桑给巴尔正是这样的城邦。例如,桑给巴尔波斯语名为Zanibar,Zani或Zeni意为黑人,而bar即国家;摩加迪沙波斯语为Muqdisho,也是国王所在地的意思;基尔瓦,根据16世纪成书的《基尔瓦编年史》记载,本是从波斯湾渡海而来的商人在东非沿岸建立的七个城邦之一。这些城邦有几大特点:(1)它们大多以设防的城市(或港口)为中心;(2)其统治者不少称王而不依附于别的国家;(3)每个城市周围都有一块属于它的农业地带;(4)它们的总面积都不大,如曼达城仅20公顷,帕特城仅27公顷,戈迪城18公顷,基尔瓦也只有30公顷;(5)不少城市都筑有城堡以备防卫,如基尔瓦、摩加迪沙;(6)它们不仅经营工商业，也经营农业，如种植蔬菜、玉米、甘蔗、小麦等。据记载，其中最为典型的基尔瓦城邦，其国王明确地称为"苏丹"，在苏丹之下还设有"瓦济尔"（宰相）和"阿密尔"（将军）两个大臣，以辅佐苏丹治理国家，并拥有独立的军事力量。国王即苏丹的继承也有一定规矩，一般父子相传或兄终弟及。可见，这类城邦已接近文明的边缘，有的已是比较完善的国家。

除了上述三大古文明而外，黑非洲还有一个重要的古文明，这就是赤道以南的古文明，即刚果王国和津巴布韦，可称为黑非洲的第四大古文明中心。这个文明的创造者是班图人，尽管班图人并非发源于刚果和津巴布韦，但刚果和津巴布韦却是班图人的骄傲。古刚果作为一个国家的历史可以追溯到14世纪或更早一些，15世纪时已达于极盛。当时的版图从大西洋到刚果河，远比现在的刚果大。在恩赞加·库武国王执政时，已形成了一套完整的中央集权制度，在这个制度下国王有至高无上的权力，国家的最高行政权由首相代理，全国被划分为六大行省，每个行省都有中央派遣的总督，省以下设姆维拉即区，区以下设坎曼即村，各地都建立了驿站，以传递国王的命令。刚果的主要行业是农业，而主要的劳动者是部落的自由民。虽然刚果的奴隶不少，但主要来自战俘而不是来自内部，且多用于采矿而非农业。当时的刚果还没有完全脱离原始社会，农民还需为村长代种土地。"津巴布韦"（Zimbabwe）一词，来自班图语和绍纳语，是"石头城"的意思，其遗址位于林波波河以北，1868年才被发现，属于8世纪至10世纪的遗存。它建在一座700米高的山顶上，有一座高达15米的城堡，其围墙厚达4—5米、高达10米。此外，它附近还有一道长700米的椭圆形围墙，围墙之内有两座圆锥形塔，塔高10米。这些遗址均用花岗岩砌成，且不施灰浆。在附近发现大量铜铁制品、金饰物，以及开采过的矿坑、熔炉和炉渣，乃至用来铸币的泥模，可见，津巴布韦人已拥有很高的生产力。

2.22 边缘文明之四：美洲印第安文明

产生于美洲的印第安文明远离亚欧核心文明地带，而又几乎完全处于孤立的状态，是人类重要的边缘文明之一。

印第安人属蒙古利亚人种，其起源地远在东亚、中亚和北亚。一般推测他们是经过白令海峡进入美洲的，其时间可追溯到3.5万年以前。但已发现的人类在美洲最早的遗迹却不早于公元前9000—前8000年,其地点位于墨西哥城东北处的特佩斯潘和圣湖镇。而作为文明重要标志的新石器文化如农业和陶器的出现,则分别是在公元前5000和前2300年左右。公元前1000年左右,具有政治和宗教结构的社会的最早痕迹才发现于墨西哥拉文塔和安第斯的查文。印第安古典文明的真正形成只是公元元年以后的事情,因为任何古典文明都是建立在一定的阶级分化的基础上的,而印第安文明的兴起虽然很早,但长期与外部世界隔绝而失去必要的压力,发展缓慢。据估计,在1497年之前,印第安人人数上亿,分属于数百个不同的部落和部落联盟,讲1700多种语言或方言,但只有少数部落真正进入农耕生活。但也正是这些率先进入农耕的部落民创造了美洲灿烂而又独特的古典文明。印第安文明主要有三大中心,按兴起和发展的先后顺序,分别是玛雅文明、阿兹特克文明和印加文明。它们都达到很高的水平,但却不是最早的文明。

美洲最早的文明是由奥尔梅克人(Olmak)创造的。此文明的诞生地在墨西哥湾的南部,存在于公元前12世纪至前5世纪,圣洛伦佐(San Lorenzo)和拉文塔(La Veta)是其最重要的遗址。考古学家们在这些遗址中发现了美洲最古老的金字塔、石雕祭坛、玄武岩圆柱、石刻象形文字铭文以及巨型石雕头像等等。拉文塔建筑于沼泽中的一个小岛上,中心有一个长方形土丘统辖着全岛,土丘长120米、宽70米、高32米。土丘前面有一个长方形的广场,广场的另一端有墙壁和平顶土丘,巨大的石雕散落在这片遗址上,有些雕刻过的石块重达40多吨,而石头的产地在64.4公里之外。这种巨大的仪式中心的出现,蕴涵着崭新的文明因素。

继奥尔梅克文化而起的是位于墨西哥城42公里的"众神之城"——特奥蒂华坎。这一文化中心兴起于公元前200年,5—6世纪达于鼎盛期,其面积约20平方公里,居民在5万以上。考古证实,全城有数百座标准式房屋,还有街道、广场、市场、庙堂、宫殿,以及复杂的排水系统和农业设施。高62米的太阳金字塔高耸于城市的中心,占地面积198平方米,塔的平顶上还建有一木质结构神庙。一条长2公里的"死亡街"从太阳金字塔西边穿过,街的北端是著名的月亮金字塔,而它的南端是所谓的羽蛇神庙。据研究,这个城市的居民有牧师、商人、农民、工匠和各种专职人员,其中手艺人占人口的25%,住在公寓式建筑中。从它广泛的联系来看,该城可能是一个巨大的部落联盟的中心。

大约公元前两千纪，在尤卡坦半岛及其南部的危地马拉和洪都拉斯雨林中，就居住着一支重要的农耕民族，并且已学会了玉米种植，这就是玛雅人。1000年之后，随着人口的迅猛增长，过去分散在密林中的玛雅村落开始了密切的经济合作和社会协作，并最终在公元初期导致了第一批玛雅"城邦"的兴起，尽管这些"城邦"只不过是由金字塔、祭坛和石碑等组成的祭祀中心。据估计，3—9世纪，玛雅人建立的城邦有100多个，其中著名的有危地马拉的蒂卡尔、瓦萨克图，洪都拉斯的科潘和恰帕斯州的帕伦克，以及尤卡坦半岛的奇钦伊查、玛雅潘，等等。以蒂卡尔为例，全城方圆在50平方公里以上，估计繁盛时人口约4万之众，大小金字塔达300座。玛雅人用燧石、黑曜石制造工具和武器，用黏土、木头和石头制造器物，后来也用金和铜制造器物，还把原始织布机吊在树上织布。玛雅人的土地是归村社所有的，但每户都有一份份地供其使用，并且每隔三年重分一次，公社社员要缴纳一定贡赋并负担一定劳役，当然也开始使用奴隶劳动。玛雅人在一二世纪就创造了自己的象形文字，共有800个符号和3万多个词汇，以从左到右、从上到下方式书写。他们曾在奇钦伊查建立高达23米的圆形天文台，知道月亮、金星、行星运行的周期，以18个月5天为一年（即每月20天），月份按生产的季节命名。他们在数学方面的重要成就是发明二十进位法，他们知道"零"的应用比旧大陆还早几百年。玛雅人已有一定的历史概念，用每隔20年就立一个石柱的办法来记载年代及有关大事，第一个石柱292年建立于蒂卡尔，最后一个石柱1516年建立于玛雅潘，前后历时1200多年。除石碑铭文外，还有三本玛雅文抄本保存至今，分别藏于德、法和西班牙。但玛雅人从未建立起统一国家，1194年玛雅潘一度统一尤卡坦半岛，但后来又陷入内战，连玛雅潘也被焚毁。

印第安文明的另一个中心位于墨西哥谷地，是由阿兹特克人创建的。阿兹特克人原生活于墨西哥西部，从11世纪才逐渐移居墨西哥盆地，先后征服托尔特克、阿托米等部落，组建起当时美洲最强大的部落联盟，并于1325年在特诺奇蒂特兰建都。特诺奇蒂特兰即今墨西哥城的所在地，在两个世纪内由一个小村庄发展成当时美洲最大的城市，居民在40万以上。该城建在一个小岛上，四面环水，有三条堤道与大陆相连，另有6条运河流经市区，来往于湖泊与运河的船只不下20万条。全城不仅有许多金字塔，还有专供君主和贵族居住的、由78座宫殿和大厦组成的建筑群，这是不同于玛雅文明的地方。两条交叉的大道把整个城市分为四个大区，它们分属于四个大的胞族，每个胞族又分成若干"卡尔普里"（Calpulli），这样的氏族或部落约六七十个。阿兹特克的最高权力机构是三个部落(包括两个被征服的部落)组成的酋长会议,由阿兹特克酋长任首领。各部落仍由自己的酋长管理,并保留自己的部落神和习俗,只需定期向联盟纳贡。可见,联盟的最高首领虽然已拥有军事、行政等重大权力,但还没有完全形成一个国家。与此相一致,阿兹特克社会的基本单位仍是氏族,"卡尔普里"集氏族与公社于一身,土地为氏族或公社集体所有,分成王田、祭司田、军田,由公社成员集体耕种,以供氏族首领、部落酋长、祭司和武士之需,所有成员均可以在公地上打猎、捕鱼、砍柴。但每个家族可从公社得到一块份地并可世袭占有,因此贵族或酋长渐渐地将土地变为私人财产。当时一份资料说:"君主(统治者)在他的酋长国所兼并的各个地方都有土地,平民为他种地,尊他为君主,这些地由继承他为统治者的人所占有。"这表明,阿兹特克社会私有化的程度和它权力集中的程度一样,均高于玛雅文明。阿兹特克人主要的生产部门是农业,他们知晓 1200 种以上的植物,浇灌农业十分发达,仅霍奇米尔科一地就有人工渠 1.5 万条,还在湖面打桩、扎木筏然后在上面铺泥种庄稼,这是世界上首次出现的人造"浮动园地"。此外,他们在纺织、刺绣、木雕、陶器和羽毛饰物等方面达到相当高的工艺水平。商业交易已很普遍,并且已建立了专门的市场,虽然有时使用可可豆之类作交换媒介,但交易主要还是以物易物。阿兹特克人的历法和数学与玛雅历法类似,也是以 365 天为一年并把每月定为 20 天,以 52 年为一个大周期。在数学上,也是采用二十进位制,画一面旗帜代表 20,两面旗帜代表 20×20,画一个口袋代表 8000。但阿兹特克人在文字方面尚未达到玛雅人的水准,只有图画文字和象形文字,而没有发明自己的文字符号。图画文字主要用以记录被征服者交纳贡品的种类和数量,而阿兹特克人对事物的认识和记忆则主要靠口头传递。阿兹特克于 1519 年遭西班牙入侵,1521 年其首都特诺奇蒂特兰被围困 93 天,终于在当年 8 月 13 日陷落。

安第斯是印第安文明的第三个中心,由"印加"(Inca,意"太阳的子孙")所创。据说,印加人的始祖就是太阳神,住在的的喀喀湖的一个岛上,他后来创造了一男一女,并吩咐他们到另一个有发展前途的地方去生活。这一男一女带着一支金手杖去寻找那个合适的新地方,在一个地方金手杖突然钻入地下不见了,他们便以为是到了应该到达的地方,于是在此定居下来。这个地方就是后来的库斯科城的所在地,亦即印加文明的发源地,印加帝国之都。"库斯科"(Cuzco)一词,来自印第安盖丘亚语,原意为肚脐,转意为王国的中心。其实,早在公元前 8000 年至前

3000年,南美洲的太平洋沿岸就已有人类活动,公元前1000年时他们已进入了原始农业阶段,是世界上独立的农业中心之一。以此为基础形成的古文化中心遍布极广:秘鲁北部查文的建筑、石刻和黄金加工,秘鲁南部帕拉卡斯的彩陶、丝织和棉织业等都很有名。6世纪至10世纪,在位于的的喀喀湖畔的蒂亚瓦纳库,石头建筑、层级金字塔和"太阳门"石刻已达到很高水平,"太阳门"以整块石料雕刻而成,上有高达3米的浮雕,尤为著名。但印加文明发展比较缓慢,直到13世纪才在安第斯山脉的库斯科谷地形成地方性小王国,其创建者是传说中的阿亚尔·曼科(亦即曼科·卡帕克)和他的继承人辛契·罗卡。据说是,他们统一了谷地的部落,建立了最初的政府,制定了自己的法律。但是印加帝国的发展,是在第九代国王库西·印加·尤潘吉(Cusi Inca yu panqui,1438—1471在位)执政时期。他提倡崇拜新神帕查卡马克,即万物之神或库斯科神。当掌管祭祀太阳神的祭司和贵族起而反对时,他反驳说:"太阳神劳作得很好,可是如果没有上帝、万物之主、伟大的帕查卡马克,那么谁来指挥太阳神呢?"他并不反对太阳神,相反,他还把太阳神庙变成全印加的圣殿,他提倡新神崇拜的真正目的是提高库斯科神在帝国的地位,亦即提高他在帝国的权威。他去世后,几代国王都致力于领土扩张,到16世纪初印加帝国已达于极限,其国土达200多万平方公里,以安第斯为根据地伸展到整个太平洋沿岸和亚马逊丛林,南北长约4829.9公里,人口600万以上,大大超过了玛雅和阿兹特克。这个帝国的正式名称叫"塔万廷苏尤",最高统治者称"萨帕印加"即大王。由于印加帝国版图辽阔,帝国被划分为四个称为"苏尤"(suyu)的大省,每个大省由印加贵族出身的"阿索"即总督统治,下面分为万户、五千户、千户、百户等级别。但帝国的基础仍是氏族和公社,其基本的单位称"艾鲁"(ayllu),土地是由氏族或公社共同掌管的,分为太阳田、印加田和公社田三部分,三部分土地都由集体耕种,但每个家族都占有一份土地。印加人是玉米的最

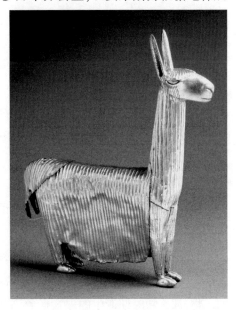

印加古国出土的银制美洲驼

早种植者,其历史可追溯到公元前 2000 年至前 1800 年左右。他们还善于用金、银、青铜和黄铜制造各种器皿,其绘画绚丽多彩、造型优雅。现存的 1000 多年前印加人所织的地毯,每英寸含纱多达 500 根,是中世纪欧洲所织地毯含纱数的 5 倍。印加人将一年分为 12 个月,每月 30 天,每年另加 5 日,每 4 年还加一个第 6 日,已相当准确。但印加人没有发明自己的符号文字,也没有像玛雅人那样立柱记事,而是以结绳记事,已发现的记事绳最长达 250 米。有少量图画文字,但使用并不普遍。

印加帝国集权程度高,对民众的管理也更严格,它以年龄和体力把居民分为十二类,居民不得随便离开村庄。其中,25 岁至 50 岁的男人称为普里克,要按"米达制"轮流被征调去服各种劳役,或从事某些特殊的差役,如做工匠、杂工和奴仆等。这后一类人称"亚纳科纳",一般选自被征服地的居民,且带有世袭性质,实际上是一种变相的奴隶制。16 世纪初,印加帝国发生争夺王位之战,不久为西班牙殖民者所破,1533 年后帝国不再存在。

印第安文明发展不平衡,各文明之间彼此联系甚少,并与整个亚欧核心文明带长期隔离。但他们似乎都是"太阳的子孙",尽管中美和南美的文明都有自己不同的起源和历史,但祭祀用的金字塔却是其文明的共同标志。从这一关系看,印第安文明还是有统一性的。

2.23 宗教时代:四大文化-价值体系的形成与对立

本编所叙述的人类文明史包括了游牧世界对农耕世界的入侵,以及游牧世界内部和农耕世界内部的碰撞,但主要的历史剧变则是在游牧世界和农耕世界之间发生的。公元前后若干世纪是亚欧核心文明地带风云突变的重要时期,世界在游牧民族和农耕民族之间的征伐中缔造了一个又一个帝国和群星灿烂般的英雄,诞生了像罗马和秦汉、波斯和阿拉伯这样的特大型帝国,但最终都一个接一个地从历史上消失了。

与此相一致,在人类的思想和文化领域也发生了急剧的变化,宗教取代神话主宰了人类的精神和文化生活。如果说神话在文明初兴时期是人类对自然恐惧的产物,那么新时期诞生的先知形象则是由人类自己来塑造并扮演的,它们不再是恐惧,而是一种信仰。这些先知有的可能确有其原型,有的则可能完全是根据某种需要编造出来的。但无论他们是怎样被塑造出来的,其中都寄托着人们对过去、现世和未来的种种认识、判断和情感,从而赋予各种宗教以不同的文化、思想、伦理、道德等价值因素,并因而逐渐超越政治经济方面的利害关系,成为维系某个文明体系的精神纽带。

正因为如此,当罗马和秦汉、波斯和阿拉伯这些帝国形成的时候,它们的缔造者们面对形形色色的被征服的地域和民族,为了维系帝国哪怕是形式上的统一,都没有忘记利用宗教这一精神纽带。结果,基督教和伊斯兰教分别被罗马帝国和阿拉伯帝国宣布为国教,儒学也在汉朝获得了"独尊"的地位,佛教在印度的命运虽然曲折多变,也总是力图适应当地统治者的需要。这样,一度作为被压迫者的反抗武器的几大宗教,便把世界大帝国作为自己滋生寄居的躯壳,并得以借帝国之威远播世界各地,又反过来帮助和支持帝国在各地的统治,成为历史上影响深远的三大宗教和儒学-伦理价值体系。由于这些宗教-伦理属于心灵和精神世界的范畴,即使在那些庞大的帝国解体之后,也没有随之而灭亡。更重要的是这些强大的宗教-伦理价值体系一旦深入人心,便会不可避免地在受其影响的人们的生产和生活、文学和艺术等各方面的活动中表现出来。换言之,这些不同的宗教-伦理价值体系同时也就决定了世界上各个主要文明体系的基本面貌和文化性状,成为四大古典文明体系成熟的重要标志。在学术上,有人把这几大文化-价值体系的产生时期称为"轴心时期",但也有人称之为"宗教时代",二者涵盖的内容并不一致。

先来看产生于印度的佛教。这是人类文明史上第一个世界性宗教,又是唯一一个在世界产生巨大影响,却在它的本土趋于消失的宗教。佛教本是作为婆罗门教的对立物而出现的。《吠陀》是婆罗门教的主要经典,它是有关雅利安人侵的史诗,该经典将印度社会划分为四大种姓。因此,佛教最初有反抗种姓制度的一面。但佛教的创立者释迦牟尼把现实人生断定为"无常""无我""苦",又认为造成"苦"的原因既不在超现实的"梵天"也不在社会环境,而是由于人自身的"惑""业",即人的各种烦恼和活动所致。他提出要摆脱痛苦之路,只有依其经、律、论三藏,修持戒、定、慧三学,彻底改变自己的世俗欲望,超出生死轮回,才能达到转变的最高目标,即所谓"涅槃"的境界。这是一种消极反抗的遁世思想,虽然一度迎合了当时印度中下层民众反对"婆罗门至上"观念的心理需要,但那些过分玄虚的教理和人生哲学最终还是引起了印度人的反感。因此到了4世纪以后,出现了一种更适合于印度人精神秉性的教派——印度教。由于它在主张入世的婆罗门教和主张出世的佛教之间采取了一条中间路线,因此逐渐取代了佛教的统治地位而成为印度的国教。佛教分为大乘佛教和小乘佛教两派。大乘,即"摩诃衍那",摩诃是"大"义,衍那谓"乘载",此派形成于公元1世纪左右,自称能运载无量众生,从生死大河之此岸到达菩提涅槃之彼岸并终成佛果,而贬称原始佛教和部派佛教为"小乘",但小乘派并不接受此称号,而自称"上座部佛教"。二者主要区别在于:前者宣扬大慈大悲、普度众生,把成佛度世、建立佛国净土作为最高目标,虽然后来以讲如来藏缘起为特点,但提倡三世十方有佛无数;后者则以追求个人自我解脱为主,而把"灰身灭智"、证得罗汉作为最高目标,视释迦为教主。[①] 前者从公元前后起先后传入中国、日本、越南等国,称北传佛教;后者则传入斯里兰卡、缅甸、泰国、柬埔寨、老挝等地,称南传佛教。这样,虽然大约到13世纪佛教在它的诞生地印度趋于消失,但却成为整个东亚的主要宗教,并成为一种世界性的宗教。佛教的出世思想深深地影响了这一地区的思想和文化。

  基督教是奉耶稣基督为救世主的各教派的总称,包括天主教、东正教、新教及其他一些小教派,是世界三大宗教之一。公元1世纪起源于巴勒斯坦,信仰上帝(God,天主)创造并主宰世界,认为人类从始祖起就犯了罪并在罪中受苦,只有信仰上帝及其儿子耶稣基督才能获救,以《旧约》和《新约》为《圣经》(Holy Bible),以摩西所传"十诫"为该教最高律法。基督教原本是犹太教的一个新宗派,后来发展成独立的宗教,公元392年被狄奥多西宣布为罗马帝国国教后形势大变,在欧洲封建化过程中传播到欧洲各国,成为西方精神和文化的纽带。但基督教与犹太教有很大不同,犹太教宣扬"末世论",强调社会解放的理想,即强调此岸性和直观性,而基督教则是一种关于彼岸或来世的福音,从而以神秘的唯灵论超越了犹太教直观的感觉主义;犹太教强调"摩西五经",将最初制定的律法奉为神圣,而基督教则不拘泥于外在的律法,而侧重于内心的信仰,强调人的灵性生活和精神自由;犹太教视犹太人为雅赫维特选的子民,当基督教产生之时,耶稣又受到犹太宗教知识分子法利赛人的迫害,而基督教(尤其在保罗派占统治地位后)却逐渐发展成普救主义的宗教,从而大大超出犹太教狭隘的民族范围。结果,基督教先是成为罗马帝国统治的工具,以后又成为整个西方世界的精神纽带,并反过来决定了西

---

① 参见任继愈主编:《宗教词典》,上海辞书出版社,1981年,第48、100页。

方文明的基本特征。基督教对彼岸和来世的强调，把犹太教的社会解放变成了灵魂得救的福音，这就造成了灵肉对立的二元论。耶稣一方面要他的信徒"勿以暴力抗恶"，另一方面又宣称他给他们带来的不是和平而是刀剑，从而使基督教具有了出世和入世两种截然相反的倾向，这又和强调出世的佛教迥异。当信徒们听从上帝的呼唤把目光投向彼岸时，主教们又时时觊觎着世俗的权柄，企图使教会成为凌驾于一切世俗权力之上的"上帝之城"。所有这些，在西方文明中留下了深刻的印记。

伊斯兰教是第三大世界性宗教，也是又一大文明体系的创造者。它自7世纪初由穆罕默德创立后，在短短一百多年的时间内，迅速地发展成为一个影响深远的宗教。以阿拉伯世界麦加为中心，其范围西至西班牙和马格里布，东至印度的信德、旁遮普，几乎囊括了亚欧核心文明世界1/3的地区。与基督教和佛教不同的是，不是帝国创造了宗教，而是伊斯兰教创造了阿拉伯帝国，然后又借帝国之剑把伊斯兰教推至各方，伊斯兰教的兴盛与阿拉伯帝国的盛衰紧密相连。这是因为：伊斯兰教在教义上和组织上都与佛教和基督教很不相同，尽管它也吸收了犹太教和基督教的某些内容。与基督教的灵肉对立、出世与入世自相矛盾的主张相反，在伊斯兰教中彼岸与此岸、上帝与"恺撒"和谐统一在一起。穆罕默德既是安拉的使者，又是人间的先知、教主和帝王。他为自己的信徒敞开了引导灵魂进入"占乃提"即天国的大门，又大胆地率领穆斯林去建立现世的家园，从而把皈依安拉的"顺服"精神和建立家园的"圣战"意识，以及对彼岸的理想和在现世的功业毫无抵牾地融合在一起。与柔弱隐忍、不以暴力抗恶的殉道者基督耶稣相反，穆罕默德是一个刚烈勇猛的斗士，而"信奉天经的人"在《古兰经》中便直接地被称为"信士"。一些后来被废止的早期经文，曾告诫先知要"以德报怨"，对不信道者容忍、宽恕、原谅，但同时也有一些被废止的早期经文谈道："要讨伐邻近你们的不信道者"，"你们当反抗他们，直到迫害消除，宗教专为真主"。为了实现这一圣训，穆罕默德在麦地那建立了军政教合一的宗教公社，即"乌玛"，并使之成为伊斯兰之剑，乌玛的首要目标是制止内部仇杀，而对外的职能就是对抗共同的敌人，这一点既不同于佛教国家，也不同于基督教国家。伊斯兰教所规定的一套宗教制度（即念、礼、斋、课、朝"五功"），对穆斯林世界的生活方式乃至社会、经济产生了广泛而重要的影响。其中，礼拜尤其名目繁多，每天有五次礼拜，即晨礼、晌礼、晡礼、昏礼和宵礼；此外，每周还有一次聚礼，在每星期五午后举行，称为"主麻"礼；

每年还有两次会礼,分别在开斋节和宰牲节举行。这不仅决定了穆斯林的生产和生活方式,也在很大程度上塑造了伊斯兰文明的模式。①

自汉代以来,儒学在中国取得了独尊的地位,其后又随中外交通、海外移民之发达而传播海外,形成所谓"汉字文化圈"。因汉字文化当时主要是儒学文化,因此在某种意义上"汉字文化圈"也可以说就是儒家文化圈。其中,根据《日本书纪》关于孔子著述的知识,5世纪初年已由学者王仁介绍给大和贵族,说明在日本汉字和儒学是同时传播的。然而,与佛教、基督教和伊斯兰教不一样,所谓"儒教"并非宗教,因为宗教有一个共同特点,即相信在现实世界之外还存在着超自然、超人间的神秘境界和力量,主宰着自然和社会,因而对之敬畏和崇拜。而儒学则不具备这一特点:第一,儒学并不承认超自然和超人间的神秘力量;第二,儒学的创始人孔子并不把自己当作某种神秘力量的先知或使者;第三,它并没有制定和形成一种类似其他宗教的组织和仪式。儒学主要是一种伦理道德学说。在政治上,主张"克己复礼",即效法古人的礼仪制度;提出"正名",即"君君、臣臣、父子、子子",各守本分,不得逾越;注意缓和社会矛盾,强调以"德"治国,认为"道之以德,齐之以礼,有耻且格";在伦理上,以"仁"为最高道德标准,主张"非礼勿视,非礼勿听,非礼勿言,非礼勿动",认为"一日克己复礼,天下归仁焉"。孔子虽然相信天命,但主张尽人道、远鬼神,认为"未能事人,焉能事鬼"。尽管他认为存在"生而知之者",但他承认自己不是"生而知之",而是"学而知之",强调学习的必要性和重要性。孔子更不认为学习是一种信仰②,而要求对所学的知识加以思考和分析,曰"学而不思则罔,思而不学则殆"。在孔子的学说中,最基本的划分不是天人之别,而是"君子"与"小人"之别,他的全部政治思想和伦理观念都是由此而产生的,又是为此而提出的。这一点决定了凡深受儒学影响的汉字文化圈,或者说以中国为中心的文明的主要特点是:淡于宗教崇拜,而重人生伦理,强调社会和谐。这是与基督教文明、伊斯兰文明和印度文明有很大不同的,同时也说明了为什么基督教、

---

① 参见周燮藩:《真主的语言:〈古兰经〉简介》,中国社会科学出版社,1994年。
② 有人以为学习是一种"信仰",但这一公式只在个别情况下可以成立。一般地说,人的能力来自先天和后天两部分,但生而被赋予的体力和智力只是人能力形成的基础,主要的还是通过实践和学习在后天获得的。为了获取有用的知识,人们在学习的时候不免带有某种目的和需要,并对所学的东西包括书籍内容进行思考、质疑以致分析、批判,然后才决定取舍。如果只是抱着某种"信仰"去读书、学习,那就只需相信和接受就是了,还谈得上什么分析和批判呢?

伊斯兰教和佛教在中国均有传播,其中佛教在中国的影响还相当广泛,却没有一种宗教在中国上升为"国教"的原因。

"儒学"不是宗教,但它作为一种社会的伦理体系,和佛教、基督教、伊斯兰教一样,是一种文化-伦理价值体系。当它从汉代起被抬到"独尊"的地位之后,便在决定中华文明的基本特点方面,起着如同上述三大世界性宗教一样的作用。因此,在人类文明成熟时期形成的四大文明体系的区别与联系,在很大程度上就是上述四大宗教-伦理价值体系之间的对立和斗争,虽然它们之间的关系并不仅仅是对立和斗争,还有交流与融合、比较与借鉴。

在此,应当指出,在所谓"宗教时代",重要的非宗教的意识形态和文化传统,除上述在东方存在和流传的孔子学说外,还有一个就是西方以罗马法为代表的法制传统,其特点是民法的充分发展,强调个人权力和财产划分。而此点在东方传统中则较为薄弱。

本编所讲的是人类文明成熟期的历史,主要线索是游牧世界与农耕世界的关系。各文明发展的动力是多方面的,有历史的和现实的、主观的和客观的、内在的和外在的,但这个时期足以对整个人类文明的发展产生影响的因素,超越于个别民族、个别国家、个别地区之上的因素,无疑还是游牧民族与农耕民族之间的对立和斗争。农耕民族在整体上先进于游牧民族,但农耕民族有自己固有的弱点和不足。同样,游牧民族在整体上落后于农耕民族,但也自有其优点和长处,特别是在民族性格的强悍和作战的机动性方面,大大优于农耕民族。所以,这个时期的帝国大半都是由游牧民族或以游牧民族为主的民族建立的,或至少与游牧民族的入侵有关。但历史发展的结局不是靠武力,而是由生产力发展的水平、文明发展的程度决定的。入侵的游牧民族之融合于农耕民族、入主中国的蒙古人之汉化和日耳曼人之封建化,有力地说明了武力征服者被文化征服的逻辑。文化本身也在这种斗争中得到发展,原先本是作为宗派出现的地方性宗教,或者是出于创建帝国的需要,或者是为了巩固帝国体制的需要,都借帝国之威而发展成为世界性宗教。宗教是人类第一个具有系统性的文化-价值体系,三大世界性宗教和儒学的体系一经形成,就深深地影响并决定了世界各大古典文明体系的性格和特点,成为人类各文明走向成熟的重要标志。值得注意的是,在世界历史的这一演变过程中,作为丝绸和瓷器原产地的中国,开始通过"丝绸之路"的开辟赋予"亚欧农业带"

以东西交流和南北辐射的功能,而逐渐成为整个古代世界文明的重要推动者和主导者。但中华文明的强项,不是宗教文化,而是世俗文化。"丝绸之路"的开辟是"亚欧农业带"发展成整个古代世界文明高地的第三阶段。

第 三 编

工业文明孕育于西方

东方是农业革命的发源地,但工业革命却不是首先兴起于东方,而是孕育于西方。这一事实说明,先进的农业文明并不能直接导致工业文明,二者之间并没有必然的联系。那么,是什么原因引发了西方的工业革命,并使当时在整体上还落后于东方的西方得以迅速地赶上和超过先进的东方?这是一个值得深思的问题,也是一个学者争论不休的问题。但有一点是清楚的,这就是工业革命首先在西方萌发的原因,必须主要从西方社会内部去寻找,因为内因是一切事物变化的根据,而外因只是变化的条件。所以,本编特辟较多的篇幅,来探讨与说明工业革命在西方发生的背景,涉及历史与现实、经济与社会、制度与文化诸多方面。但这里需事先提醒的是:第一,我们说工业革命首先孕育于西方,其实确切地说是首先孕育于英国,并不是整个欧洲都是这一革命的发祥地;第二,欧洲历史发展的水平和道路很不一样,我们应当以易北河为界在东、西欧之间划出一条界线;第三,从全球范围来看,西方不仅是工业革命的发源地,而且资本主义大体上是成功的(尤以英国为典型),而东方不仅未能成为工业革命的发源地,且大多数的努力是失败的(日本除外);第四,虽然工业革命首先以生产力革命开端,但它并不仅仅是生产力革命,它还是一场深刻的社会革命,其影响及于各个领域。因此,我们在努力探索工业革命何以首先发生于英国的时候,还应当把我们的视角放得更宽广一些,并留意社会与经济、制度与文化之间的相互关系。

3.1 西欧的"黑暗时代"

从4世纪末开始,蛮族人对罗马帝国的入侵,不仅给这个文明古国带来了巨大的灾难,而且对整个西欧的历史发展产生了深远的影响,以致有人把入侵开始的时期称为西欧历史上的"黑暗时代"。这里所说的"蛮族"主要是指日耳曼人，但又不仅仅是日耳曼人，还包括匈奴人、斯拉夫人。日耳曼人并不是一个整体，而是分为好多个分支，其中重要的有哥特人、法兰克人、盎格鲁-撒克逊人、伦巴底人等等。

这些蛮族当时还处于半牧半农阶段，尚未进入完全定居的文明社会。因此，当他们开始侵入罗马帝国境内的时候，面对如此高度发达的古文明几乎不知所措，于是野性大发。首先是大肆劫掠，把能带走的金银财宝抢光，而对于不能带走的建筑物、财物，或者加以破坏或者放火烧掉。结果，罗马帝国几百年建立起来的大批寺院、教堂、会堂、剧场和马戏场毁于一旦。其中比较重要的城市有：多瑙河流域的亚底亚、文多玻拉（今维也纳），莱茵河流域的赞通、科隆、美因兹及乌德勒支，不列颠的伦丁尼安（今伦敦）、多罗咪尔伦（今坎特伯雷）、埃斯洛伦（今诺里奇），西班牙的美黎达、希斯帕利斯（塞维尔）、阿斯托加、迦太基拉、巴拉加，意大利的巴勒摩、巴图亚、阿得罗、曼图亚、克雷莫纳，等等。集罗马文明于一身的罗马城，5世纪时3次被劫掠，6世纪时5次被攻陷，几乎变为一片废墟。到600年时，只剩5万居民，不足遭劫前的1/20。

但蛮族对罗马文明的破坏并不限于城市，还殃及广大的乡村。他们一路烧毁房屋、烧掉庄稼、砍倒果树、拔去葡萄、抢劫仓库和地窖，把成群的俘虏和家畜带走，在他们四周撒下荒芜和死亡。按编年史家艾达西乌斯的说法，5世纪时的西班牙不过"徒有虚名"，在纳尔榜四周，葡萄园与橄榄林的遗迹，与已坍毁的农场建筑物已难以分辨。哥特的编年史家乔丹斯曾如此描写多瑙河流域的荒芜，说在那里"没有看见一个劳动者"。而在普罗柯比眼里，巴尔干半岛昔日富庶的平原此时已变得"像西徐亚的沙漠一样"。产量高的作物（如果木、葡萄和经济作物）在罗马帝国时代已普遍引种，但蛮族人既不懂得如何培植它们，也不知如何繁殖牲畜，更不知道有关的罗马农业科学，只好将已引种成功的经济作物放弃，恢复到原始的耕作水平。

蛮族对被征服者采取消灭的政策。举例来说，像割去耳、鼻、眼、舌、手甚至生殖器等残酷的刑法载入了蛮族人的法典。除了在交战时大肆屠杀、野蛮破坏外，蛮族对被俘者也极为残酷，常常要杀掉其中的1/10，然后扬长而去。正如普罗斯帕在416年所说："自从我们屈服于汪达尔人和哥特人的刀剑之下，已经十年了，人民已经灭绝，甚至儿童和少女也被他们杀掉了。"甚至连马赛的大主教萨尔维安——这个被认为是替蛮族辩解的人也称:"对我们来说,既无和平,也无安全。"据说,在 406 年蛮族入侵意大利和高卢时,"他们把里尔城变成了一个积骨所,裸露的男女尸首都被犬和鸢吞食掉"。在西班牙,入侵者把牧师们用镣铐锁起来,并活活地烧死,以致格列高里一世也不得不悲叹:"世界似乎已近末日。"据估计,在爱尔兰、威尔士和英格兰有 1/3 至 1/2 的人口被消灭,而多瑙河、莱茵河、布列塔尼和高卢的人口损失则在 1/2 或 2/3 左右。当然,人口的损失并非都直接由于战争,不少是由贫困和匮乏所致,各种疾病和瘟疫的袭击也是重要原因。例如,格列高里一世曾在罗马城内的街道上看到在一小时内有 80 人濒于死亡。

蛮族对罗马帝国的入侵并不只是为了劫掠,实际上在很大程度上是以移民形式出现的。早在罗马帝国后期,在帝国的莱茵河和多瑙河边界地区,就开始有日耳曼部落内迁的情况发生,而罗马方面因奴隶制松弛造成劳动力缺乏,也就允许他们内迁以至定居,甚至分给他们土地,令其耕种。当罗马帝国瓦解后,作为征服者的日耳曼人很自然地留了下来,于是土地问题就变得日益突出。日耳曼人对被征服地区土地的掠夺可分为三种类型:(1)自己取代罗马人成为领地的主人,然后将日耳曼人的农村公社移植于其上,如他们在多瑙河、莱茵河流域及不列颠所做的那样;(2)日耳曼征服者和原来的罗马领主共同分享权益,日耳曼人占据领地的 2/3,同时和罗马领主共同使用其森林和牧场,如他们在西班牙和意大利部分地区所做的那样;(3)日耳曼人虽然和原罗马大地主分享土地权益,但只占其土地和收益的 1/3,如他们在意大利的拉丁区和伦巴底等地所做的那样。但无论是在哪种情况下,都意味着西欧历史上一次财产权的大转移,从而彻底摧毁了罗马帝国原有的经济基础。

在罗马帝国时期,罗马人曾将所有种族统一在它的旗帜下——至少自由人在它的法律范围内享有平等。而按日耳曼人的习惯法,处于蛮族统治下的各民族却不可能平起平坐,如在日耳曼人统治高卢期间就有多种不同的法典,

哥特人的鹰型胸饰

以分别适用于不同出身的居民,如罗马人、法兰克人、勃艮第人、西哥特人和阿拉曼人。在一些地方,日耳曼贵族甚至禁止其成员与其他阶级的成员通婚,以防止任何逾越社会等级的行为。在罗马帝国末年,奴隶制已接近消失,但在蛮族入侵后的3个世纪中,它又被局部恢复:不断的战争和劫掠把成千上万的男女抛向市场,古老的奴隶贸易重新恢复起来;由于蛮族人的刑法野蛮,最轻的罪过也要遭到剥夺自由的处罚,这些人于是变成了奴隶。罗马法保证隶农在其耕地上的个人自由,但蛮族的习惯和法律却把隶农称作"非自由人",可以把他同他的家庭分开,从一个领地转移到另一个领地,从而使隶农降低到近乎奴隶的地位。

3.2　土地拓殖与耕作制度改革

但蛮族对古罗马文明的破坏以及由此开始的"黑暗时代"是不可能持久的。大约从7世纪起,随着征服过程的完结,日耳曼民族由游牧民族逐渐转变为定居民族,被征服的各文明民族的社会经济活动也随之逐渐恢复,西欧或快或慢地走出"黑暗时代",迎来了文明发展的新曙光。这在历史上称为"欧洲的复兴"。

这一复兴过程是从新土地的拓殖开始的。据估计,公元元年时,在今日欧洲的版图内,共居住着约3500万人口,人口密度每平方公里只有3.3人;即使到1000年时,人口密度也只上升到每平方公里4人。因此,当时有大量可供拓殖的土地,它们可能是因人口迁徙和死亡留下的熟荒地,也可能是从未开垦过的生荒地。据估计,这种荒地占据了爱尔兰、威尔士和苏格兰的大部分,英格兰的1/3(包括沼泽地在内),低地国家的大部分,德意志的南部和北部,瑞士的一部分以及法兰西的中部和意大利的中部。有的可能是人迹从未到过的原始林地或草地,也可能是各部落之间共有的公共土地。这在日耳曼人和斯拉夫人原居住区更为普遍。据记载,从阿尔贡山脉到阿尔卑斯山及比利牛斯山,从海洋到乌拉尔山脉全部都是森林。即使在高卢,在查理曼时代仍有2/3的土地被森林覆盖。总之,当欧洲人开始从蛮族的入侵下苏醒过来的时候,他们是大有可为的。

新的土地开发运动始于7世纪,主要有以下三种形式:(1)旧村落的农民逐步侵蚀其耕地周围的森林,以扩大已有的耕地面积。(2)一些缺少土地的人被迫移居于高原或山区,在那里将森林开辟成零散的耕地。(3)由领主、寺院、富有的创办人或投机家有计划地在城堡或寺院外建立村镇,以增加收入。其中,教会的拓

农民耕作图

殖活动尤为突出,特别是修道院僧团的拓殖活动最有效果。据记载,不少修道院都有关于僧侣必须参加义务劳动的规定,如意大利人鲁尔西亚的本尼迪克特(6世纪)和爱尔兰人哥伦班(7世纪)等,本尼迪克特要求其僧侣每天进行6—7小时的体力劳动。但教会从事土地拓殖业最有成效的方式是创办新企业,其中以高卢最为突出。据统计,6世纪时,高卢的索恩河和隆河流域有80项产业是由僧侣创办的,在比利牛斯山脉和卢瓦尔河流域有94项,在卢瓦尔和孚日之间有54项。这个数字在7世纪初上升到228项,到10世纪末又增加到1108项。土地的拓殖扩大了耕地面积,为整个经济社会的复苏奠定了基础,被认为是"黑暗时代最后四个世纪的历史中最大的事件之一"。①

　　推动西欧经济复兴的另一个因素是从8世纪开始的"农业革命"——三圃轮作制的实行。在此之前,西欧普遍实行两圃制,即把耕地分为两部分,一年轮换一次,只收获一季。现在把耕地分为三块,一年种植两块,但收获两季,三年轮完。这种办法先在欧陆试行,大约到12世纪传入英格兰。由三圃制代替过去的两圃制有两方面的意义。首先,可以在不扩大已有耕地面积的情况下增加播种面积,从而使可耕地得到更好的利用。以一个包括600英亩(1英亩≈0.004平方千米)可耕地的庄园为例,在两圃制下其播种面积不过300英亩,而在三圃制下播种面积却可达到400英亩。其次,可以提高生产率。因休耕地一年要犁两次,在两圃制下,在600英亩的庄园里种植300英亩的作物需要犁900英亩地,而在三圃制

---

① P. 布瓦松纳:《中世纪欧洲生活和劳动:五至十五世纪》,商务印书馆,1985年,第69页。

下,若种植400英亩作物,却只要犁800英亩土地。这样,就可以解放两圃制下多犁100英亩地的劳动力,且耕种面积还从300英亩增加到450英亩,即扩大了1/3。但三圃制的优越性并不仅止于此,它更重要的还是一种耕作制度的改变。由于犁地、播种和收获在一年里是按季节和地段错开进行的,这样,有限的劳动力就可以在一年内进行较为合理的分配,使农闲和农忙变得比较均匀。此外,在三圃制下,得以实现一年两次收获,这就减少了因一季作物歉收而导致饥荒的可能性,是人类对自然的胜利。

农业经营制度也发生了变化。在10世纪以前,农业生产的目标一直是生产生活上最必需的大宗产品——粮食,即黍类、大麦、裸麦等等。但从10世纪起,随着农业革命在全欧的推进,谷类作物的种植在农业中的重要性提高了,并成为北海、波罗的海沿岸、斯堪的纳维亚半岛、萨克森和斯拉夫等国家和地区农业的主要耕作类型。在这些地区,小麦取代了大麦和裸麦,成为主要种植物。与此同时,随着森林和荒地越来越多地被开垦成耕地,过去随便放牧于森林和荒地的牛羊群转为家养,牲畜饲养业也就越来越从属于农业。牲畜饲养业的发展,一方面可以为农业提供更多用于耕地的劳动力;另一方面牛羊粪还可以用来肥田以恢复地力。进而,随着以谷类为中心的农业经营制度的确立,人们的生活方式也开始发生变化,逐渐形成了一种以面包为基本食品、以肉类为补充食品、以酒为主要饮料的食品结构。由于酒主要以葡萄为原料,这种食品结构和生活方式的发展,又反过来推动了葡萄种植的扩大,从而使农业经营制度进一步多样化。结果,到13世纪,在一些地方犁耕的土地几乎完全不见了,取而代之的是葡萄种植和牲畜饲养。

但农业革命并不仅是经营制度和耕作制度的变革,还涉及生产工具和技术的改变。对农业来说,最重要的工具是犁。早期的犁是比较简单的,直到10世纪以后才发生了值得注意的改进,这就是一种带轮的重犁的发明,其特点是便于移动和深耕。不过,由于这种犁与泥土的摩擦力比旧犁大得多,所以需要更大的牵引力,常常要用8头公牛才能拉动。而开始时拥有8头公牛的农户并不多,只好由几个农户组成一个耕队,把牛组织在一起实行伙耕。为了改变这种状况,人们开始用马取代牛作为牵引力,因为马的耕作效率是牛的2—3倍。不过,养马比养牛要难得多,因为牛主要是食草牲畜,而马则需要有足够的燕麦作饲料,所以并不能一下子完全用马取代牛作牵引力。常采用的方式是马、牛混合编组——或者四牛四马编组,或者六牛四马编组。据研究,13、14世纪时,英格兰伍斯特的三个庄园里,马在牲畜中的比例分别为17%、60%和61%。马的采用同时产生了两个结果：一是推动了饲料作物的生产和种植；二是使牛更多地成为食物而不是用作牵引的劳力。

这场农业革命最重要的成果(或曰集中体现)是谷物产量的缓慢增长。人们对西欧9世纪时的平均收获比例做过研究,发现收获量与种子量之比很少超过2∶1,但到12世纪和13世纪时这个比例已达到3∶1或4∶1,即产量增加了100%—200%。例如,据J.泰托对英国温切斯特的专题研究发现,1200年至1249年间该地区各类农作物的平均收获比例依次是：小麦,3.8∶1；大麦,4.4∶1；燕麦,2.6∶1；谷子,3.9∶1。在少数地区,由于气候、土质或其他原因,其收获比例达到很高水准。例如,在法国巴黎附近,有一个属于圣·但尼修道院的田庄,小麦平均收获比例是8∶1,而阿图瓦等领地1335年的收获比例则达到15∶1。但这种比例并不稳定。例如,勃艮第某村社的收获比例1380年时高达10∶1,而第二年就下降到3∶1。尽管如此,谷物产量缓慢增长的意义实在不可低估,因为它意味着农民可以拿出更多的剩余农产品去换取他们所急需的现款,这就为传统农业的商品化准备了条件。

3.3 "行商"的出现、城市的兴起和十字军远征

新土地的拓殖、耕作制度的改变、经营制度的多样化和谷物产量的缓慢增长,意味着农民可以拿出剩余产品交换现款,这就为传统农业的商品化提供了内部条件。但传统农业要真正实现商品化,尚须具备必要的外部刺激因素。应该说这时已产生了这些刺激因素,概而论之,它们包括："行商"的出现、城市的兴起和十字军远征。

1."行商"的出现

"行商"就是巡游商人,其英文名称是"pie-powder",源于拉丁语"Pieds Poudreux",原意为"满是灰尘的脚",形象地说明了"行商"的社会起源和特点。这是因为行商原来的社会地位低下,他们或者来自偶尔变得较为独立的地主的代理人,或者是农奴之子甚至逃亡农奴。这些人由于失去了生活之源,在社会上又没有了合法的身份,不得已而成为流浪者和冒险者。在这种情况下,他们不得不走街串巷,风尘仆仆地巡游于山野之间,靠做小本生意维持生活。行商大约出现于8世纪至9世纪,13、14世纪时遍布于西欧各地。在行商出现之前,参与交换活动的

人绝大多数都是本地的农民和手工业者,其中许多人可能还集生产者与买卖人于一身,即所谓"自行生产的赶市场的人"。但行商还不是职业商人,他们资金有限,活动范围有限,经商时间也无规律,一切都是不规范的。然而,正是由于"行商"的出现,才在乡村与城镇、地区和地区之间架起交往的桥梁,从而给西欧商品和货币关系的复兴提供了最初的推动力。据一本14世纪初的账簿记载,到法国福卡尔基尔镇一家商店办理业务的行商仅仅在1331年5月的一个月内就达到35人,这些人同时联系着附近1000个左右原本孤立的社区,并逐渐地把它们纳入一个相互依存的商业网。到14、15世纪,当商业被有效地组织起来之后,行商就开始从西欧经济生活中消失了,因为这时已不再需要他们了。不过,当市场在西欧刚刚兴起,商业网还未正式建立起来并获得必要形式之前,行商是绝对必要的。

2. 城市的兴起

这并不是说城市是中世纪才出现的新事物,它的起源可追溯到由野蛮向文明过渡之际。在希腊和罗马帝国时期都有过相当发达的城市,虽然其中许多城市一直是农业性质的,但经著名经济史家M.罗斯托夫采夫的经典研究已证明其中许多城市不仅是政治、文化和宗教中心,而且还包含着相当规模的工商业,即具有自己独立的经济基础。5、6世纪日耳曼人的入侵,给高度发达的罗马奴隶制文明造成了极大破坏,许多昔日繁华的城市一夜之间化为灰烬,这在西罗马帝国尤为严重。但历史学家们以自己的研究证明,地中海作为罗马帝国的生命线,其地位在"蛮族"入侵后并没有完全丧失,它在查士丁尼时期几乎又成为罗马的"内湖"。虽然帝国西部的某些城市惨遭"蛮族的抢劫、焚毁和破坏",但帝国东部的许多城市被不同程度地保存下来。甚至拜占庭的东部和蛮族统治的西部之间贸易联系从来就不曾间断过。即使在西罗马地区,原有的城市也不是都被蛮族所毁灭,如港口城市马赛虽然遭到阿拉伯人的袭击,但它和东方的贸易并未停止。巴黎多次遭到北方人的围攻,但它的商业活动一直十分频繁,到9世纪时仍然相当繁荣。其情形在中古初期的文献以及像都尔主教格雷戈里所著的《法兰克人史》中,都可以得到佐证。

但从9世纪起,特别是进入11世纪之后,城市在西欧的发展有如雨后春笋。据估计,从5世纪至15世纪的千年内,西欧新建的城市恐怕不下数千座,其中仅1100年至1300年英国就新添了140座,而德意志新建的城市可能比英国还多。

以至于历史学家常常把这一历史现象称为"城市的兴起",仿佛城市在西欧只是9世纪或11、12世纪之后才出现,在此之前根本不存在似的。这类新兴城市,有一些是由封建主、教会和国王直接建立的,如1158年才立为市的卢卑克就属于这一类,它的建立者是德国封建主狮子亨利。但大多数新兴城市是交通和贸易的要道和关口,显然是商业贸易发展的产物。以威尼斯为例,虽然早在5世纪时它就是巴尔干半岛威尼蒂人的避难所,但发展为著名商业城市则是在9世纪之后,因为当时它和埃及、希腊、西西里、君士坦丁堡建立了密切的贸易关系。事实上,意大利的热那亚、比萨、阿玛菲、那不勒斯、米兰、佛罗伦萨,以及佛兰德斯的杜斯塔德、昆托维克、根特、布鲁日等等,其兴起在很大程度上都与商贸的发达有关。

西欧的新兴城市在政治上有两个特点:(1)对于国家来说,城市是自由的或自治的;(2)对于城市来说,市民们在人身上是自由的。由于这些城市的自由和自治权是由国王的特许状来保证的,这种自治权和自由权在本质上仍然是封建的,但是大多数新兴城市在经济结构上与封建制并非完全一致,因为它们的经济结构是建立在行会手工业的基础上的,而行会手工业又以劳动者对工具的所有权为基础。由于劳动者不可能直接占有生产资料和生活资料,而必须以对工具的所有权为媒介或者说"借助于"这种所有权、通过交换来获得,所以,这种财产形式实质上是"以劳动和交换为基础的"①,它"已经成为一种与土地财产并存并且存在于土地财产之外的独立形式"。② 因此,这些城市的工业品一开始就是商品,其出售就必须以商业为媒介。正因为如此,许多城镇都建立了自己的市集市场,并且从国王的特许状中获得了"市场权"。以此为基础,许多商人便以城市为中心,逐渐把商品和商业活动推向乡村以及其他城市和地区,使商品和货币关系得以深入发展。例如,普拉托的商人就曾和200个城市进行商业交易。换言之,新兴城市是传统农业社会走向商品化的推动因素。

3. 十字军远征

十字军活动起因于基督教徒与穆斯林对圣地的争夺。耶路撒冷作为基督教的发源地,历来被基督徒视作自己的圣地,但基督教被罗马帝国举为国教后,其活动的重心已移到西欧,而远离了他们在东方的圣地。7世纪后,随着伊斯兰教的诞

---

① 《马克思恩格斯选集》第一卷,人民出版社,1972年,第57页。
② 《马克思恩格斯全集》第四十六卷(上),人民出版社,1979年,第500—501页。

十字军战士和他的妻子

生和阿拉伯帝国的兴起,耶路撒冷逐渐落入穆斯林的控制之下,从此基督教徒与穆斯林对这块圣地的争夺便连绵不绝。事实上,早在十字军战争爆发之前,西欧便形成了无数次有组织的朝圣运动,从8世纪时的6次发展到11世纪时的117次。但这些朝圣活动当时还是和平进行的,甚至连耶路撒冷教长狄奥多西869年致君士坦丁堡同僚易格拉提阿的信件中,也承认当时基督教"没有在任何方面遭到压力"。直到1071年塞尔柱突厥人占领耶路撒冷,形势才急转直下。1095年夏,教皇乌尔班二世(1088—1099在位)离开罗马前往其故乡法国,在克勒芒召开宗教会议,鼓吹十字军东征,号召基督徒们为夺回圣地而参加战斗。于是,从1096年起,声势浩大的、先后达8次的十字军远征运动便兴起了,矛头直指伊斯兰世界。但十字军之所以得以发动,完全是因为它适应了已经成长起来的西欧骑士阶级和封建主对外扩张和掠夺的要求。正如乌尔班二世在其演说中对基督徒所说的:"不要因为财产而拒绝前往,因为更大的财富在等待着你们。"

确实,如果我们不是从宗教冲动的角度而是从经济的观点来看这场运动,那么十字军远征就是西欧的一场重大的探险和殖民运动,其经济影响也是不言而喻的。这是因为被卷入这个运动和冲突的是两个非常不同的世界:一个是依然沉睡的封建欧洲,它带有一切农业社会常有的惯性,以及对商业的反感和天真的商业观念;另一个是拜占庭和威尼斯正在走向开化的社会,它具有都市的活力和灵活的经商之道,从不惧怕采用必要的赚钱手段。那些来自较为开放的城堡的十字军战士原以为他们在东方只会碰到一个没有教养的异教徒的世界,但最终却惊奇地发现这些"异教徒"远比他们自己更文明、繁华、奢侈,也更熟悉货币的价值。这种反差不可能不反过来对他们发生影响,直接或间接地对西欧商业和货币关系的发展起到促进作用。十字军运动本身也推动了西欧社会的商业化。首先,由于教会决定十字军战士可以其土地和其他财产向教会抵押借款,一方面使教会趁机兼并了大量农民土地;另一方面也使得一些十字军战士通过抵押而获得一定的货币积累①。其次,为了通过海路把十字军从大陆转运到东方,一些意大利城市商人因承担这种转运任务而获得了大量运费,如转运第一次十字军的运费高达8.5万银马克;再次,一些十字军战士通过对东方的抢劫或因功受奖而获得大量财富,如1101年袭击巴勒斯坦港口卡萨雷亚的8000名热那亚战士和水手,每人获得了大约48索里的奖金和其他奖品②;最后,在十字军远征中,意大利和南欧人不仅在各地扩大了航运和商业关系,而且在东地中海建立起第一批海外殖民地,并通过在这些殖民地从事的商业性经营(如甘蔗种植)而获得财富。总之,在推动西欧经济生活缓慢商业化方面,十字军远征曾起到非常重要的作用。

3.4 市场、市集与商业组织的变化

在中世纪西欧,市场源于何时已不可考,但市集可以追溯到7世纪。据说,"最古老的市集"就是由达哥伯一世于630年在巴黎建立的。③ 不过,市场和市集的较大发展当在9世纪之后,鼎盛时期是在13世纪前后。在J. W. 汤普逊的名著《中世纪经济社会史》中,列举了12、13世纪西欧各国"最重要的"市集,其中法国所占比例最大(共59个),其次是意大利(16个)、德意志(10个)、英格兰(10个)、佛兰德斯(7个)、西班牙(7个)。编定于13世纪的《萨克森法典》曾规定,市场和市场之间的距离不得少于一德意志哩。④ 可见市场的分布在13世纪前后的德意志已相当密集。然而,13世纪前后市场获得显著发展的地区还要数英格兰,这一点可以从以下事实中得到证明:在1086年由威廉一世下令制定的英格兰最初的

---

① 见教皇尤金三世(1145—1153在位)于1146年12月1日给参加十字军者的特权书。郭守田主编:《世界通史资料选辑》(中古部分),商务印书馆,1964年,第160—161页。
② 参见 R. L. Heilbroner, *The Making of Economic Society*, N. J.: Pearson Prentice Hall, 2008, pp. 50-51; M. Postan ed., *The Cambridge Economic History of Europe*, vol. II, Cambridge: Cambridge U. P., 1963, p. 306。
③ 参见汤普逊:《中世纪经济社会史(300—1300年)》下册,商务印书馆,2017年,第189页。
④ 同上书,第184—185页。

土地清册中,只记载和提到了42个市场和2个市集;而从1190年至1483年,英格兰所颁布的市场权的授予共计2800起,其中有一半的授予是在这个时期的前74年做出的。市场和市集作为中世纪商业机构的两种普遍形式,①在商品交换关系中的功能和作用的差别起初是很小的。正如 J. 芒迪所指出的:"在村庄市场和市镇市集之间很难找出绝对的不同,除了前者是地方性的,后者是区际之间的外,它们的基本功能是一样的。"②然而,差异仍然是存在的。根据詹姆斯·W. 汤普逊的意见,二者之间的主要区别有三:(1)市集比起市场来,是在较高级封建管辖权之下;(2)市集不是属于庄园范围的,而是为更广大的公众服务的;(3)市集是按季举行的,而非按周或双周举行的。不过,汤普逊在这里忽视了一个最重要的区别:一般地说,前者是地方居民交易农副产品的场所,后者则主要是供职业商人定期聚会的地点。市场开市的时间短而频繁,除个别市场每周只开市两次(甚至三次)外,绝大多数市场每周只开市一次(周六或周日);市集开市的时间长而集中,一次市集会期至少需要几个星期,且集中于一年中最合适的季节举行。

作为一种有组织的交换经济形式,市场和市集的起源及促成其起源的因素是多方面的。在其初兴阶段,市场和市集很有可能是作为宗教机构,而不是作为商业机构出现于西欧历史舞台的,确切些说是起源于教徒们的宗教集会。因为当时"不存在没有市集的宗教节日,也不存在没有宗教节日的市集"。据考证,英语"fair"一词,就是来自拉丁语"feriae"(节日),并且与"festus"(节日的)有关;而德语中相应的"messe"一词,则来自拉丁语"missa"(弥撒),显然也与宗教节日有关。事实上,中世纪很多市集的名称,如圣但尼、圣杰门等,就是取自某个圣日。只是到了后来,随着生产发展特别是乡村和城镇交往的日益频繁,商业的动机才显得更为重要,并成为市场和市集发展的主要动因。至于市场权,即举办、管理市场和市集之权,其授予最初本属王室的特权范围,在性质上是一种封建权利。到了9世纪至10世纪,才经常发生侯爵们僭夺这项王室特权的事情,并在这些地方演变成为一种属于地方主权的权利而加以利用。与此同时,也有少数教会或主教通过王室的授予而享有这项权利。当那些大封建主逐渐把建立市集的权利控制在自己手中时,便把管理地方性市场的权利保留给那些一般的领主。一般地说,"市场

---

① Wayne C. Neely, *The Agricultural Fair*, New York: Columbia University Press, 1967, pp. 8-12.
② John Mundy, *The Medieval Town*, Princeton: Van Nostrand, 1958, p. 36.

权"最终是分属于以下三个方面的:个人、教会和市镇。控制市场等于控制税收。例如,1282年曼彻斯特的领主从摊位税收中抽取6英镑13先令4便士,1311年布雷福德的市场和市集摊位税为6英镑,而利物浦市场和市集的摊位税是10英镑,可见隐藏在市场权背后的主要还是利益分配问题。尽管市场和市集在西欧的兴起有很深的封建性,但这一事实并不能改变市场和市集本身作为一种经济组织方式在交换关系中的地位和作用。因为在市集和市场上,交易完全自由,并不理会活动者是本地人还是外地人、买者还是卖者。

虽然市场权是分别授予个人、教会和市镇的,但在不同时期三者的比例并不平衡。毫无疑问,各个时期都有许多市场和市集掌握在私人手中。如在英格兰,贝尔顿的市场属于一个骑士;伯克利伯爵一人则拥有三个市集:两个在新港市,一个在伯克利。不过,在城市大量兴起之前,接受市场权授予最多的还是教会,它们实际上控制了当时所有大的市集,这不仅是由于市场和市集最初发源于宗教集会,还由于教会在中世纪是一种无处不在的力量。然而,在12世纪城市大量兴起之后,在市集发展方面城市便逐渐具有了对教会的优势。因为:第一,从11世纪开始,大多数新兴城市都从国王手中获得了自由市(或自治市)的地位。有人估计,这些城市人口"大约占西方全部人口的1/10"①,由于受"自由"或"自治"特权的保护,城市市集可少受封建贵族的干预,因而发展较快。第二,随着城市人口和经济的增长,许多新兴城市逐渐发展为真正的工商业中心。以比利时的根特为例,它原本是一个极不重要的伯爵城堡,最初占地面积不过25英亩,1194年建新城墙时才扩大到200英亩;但到1356年至1358年时它已拥有6万人口,其中从事手工业和商业的人分别占全部劳动力的76.9%和12.5%。② 第三,由于地中海沿岸城市的发展和"汉萨同盟"的成立(1241),以这两个策源地为基地的"国际贸易"得以形成。这个"国际贸易"使一些城镇市集由区际交易中心发展为全国性交易中心,然后又由全国性交易中心发展为国际性交易中心,其突出的例子就是香槟市集的繁荣。在香槟地区,除了散布着50个市场之外,还由4个城市建立了以6个市集轮流循环的集会制度,成为南来北往的西欧各国商人的著名汇集地。③

---

① P. 布瓦松纳:《中世纪欧洲生活和劳动:五至十五世纪》,第200页。
② 参见 D. Nicholas, *The Metamorphosis of a Medieval City: Ghent in the Age of the Arteveldes, 1302-1390*, Lincoln: University of Nebraska Press, p. 21。
③ 参见 John Mundy, *The Medieval Town*, p. 36;汤普森:《中世纪经济社会史》,第193页。

由于这些原因,一些教会所属的市集在城市市集的竞争之下出现了衰落的迹象,以致教皇尤金三世在给英王亨利二世(1154—1189在位)的信中抗议说,巴叶主教的市场由于英王所批准的新的城市市场而陷于破产。又如1335年,外国人已不再像往常那样到圣普瓦提埃市集来了,至1416年该市集就完全停止举办了。

市场作为社会分工和交换的产物并不仅仅指买卖双方进行交易的场所,也指在一定时间、地点和条件下商品生产者和消费者商品交换关系的总和。因此,市场和市集在西欧的大量兴起不能不在西欧的商品交换关系中引起重大变化,并对西欧的整个历史产生深远的影响。具体地说,这些变化可概括为以下三个方面:

其一,在商业制度方面。伴随着市场和市集的兴起,借助于以国王的"特许状"为主要来源的城市法,初步形成了一套调节西欧商品交换关系的原则和方法。以各种法令、条例和判例为表现形式的城市法在性质上还是中世纪西欧整个封建法律体系的一部分,并不是专以调节市场和交换关系为目标的。但城市法所包含的许多原则和措施,对于维护和促进已经或正在西欧各地兴起的市场的发展,以及与此相联系的各种交换活动的正常进行,不仅是重要的,而且是必要的。例如,由于城市法以自由和平等的观念排斥了封建的特权法,当市民被赋予自由权时,也就确认了市民身份在法律上的平等地位;又由于城市法确立了市民对商业的管理权,包括铸币、征税以及市集管理等权力,市民便有可能成为城市经济的真正主人,领主的封建特权也受到相应的限制;城市法还使公民有可能得到本城市法律的保护,而不必接受该城市以外的法庭的传讯;另外,由于城市法还规定了度量衡的标准、交易的时间和场所,以及市场上的商品不受侵犯,等等,进行各种交易活动时便有章可循。实际上,城市法所包含的这些原则和措施已为建立市场和交易活动的新秩序提供了必要的法律基础,并为西欧商品和货币关系的发展提供了重要保证。

其二,在商业组织方面。14世纪和15世纪是中世纪西欧商业机构日趋成熟的时期,这一趋势直接或间接导源于或受制于市场的兴起,以及与之相联系的商品交换关系发展的状况。因为在中世纪西欧(至少在15世纪之前)市场是整个(或大部分)商品交换的主要媒介或"根据地"。首先,当"行商"在城市取得居住权而变成"坐商"后,起初是以城市为据点定期去外地出售产品或从外地贩运回产品,然后是雇佣少量雇员、仆役或合伙人代替自己外出从事一些业务,最后索性在外地建起商站、货栈和栈房,由此便形成了所谓"商馆"和"商馆制度"。与此同

13 世纪的英国城镇

时,商业活动和业务开始越出家庭的范围,形成一种家庭成员之外的贸易组合即合伙公司,并在发起人和其合伙人之间形成一种委托或受托制度,而那些旅行商人便在这一委托制度下变成了承包人或代理商。由于每一次独立的冒险事业都必须结算,而受托又往往只关系到家庭的某一成员,因此一种称作"复式簿记"(最早可能采用于 1336 年)的会计制度便随着受托组织的普遍化而确立起来,不过它最初的目的是把私人支出与企业支出区别开来。在市场交易初兴之时,在西欧用于各种交易场所的货币极不统一,如 10 世纪至 12 世纪初仅英国流通的货币就不下几十种,因此商品交换过程中货币兑换成了一个大问题。"钱兑商"就是为了解决这个问题于 13 世纪前后应运而生的,早期的金融家也承担收受存款、放款取息等业务。但是当商业规模扩大、银钱交易频繁时,"钱兑商"就显得力所不及了。于是在那些多种货币流通和商业发达的地方,大商行便取代了昔日的"钱兑商",

并把兑换货币作为初期的主要业务,这是近代银行产生的重要原因。随着"国际贸易"的发展,与信用和货币业务有关的机构从当铺、投资所到证券交易所逐渐建立起来,各种票据和支付手段也开始被广泛采用,银行业在西欧随之发展到相当的规模,并在各地建立了自己的分支机构或办事处。享誉欧洲的佩鲁齐银行1310年时的资本有近15万镑。①

其三,在商业管理方面。随着商品交换关系在西欧的扩展,市场和市集的管理业务有了相应的发展,并在某些地区达到了"高度专业化"的水平。以香槟地区为例,这里不仅形成了一种由6个市集轮流循环的集市制度,而且还建立了一套层次分明的市集管理机构。这种管理机构的主要官员被称为"集市监督",最早出现于1174年的有关文献中。集市监督一般由二至三人组成并领取工资,其职责包括司法、警务和公布管理法令等。至13世纪后半叶,又在集市监督之下增加了一种"集市书记"的编制,其职务在有关文献中常被称为"监督助理";但由于他们掌握着市场管理的实权,便逐渐取代了"集市监督"的职权,变成集市的真正指导者。在监督和书记之下,一般还设有"秘书"即市集"监印官"之职,他们的权限是在所达成的商务契约上加盖伯爵印章,以示契约生效。此外,在上述行政管理人员之外,还在各市集配备了人数不等的警卫及警察长。在香槟市集鼎盛时期人数达140人,其中包括120名步兵和20名骑兵。市集管理的周到之处,莫过于庞大的"代书"人员的配置,其人数一度达到40人,专门负责商务谈判记录并为双方起草契约。② 这一安排体现了当时市场管理中所遵循的一个原则:在市场交易中不承认以往的以宣誓遵守契约的惯例,而强调文字契约的法律效力以及当事人双方的权利与义务。为了解决交易中可能发生的商务纠纷,各有关市镇还在集市地点建立了"市场法院"或其他类似的司法机关。香槟市集的管理之所以如此"高度专业化",在很大程度上是由于从1010年至1284年香槟的伯爵们对市集的管理不曾间断,并把它们作为增加岁入和扩大权力的手段。虽然在西欧其他地方,市场管理还没有达到像香槟这样的"高度专业化"程度,但类似的管理机构的存在则是普遍的,香槟绝不是一个仅有的例子。

---

① 参见卡洛·M. 奇波拉主编:《欧洲经济史》第1册,商务印书馆,1988年,第350页。这里的镑指佛罗伦萨的货币单位。
② 参见汤普森:《中世纪经济社会史》,第201—202页。

3.5 西欧社会经济生活走向商品化

市场的大量兴起以及它在交换关系中引起的变化,在西欧历史上意义重大。

首先,它使商业真正成为独立于乡村农业和城市手工业的一大行业,并以建立起来的有关商业制度、组织和机构为桥梁,把交换关系渗透到广大的乡村及城镇。在9世纪之前,西欧的商业实际上还处于非常落后的状态,因为封建割据和地方分权妨碍着商业的发展。然而在9世纪以后,随着市场或市集在各地的兴起,一个由这些市场和市集联结而成的商业网便逐步扩大到几乎整个西欧。到12世纪和13世纪之交,由于地处南来北往、东西交通要冲的香槟市集的繁荣,一条明显的商业中轴线已基本形成。这条中轴线就是以著名的香槟市集为轴心,一端通往佛兰德斯并与北方的汉萨同盟及北欧各国相接,另一端则经莱茵河和罗讷河流域直达利古里亚和伦巴底,然后经比萨、热那亚和威尼斯与东地中海相连。据1328年一位斯德哥尔摩商人的账簿记载,他卖给一位德意志贵族的商品来源之广简直令人难以置信,这些商品中包括1.5磅来自意大利的香红花,90磅来自地中海的扁桃仁或杏仁,4.75磅来自印度的生姜,0.5磅来自西非的谷物,6磅来自马拉巴尔的胡椒,105磅来自西班牙的大米,以及许多来自其他地方的物品。[①] 这一资料典型地说明,在扩大西欧的交换关系和推动西欧经济生活商业化方面,这条中轴线和商业网在14世纪已在有效地发挥着作用。以致有人估计,到15世纪西方全部贸易的15%—40%都是用现金成交的,而流通货币的总量已达10亿法郎。[②] 这应该说是西欧经济生活中的一个重大进展。

其次,当商品交换关系渗透到广大的乡村和城镇之后,日益发达的货币经济不可避免地会对现存的生产方式和财产形式产生直接或间接的影响,并在不同的社会阶层中引起人们经济地位的改变。流通领域中货币量的增加,一方面引起了人们对货币需求的增加,另一方面又造成市场物价的上涨。这两种情况对那些主要靠出售农产品来换取现金,或主要以固定收入获得现金的封建主来说,都是难于应付的。于是,他们之中的不少人便不可避免地陷入了入不敷出的境地,甚至

---

① 参见 John Mundy, *The Medieval Town*, pp.33-34。
② 参见 P. 布瓦松纳:《中世纪欧洲生活和劳动:五至十五世纪》,第293页。

13世纪初期的纺织作坊

日益贫困而走向破产。据统计,在法国杰沃丹地区,1530年时121个领主的总收入仅21400利佛尔,其中只有一个领主的收入达到5000利佛尔,另一个领主的收入达到2000利佛尔,其余的领主每人收入平均不过129利佛尔。甚至神圣罗马帝国的皇帝马克西米连一世(1493—1519在位)亦无力支付跟随他外出的随从在外过夜需付的房租;其孙子与一位匈牙利人结婚时所花的2000利佛尔婚礼费,还是从商人手中借来的。与此形成鲜明对照,许多市民特别是商人利用市场提供的机会,适时地把自己经营的业务转入以赚取利润为目的的轨道,使自己在竞争中发财致富而上升到"中产阶级"的地位。仍以杰沃丹地区为例,在那里最富裕的一个领主的收入也不过5000利佛尔,而最富裕的城市商人的收入却高达6.5万利佛尔,后者是前者的13倍。① 同样,在德意志,当马克西米连一世由于财政拮据而四处举债时,他统治下的奥格斯堡的大银行家却控制着比皇室全部岁入还要大的财富。这两个阶级的一盛一衰,当然不是自15、16世纪才发生的事情,而是13世纪前后市场在西欧大量兴起,以及与之相联系的商品交换关系不断扩大的必然结果。

最后,伴随着上述两种发展趋势,西欧经济生活中的一个新现象产生了,这就是"封建义务缓慢的货币化"。消费水平的提高、对外关系的展开、流动财产的发达以及收入和支出的失衡,迫使那些旧的领地财产的持有人不得不慢慢地改变自己的生活和经营方式,以适应新的环境和条件。这种改变的一个突出表现,就是把领地分别出租给昔日的农奴耕种,并以货币代替过去的劳役地租,从而在西欧开始了"封建义务缓慢的货币化"过程。这一过程,大约开始于12世纪和13世纪之交,13世纪后期在西欧领主与农民的关系中渐成主流,到14世纪末便在一些国

---

① 参见 M. Postan ed., *The Cambridge Economic History of Europe*, vol. I, pp. 557-558。

家和地区基本完成,其中以英格兰最为典型。据研究,13世纪后期,货币地租在地租总量中的比重,在英格兰各地区大约分别是:东部61%、南部76%、西部79%、北部52%。① 这一改变虽然使领主有了固定的收入来源,但却因此而造成了日益扩大的需求与固定不变的收入之间的矛盾。领主们不得不向农民出租更多的土地,甚至变卖自己的部分或全部领地以换取现款。在这种情况下,继续保持以往农奴对领主的人身依附关系就变得不再必要也不可能了。因此,这种封建的人身依附关系随着农奴封建义务的逐步货币化,从13世纪起在西欧各处都出现了松动的迹象,到14世纪末这种关系在英格兰等地便基本被废除了。虽然农奴制的彻底瓦解在西欧还要走一段漫长的道路,货币地租由封建性的转变为资本主义的也还要一段很长的时间,但农奴制的基本废除是西欧经济结构演变中的一大转折,具有深刻的社会经济意义。资本主义生产关系在西欧的发生,正是以封建农奴制的解体为历史前提的。

总之,早在15、16世纪之前很久,市场在西欧的大量兴起以及与之相联系的商品交换关系在城乡的扩展,已为西欧资本主义的产生做了必要和重要的准备。

3.6　两种不同的发展方向:西欧的资本主义萌芽和东欧的农奴制再版

15、16世纪,欧洲文明的演进终于迎来了一个转折点,但东西欧历史的发展方向却大不一样。在西欧,封建农奴制过渡到资本主义;而在东欧,却出现了"农奴制再版"。而导致这种歧异的原因,只能从它们各自的历史传统中去寻找。这里所说的东西欧是以易北河为界划分的。

1. 西欧的资本主义萌芽

资本主义萌芽是社会经济走向商品化的必然产物。当市场在西欧普遍兴起以及商业网初步形成的时候,日益发达的商业资本就会由流通领域转向生产领域,成为最初的产业资本。14、15世纪佛罗伦萨的毛织业是当时的典型,它的开拓者主要是商人基尔特,即商业资本家。在这类企业中,羊毛首先在商人开办的工厂中梳理,然后分到城郊或农村,交由各户纺线、织布,然后回收进行精细的加

---

① E. A. Kosminsky, *Studies in the Agrarian History of England in the Thirteenth Century*, Oxford: Basic Blackwell, 1956, pp. 194-195.

工整理,并由雇主本人负责推销。当时的工人多为妇女,而且并不完全脱离农业。但资本主义萌芽的形式并非仅此一种,它在不同行业和经济领域中采用不同的形式,以适应这些行业和领域生产的性质和特点。在农业中,资本主义萌芽的最新形式是交纳货币地租的租地农、半租地农,这种地租形式迫使他们的经营商业化;在采矿业中,矿山的经营者为了扩大生产,采取流水作业和工资雇佣劳动的形式,以提高劳动生产率;在航运业中,为了适应大规模作业和远洋航行的需要,开始采用合伙集资、按股分红的经营组织形式。在15世纪之前,资本主义萌芽在意大利、佛兰德斯和英格兰都已出现,但除了意大利沿海城市和港口比较普遍外,一般来说还比较零散,发展也缺乏连续性。

1492年的哥伦布航行直接导致了新大陆的发现和新航路的开辟,世界贸易中心随之从地中海转入大西洋,由此揭开了资产阶级发展的新时代,但它是以亚、非、美洲土著民族被统治、剥削和屠杀为代价的。海上探险和海外拓殖是这个时代资本活动的主要方向,葡萄牙和西班牙是这方面的开路先锋,也是海外殖民地的最早建立者。葡萄牙独占了西非亚速尔、佛得角、马德拉各群岛,又和西班牙瓜分了整个中南美洲,还在果阿、苏门答腊、爪哇、摩鹿加、中国澳门、日本九州等地,建立了西方殖民者在东方的第一批据点。但英国、法国和荷兰迅速跟上,加入了争夺海外殖民地的行列;1497年,奉英王亨利七世之命去寻找新航路的约翰·卡波特首次抵达纽芬兰;1524年,为法国效劳的佛罗伦萨人乔瓦尼·维拉查诺对北美东海岸进行了考察;1609年,受雇于荷兰的英人亨利·哈德逊发现纽约和哈德逊河。结果,这三国先后都在北美找到了立脚点。新英格兰、哈德逊河和阿卡迪亚这些名称就是它们留下的历史印迹。

海外探险和殖民对西欧的影响是多方面的。首先,大量来自美洲和其他殖民地的金银造成货币贬值,在西欧形成了一场所谓"价格革命",使西欧的物价平均上涨2倍至2.5倍,个别地方(如西班牙)上涨达4倍。这对于靠固定货币地租过活的封建领主来说极为不利,但对于租地农业家和从事工业生产的企业家来说却是难得的机会,因为他们可以利用高价增加资本积累。其次,它是引发许多"商业战争"的重要原因。由于种种原因各国所占领的殖民地的数量是不平衡的,为了争夺对殖民地和海外市场的控制权,殖民列强常常不惜一战。例如,在16世纪至18世纪,仅英国和西班牙之间就进行了三次商业战争:1585—1604年,1655—1660年,1727—1729年。再次,海外探险和殖民促成了西欧商业组织形式的改变。在大规模殖民之前,商业活动主要是以个体形式进行的,那时商业活动的规模有限,因为个人的资本是有限的。大规模海外探险和殖民活动兴起后,从前那种以个体为主的商业活动形式已不能适应新形势的需要了,于是一种新的商业组织形式,即合伙公司便应运而生。它有几个特点:一是集资方式不再是个体的,而是合资的;二它要由国王特许,因而带有垄断性;三是由于有国王的特许,在一定程度上得到了国家的支持和保护。

由于上述变迁,资本主义在16世纪获得了长足的进展,工场手工业在意大利、法国、荷兰、英国乃至整个西欧均取代手工作坊而成为主要的生产组织形式。这种生产组织形式有以下特点:第一,它的劳动完全是建立在分工的基础上,因而大大提高了劳动生产率;第二,由于劳动是建立在分工的基础上的,劳动对资本的从属在形式上和实际上均已实现,资本主义生产方式成为生产中的"支配形式";第三,工场手工业作为与分工相适应的产业形式,不仅反映着工业中资本主义发展的一定水平,也必须以一定的劳动力市场的存在为条件。因此,它意味着旧的封建社会的经济结构正在走向解体,资本主义生产方式已从旧的经济结构中破壳而出。

16世纪西欧资本主义的典型国家,已不是意大利而是荷兰和英国,而尤以英国更为突出。因为在这个时期,英国产生了典型而普遍的"乡村工业",并且是建立在资本主义的基础上的。英国的乡村呢布业,在14世纪以前就已有相当基础,14、15世纪之交获得较大发展。新的发展不仅表现为在规模和技术上有了很大进步,更重要的是生产组织方式,它是建立在资本主义基础上的。在这种乡村工业中起主要作用的是来自城镇的商业资本家,他们在城郊建立起呢布生产的中心基地,将原料或半成品分发给乡村工人加工制作,然后再将成品收集起来,拿到市场上出售。这是典型的资本主义性质的"外放加工制度"(putting-out system)。它之所以在各国资本主义发展中特别突出,原因在于:(1)它是英国商业资本向生产资本转变的重要方式;(2)英国是西欧各国中第一个资本主义由城市向农村转移和深入发展的国家;(3)这种趋势几乎席卷了英国东部、西部以及北部许多地区。因此,资本主义对农村的改造,在英国比在西欧其他任一国家都更广泛、更深刻,为英国资本主义以后的发展提供了一个更为坚实的基础。以致有的历史学家把这类"乡村工业"的兴起称为英国的"原工业化"过程,即把它视作英国资本主义工业革命的最初阶段和起源。

2. 东欧的农奴制再版

15、16世纪,当西欧由封建主义向资本主义过渡的时候,在东欧却出现了另一番景象,这就是恩格斯所说的"农奴制再版",即"第二次农奴制"。它主要涉及易北河以东的地区,即德意志东部和波兰地区,但也波及了德意志南部。

易北河以东可分为三个地区:德意志东部、波兰和俄罗斯。俄罗斯在1497年以前尚未形成真正的农奴制,它的农奴制是1497年以后逐步形成的,其标志是三个"尤里日法",这在前面已有说明。但在德意志东部和波兰情况就有些不一样,特别是在德意志东部更是如此,因为那里是日耳曼人的故地。日耳曼人最初属于游牧民族,后来逐渐过渡到半牧半农生活,在日耳曼人中存在奴隶制但并不普遍,他们大量采用的是农奴劳动。13世纪中叶以后,农奴制在德意志慢慢衰落,很多农奴获得了人身自由,演变成"依附农"。而易北河以东的农奴则更自由,因为那里的土地原是斯拉夫人的,是德意志人通过军事扩张而获得的,德意志贵族最初对当地农民的政策比较宽大。

所谓农奴制,从经济上讲无非是指劳役制经济,而在法权上讲就是土地和农民本身都成了地主的财产。因此,"农奴制再版"的过程,就是这些地方的领主和贵族为了获取更多的财富,重新剥夺了农民的土地所有权,在此基础上建立起大规模的庄园,并用无地农民的徭役劳动来耕种。徭役劳动本是封建社会初期的剥削形式,现在又被复活起来。在徭役制下,农民可以通过逃亡来进行反抗,地主贵族为了把农民束缚在土地上,于是专门制定了法律,实行经济以外的强制,有时甚至把农民本身也当作自己的财产。可见,农奴制再版的过程实质上也就是农奴制复活的过程,其起点是农民土地被剥夺,农民因此被迫为地主服劳役,而终点则是农民被束缚在土地上,并被当作地主的财产加以占有。

在出现农奴制再版的地方,例如比较严重的德国南部,领主把生活在其领主审判权范围内的所有农民,包括一些佃户和具有完全自由身份的农民都变成"农奴",限制他们自由流动、自由选择领主和自由结婚的权利。为了达到其目的,这些地方的领主向农民出示某种"证明",证明他们的祖先就是农奴,这些农民因此也就应该是农奴,尽管在农业危机时期,他们中的大多数早已获得了人身自由。领主在把农民变成农奴时,仍保留原先地主与农民之间的租佃关系,但并不一定要求农民为领主耕种自主地,也不给予农民一定份地。在这里,"农奴"主要体现在身份上，只要被宣布为"农奴"，他们就不能自由迁徙、结婚和选择主人。领主在宣布农民为"农奴"后，主要通过限制农奴逃亡、征收形象化的死亡税、继承税及多种罚金等方式，获得一些经济上的好处。为了推行再版农奴制，领主之间经常交换农奴和土地，目的是确保自己的领地不受侵犯，即保证一块领地上只有一个领主。因为当时按法律农奴是不可买卖的，所以只能以交换的办法来解决农奴、土地与自己的领主分割的问题。这种交换在15世纪时的士瓦本特别普遍。经过交换之后，原单一主人的农奴制上出现了单一领地制，这就给领主以司法、税收乃至军事上的绝对权力。据研究，1400年时，常常是三四个以上的领主共占一个村庄的土地，而到1500年时已基本为单一领主制所取代。

引起"农奴制再版"的原因是什么？主要是经济上的。自15、16世纪起，由于资本主义的兴起，西欧城市规模扩大，工场手工业蓬勃发展，对粮食和原料的需求急剧增加，而西欧自身又不能完全做到自给自足。在这种情况下，东欧的地主们乘机扩大了自己的庄园，为了获取扩大种植所需要的劳动力，开始大量采用农奴劳动，即把农民重新束缚在土地上，以生产西欧市场所需的粮食和原料。这种情况在易北河以东即德意志东部和波兰均可看到，俄国农奴制建立和发展的背景和前者也是一样的。这种背景决定了易北河以东再版农奴制经济的双重性：一方面，它们采取的劳动形式是农奴制的，农民在人身上依附于领主，其地位和处境与奴隶类似；另一方面，它们生产的目的又完全或者主要是为世界市场，即他们生产的主要不是使用价值而是交换价值，这就决定了再版农奴制生产本身不能不被打上某种资本主义的印记。

但导致农奴制在东欧再版也有政治上的原因。这是因为，在东欧及俄国，中央政府权力比较软弱，而地方贵族的势力相对强大，因此在封建贵族与农民的关系中，地主贵族几乎可以为所欲为，剥夺农民的土地和财产。而造成地方贵族在政治上强大的原因首先就是城市在东欧发展缓慢，因而未能形成像西欧那样强大的市民阶级。至于为何出现这种局面，其主要的原因有两点：一是历史的，日耳曼人和斯拉夫人原是游牧民族，过的是游动不定的生活方式，因而难以形成固定的定居中心，更不要说城市；二是13世纪蒙古人入侵造成的破坏。蒙古人1236年侵略并征服俄罗斯，1241年又入侵波兰、匈牙利、波希米亚，到处烧杀劫掠、毁坏城市。例如，13世纪初，蒙古人入侵俄罗斯之前，俄罗斯共有城市约300个，而到16世纪反而减少到230个，这显然是蒙古人入侵的结果。在这种情况下，农民在和贵族的斗争中就得不到城市和市民的支持,这与西欧形成鲜明对照。

造成东欧地方贵族在政治上强大的另一个原因是长期战争的破坏。先是1525年的德国农民战争,后又有1618年至1648年的三十年战争。三十年战争是新教与旧教之间的战争,始于布拉格起义的这场战争几乎把整个欧洲都卷了进来,但主要战场仍旧在德国。1525年的德国农民战争使农奴制在德国农民中占了普遍的优势,而三十年战争则完成了农奴化的过程。因为三十年战争使大批农民破产,他们再也无力抵抗贵族的土地要求。三十年战争对德国是一场浩劫,易北河一带草木丛生,人口平均死亡率为1/3,而有些地方甚至达到4/5。

15、16世纪东西欧经济领域中发生的上述不同发展趋势,不能不在两个地区的政治生活中反映出来,并对东西欧各自的整体历史发展方向产生巨大影响。最终的结果便是:在西欧,由等级君主制经君主专制转变为议会民主制;而在东欧,则由贵族君主制经中央集权发展到帝制。下面,我们将分别来谈东西欧政治中这两种不同发展路径。

3.7 英、法和西班牙:由等级君主制到君主专制

15、16世纪资本主义在西欧的兴起,首先是使中世纪城市的市民阶级演变成资产阶级。这个阶级一经产生,就与它的前身中产阶级不一样,不再甘心处于旧的封建体制之内,而是力图作为一种外在的力量,从自身的利益出发干预王权与贵族的斗争,从而使这一关系失去平衡。所以,自15、16世纪起,西欧一系列国家(主要是英国、法国和西班牙)均利用资产阶级的力量,在和地方贵族的斗争中建立起君主专制。

自13世纪以来,英国一直是一个等级君主制国家,1265年1月20日三级议会在伦敦的召开是英国进入等级君主制国家的标志。当时参加这次议会的除高级教士、男爵、每郡两名骑士外,每个自治市还有两名代表。不过,早在1215年,约翰王便接受并签订《大宪章》,确立"王在法下"之原则,答应保障诸侯的利益,承认教会选举自由,给予市民和自由农民某些"法律保障"。1258年,在牛津召开的"大议事会"(Great Council)所通过的《牛津条例》就规定,没有大议事会的同意,不得任意没收、分配、监护土地,也不能出征。这已是对君权的限制,这种限制为三级议会所确立,一直持续到1485年。据统计,从1272年至1377年的105年

间,就召开过119次三级议会,平均每年开会在一次以上,可见这一制度运转有效。但进入15世纪以后,很多贵族陷入困境,常常靠盗窃国库、强夺他人土地来增加自己的收入。很多人结成帮派,既不把官吏放在眼里,也藐视国王的权威,甚至带着武器随从出入议会。这种情况使议会成为某些集团的工具,他们甚至可以随意拥立国王,英国陷入封建的无政府状态。1455年,兰开斯特和约克两家族为争夺王位而爆发战争,史称"红白玫瑰战争"。表面上这是两个家族的斗争,实际上各贵族家族都被卷入,最后以兰开斯特家族的胜利告终。亨利七世作为胜利者开始了都铎家族的统治,他因娶约克家族的公主为王后,使两家族之间的"和平"得以维持,但战争使许多贵族家破人亡,许多战败者的土地被没收,都铎王朝统治的基础实际上已发生变化。在这种情况下,亨利七世为了巩固和加强王权采取了各种措施:第一步,下令大贵族撤换家兵,以削弱他们的势力;第二步,创立"皇室法庭",不用陪审就可以判决;第三步,鼓励贸易,发展造船业,以换取城市资产者和农村乡绅的支持。结果,三级议会被降到次要的地位,在亨利七世统治的1485年至1509年间只召开了7次,而最后13年则只召开过两次,且开会只是为了通过税收法令,议会显然已成为国王的工具,国王转而依靠皇族的顾问进行统治,从而使英国走上了君主专制的道路。

法国的三级会议召开于1302年。和英国一样,这个体制承认国王是最高统治者,同时也宣布三级会议是国家的管理机关,实际上就是承认大贵族管理国家的权力。结果,国王的权力受到限制,征税必须得到三级会议的同意。所谓"三级",第一级是僧侣,第二级是贵族,第三级是市民,这与英国类似。但法国的三级会议和英国有很大不同:英国的贵族阶级自亨利八世宗教改革以后就逐渐发生分化,从中形成一个以乡绅为主体、保有贵族身份头衔,但从事资本主义经营的新贵族阶层。而法国的贵族整个来说仍是一个统一而封闭性的集团,因为法国贵族的地位是世袭的,他们很看重"门第";法国贵族不从事生产,以此来跟别的等级划清界限,同时也享有不纳税的特权,而军队里的军官只能由贵族来担任。

这使法国的三级会议与英国议会不同——贵族不能与市民坐在一起。三个等级的代表各在不同地方开会,讨论问题时每个等级有一票表决权,市民等级几乎总是处于少数地位。换言之,在法国,三级会议对君权的限制较小,法国的等级君主制较易转变为君主专制。不仅如此,法国与英国不一样,没有英吉利海峡的保护,而是与欧陆各大国毗邻,边界也不固定,因而对外战争连绵不绝。据统计,在从 12 世纪末至 17 世纪初的 450 年中,战争就占了 200 年。大规模的经常性的战争产生了两个结果:常备军和经常性征税,而这两者都有助于王权的加强,三级会议地位降低,因为军队不仅是战争的机器,也是国家机器的主要组成部分。所以,从路易十一(1461—1483 在位)起,法国国王就一直坚持"一个国王、一种法律、一种信仰"的原则。到法兰西斯一世(1515—1547 在位)时,国王在自己颁布的文件中总要写上一句:"这是朕的意志。"这就宣布了这样一项原则:国王的意志就是法律。到路易十四(1643—1715 在位)执政时,专制制度达到了顶点,以致他可以宣布"朕即国家"了。与此同时,三级会议的作用日益下降,1560 年至 1593 年三级会议尚召开过 5 次,到路易十三时期就只召开过 1 次,而 1614 年以后就再也不开了。

路易十四及其随从

西班牙的情况比较复杂。从409年开始,西哥特人就进入伊比利亚半岛,6世纪中叶西哥特人几乎征服了整个半岛。在托莱多(Toledo)建立了首都。7世纪初,一支阿拉伯人从埃及进入休达,然后又从休达进入伊比利亚半岛,取代西哥特人成为半岛的统治者,以科尔多瓦(Cordova)为都。阿拉伯人深得东方文明的精华,不仅给半岛带来了耕作和园艺方面的知识,也给半岛人带来了先进的文化,使之成为欧洲首批大学的发源地。11世纪中叶,阿拉伯人的哈里发国家开始解体,分裂成二三十个大小不等的封建王国,到14世纪开始形成三个较大的王国:卡斯蒂尔、阿拉贡、葡萄牙。从13世纪起,它们就开始向半岛进攻,1236年攻下科尔多瓦,接着又打下加的斯,1492年占领格拉纳达,从而把柏柏尔人赶出半岛。在此期间,卡斯蒂尔和阿拉贡通过联姻方式于1469年实现了统一,于是在半岛最终形成两个国家——西班牙、葡萄牙。由于阿拉伯人的长期统治,西班牙北部主要带有阿拉伯人的特征,国王和贵族组织了咨议会;南部和东南部的习惯则是古罗马遗留下来的城市自治。阿拉贡的议会产生于1163年,在此之前虽然有议会,但是由贵族统治,1163年后才有市民代表参加。而卡斯蒂尔到1188年议会才有市民代表参加。卡斯蒂尔议会主要由僧侣、贵族、市民三个等级组成,而在阿拉贡则由僧侣、贵族、骑士、市民四个等级组成,虽然二者政治制度有些差别,但仍属有限君主制。统一对西班牙民族经济的发展和民族国家的形成都是一大推动。统一完成不久,哥伦布就于1492年发现新大陆,随之庞大的西属拉丁美洲殖民地建立起来,大量的金银财富迅速流入母国,西班牙在300年中从美洲得到黄金达250万公斤,白银超过1亿公斤。在政治上,1469年阿拉贡王子斐迪南和卡斯蒂尔公主伊莎贝拉的联姻以及1492年对格拉纳达的征服,实际上已为王国强大准备了条件。因为两人没有儿子,他们死后不得不由斐迪南的外孙即伊莎贝拉的女儿和奥地利大公的儿子来继承王位,并因此引发了王位继承战争,这个外孙于1516年以查理一世之名继承西班牙王位后,又于1519年以查理五世之名当选为神圣罗马帝国皇帝,这样查理一世就领有了一个当时世界上最庞大的帝国,涵盖西班牙、德意志以及尼德兰领地。这时,在西班牙国内,市民起来反对查理一世,认为他既当西班牙国王又当德意志皇帝,不能捍卫西班牙的利益;而贵族也起来反对查理一世,但同时又害怕市民运动会损害自身的利益,宣称"还要和市民作战"。贵族和市民的矛盾正好给查理一世以可乘之机,使他得以派兵攻下托莱多,削弱城市的自治权并取消市民在议会中的优势,然后于1539年借兵变解散了以僧侣、贵族为

卡斯蒂尔公主伊莎贝拉

主的议会,建立起名副其实的君主专制制度。

法国的君主专制在1648年才达到它的顶峰,英国的君主专制也在1603年达到顶峰,而西班牙的君主专制在1539年就已经发展到了极致。但是,由于查理一世建立的君主专制是依靠贵族打击市民来实现的,西班牙的君主专制并没有成为促进资本主义发展的推动力量,因为在这场斗争中得利的是代表地主利益的"麦斯塔"(mesta)集团,结果城市工商业反而在16世纪以后萎缩了。这样,从拉丁美洲殖民地运回的大量金银财富无法流入生产领域并转化为资本。与西班牙相反,英、法在君主专制统治时期却大力推行重商主义政策,鼓励和创建公私工商业,从而为资本主义的发展准备了条件。在这一时期,英国的托马斯·穆恩(Thomas Mun)以及法国的黎塞留和科尔伯都是重商主义的积极鼓吹者和实践家。重商主义者最初强调黄金才是财富的集中表现,十分注意对殖民地金银的掠夺,使之成为资本原始积累的重要手段。后来他们又强调贸易顺差在财富积累中的重要性,而为了实现贸易顺差就必须发展工商业以增加出口,这就推动了商业资本向生产领域的转化。正因为如此,16世纪成为工场手工业在西欧普遍发展的时代,即资本主义在西欧正式诞生的时代。

3.8 易北河以东:普鲁士王国、俄罗斯帝国和波兰贵族共和国

与西欧不同,15、16世纪以后易北河以东的历史发展由于出现了"农奴制再版"这样的情况,其所走的道路是由贵族君主制经中央集权发展到帝制,普鲁士和俄罗斯也都是如此。波兰是个例外,它成为贵族共和国的典范,但从其形成的原

因来看,也与普鲁士和俄罗斯的情况有关。

先来看普鲁士。普鲁士兴起于18世纪,它的兴起与德意志的衰落有关,而德意志原是法兰克王国的一部分。843年,查理大帝的三个孙子在凡尔登集会,决定将法兰克王国划分为三部分:(1)罗退尔得到中部,包括意大利及东起莱茵河,西到马斯河、西耳德河、塞纳河和伦河之间的土地;(2)日耳曼·路易获得莱茵河以东至易北河之间的土地;(3)"秃头"查理获得罗退尔领地以西的土地。这次划分基本上奠定了未来欧洲的三大国,即意大利、德意志和法兰西的版图。960年,奥托一世在罗马接受教皇加冕,称"神圣罗马帝国"皇帝,但德意志在政治上从未统一过。从13世纪起,这个帝国开始了分裂成几十个、几百个小封建领地的过程。1356年,查理四世颁布"黄金诏书",正式承认帝国7大选帝侯,承认各邦拥有自己的君主权力,承认他们有在本邦制宪、立法的权力。16世纪,宗教改革和农民战争由于市民阶级的叛变而失败,帝国权力落入各诸侯之手。16世纪中叶,由于世界贸易中心转移,德国经济受到很大打击。1552年,新教诸侯结成的反皇帝同盟打败并俘获了企图复活天主教的查理五世,于1555年和皇帝缔结《奥格斯堡和约》,宣布"谁的国家就信谁的宗教",即"教随国定"。教会从此成为各诸侯的支柱,德意志的分裂局面从此确立。不久,又以德意志为主要战场发生三十年战争,以旧教的失败告终,瑞士、荷兰退出帝国而独立,留在帝国内部的是360个独立小邦和569个自由市以及多达1600个左右的领地。表面上它还是一个帝国,甚至还有一个皇帝,并在奥格斯堡设有帝国议会,但实际上皇帝并无任何实权来控制诸邦的活动。这种情况给普鲁士的兴起留下了空间。普鲁士的核心是勃兰登堡,而建于1135年的勃兰登堡,原只是日耳曼人向东方扩张时建立的军事殖民地。1415年,德意志帝国皇帝把它赐给贵族霍亨索伦家族,当时只有2.3万平方公里。但勃兰登堡地理位置优越,位于奥得河沿岸,可出入波罗的海。1618年,霍亨索伦家族从波兰手中购得东普鲁士,从而使领土增加了一倍。普鲁士人原是斯拉夫人中的一个小民族,1198年普鲁士为十字军的条顿骑士团占领,变为日耳曼人的另一个军事殖民地。1410年,条顿骑士团被波兰人打败,1466年,维斯杜拉河以西部分割让给了波兰,剩下的部分即"东普鲁士"。勃兰登堡获得东普鲁士后,东普鲁士在政治上仍依附于波兰,直到1657年瑞典与波兰发生冲突时,它才借机摆脱对波兰的依附,而在1660年成为勃兰登堡的一个侯国。1700年,西班牙国王查理二世选定一名波旁家族成员为继承人,同时法王路易十四也声称他对西班牙王位拥有继承权。由于担心法、西结盟,英国、荷兰和奥地利结成反法同盟,于 1701 年爆发了西班牙王位继承战争。为了争取勃兰登堡参战,奥地利皇帝于 1701 年同意勃兰登堡腓特烈一世(1701—1713 在位)独立建国,名为"普鲁士王国"。不以勃兰登堡命名而以普鲁士命名,说明这个新的国家不是帝国内的一个"选侯",而是一个独立之邦,从而提高了它在帝国内的地位。1713 年时,它的版图东到东普鲁士,西至莱茵河,面积达 11.2 万平方公里,已为原勃兰登堡的 5 倍。但这时的普鲁士王国分为 3 块,处于中间的西普鲁士不属于王国。为了使互不相连的几块领土连成一片,普鲁士王国一方面大力发展工商业,另一方面实行征兵制,终于走上了强国之路,并于 1772 年把西普鲁士纳入它的版图。据估计,1740 年时,普鲁士王国人口为 240 万,外来移民占 1/4,其中不少是在法国受迫害的胡格诺教徒,他们大多为熟练的手工业者。这也是普鲁士得以发展的因素之一。

如前所述,沙皇俄国形成的过程亦是俄国农民农奴化的过程,这使俄国的中央集权国家建立在农奴制的基础上。正因为如此,形成于 15 世纪末的沙皇俄国虽然建立了"杜马"和"缙绅会议",但它并未形成英、法那样的等级君主制,因为它实行着这样一条原则:"沙皇怎么说,贵族就应当怎么做。"贵族杜马并不对君主的权力构成限制。而缙绅会议根本不是一个常设机构,代表是由沙皇政府指定的,且完全根据沙皇的需要召开。17 世纪末和 18 世纪初,俄国国内的社会、经济和政治发生了一系列重要的变化:(1)在农奴制的基础上,整个贵族合流成为一个统一的贵族阶级。因为 1649 年法典最后取消了追捕逃亡农奴的有效年限(5 年),1714 年的长子继承法又规定从此以后所有封地可以继承,从而使服役贵族完成了向封建地主的转变,消灭了世袭领地与封地的差别;同时,在 1682 年废除门第优先制以后,又在 1722 年颁布官职等级表把官职分为 14 级,规定凡准备为国家服务的贵族子弟都必须进入新开办的贵族学校学习,这就从政治上提高了服役贵族的地位。(2)随着农奴制日益成熟和繁荣,农奴及各阶层人民与沙皇制度的矛盾和斗争日益尖锐。1682 年莫斯科发生射击军起义,1667—1671 年爆发拉辛起义,贫苦的哥萨克人在拉辛率领下,一直打到首都莫斯科。1707—1708 年又爆发布拉文领导的顿河农民起义。这些起义说明农奴制开始出现危机。(3)资本主义与农奴制的矛盾日益突出。17 世纪是全俄市场形成的时期,工商业有了相当的发展,具有资本主义性质的工场手工业也已产生,到 18 世纪已达 200 多个。但在这些工场中劳动的工人主要不是来自城市中下层市民,而是农民,特别是"国家农民"。换言之,俄国资本主义的发展是建立在农奴制基础之上的,因而是有限的。由于这些原因,在 17 世纪末和 18 世纪初,俄国的中央集权制获得了进一步加强,最终由贵族杜马的君主制演变为贵族官僚的君主制,即帝制。早在 1653 年以后缙绅会议就再没有召开过,1711 年又建立了由 9 人组成的"参政院"来代替原来的贵族杜马。1721 年参政院制定法令,把沙皇俄国定为帝国,彼得成为俄罗斯帝国的第一位"皇帝"。参政院作为代理皇帝治理国家的最高机关,下设 12 个部,又在地方设州,最初为 8 个州,后改为 50 个。这样,从中央到地方,一套严密的官僚体系就建立起来。与这种君主专制制度的建立和形成过程相一致,沙皇俄国在对外政策上则经历了一个从地域性蚕食到世界性征服的过程。在此之前,贵族地主在国家政治生活中起着决定作用,而贵族地主最关心的是土地,所以当时对土地的掠夺和侵占成了对外政策和战争的中心。16 世纪和 17 世纪,俄国的领土不仅向南扩大到靠近黑海的地带,而且在 1586 年就越过了乌拉尔山脉,到 17 世纪已抵达堪察加半岛。如今,由彼得建立的帝国已由贵族国家变为"贵族和商人的帝国",因此仅有土地的掠夺和占领已不够了,他们还需要有出海口。彼得大帝曾说:"水域——这是俄国需要的。"为此,彼得大帝 1689 年亲政后的第一件大事就是发动南方战争,于 1695 年亲率 3 万大军进攻亚速,企图打开进入黑海的通道,但由于没有军舰从海上包围土耳其的要塞,最终失败。他得出结论:"只有陆军的君主,只不过是只有一只手的人。"于是第二年下令在沃罗涅什建立造船厂。1697—1698 年,他甘当"一个寻师问道的学生",化名彼得·米哈伊洛夫出游西欧,到西方考察政治、经济和造船等先进技术。回国后,便发动著名的"北方战争"(1700—1721),打败查理十二统率的瑞典军队,把瑞典的势力从波罗的海南岸挤了出去,并于 1712 年迁都于"俯视欧

俄国贵族易装剪须,以遵行彼得大帝推行的"现代化"

洲的窗口"——新建的圣彼得堡。① 北方战争的胜利和迁都圣彼得堡是俄国由内陆国家变为海洋国家的标志。

波兰国家形成于9世纪,由大、小波兰部落联盟组成,1385年与立陶宛大公国合并后,成为中世纪东欧大国。1410年,波兰打败条顿骑士团,1466年兼并西普鲁士,从而获得但泽港。1561年圣剑骑士团解散后,波兰又得到库尔兰、利沃尼亚等地。由于取得了但泽港,波兰的商品经济和航运都从中受益,但泽成为波兰的重要出海口。15世纪中叶,每年进出该港的商船只有几十艘,至1474年就增加到634艘,1496年又达到720艘。粮食在波兰商品出口中所占分量不断提高,15世纪时每年大约2万吨,16世纪已成为主要出口品,17世纪初平均每年达20万吨,这些商品出口的市场主要是西欧。由于西欧市场对来自东欧的粮食的需求增大,但泽港的粮价在1497—1564年间增长了5倍,从而刺激了地主对扩大种植的兴趣,并开始把实物地租改为劳役地租,这就导致了农奴化。为了把农奴固着于土地,1496年法令开始限制农民以一个劳动者身份离家外出谋生,1520年法令又规定农民每周必须为主人服劳役一天,1543年法令则明令将逃亡农奴及其财产归还主人,1573年法令甚至说农奴的劳役可"随地主的便"。这与俄国农奴化的过程是类似的。正是在这个基础上,波兰在16世纪成为欧洲的大国之一,其领土包括了大波兰、小波兰、立陶宛、加里西亚、西南罗斯、西普鲁士、利沃尼亚,并领有东普鲁士,人口达500万,比当时的英国和荷兰还多。但波兰并不能像普鲁士和俄罗斯一样发展成为一个强国,原因有三:第一,波兰虽然领土辽阔,但它没有天然的屏障足以防御邻国的侵略。其西部为平原和丘陵,南部和土耳其的边界线是德涅斯特河,东部则以第聂伯河和德维纳河为界与俄国相邻,四周没有可供防御的山脉和要塞。第二,波兰是一个多民族国家,波兰人虽然占全国人口的大多数,但立陶宛人是斯拉夫人的一支,还有小罗斯人、德意志人和瑞典人。此外,宗教信仰不统一,波兰人和大多数立陶宛人信奉罗马天主教,少数立陶宛人、俄罗斯人及哥萨克人信奉希腊正教,而德意志人和瑞典人则信奉路德新教。希腊正教和路德新教的信奉者在波兰成了"异教徒",当他们受到宗教迫害时往往求助于外国,前者求助于俄国,而后者则求助于普鲁士,从而导致外国的干涉。第三,也是最重要的,即波兰自古是一个贵族共和国,实行贵族民主制,这就妨碍了中央集权国家的建

---

① 圣彼得堡,位于涅瓦河口,始建于1703年。

立。它从 1374 年就开始选举国王，1454 年"尼萨条例"引入代议制，规定国王的任何法令必须得到地方议会同意。1652 年开始实行所谓"自由否决权"，只要有一人投票反对，法案就不能通过。这既不是西欧的君主专制，也不是德意志的诸侯专制，而是小贵族专制。正因为如此，它极不利于城市和资产阶级的发展。例如，1496 年条例规定，地主和僧侣都可以免税输出农产品和输入外国商品，而唯独市民仍要纳税，从而将贸易操于地主之手。这反过来又影响到波兰政治，

1772 年瓜分波兰

王权得不到市民阶级支持，结果导致贵族民主制大肆发展，最终形成"自由否决权"的滥用。17 世纪、18 世纪，当波兰走向衰落的时候，在它的周围却兴起了几个大国：首先是奥地利，然后是俄罗斯，再次是普鲁士。正是这几个大国的先后兴起和争雄最后决定了波兰的命运。结果，波兰在 1772 年、1793 年和 1795 年三次被瓜分，最终灭亡。

3.9 从文艺复兴到宗教改革，由神权共和国到世俗共和国

当资本主义在西欧兴起的时候，整个欧洲乃至欧洲以外的许多地方，仍笼罩在宗教神学的阴影之下，因为当时罗马教皇通过基督教统治着世界，凌驾于世俗政权和各个民族之上。而基督教所宣扬的是上帝造人，君权神授，"我的国不属这世界"，"不要爱世界和世界上的事"，"血肉之体，不能承受上帝的国"，"必朽坏的，不能承受不朽坏的"，"这世界的智慧，在上帝看是愚拙"，等等。整个宗教神学概括起来无非是三点：一是神权至上；二是禁欲主义；三是蒙昧主义。

当资本主义兴起，新的财产形式、社会关系和阶级结构形式与旧的经济、旧的社会、旧的政治、旧的思想的矛盾日益突出之时，新兴的资产阶级就要求有一种新

的思想和文化来帮助他们冲破旧的思想和文化的牢笼,为自己的发展鸣锣开道。这个新的思想和文化就是15世纪出现的人文主义,而它的先驱和代表就是意大利的但丁(1265—1321)、彼得拉克(1304—1374)、薄伽丘(1313—1375),以及达·芬奇(1452—1519)、米开朗基罗(1475—1564)、拉斐尔(1483—1520),他们分别被誉为意大利文艺复兴的"前三杰"和"后三杰"。"文艺复兴",即对古希腊罗马文化的重新发掘和研究,其实只不过是15、16世纪人文主义者借以表达自己的兴趣、思想和目的的途径和手段,在这种对古典文化的发掘和研究中,深深地寄托着他们的情感和希望。人文主义者以科学反对神权至上、以人性反对禁欲主义、以理性反对蒙昧主义,掀起了一股思想解放的潮流,一时间诗歌、文学、艺术领域繁花似锦。

  但丁在《神曲》中描述了自己游历地狱、炼狱、天堂三界的虚构故事,以真情实感表达了对贝亚特丽丝超凡脱俗的爱,句句都是听从"内心发出的命令写下来"的。彼得拉克用方言写下的十四行抒情小诗,大部分是为一个名叫劳拉的女子而作,渗透了作者心中热烈的恋情,艺术手法高超而优雅。在《十日谈》中,薄伽丘通过假想的10个佛罗伦萨市民在10天内所讲的100个故事,生动地反映了14世纪意大利市民的恋爱和生活,揭示了教会所宣传的禁欲主义的虚伪。达·芬奇的名作《最后的晚餐》和《蒙娜丽莎》科学和艺术地反映了画家对人的内心世界的探索。米开朗基罗注重对人体的雄美及其所蕴含的力量的表达,他的巨幅壁画《末日的审判》因刻画了姿态各异的人体,而被称为"人体的百科全书"。拉斐尔为创造一个完美的女性形象而观察许多美丽的妇女,他所作的许多圣母像都表现了人间女性的温柔、甜美与幸福感。所有这些都展示了文艺复兴运动的中心点:人的发现,人的价值,人的觉醒。正如皮柯(1463—1494)在《论人的尊严》中所说,上帝赋予了人按照自己的意志塑造自己的能力,他可以下降为动物,也可以上升到与上帝相似的东西。但丁说得对:"高贵并非天生成,而是自为的。"

  进入16世纪以后,以文艺复兴为标志的资产阶级思想解放运动取得了两大新进展:一是越过阿尔卑斯山脉,从意大利传播到英国、法国和德意志,形成所谓的"北方文艺复兴"。这是因为1453年土耳其人占领君士坦丁堡后,随着新航路的开辟和世界贸易中心的转移,英吉利海峡两岸的资本主义蓬勃发展,伦敦、安特卫普、里昂、奥格斯堡及塞维尔一时成为活跃的工商业中心和传播新文化的中心。北方文艺复兴的主要代表是英国的乔叟(1340—1400)、埃德蒙·斯宾塞(1552—1599)、弗朗西斯·培根(1561—1626)和威廉·莎士比亚(1564—1616),法国的拉伯雷（1494—1553）和蒙田（1539—1592），以及西班牙的塞万提斯（1547—1616），尼德兰的扬·凡·艾克（1385—1441），等等。其中，最杰出的要属英国最伟大的戏剧家威廉·莎士比亚，他的名著《罗密欧与朱丽叶》《威尼斯商人》《哈姆莱特》《奥赛罗》充分地反映了对世界和生活的热爱，对青春和爱情的赞美，对古典著作的崇敬，对新发现的欢愉以及对人类力量的信心，是人文主义精神的集中体现。正如作者在他的剧本中所说：人是"宇宙的精华，万物的灵长"。此外，塞万提斯的小说《堂吉诃德》和弗朗西斯·培根的《论说文集》均是脍炙人口、流芳千古的佳作。

二是在德国发生宗教改革运动，资产阶级的思想解放运动由文学艺术领域深入宗教政治领域，直逼中世纪神权统治的核心。本来，北欧和南欧的历史环境就不尽一致，南欧受异教文化的影响较深，而北欧受中世纪教会的影响较深，所以对宗教问题的关注从一开始就是北方文艺复兴运动的特点。人文主义者利用语言和历史考证的方法研究《圣经》和早期教父们的著作，旨在摆脱中世纪译本和诠释的影响，从《圣经》原版中寻找真理。尼德兰的代西德乌·伊拉斯谟（1466—1536）就是其中的代表。但宗教改革的真正旗手是来自德意志萨克森的神学博士马丁·路德（1483—1546），是他第一个直接地、系统地揭露了罗马教廷的罪恶和旧

路德对抗教皇

教的腐败,发出了改革的呼喊。路德所在的德意志当时正处于诸侯专政的鼎盛时期,资产阶级的发展受到极大限制,因而市民阶级和封建诸侯与罗马教廷的矛盾特别尖锐。事情起因于1517年10月教皇利奥十世以修缮罗马圣彼得大教堂为名销售赎罪券。赎罪券起源于十字军东征时代,最初是用钱来赎买因各种原因不能参加东征的罪过,后来演变成抵消世间一切罪过的罚款,大大方便了教会的腐败。马丁·路德反对赎罪券,更反对利用它来剥削教民,乃于1517年10月31日在维登堡教堂的门口张贴著名的《九十五条论纲》。《论纲》不仅谴责利用赎罪券剥削人民的罪恶,更指出它是诱使人们逃避惩罚的形式,因为它使人误以为逃避就可得救,而真正的得救在于对《圣经》的理解,以及对上帝的虔信。他说:"只要感觉到自己真诚悔罪,就是不购买赎罪券,也同样可以得到赦罪或全部免罚。"由于它说出了许多人想说而没说的话,反教会的情绪一触即发,一场群众性运动勃然兴起,《论纲》也由拉丁语译为德文,人们争相传抄。1520年路德被教皇宣布为"异端",但路德表示:"我不能也不会为任何事情悔罪。"他在被迫隐居后,又将《新约》从希腊文译成德文。

由路德发起的对教皇和旧教的挑战迅速演变成一场波及整个欧洲的宗教改革运动,在英国、法国、尼德兰等国都找到了它的追随者。但宗教改革的中心依然在德国,这场改革由于1524—1526年的德国农民战争而显得更加深入。德国的农民战争是在路德改革的号召下爆发的,但很快就产生了农民自己的思想家,这就是托马斯·闵采尔(1489—1525)。他关于建立一个人人平等、没有压迫剥削的"千年王国"的理想赢得了千千万万农民的响应。这场运动的威力是如此之大,以至于市民阶级也卷入其中,并给这场斗争打下了自己的烙印——《海尔布朗纲领》。该《纲领》提出建立中央集权、统一货币和度量衡、取消商税和过境税等要求,使人想起西欧重商主义者

德国农民战争

的主张。正是由于农民的支持,新教诸侯终于在 1555 年战胜旧教诸侯,并在《奥格斯堡和约》中规定,各地诸侯和帝国城市有选择自己宗教的权利,从而确立了"谁的国家就信谁的宗教"的原则。它标志着新教在德国的确立。

新教在德国的确立也是路德派在宗教改革运动中丧失领导权的开始,因为它意味着路德派已演变成专制制度的工具,代之而起的是一个更为激进的派别——加尔文派。约翰·加尔文(1509—1564)本是德国人,因由天主教改奉新教受到迫害,逃亡并定居于巴塞尔,在那里潜心研究马丁·路德的神学经典,并发表了著名的《基督教原理》(1536)。与路德不同,加尔文神学的出发点是"预定论",认为上帝的意志是绝对的权威,自然和宇宙的秩序都是由神意事先安排好的,无法变更。因此,世界上只有两种人:上帝的选民和上帝的弃民。这既否定了天主教会教皇制度存在的意义,也带有宿命论的消极影响。加尔文认为,一个人并不知道自己是否是上帝的选民,只有通过努力才能得到证明,这就是节俭、忍耐、奋斗。因此,加尔文教成为新兴的资产阶级的精神武器,在市民和广大群众中广泛传播。加尔文两次被邀到日内瓦主持宗教事务,并力求以自己的原则进行改革,终于在那里建立起一个神权共和国。在这个神权共和国里,烦琐的宗教仪式被简化了,政教合一的共和体制建立起来,各种神职人员都由信徒选举产生,选举产生的长老会成了监督教会的主要机构,加尔文的精神则渗透到日内瓦思想和生活的各个方面。加尔文还派出传教士到欧洲各地去传教,从而把宗教改革运动推进到新的阶段。

既然上帝的王国都可以共和化,那么为什么尘世的王国不可以共和化呢?尼德兰的加尔文教徒首先提出了这一问题。他们从 1566 年开始组织起来,并发起了对教会的进攻,摧毁了安特卫普最大的教堂,1572 年北方几省宣布起义,脱离西班牙的统治而独立,这就是有名的"尼德兰革命"。自然,尼德兰革命的爆发有其深刻的经济和政治根源。西班牙正处在君主专制建立时期,它虽然把荷兰变为自己的领地①,但北方和南方在经济和政治上差别很大,南部在政治上比较保守,经济上市民阶级受贵族阶级的限制;而北方商品经济蓬勃发展,甚至不少地主也采用了资本主义生产方式。但如果没有加尔文教徒作为这次革命的动力,尼德兰革命是不能成功的。诚然他们当时还不够强大,还要和贵族联盟并接受后者领导,这个领导者就是奥伦治亲王威廉。荷兰是第一个资产阶级共和国,也是加尔文教

---

① 查理一世生于尼德兰,他担任西班牙国王后,尼德兰也同时并入西班牙。

徒建立的第一个世俗共和国,它是宗教改革运动发展的必然结果。这个革命虽然影响不大,在很大程度上还是地方性的,但革命的闸门一旦被打开,革命的潮流就将浩浩荡荡,不可阻挡。

3.10 革命浪潮激荡于大西洋两岸:英、美、法革命的差别与联系

从17世纪中叶到18世纪末叶,英、美、法相继发生革命,革命浪潮在大西洋两岸来回激荡,形成了从未有过的"共振效应",最终把资产阶级解放的运动推向顶峰。

1640年爆发了英国革命,其直接的导火索是1639年苏格兰的起义,但引发这场革命的真正原因却来自其内部。第一是资本主义早已在英国产生,并从城市深入广阔的农村,生气勃勃的"乡镇工业"散布于各地,以资本主义方式经营的农牧场也随之而起,对传统的封建经济的改造比任何国家都更全面、彻底。这样,就从贵族中分化出一个新贵族阶层来。13、14世纪农奴制瓦解后兴起的占农民之多数的自耕农阶级也分化成租地农、半租地农和无地农,资产阶级因有了新的同盟而空前强大。第二,自16世纪50年代以来,随着加尔文教传入英国,一个新的教派即"清教派"兴起,他们要求推进亨利八世开启的不彻底的宗教改革,清除国教中的天主教残余,如主教制和豪华仪式等。同时,在经济上主张勤劳节俭,政治上主张立宪、共和,这就在政治和思想上为新兴的资产阶级提供了现成的武器。尽管清教中有长老派、独立派、平等派之分,但它们在反对君主专制上是一致的。英国的君主专制进入17世纪时景象已大不如前,但查理一世(1625—1649在位)仍认定君权乃神授,议会的一切权力源于他的恩赐,议会只供国王咨询,不愿与议会分享权力,1628年之后长达11年拒绝召开议会。与此同时,查理一世变本加厉推行专制制度,没收土地、广征捐税、监禁政敌、宠信逸臣,甚至在1637年强迫苏格兰教会遵奉新《公祷书》,因此引发苏格兰起义。又由苏格兰起义引发国会与国王之间的内战,站在国王一边的有由贵族、国教派教士和天主教徒组成的三支军队;站在国会一边的是新贵族、清教教会、南部和西部的手工业者和商人,以及海军。革命曲折多变,主持军事的长老派军官不愿彻底打败国王,造成了国会和国王以伦敦和牛津为中心两分天下的局面,只是在克伦威尔的"铁军"取得马斯顿荒原战役的胜利,又以"铁军"为榜样改造国会军后,才根本扭转战争形势,并抓获查理一

世,最后将他送上断头台。但英国革命在军事上仍经历了两次内战(1642—1646,1648—1651),在政治上由君主专制转变为君主立宪的过程中也经过了共和阶段,其原因在于革命开始时资产阶级并无独立的政治纲领,革命是在宗教外衣下即以清教对国教的斗争为名进行的;由于资本主义深入农村,革命前自耕农已经分化,农民并未作为主力参与革命;以克伦威尔为代表的新贵族既有革命的要求,也有和王权、贵族妥协的一面,所以资产阶级和新贵族的联盟预示了这场革命的保守性。结果,国王被处决了,共和国也在1649年5月建

奥利弗·克伦威尔

立了,克伦威尔却做了可世袭的护国主。共和国二世而亡,导致斯图亚特王朝复辟,财产受到威胁的资产阶级不得不发动"光荣革命"(1688),把信奉新教的奥伦治亲王威廉夫妇从荷兰迎回来做国王,才使君主立宪制得以确立。1689年由议会通过的《权利法案》,不仅在英国确立了君主立宪制,而且确认了教俗两界贵族、议员与臣民之13条"权利与自由",特别是国会内演说、辩论和议事之自由,在某种程度上回应了1641年《大抗议书》甚至1628年《权利请愿书》的诉求。但这样一来,资产阶级就不得不与国王、贵族分享国家权力,把立法权保留给议会而把行政权和外交权交给国王,致使议会在很长时期内由土地贵族占优势。资产阶级的代言人约翰·洛克(1632—1704)于"光荣革命"后发表《政府论》(1689—1690)。虽然他在哲学上反对"天赋观念",认为知识起源于感觉,但在政治上却提出"三权分立"学说,把君主立宪说成是最好的国家形式,主张国家权力应分为立法权、行政权和对外权,作为最高权力的立法权应属议会,但行政权和对外权则应属于国王。显然他是在为这场革命的保守性做辩护。所幸的是,他的"三权分立"学说虽然有些保守,但毕竟是第一个资产阶级的独立的政治学说。这一学说和它的理论即自然权利论和社会契约论共同成为以后各国资产阶级革命发展的必要前提,而洛克也因此成为资产阶级政治学说的鼻祖。仅从这一点来看,英国革命的意义就不可

低估,它的意义是世界性的,远远超出了尼德兰革命。

继英国革命而起的是1775年的北美独立革命,它是英属殖民地的革命。英属北美殖民地形成于1607—1732年,第一块英属北美殖民地是1607年建立的詹姆斯顿。先后建立的殖民地实际上有16个,后来普利茅斯与马萨诸塞合并,纽黑文与康涅狄格合并,缅因与马萨诸塞合并,所以独立革命爆发时只有13个殖民地。这些殖民地建立时大致分为三类:一是商业性质的,如弗吉尼亚为伦敦公司所建;二是封地性质的,如宾夕法尼亚是英王给威廉·宾的封地;三是自由殖民地,如普利茅斯和康涅狄格等。从管理方式看,殖民地也可以分为三类:一是英王直辖殖民地,其总督由国王任命;二是业主殖民地,其总督由业主指定;三是自治殖民地,总督由移民自行选举。但无论哪种殖民地最终都要由英王认可并发给特许状,因此殖民地的权力均直接来自英王,而各殖民地之间则互不相属。从更大的背景看,英属北美殖民地的建立主要是重商主义政策的产物,即把海外殖民地拓殖看成是母国资本主义发展的一部分,但也有宗教方面的原因,如新英格兰的移民大多是在国内受迫害的清教徒,是为寻找自由而来到美洲的。正因为如此,北美殖民地可以说从开始就建立在资本主义的基础之上,大多数人是拥有一定土地、财产的自由农民、手工业者和商人,并从1619年开始就先后在政治上建立了代议制或直接民主制,从而逐步形成了一个中产阶级。封建残余虽然也存在,但并不十分严重,主要表现为代役租、长子继承制和限定嗣续法等。代役租一般每100英亩土地交租1—2先令,且仅限于中部和南部殖民地。请注意,从17世纪就开始发展起来的奴隶制种植园,其生产主要是为出口即世界市场服务的,主要种植物先是烟草后是棉花,虽然以盈利为目标并逐步扩大,但由于它采用的是奴隶劳动而不是自由劳动,因此只是形式上的资本主义,种植园主是"地主兼资本家",不是旧式的纯粹的奴隶主。因此,在北美殖民地,资产阶级革命的任务不如英国那么艰巨,可以认为导致北美革命的主要原因是殖民地与宗主国的矛盾。不仅本土资产阶级(如约翰·亚当斯、塞缪尔·亚当斯),而且一些深受启蒙思想影响的奴隶种植园主(如华盛顿、杰斐逊)也参与领导革命。从某种意义上说,这一矛盾从殖民地创建之时就存在了。因受迫害从英国避难到北美的移民要求宗教自由、经济自主和谋求自治,从一开始就和英国的君主专制格格不入,尤其是在1756—1763年英法七年战争后,这种矛盾更突出了。七年战争的起因和过程都很复杂,主要分为欧洲、印度和北美三个战场,在北美是英法对殖民地的争夺。为了赢得这场殖民地争夺战,战前英王曾允诺向殖民地人民开放阿巴拉契亚山脉以西的土地,但战胜法国后英王却在1763年宣言中食言,将西部土地收归英王所有而保留给印第安人,殖民地人不得到西部移民、定居、购地。除了土地问题外,战后殖民地与英帝国之间的矛盾还表现为驻军问题和征税问题,后者是为了解决驻军问题而提出来的。殖民地人认为,殖民地的权力直接来自英王而不是议会,殖民地人民在英国议会也没有代表,因此英国议会无权决定对殖民地人征税,并进而提出"无代表不纳税"的口号。这样,征税问题便由经济问题演变为政治问题,"美利坚人"的民族意识迅速高涨。在1765年纽约反印花税法大会后,"自由之子""通讯委员会"先后在各地成立,1770年3月的"波士顿惨案"和1773年12月的倾茶事件相继发生。但英帝国议会此时却变本加厉,于1774年制定5项"不可容忍"法令:封闭波士顿港,取消马萨诸塞自治,将俄亥俄以北地区划归英王直辖殖民地魁北克,等等,最终迫使殖民地人于1774年9月5日在费城召开会议,商讨对策。出席这次会议的代表共55名,代表12个殖民地,故称"大陆会议",并决定以后每年召开一次,实际上它成为处理整个北美殖民地事务的权力机构,实现了1754年富兰克林提出却未实现的建立"奥尔巴尼联盟"的计划,也成为北美殖民地走向独立的第一步。相比较而言,1774年10月马萨诸塞宣布该殖民地独立的《萨福克决议

美国独立战争中,纽约市起义群众推倒乔治三世的雕像

案》、1775年4月19日莱克星顿的枪声、1775年5月召开的第二届"大陆会议"和关于组建大陆军的决定,虽然都是美国革命发展的重要标志,但是其意义都超不过第一届"大陆会议"的召开,以及作为其必然结果的1776年7月4日《独立宣言》的颁布。北美独立战争进行了6年半,经历了武装反叛、战略防御、战略相持及战略反攻诸阶段,直至1781年10月英军在约克镇投降。但美国立国之路却曲折得多:大陆会议最初不过是"联合殖民地";1781年建立的"邦联"虽然正式宣布了"美利坚合众国"的诞生,但却把"主权、自由和独立"保留给各州;乃不得不在1787年召开制宪会议,并经长达4个月的激烈辩论方通过新的《合众国宪法》,宣布把"主权"收归中央,进而组建统一和集中的联邦政府,但由于之前各州宪法中的权利法案未被1787年联邦宪法采纳而遭到广泛攻击,这才在1791年通过第一批宪法修正案,即共10条的《权利法案》。

与英国革命相比,美国革命有许多特点:它首先是一场民族独立革命,其次才是资产阶级革命,因此它得到了更多民众的支持。但它的动力不是来自土著居民和黑奴,而是来自城乡手工业者、自耕农、商人以及种植园主;由于各殖民地早已有代议机构,革命从一开始就是有组织的,并且在领导上比较成熟;由于大陆军是由民兵改编而成的,斗争主要采取游击战的形式,易于和英国的正规军作战。但合众国的建立很困难,经历了一个由殖民地经邦联制到联邦制的过程,由于各殖民地在加入邦联之前一度享有"独立和主权",在组建联邦时"州权"的处理成了一大难题,结果只好由中央和地方分权。在中央政府内部也形成行政、司法与立法三权鼎立局面。但华盛顿这个总统却是由民选产生的,这在世界历史上还是第一次。这体现了洛克和孟德斯鸠的"三权分立"原则并且又有所发展,从而给美国的民主制注入了新的因素。

在法国,路易十四的统治既是法国君主专制的顶峰,也是其走向衰落的开始。由于多年战争、宫廷腐败,路易十四去世时留下了25亿利佛尔的债务。路易十五、路易十六为了挽救颓势,先后启用重农学者杜尔哥、内克、卡伦和布里恩,以财政大臣身份推行改革,企图采用节约和改变征税的办法减少国家债务。但因触动王党和宫廷特权,均告失败。至1789年,国债已增至45亿。最后,路易十六不得不在1789年5月5日召开已停开175年的三级会议,以解决财政问题,由此引发了一场大革命。不过,法国大革命既与英国革命不同,更与美国革命不同。首先,它是一次完全抛开了宗教外衣的革命,因为资产阶级在此之前已展开了一场启蒙

第三等级的觉醒

运动,以孟德斯鸠、伏尔泰为代表的君主立宪派,以狄德罗、卢梭和霍尔巴赫为代表的民主共和派,以梅里叶、摩莱里和马布里为代表的激进派,以及以魁奈、杜尔哥为代表的重农派,已对革命做了充分的讨论和准备。其中,影响最大的是孟德斯鸠主张的立法、行政和司法"三权分立"学说以及霍尔巴赫关于物质第一性、感觉第二性、物质与运动不可分的理论,它们从理论即哲学上解决了文艺复兴和宗教改革都未解决的问题。其次,它是一场从未有过的大革命,因为法国的资本主义发展相对缓慢,不像英国那样深入农村地区,不仅贵族阶级而且农民阶级都未发生分化,他们在革命中无论作为对象还是作为动力都是以一个整体投身斗争的。农民从一开始就表现出很高的积极性,从而赋予法国革命以从未有过的深度和广度。所以,法国革命比英国革命和美国革命都更加彻底,革命沿着上升路线不断发展。1789年7月14日巴黎人民攻占巴士底狱,1791年9月14日在人民的压力下国王签署1791年宪法,国家体制由君主专制转变为君主立宪制,斐扬派掌握立法权。1792年8月9日至10日,当支持路易十六的普奥联军攻入法境的时候,"无套裤汉"发动第二次巴黎起义,把国家大权从斐扬党人手中转移到代表工商业资产阶级利益的吉伦特派手中。当布里奇宣布"这次革命应该停止了"的时候,国民公会却在以罗伯斯庇尔为首的雅各宾派的支持下,于1792年9月21日宣布废除王政,并于第二天建立了法兰西共和国。1793年5月30日,当不满共和制的吉伦特派将领迪穆里埃公开投敌并企图联合奥地利军队攻占巴黎时,举行第三次起义的巴黎人民冲进国民公会,把权力从吉伦特派手中夺来交给了雅各宾派。雅各宾派以法国人民的利益为最高利益:对内宣布"把恐怖列入议程",毫不留情地镇压王党的叛乱;对外则提出"把和平给茅屋,把战争给宫廷",很快把敌人赶出法国。为了维持民主专政,雅各宾派不得不实行全面限价政策,组织"革命军"到乡下征集粮食,这些措施是直接针对当时的投机商即资产者的,因而被认为是"非资产阶级的方式",在以往的革命中从未见过。在英国革命中,虽然废除了骑士领有制,却保留了公簿持有制,也未在农民中进行土地分配,无地的农民只好上山开荒,组成"掘地派"。而雅各宾派在掌权后,在1793年连续颁布3个土地法,将被贵族侵占的32万公顷土地收归公社,使60万农民受益而成为私有者。据估计,在整个革命期间,再分配的土地达8%—10%,反映了雅各宾专政的民主性质。法国革命从英国革命那里继承了洛克的思想,并把它发展和扩大为"启蒙运动",又从大西洋彼岸发布的《独立宣言》中吸取了其民主性的精华,并把它写进了1789年通过的《人权宣言》中,庄严地宣布:"在权利方面,人们生来是而且永远是自由平等的。""理性"是这场革命高扬的旗帜,以致在所有宗教被革命废除的情况下,革命者不得不祭出一个"理性"娘娘来供民众礼拜。不管法国革命的实践如何,这一原则都已构成这次革命所创造的革命政治文化的核心,并被赋予永恒的魅力。

所以,尽管大西洋把英、美、法三国永久地分隔开了,但三国的革命作为资产阶级革命不仅有一定的联系,而且是相互影响、相互促进的。17世纪和18世纪发生于大西洋两岸的这三个伟大历史事件,最大的公约数是关于"权利"的诉求或对"人权"的伸张,所以尽管这三场革命的经历如此错综复杂,文献内容千差万别,但有一件东西是不可或缺的,那就是附于三国宪法中的《权利法案》,从这个意义上我们可以把这三场革命称为"权利革命"。"权利革命"的哲学基础是所谓"自然法","自然法"在西方虽然源远流长,但是在文艺复兴、宗教改革和启蒙运动之后才流行起来,因为资产阶级需要用它来作为反抗封建主义和君主专制的武器。但以笔者之见,这三个文献中,最重要和最具代表性的,还是1789年法国颁布的《人权宣言》,因为只有它透彻地阐明了自由、平等、民权、法治与宪政的关系,以致如此明确地断言:"凡权利无保障和分权未确立的社会,就没有宪法。"①这一论断,可能是现代民主政治和民主社会的构建和运作中,难以回避或必须遵循的一项经典原则,因为它是反对君主专制和封建主义的宝贵遗产。不过,从体制建设的角度看,做得最好的还是美国而非英国和法国:因为美国最终建立的是集共和制、总统制和联邦制于一身的国家制度,而之前的英国革命建立的是君主立宪制,之后的法国革命则是以资产阶级帝制告终。

3.11 拿破仑战争:一次对封建欧洲的大震动

这里说的拿破仑,全名拿破仑·波拿巴(1769—1821)。所谓"拿破仑战争"是指拿破仑掌权前后,为维护法兰西民族的利益和法国在欧洲的霸权而进行的战争。拿破仑战争在欧洲文明发展史上占有重要的地位。

拿破仑·波拿巴生于科西嘉岛。父亲当过律师,是个没落贵族。1779年,拿破仑入巴黎军校,目睹了1789年的巴黎革命,1793年参加了围攻土伦的战斗,后被提升为准将。1795年因镇压巴黎王党叛乱有功,成为法国政界和军界中的名人。1796年,年仅27岁的拿破仑被任命为远征意大利的法军总司令。出师6天就打了6次胜仗,迫使撒丁王国退出反法同盟。接着,他率军越过阿尔卑斯山脉,直捣奥地利首都维也纳,当1797年秋督政府发生政治危机时,他从意大利派奥热罗将军回国,支持巴拉斯发动果月政变,稳定了政局。1799年10月,拿破仑在远征埃及中途赶回巴黎,与塔列朗密谋于雾月18日发动政变,推翻督政府并建立执政府。

拿破仑的上台是偶然因素和必然因素共同作用的结果。1794年7月的"热月政变"标志着法国大革命的结束。大革命后法国的形势如何?可以用四个字来概括:动荡不定。热月党人先是利用由一批花花公子组成的"金色青年"大打出手,到处搜捕和杀害雅各宾党人,然后又利用由一批无套裤汉组成的敢死队,镇压了"金色青年"参与的葡月暴乱,并最终将之消灭。先是巴黎人民在1795年4月1

---

① J. Salwyn Schapiro ed., *Liberalism: Its Meaning and History*, Princeton, N.J.: Van Nostrand, 1958, pp. 128-130. 在法国《人权宣言》英译本中,"constitution"既指"宪法"文本,也指相关的组织、体制和活动,故此处将之译作"宪法和宪政"。

日和 5 月 20 日两次发动起义,要求"面包,1793 年宪法,释放被捕者!"然后又在 1796 年发生了代表无产阶级利益的巴贝夫组织的"平等派密谋",幻想在国家帮助下,通过没收和分配国有土地、反革命分子的土地和空地开始向共产主义过渡。先是逃亡的王党分子在英国首相小威廉·皮特的支持下在布列塔尼登陆,然后又发生国内保皇党企图复辟的 1795 年"葡月 13 日事件"。面对这种动荡不定的局面,督政府实行一种被称为"左右开弓"的秋千政策。虽然这些叛乱或起义都被平息下去了,但资产阶级的统治并未因此获得巩固,政局的不稳定反而加剧了。仅 1796 年以后就发生了三次政变,即 1797 年 9 月 4 日果月政变、1798 年 5 月 11 日花月政变和 1799 年 6 月 18 日牧月政变,以致写过《第三等级是什么?》的西耶斯发出了"我需要一柄剑"这样的呼声。他需要这柄剑干什么呢?就是帮助资产阶级结束动荡、建立秩序,巩固资产阶级在革命中夺得的成果。然而,谁才能充当这柄"剑"呢?据说,他们开始是把希望寄托在茹贝尔将军和莫罗将军身上,可前者阵亡了,而后者拒绝担当这个角色。正在这时候,拿破仑从埃及返回了巴黎,成了西耶斯们所渴望的那柄"剑"。他和西耶斯及罗歇·迪科一拍即合,一夜之间就成了巴黎军区司令,并得到来自银行家科罗的 50 万法郎的资助。于是,一场震惊法国和全欧的政变便于 1799 年雾月 18 日在巴黎上演了。督政府被推翻,执政府建立起来,拿破仑、罗歇·迪科、西耶斯三人成了临时执政。

军事政变迅速改变着法国的国家体制。1799 年 12 月通过的共和八年宪法虽在形式上保存了共和制度和代议机构,但把波拿巴由临时执政变为"第一执政"。随着个人专政的建立,1800 年拿破仑取消了革命期间建立的地方自治,郡守由民选改由第一执政任命,73 家报纸中有 60 家被查封。1801 年他又与教皇庇护七世订约,承认天主教为"绝大多数法国人的宗教",并恢复了旧有的主教制度。1802 年他又在军队中建立荣誉军团即军人等级制度,而拿破仑作为第一执政当然就成了军团长。是年 8 月,当一切准备停当后,在拿破仑本人的默许下,他被元老院宣布为"终身"第一执政。1804 年,由于和英国的战端再起以及企图刺杀拿破仑的事件的发生,元老院找到了一个借口,决定干脆把终身第一执政变为"世袭皇帝",以打碎波旁王朝在法国复辟的梦想。自然,这个皇帝被宣布为"法兰西人的皇帝",并非旧制度下的君主,而且得到了帝国 350 万张选票的批准。农民的选票在其中起着决定性的作用,因为拿破仑把自己打扮成农民私有土地的保护者,他曾

拿破仑加冕为皇帝

说道:"农业:帝国的灵魂,最必需的基础。"①但说他是所有"法兰西人的皇帝"则是骗人的,因为1804年的《民法典》、1807年的《刑法典》和1811年的《商法典》都以维护资本主义私有制为其基本出发点。拿破仑的《民法典》虽然承认在法律面前人人平等,承认男女都享有同等的继承权,但它强调私有财产的神圣不可侵犯性,从根本上来说是维护资产阶级利益的。而且,帝制的建立等于在新旧制度、新旧贵族之间搭起了一座"拱门",此后在它们之间再也不存在不可逾越的界线。据统计,在帝国时期任命的各郡郡长中,资产阶级出身的只占61%,而旧贵族出身的竟占了39%,就是一个明显的例证。这就为后来波旁王朝的复辟准备了条件。

从1793年起,欧洲各国先后组织了7次反法同盟,虽然各次同盟的参加国并不尽相同,但基本上可以说是整个欧洲对法国的战争。这些国家分为两类:一类是资本主义国家,如英国、荷兰;一类是封建君主国家,如俄罗斯、普鲁士、奥地利等。因此,它们反法的目的并不一样:英国主要是和法国争夺海上霸权和殖民地,其他国家则主要是和法国争夺欧洲霸权、维护封建制度。但对法国来说,无论对它的入侵出于何种目的,都是对其主权的干涉,因而它与反法同盟的战争只要不

---

① 王养冲、陈崇武选编:《拿破仑书信文件集》,上海人民出版社,1986年,第352页。

越出一定的范围就是正义的,它和第一、二次反法同盟的战争就是如此。在这两次战争中,反法同盟的宗旨都很明确:维护法国的君主制度,反对共和制度。普奥联军统帅 C.W. 斐迪南曾声言:如果法王室成员受到危害,他就要踏平巴黎!而法国的作战目的也很明确:保卫法国革命,在欧洲各国确立"人民的主权和独立"(1792 年 12 月国民公会法令)。但自督政府上台后,特别是拿破仑上台后,虽然反法同盟对法国的战争在性质和目的上并没有发生大的变化,但法国对外战争的性质却逐渐发生了变化:由正义的战争变为非正义的战争,由民族战争变成帝国主义战争即掠夺战争。这在和第三至第五次反法同盟的战争中表现得很明显,包括 1812 年对俄国的入侵。而所谓"拿破仑战争",就是指这些战争。通过这些战争,拿破仑兼并了热那亚,把自己加冕为意大利国王,又把自己的亲属捧上西班牙和那不勒斯君主的宝座,甚至攻占了俄罗斯的首都莫斯科,将大半个欧洲置于自己的控制之下,其面积相当于法国本土的 3 倍,分为 130 个省,人口约 4500 万。

拿破仑的战争在欧洲产生了重大的影响,因为它用武力把法国革命的原则带到欧洲各地,直接或间接地促进了封建欧洲的革命改造。在意大利,由于 1796 年拿破仑军队的推进结束了奥地利对意大利的统治,共和运动在意大利迅速高涨,帕丹共和国(以波伦亚为中心)、阿尔平共和国(以米兰为中心)、利古里亚共和国(以热那亚为中心)、罗马共和国等先后建立起来。在这些共和国里,虽然还只是自由资产阶级和自由派贵族在掌权,但毕竟标志着意大利资产阶级改革的开始。拿破仑战争在德国的影响更为巨大和深远。1801 年,莱茵河西岸被并入法国,其面积达 21280 平方公里,包括了 97 个小邦和 4 个自由市,并入法国后由于实行了拿破仑法典,贵族的封建特权被取消了,行会制度被废除了。1806 年上莱茵河建立的"莱茵同盟"以及 1807—1813 年建立的威斯特伐利亚王国虽然未并入法国版图,但在法国控制下,封建制度也受到了很大冲击。对德国的最大影响表现为普鲁士的两次改革,这是因为 1806 年普鲁士在对法战争中失败,丧失了几乎 1/3 的领土。德国人从对这次失败的反思中认识到,拿破仑的胜利基于法国革命,基于这场革命引发的自下而上的改革,及由这一改革激发出来的民族精神,德国人要洗刷掉这次失败带来的耻辱,就必须从自下而上的改革做起。席勒在一首诗里写道:"他应该抬起头来,凭着自尊心走进世界民族的行列!"这就导致了 1807 年施泰因和哈登贝格的改革:废除农民的人身依附,给农民赎买封建义务之权,在城市实行有限自治,又实行义务兵役制度。尽管改革都是自上而下进行的,但这些自由化改革成为德国现代化的开端。

1808—1813年西班牙发生首次资产阶级革命,其起因实际上也是和西班牙人民反对拿破仑入侵交织在一起的。西班牙自1700年起一直受法国波旁家族的统治,1808年3月拿破仑占领西班牙并推翻查理四世,又把他的继承者斐迪南七世作为俘虏带回法国,然后让自己的兄弟约瑟夫当了国王。于是,西班牙人民以起义来回答拿破仑和他的傀儡,1812年在加的斯召开了临时议会,并在自由资产阶级和自由派贵族的合作下通过了"自由宪法"。按照这部宪法,国王虽然保存了王权,但权力受到了限制,议会由选举的代表组成,又允许地方(城市)实行自治,关卡税、什一税、宗教裁判及领主裁判等特权也被废除了。虽然取而代之的是"宏特"(在中央和地方政府中军队起着突出作用),但君主专制制度在西班牙第一次受到了真正的打击。总之,拿破仑战争是对欧洲封建势力的一次大震动,封建欧洲的元气从此再也恢复不起来了。

拿破仑战争的影响甚至在俄国也得到了回应,其突出的表现就是1825年发生的"十二月党人起义"。当时,沙皇亚历山大一世(1777—1825)去世,其合法继承人康斯坦丁(1779—1831)不愿做皇帝,决定将继位权让与幼弟尼古拉(1796—1855)。但由于康斯坦丁并未公布其决定,尼古拉犹豫不决,给革命者提供了机会。一些受西方民主思想影响的俄国士兵组成秘密团体——北方协会,乘机在12月26日(俄历12月14月)发动起义,企图以共和制取代沙皇制度。匆忙集结起来的起义队伍一开进圣彼得堡元老院广场,就遭到早有准备的政府军炮兵"葡萄弹"的连续轰击,因此失败。但就其意义来说,这却是俄国第一次带有资产阶级性质的革命,而发动这次革命的贵族革命家就是曾和拿破仑作战的青年军官。正因为他们在和拿破仑作战的过程中转战欧洲各地,并接受了法国革命及其启蒙思想的洗礼,从而为俄国的革命和改革埋下了种子。这是俄国走向现代化的一次认真尝试。

在拿破仑战争对封建欧洲的冲击中,拿破仑《民法典》的作用尤为突出,欧洲接受《民法典》影响的国家可分为三类:第一类是在《亚眠和约》(1802)之前并入法国的地区,包括比利时、卢森堡、帕拉廷纳、莱因普鲁士、黑斯-达姆斯塔、日内瓦、萨伏依、皮埃蒙特及帕尔玛、普莱桑斯两公国;第二类是此后拿破仑新征服的一些国家,如意大利(1806)、荷兰(1810)、汉西亚诸省(1810)及贝格大公国(1811),在这些地方《民法典》是随着拿破仑的统治而被带入的;第三类是一些自愿接受《民法典》的国家,其中有威斯特伐利亚(1808)、汉诺威、巴登、法兰克福及拿骚等大公国(1810),此外还有瑞士数州、自由市但泽、华沙大公国、伊利里亚诸省和那不勒斯王国。当然,各地接受和实施拿破仑《民法典》的程度实际上并不相同,在日耳曼和意大利的一些地方,都爆发过强烈的抵制,或者用自制的民法典取而代之。①

3.12 重商主义与殖民主义:世界的联系与分割

殖民地的开拓和发展与重商主义的思想和政策有极大的关系。因为重商主义者把货币看作财富的唯一形态,而财富的源泉又只有两个:一个是开采金矿,另一个则是发展商业,特别是发展对外贸易。15、16世纪,在欧洲只有德意志有较大规模的金矿开采,其他大多数国家在金矿开采方面不是数量很少就是根本没有。即使是在德意志,开采的数量也远远不足以应付其对货币的巨大需求。因此,当时的重商主义者把发展对外贸易看作财富的主要来源,同时也积极寻求海外金矿产地。例如,英国理查二世统治期间(1377—1399),国王曾咨询于伦敦造币所:采取何种手段可使英国避免财政困难?当时该所人员理查德·艾尔斯伯利回答说:英国没有金银矿藏,所有的金银都是从外国输入的,并提出:如果我们使英国向外国购买的商品,少于我们出售给外国的商品数额,大量货币就会从外国流回英国。

西方的殖民活动最初是以个人名义进行的。如前所述他们可能是商人,也可能是贵族和官吏,但往往是王室成员或亲王之类,因为只有他们才能获得必要的支持。但很快,个人被一种合伙公司取代,这类公司的组织和运作有以下特点:(1)以合伙为集资方式;(2)一般得到了国王的特许;(3)不仅从事贸易而且从事殖民。因此,它们不仅是一种"垄断公司",而且是殖民活动的组织者,并对所从事的事业享有治权。英国是这类公司的发源地,但很快为法国、荷兰等国家所仿效。英国在1553年到1580年间就组织了49个垄断公司,其中最著名的是1600年组建的"东印度公司"。法国在1599年到1789年间至少组建过75个垄断公司,其中最著名的也是"东印度公司",它曾于1605年、1615年、1665年三次重组。荷兰在1602年组建"东印度公司",1617年又组建"西印度公司",东印度公司初创时

---

① 参见梅特兰等:《欧陆法律史概览:事件,渊源,人物及运动》,上海人民出版社,2008年,第237—238页。

资本就达645万盾,其中阿姆斯特丹商会持股为56.9%。无论在哪一个国家,这类公司的董事大多是主教、贵族和王室宠臣,当然也包括商人。各国一般在王室之下设"贸易局""殖民局"或专门委员会,总揽对外贸易和殖民活动。而为了维护本国的特权和利益,还常常派海军为其护航,其中西班牙的做法最为突出。

西方近代殖民运动的开端是以1415年葡萄牙对北非休达的占领为标志的,其组织者和领导者是航海家亨利王子。其后,西方的探险和殖民活动朝两个方向展开:向西,横渡大西洋向美洲拓殖,其开拓者是为西班牙效劳的热那亚探险家克里斯托弗·哥伦布(1451—1506)。他于1492年8月3日率领由三艘船组成的船队,从巴罗士港经加那利岛抵达巴哈马群岛的华特林岛,并于1496年在伊斯帕尼奥拉的圣多明各建立了西班牙在美洲的第一个殖民据点,由此揭开了发现和拓殖美洲的新时代。向东,就是绕过非洲,横渡印度洋,向印度、东印度群岛乃至东亚拓殖,其开拓者是葡萄牙航海家瓦斯科·达·伽马(1469—1524)。他于1498年成功地绕过非洲抵达印度,首次直接建立了西欧与东方的贸易联系。但无论是向

葡萄牙的探险船队

西还是向东的探险和航行，其最初的目的和动力都是为了寻找通往东方的新航路。据考证，当年哥伦布出发去进行他的伟大航行的时候，在他的文件袋中就带有一封天主教徒国王们给东方"大汗"的信，同时还带有一份用拉丁文写的护照。

西方人的探险和殖民活动，第一次使分散和孤立的世界各地区连成一体，而象征着这种联系的是1519—1522年麦哲伦船队的环球航行。麦哲伦的船队从西班牙出发，渡过大西洋沿巴西海岸南下，再通过南美大陆和火地岛之间的海峡进入"大南海"即太平洋，然后经菲律宾群岛、宿务岛、马鲁古群岛、印度洋及非洲南部的好望角，返回西班牙。但麦哲伦船队的环球航行，从全球联系的角度看仅具有象征意义而已，因为它并没有在各地之间建立起具体联系。而以西欧为中心建立全球联系的活动，向东方展开的过程可分为三步：第一步是在印度建立殖民地，可以1502年和1510年葡萄牙人占领卡利库特、果阿为标志；第二步是打开清朝统治下的中国的大门，可以1840年中英鸦片战争的爆发为标志；第三步则是打破日本的锁国政策，可以1854年日美《神奈川条约》的签订为标志。其向西展开的过程亦可分为三个步骤：第一步是葡萄牙人对西非沿岸马德拉、加那利和佛得角三大群岛的"发现"、占领和殖民，它完成于15世纪初至15世纪中叶；第二步是西班牙人对美洲的"发现"和殖民，可以1496年在圣多明各建立第一个西班牙美洲殖民地为标志；第三步则是西班牙人以墨西哥为基地征服菲律宾，完成于1564年至1637年，有名的"大帆船贸易"就发生在这一时期。① 这两个方向的扩张运动，最后在太平洋上相遇于东经120°—140°之间，这时一种全球性的联系才算建立起来。建立以西欧为中心的全球性联系，只是15世纪以来资本主义扩张的一种趋势，与此同时发生的还有另一种趋势：世界在新的条件下重新被分割和瓜分。

美洲被划分为中南美和北美两大部分。中南美是西班牙和葡萄牙统治的天下，因殖民者主要讲拉丁语而称之为"拉丁美洲"。除葡萄牙人占领的巴西外，其余大部分为西班牙的殖民地，西属美洲按其被征服时间又先后被分为四个总督区：(1)1535年设置的新西班牙总督区，以墨西哥城为中心；(2)1542年设置的秘鲁总督区，以利马为中心；(3)1718年设置的新格拉纳达总督区，以波哥大为中

---

① 葡萄牙、西班牙在拉丁美洲殖民初期的一个重要活动是开采银矿，所铸"西班牙银元"主要通过三个途径流向世界：一是直接流入西班牙；二是经英属或法属加勒比岛屿进入英、法两国；三是通过与菲律宾之间的"大帆船贸易"进入中国市场。但流入西班牙的银元没有转化为资本，大多花在各种战争中了。

心;(4)1776年设置的拉普拉塔总督区,以布宜诺斯艾利斯为中心。北美则主要是西、英、法三国角逐的舞台。早在1528年,西班牙殖民者就从古巴出发来到佛罗里达,到1565年已征服整个佛罗里达半岛,1565年建立的圣奥古斯丁成为后来美国境内最古老的城市。法国对北美的争夺始于1524年,但直到1605年和1608年才在罗雅尔港和魁北克建立了它最初的两个殖民据点。不过,此后法属加拿大扩展很快,形成了大西洋沿岸、圣劳伦斯河流域两大区域及魁北克、三河城、蒙特利尔等重要城市,到17世纪末又把它的殖民地延伸到密西西比河流域,并在那里建立起以新奥尔良为中心的"路易斯安那"领地。英国在北美的殖民活动开始得晚,1607年才在詹姆斯顿建立第一个殖民地,但到1732年已占领了阿巴拉契亚山脉以东大西洋沿岸的整个狭长地带。英国在北美的殖民活动最为成功,它采取的是农业殖民制度,因而得以稳步推进。

亚洲的分割最为复杂。虽然早在16世纪初葡萄牙人就占领了印度的果阿等地,但自1600年英国东印度公司建立后在印度的殖民活动才加快进展:1607年占领印度西海岸的苏拉特;从1613年至1690年先后在苏拉特、马苏利巴丹姆、马德拉斯、孟买和加尔各答建立商馆。虽然从1670年起法国也加入争夺的行列,并建立了一系列殖民据点,但英国趁莫卧儿帝国衰落之机于18世纪中叶一举征服印度,并实际上在1763年英法七年战争结束后将法国的殖民势力排挤出印度,只让其在印度保留本地治里等5个通商城市。印度尼西亚主要是荷兰的殖民地,虽然葡萄牙人早在1511年荷兰人控制印尼之前就占领了马六甲海峡,但1580年它被西班牙吞并后殖民势头就被遏制。1602年成立的荷兰"联合东印度公司"拥有很大权力,开始在印尼各地侵占土地、建立商馆、派驻军队,1619年占领雅加达并改名巴达维亚,从此荷兰在印尼有了一个殖民活动的中心,到1641年终于又从葡萄牙人手中夺得了马六甲的控制权。荷兰人由于完全控制印尼香料的生产、收购和销售,使自己在印尼的殖民统治免受其他国家的挑战,即使一度为强盛的英法所染指,但在1814年拿破仑帝国崩溃后,印尼再度归属荷兰。菲律宾虽然只是一个群岛,但在亚太地区具有重要战略地位,葡萄牙和西班牙为此进行了激烈的争夺,但即使是强大的殖民帝国西班牙对菲律宾的占领也经历了一个多世纪的时间(1525—1673)。最先落入西班牙之手的是三描岛(1569)、吕宋岛(1571)等,到17世纪中叶已控制了中部和北部地区。西班牙殖民者在菲律宾设有总督,把全国分为34个省,以马尼拉为中心,总督总揽行政、司法、军事和财政大权,但要受墨西

绘有欧洲人形象的印度织品

哥副王的节制。中国是亚洲一个历史悠久的大国,西方殖民列强企图吞并中国并不容易,转而采取蚕食其领土的政策,先是葡萄牙殖民者于1557年起非法强占澳门,接着是从1622年起荷兰、西班牙先后入侵台湾,虽然台湾于1642年被荷兰完全占领,但汉族和高山族人民的反抗一直未断,1662年终为郑成功的军队收复。但1840年鸦片战争后,中国的大门被打开,英国、法国、德国以及沙俄等列强加强了对中国的掠夺,中国重又面临民族危亡的考验。

自15世纪开始,古老的非洲也成为西方列强瓜分的对象。葡萄牙人在1415年占领休达以后,就以休达为基地、以"几内亚公司"为工具,逐步建立起庞大的葡属西非帝国。1502年以后,又以征服基尔瓦为标志,开始了建立葡属东非帝国的过程,到17世纪已控制了从索法拉到摩加迪沙的一系列沿海城镇。由于当时非洲除沿海地区外大部分还不为外人所了解,加之美洲和亚洲已成为西方列强争夺的重点,所以虽然西方列强对非洲的殖民活动不断,如1492年以后西班牙开始征服北非沿岸、1571年葡萄牙在安哥拉建立殖民地、1628年葡萄牙灭姆韦内穆塔帕帝国、1652年荷兰在南非开普敦建立殖民地、1659年法国在塞内加尔海岸建立商站、1665年葡萄牙灭刚果王国等等,但在从15世纪至18世纪的大部分时间内,西方列强对非洲掠夺的主要形式先是黑奴贸易,后是把被解放的自由黑人送回非洲,在那里建立自由黑人殖民地。如1787年英国在塞拉利昂,1820年美国在利比里亚,1846年法国在加蓬,都先后建立了这样的殖民地。至1876年,西方国家在非洲所占土地仅为非洲领土的10.8%①,直到1884年11月至1885年2月关于非洲问题的柏林会议以后,一场西方列强瓜分非洲的狂潮才勃然而起,非洲被迅速瓜分。

澳大利亚远离亚欧核心文明地带,又为大洋阻隔,虽然自中世纪以来许多人曾揣测有一"南方大陆"(Terra Australis Incognila),但很长时期内并不为外人所知晓。《马可·波罗游记》指出,马来半岛之南尚有爪哇,爪哇之南还有许多岛国,以为凡人类所需物品无不生产,于是引起欧洲商人和探险家的无限兴趣。1526年葡萄牙人发现新几内亚,1605年西班牙托勒士又发现新几内亚与澳大利亚之间的海峡,但澳大利亚本土始终未被发现。直至1605年,荷兰人詹森乘一小舟由爪哇向东航行,经班达海自新几内亚南岸向南,终于到达了澳大利亚东北部,澳大利亚的存在才第一次为世人所证实。但此后荷兰人全力关注于东印度之开发,竟在澳大利亚的探险和开发方面毫无进展。到1688年,才又有英人威廉·丹皮尔经帝汶岛而至澳大利亚西北部,使澳大利亚再次为欧洲人所发现,但英国最初亦不把澳大利亚的开发放在心上,只把它当作遣送和安置犯人的处所。英国在澳大利亚的第一任总督菲利普上尉以及他率领的第一批犯人就是在这样的情况下,于1788年首次抵达澳大利亚定居的。无论当初英国是否把它当作自己的正式殖民地,这一事件已成为英国开拓澳大利亚的划时代的开端。

自15世纪以来,西欧列强在世界各地奔走、探险、殖民、掠夺,所涉地域辽阔、形式多样,但从性质来看无非两大类型:一类是以美洲为代表的殖民地,这类殖民地或者杳无人烟,或者有少量土著居民,殖民地是以欧洲移民为主体建立起来的,它们一般被称为"自由殖民地";另一类是以印度为代表的殖民地,这类殖民地早已存在着高度发达的传统社会,殖民者的权力建立在对大多数土著人的统治的基础之上。"殖民地"最初的含义是开拓和种植,如果按其最初的概念来看,只有"自

---

① 其中,英国占4.1%,法国占2.8%,葡萄牙占0.7%,西班牙占0.8%,布尔人占2.4%。

由殖民地"才是真正意义上的殖民地,但这显然不足以涵盖15世纪以来西方殖民活动的全部内容。中华文明和印度文明遭到同样的摧残,华工贩运和黑奴贸易一样残酷,对印第安人和澳洲土著的种族大屠杀惨绝人寰,这些都不是"拓殖"二字可以掩盖的。

3.13 一场静悄悄发生的革命:原工业化、科学革命和工业革命

从16世纪到18世纪,随着资本主义作为一种新的生产方式在欧洲诞生,有两大浪潮同时在欧洲酝酿和孕育:一个是资产阶级革命浪潮,另一个是工业革命浪潮。不过与前一个浪潮不同,工业革命浪潮不是轰轰烈烈进行的,而是悄悄发生的。它由原工业化开始,中间经过科学革命的推动,最后才在工业领域形成革命。

当资本主义作为一种新的生产方式产生的时候,由商业资本向工业资本转化的形式多种多样,但主要集中在采矿业、航运业和纺织业。而这三种形式虽然在各资本主义产生的国家都普遍存在,但由于环境和条件不同,重点又大不一样。在意大利航运业比较突出,在德意志采矿业比较突出,在英格兰纺织业比较突出。而与航运业和采矿业相比,纺织业在行业上又自有其特点:第一,它与国民生活息息相关,有广阔的销售市场;第二,它属于轻工业,在技术上要求不高;第三,由于有广阔的市场,资本的周转和积累比较容易。这使英国资本主义的发展带有了与其他西欧国家所不同的特点,即资本主义由工业向农业、由城市向农村转移,最终对传统农业进行广泛而深刻的改造,从而为英国经济的起飞即工业化准备了充分的条件,这是在别的国家中所罕见的。而在14、15世纪之交建立和发展起来的"乡村工业"不仅在这种转移过程中起着独特的作用,也成为经济起飞即工业化的直接起源,这就是所谓的"原工业化"过程。

英国的毛纺织业有悠久的历史。据记载,早在1266年,英国就建立了羊毛中心站,负责羊毛贮藏、交易和出口。在1300年英国30万英镑的出口中,羊毛出口占93%。13、14世纪,英国的乡村呢布业已如雨后春笋,它生产的呢布已分为精纺和粗纺两种,而以粗纺为主。14、15世纪之交,资本主义关系侵入这类"乡镇工业",其主要的形式就是所谓"外放加工制度"(putting-out system),即由城镇商人提供资本和原料,分发给乡村农户分别纺织,然后再由商人本人或他们的代理人

把产品收集起来,并负责销售。例如,在 1394—1398 年英国呢布检察官留下的账册中,萨福克郡所交验的 733 匹呢布是由 120 名呢布制造者提供的,科吉舍尔郡所交的 1200 匹呢布是由 9 名呢布制造者提供的,布雷特利郡所交的 2400 匹呢布是由 8 名呢布制造者提供的,而李尔兹伯里城登记的 660 匹宽呢则是由 158 人交验的。这充分说明,分散的资本主义工场手工业当时已在英国普遍存在和发展。这种情况在荷兰、法国、西班牙和意大利自然也不同程度地存在,但它们之中没有一个国家像英国那样普遍、典型。与毛纺织业相比,英国的棉纺织业起步很晚,直到 16 世纪末才由佛兰德斯移民带入,17 世纪中叶才在曼彻斯特初建。在此之前,英国人穿的棉织品主要是从印度输入的印花布。

在英国发生的"原工业化"过程,在诸多方面为以后的工业革命准备了条件。首先,毛纺织业的极度繁荣直接刺激了"圈地运动"的扩大,因为毛纺织业的发展是以羊毛为基本原料的,它促使许多商人和乡绅圈占公有土地和农民土地以便开办牧场,而圈地运动的扩大所造成的一批又一批农民破产,也就为工业革命的发展提供了劳动力的来源;其次,在原工业化时期,毛纺织业依赖于城镇商业资本,使商业资本找到了大规模地转化为产业资本的经济形式,而且使商业资本成为家庭工业与外地市场特别是海外市场之间的桥梁,促进了传统的乡村工业的转型即商品化;再次,在原工业化过程中,随着大批传统的乡村工业转型和商品化,家庭工业的创立者和劳动者日益与土地和农业分离,并不得不更经常地从市场上获取他们必需的粮食和生活资料,这就促使越来越多的农场主转入商品生产;最后,在原工业化初期,家庭工业的生产者本是以务农为主的,但随着家庭工业的商品化和扩大化,家庭成员中的分工和专业化日益增强,以致最终完全放弃农业生产,转向专门从事工业生产。所有这些都是进一步工业化的必要前提。

当原工业化运动在英国如火如荼展开的时候,一场不大肆声张但影响深远的科学革命发生了。这场科学革命始于 1543 年出版的哥白尼的《天体运行论》,而止于 1687 年出版的牛顿的《自然哲学的数学原理》。其背景是:自 12 世纪以来,欧几里得、亚里士多德等撰写的希腊经典相继被翻译传入欧陆,基督教化的亚里士多德学说开始在欧洲大学中占据优势。与此同时,技术传统逐渐在工匠中形成,商人们开始学习阿拉伯算法。到 14 世纪唯名论者又把严密的逻辑学渗透到自然科学领域,酝酿着对经院主义的亚里士多德学说的批判。在文艺复兴和宗教改革浪潮的启发下,16 世纪和 17 世纪初,以达·芬奇为代表的学者开始把中世纪

艾萨克·牛顿分析光的性质

形成的技术传统与学术传统相结合；而由印刷术的传入和新教的兴起形成的出版文化，则把在此之前与文字根本无缘的人们引入知识世界，于是在新兴的知识分子中亚里士多德主义被实用主义所取代。新兴的资产者和商人还开始把自然视作可以利用和改造的对象。在16和17世纪产生了一批着眼于实验而形成独特逻辑的思想家，如F.培根的《新工具》所阐述的逻辑体系已形成对亚里士多德学说的明确挑战。这个时期，科学在实践中取得的进展层出不穷。哥白尼的"地动说"对托勒密体系发起挑战，表明根据感觉对世界进行的描述是不可靠的。伽桑狄强调实用主义，笛卡儿提出"系统的怀疑"，导致了空间的几何化。伽利略在阿基米德的基础上，把实验与数学结合起来，形成了崭新的数学化科学。此外，还有波义耳的粒子论、笛卡儿的机械论的生命观，以及牛顿和莱布尼兹发明的微积分。特别是后者使数学从希腊几何学中脱身而实现代数化。结果，牛顿仅用几个数学法则就概括了各种自然现象，以致各种学问都开始以他的数学动力学为模式。在这种情况下，英国皇家学会、法国皇家科学院先后于1660年和1666年成立，1665年3月英国皇家学会还创办了会刊《哲学会刊》。确定、统一及普及学术用语的方法也在此期间形成。这次科学革命无论在世界观和方法论上都取得了突破性进展，其中最重要的是牛顿提出的以三大运动定律即惯性定律、运动公式和作用与反作用定律为标志的经典力学。之后，人们开始用牛顿力学来解释自然现象，并利用这些成果从事机械的发明和制造，由此产生了人类社会的机器文明与产业革命。

英国的工业革命首先是一场技术革命，且首先发生于棉纺织业领域，而不是毛纺织业领域。这是因为棉纺织业不仅和毛纺织业一样是轻工业，而且是一项新兴的轻工业。早在1733年，机械工约翰·凯伊（John Kay）就发明了飞梭。在此之前织布用的梭子靠人手在经线中掷来掷去,又慢又费力。而飞梭是用手拉动绳子,使两个吊在横杆上的木槌敲打梭子来回沿滑槽跑动,织布效率提高了两倍。由于它的出现造成了棉纱供应的不足,即"纱荒",这引起了织布工兼木匠詹姆斯·哈格里夫斯的关注,乃于1764年发明能同时纺出8根纱线的"珍妮纺纱机"(The Spinning Jenny),使"纱荒"问题迎刃而解。此后,他又不断加以改进,使一台机器能同时纺出80根纱,所以此机器推广很快,18世纪80年代末全国已有2万台投入生产。但由于珍妮机是靠手摇的,纺出的纱因用力不均而粗细不一,人们希望能够找到一种节省劳力又用力均衡的办法。1769年,理发匠理查·阿克莱特模仿他人的发明,制造出一种用水力转动的纺纱机,并于1771年建立了英国第一座水力纱厂。他虽然不是此机器的真正发明人,但却是建立现代工厂制度的第一人。到1785年,埃德蒙·卡特莱特发明水力织布机,把织布的速度提高了40倍。这样,由纺到织的整个流程就已建立在机器生产的基础上。但这些改进不是没有缺点,因为它们要受到自然条件的限制,在没有水力的地方就无法推广,于是动力再次成为问题。这一问题在蒸汽机发明后才得以解决,而蒸汽机的发明得益于纽可门和瓦特两人。托马斯·纽可门在1705年发明了一种蒸汽机,但由于水是在气缸内蒸发的,效率不高。1784年,瓦特经过无数次试验最终把冷凝工序从气缸中分离出来,通过一个阀门把蒸汽引到始终保持低温的冷凝器内冷却,使气缸始终保持高温状态,从而提高了机器的工作效率。蒸汽机把热能转化为机械能,是动力方面的一次巨大变革,它的发明和使用标志着工业革命时代的真正到来。1785年蒸汽机开始用于棉纺业,1789年又开始用于织布业,到19世纪上半叶它已在采矿、冶金和运输等领域广泛采用:轮船(1783)、铁路(1803—1829)、公共汽车(1824)。蒸汽机的作用和影响是那样大,以致我们可以把这个时代称为"蒸汽时代"。技术革命是生产力的革命,它最终将体现在劳动生产率上。据统计,到15世纪20年代,工厂纺纱工用机器纺纱,每人每天可生产100支纱,是手摇纺纱工效率的250倍,1710—1740年英国棉纺织业的年平均增长率只有1.4%,而1740—

珍妮纺纱机

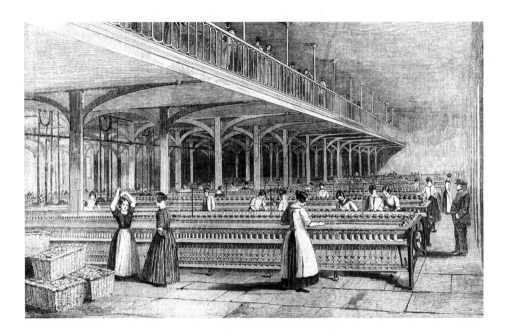

英国的纺织工厂

1770年提高到2.8%，1770—1810年则达到8.5%。但工业革命绝不仅是生产力革命，它必将演变成一场社会革命。工厂制度的建立不仅造就了一个新兴的产业资产阶级，从事机器生产的产业工人在各行各业中的比例也发生变化：1841年，这个比重在棉纺织业中已占68.7%，在毛纺织业中占50%，在丝织业中占40%，在机器制造和钢铁业中也迅速增长。

由于工厂制度的建立，许多新兴工业崛起，城市人口也迅速增长，到1850年城市人口已占全国人口的50%，至1871年这一比例已达到62.8%，英国成为世界上第一个都市化国家。除古老而又发展迅速的政治、经济、金融和文化中心伦敦之外，随工业革命发展起来的新兴城市有伯明翰、曼彻斯特、利物浦和谢菲尔德等，曼彻斯特和伯明翰分别成为英国最大的纺织和钢铁工业中心。由于新兴工业和城市大多集中于西北部，所以这个时期人口迁徙出现了另一大潮流，这就是从传统农业区的东南部流向西北部，而不仅仅是垂直方向流动。这场社会革命也逐步扩及农业领域，其突出的表现就是1789—1820年间发生的"圈地运动"，使残存的独立小农和茅舍农丧失土地达371万英亩，最终消灭了传统的自耕农阶级，英国成为第一个消灭了传统农民的国家。在农村取而代之的主要是三个阶级：大土地所有者、资本主义租地农场主、农村雇佣劳动者。

3.14 工业革命向大西洋两岸传播：工业世界在西方的形成

出于竞争的需要，英国政府对工业革命中产生的知识和技术采取了严格保密的做法，禁止其出口，甚至也不准拥有技术的人员移民。但知识和技术是不分国界的，18世纪末至19世纪初，发生于英国的工业革命以各种各样的方式从英伦三岛向大西洋两岸扩散、传播，从而把欧洲的比利时、荷兰、法国以及北美的美国首先纳入工业化国家体系。这是工业世界在西方形成的标志，是扩大了的资本主义"核心地区"。

比利时位于荷兰和法国之间，和英国隔海遥遥相望，是欧陆最早受英国工业革命影响，并从中受益的国家之一。托马斯·纽可门于1705年设计的发动机是1712年首次在米德兰兹投入制造的。其工作原理是将蒸汽注入气缸，用冷水喷射使蒸汽凝缩，由大气压压动活塞做功。它可广泛用于井下排水，但即使在英国，直到1769年也只在英格兰北部安装了100余台。在比利时的列日省，1720年就已制造和出口纽可门蒸汽机，这距英国第一台纽可门蒸汽机的诞生仅8年。由于在列日地区的矿山中只用简单的输送管道就可使水从矿井流往较低的溪谷，因而那里很早就有纽可门蒸汽机出口，但列日省本身在采用这种机器方面却非常迟缓，到1760年采用的不超过4台，到1812年也只有10台，直到1820—1830年才开始普遍使用蒸汽机，1839年时用于抽水的蒸汽机已达31台。与此相反，位于比利时西部的博里纳日省，1727年就开始采用纽可门蒸汽机，先是在洛德伊萨尔，然后又在帕蒂拉日，之后迅速遍及整个地区。1838年时，该地区采用的水泵有90%属于纽可门类型。但早在1814年，瓦特改良的新的蒸汽机就开始引入博里纳日地区，而且型号不止一种。在沙勒罗瓦地区，蒸汽机的使用更是迅速，1830年时128个矿井中只有8台，1831—1835年每年新增1台，1836年和1837年每年增加5台，1838年一年就增加17台。英国工业革命的成果之所以在比利时得到如此快的传播，是因为在比利时和法国交界的地方有丰富的煤矿和铁矿，它们均属于德国鲁尔矿脉的一部分，该矿区由西向东穿越了比利时，所以最初引进的蒸汽机主要就用于采矿业。与英国相反，比利时纺织工业中采用机器生产晚于采矿业。在毛纺织业中，从1799年起开始采用英国的先进技术，这一年精通纺织技术的英国人威廉·科克里尔来到比利时,在羊毛工业中心韦尔维那开办了一家纺纱机制造厂,到 1789 年这类公司发展到 150 家。根特是比利时另一个纺织业中心,18 世纪初以前所用原料主要是羊毛,18 世纪初为亚麻,18 世纪中叶以后改用棉花。把英国纺纱机和蒸汽机引入根特的是一位叫里艾温·波温的本地商人,他在 1801—1803 年间先后在巴黎和根特建造了三座纺纱厂。1830 年时根特拥有的纱锭为 28.3 万枚。

荷兰是最早产生资本主义萌芽的国家之一,曾经有相当发达的工场手工业。但荷兰是个小国,又是一个典型的低地国家,没有什么值得开采的矿藏,所以它积累起来的资本后来主要流向商业和航运。18 世纪中叶当英国迅速走向工业革命时,荷兰的工商业却还处于衰落状态。以造船和纺织这两大支柱产业为例,1707 年全国虽仍有 60 家船厂,但所造船只无论大小尚有 306 艘,到 1793 年时竟减少到 1 艘。荷兰本是毛呢的纯出口国,但到 1814 年已变为纯进口国。1811 年时,荷兰北部及乌德勒支的帆布产量不足 6000 匹,所雇工人仅 48 人。正因为如此,尽管纽可门式蒸汽机早在 18 世纪上半叶就传入荷兰,但在整个 18 世纪荷兰的工业革命却停滞不前,这种情况一直持续到 1830 年。拿破仑统治结束后,比利时曾一度(1815—1830)和荷兰合并,1830 年与荷兰分立时,一批倾向于荷兰政制的比利时纺织业者移居北方,同时也带来了比利时先进的纺织技术和资本,才使荷兰获得了开展工业革命的机遇。比利时资本家的移居地主要集中于沿海的莱登和哈勒姆,所以这里便成为荷兰新兴的棉纺织工业的重要基地。以哈勒姆为例,1836 年该市三个移民工厂所雇工人就达 1146 人,包括家属在内的工人人数占全市人口的 1/4。哈勒姆第一家完全机械化的纺织厂的创办人就是比利时工业家威尔逊。1832 年以后,在荷兰东部的特文特形成了另一个现代化的棉纺织业中心。这个地区原来的纺织业主要以亚麻为原料,18 世纪晚期才引入了棉花,19 世纪 30 年代棉织业始具有重要地位。1833 年出现了转折,这一年荷兰贸易公司董事兼秘书德·克勒格接受英国雇员埃斯沃斯的建议并取得王国政府同意,在哥尔村创办棉织学校,政府又贷款 4 万盾在当地建防纱厂,不久英国的飞梭织布技术就在当地得到推广,因此生产得以迅速发展。据统计,1834 年时,特文特向东印度出口的棉布已达 13200 匹,到 1840 年又增加到 678222 匹,为 6 年前的 51 倍。这一年,仅特文特地区为荷兰贸易公司从事出口精纺棉布的劳工就达 1.46 万人,加上其他纺织业所使用的劳动力,占当年该地区总人口的 50% 左右。荷兰的第三个现代化纺织工业中心19世纪初兴起于蒂尔堡。早在1809年至1812年，此地已建立了5家采用简单机械和集中劳动的毛纺厂，到1827年荷兰纺织业中的第一台蒸汽机已从国外购进并安装于范·多伦的工厂，至1839年这类蒸汽机在全市增加到20多台，成为该地区向工厂制度过渡的强大动力。到1870年，在蒂尔堡的呢绒业中，家内制工人的比重已降至29%。除了纺织业，蒸汽机的使用也逐渐扩大到其他行业，荷兰的第一条铁路即由阿姆斯特丹至哈勒姆的铁路于1839年通车，距世界上第一条铁路通车仅晚十几年。但由于荷兰纺织业机械化速度较慢，荷兰整体工业化、机械化的速度明显迟缓，到1853年荷兰拥有的蒸汽机总数不过392台，而比利时1850年时已达2040台。铁路发展也是如此，1850年时比利时铁路线总长达861公里，而荷兰只有它的1/5。

　　法国是又一个最早受英国工业革命传播影响的国家。它虽然是欧陆封建主义的重要堡垒，但同时也是重商主义的重要阵地，产生过柯尔伯这样著名的代表人物，在路易十四时期就创建了带有资本主义性质的国家工场，这就为工业革命的传播提供了条件。所以，在法国革命爆发之前，一些英国革命中的重要发明就已先后在法国找到了落脚点：纽可门蒸汽抽水机于1732年传入昂赞，瓦特的改良型蒸汽机于1782年运到了勒克勒佐，珍妮纺纱机也于1782年前后传入了法国。法国革命的爆发虽然一度使这种传播受阻，但在拿破仑上台后这种情况明显改观。这是因为：第一，拿破仑专制的建立使法国社会由乱而治，一系列鼓励工商业的政策得以顺利推行，例如1800年建立法兰西银行，1801年成立"奖励民族工业协会"，1808年制定《商务法典》，1810年建立"工厂和作坊管理委员会"，等等；第二，拿破仑利用他所向披靡的军队占领了欧洲近一半的领土，包括荷兰、意大利和德意志诸国，他不仅直接从他所占领的地方掠夺大量财富，还通过课税等手段使法国的国库得到补充，为法国积累了资本；第三，拿破仑的大陆封锁政策切断了英国和欧陆的贸易联系，迫使法国及大陆各国生产自己的工业品和生活日用品，从而间接地促进了法国自身的工业革命。还须提到，1794年综合技术学校在法国的建立被认为是"第二次科学革命"开始的标志，因为它不仅使科学从此成为专门的职业，而且把教育变成了首尾连贯的整体，从而使科学内容发生了变革。所以，第一法兰西帝国时期被认为是法国工业革命正式起步的时期，1815年时各行各业采用的蒸汽机总共不过15台，而到1820年时仅采矿业中采用的蒸汽机就达65台，到1830年全法国所采用的蒸汽机增加到625台，其总马力在1万匹以上。这时，工业革命的浪潮已波及法国各行各业,包括棉织业、毛织业、丝织业。法国第一条铁路也在 1835 年建成,初时只有 19 公里。值得注意的是:法国还是一个富于创新的国家,在此期间创办了许多新的工业部门,如 1815 年巴黎已首次使用煤气。此外,像橡皮工业、银版照相、油脂化学等行业也是在这个时期先后诞生的。

当工业革命在从荷兰到法国的广大地区如火如荼展开的时候,大西洋彼岸的北美也受到了冲击,因为那里原是英国的殖民地,甚至比荷兰、法国更多一层亲近的关系。1775 年年初,距詹姆斯·哈格里夫斯发明"珍妮机"不过十年,此机器就第一次在北美著名的工业中心做了展示,只不过它的制造人不是哈格里夫斯,而是克里斯托夫·图利。同年,在康涅狄格殖民地的诺威克,一位名叫纳萨尼尔·奈尔斯的人建造了专门的熔炉来生产棉刷和棉梳。还是这一年,1 月 22 日,一家旨在"促进美国制造业"发展的公司,即由工商业者建立的"费城联合公司"在工业中心费城应运而生。至 1791 年,来自英国的移民技工塞缪尔·斯莱特与当地资本家摩西·布朗合作,在美国的罗得岛州建立了美国第一座现代棉纺厂,所采用的就是阿克莱特式纺织机。此后,各式各样的现代型工厂在新英格兰地区如雨后春笋般涌现。在 18 世纪最后十年,蒸汽机首次用于新泽西和罗得岛的矿山排水,1803 年在纽约则首次使用于锯木厂。在此期间,美国的经济生活发生了重要的变化:第一,随着联邦制度的确立,一种全国性的经济即民族经济逐步形成,因为 1787 年宪法实际上已把北美变成了一个"自由贸易区";第二,由 A. 汉密尔顿提出的《关于制造业的报告》制定了保护关税和鼓励工商业的政策,确立了由商业资本主义向工业资本主义过渡的基本路线;第三,19 世纪初拿破仑的"大陆封锁"以及杰斐逊的反封锁戏剧性地打破了长期存在于大西洋两岸的贸易格局,迫使美国人把更多的商业资本投入国内工业生产,使美国终于正式走上了工业革命的道路;第四,在东北部发生工业革命的同时,一个群众性的向西拓殖的运动在 1814 年"第二次英美战争"之后勃然兴起,它不仅为美国东北部的工业革命准备了粮食、原料和市场,同时也推动了美国制造业向西扩张。所以,1814 年以后,新英格兰的工业革命升级,在马萨诸塞诞生了具有美国特色的"沃尔瑟姆制度",第一次把由纺到织的过程统一在一个工厂里。此外,以瓦特式蒸汽机为标志的新的生产力也开始越过阿巴拉契亚山脉向更广的西部扩散。到 1817 年,西部的匹兹堡、路易斯维尔和辛辛那提都已能自己制造蒸汽机。美国工业化的过程从一开始就与英国和欧陆不同:不仅有工业革命作为动力,还受到"西进运动"的推动。这是它的特点,也是它的优点。

这样,自 18 世纪中叶英国发生工业革命以后大约一个世纪,分布在大西洋两岸的比利时、荷兰、法国和美国等几乎同时发生工业革命并取得成功,从而使"工业世界"以英国为中心在西方初步形成。这个"工业世界"的范围超过了资本主义萌芽时期由英国和荷兰构成的核心地区的范围,同时又处于一个更大范围即正在形成的世界资本主义体系的核心地位,它实际上是一个扩大了的资本主义核心地区。

3.15　西欧革命和改革向纵深发展:以 1832 年英国议会改革为典型

工业革命用大机器武装了资产阶级,使工业资产阶级成为资产阶级的主体。工业资产阶级以及整个资产阶级在各国社会经济中的作用越来越大,使他们不再满足于已有的政治地位。从 19 世纪 30 年代起,西欧各国的资产阶级,特别是工业资产阶级开始掀起一个又一个运动,进一步从土地贵族手中夺取权力,从而使西欧的革命和改革向纵深推进。这一潮流从法国 1830 年革命开始,经过 1832 年英国议会改革,一直发展到 1848 年的欧洲革命。其中,以英国的议会改革最为典型。

法国 1830 年的革命是该国第二次资产阶级革命,是为了反对复辟王朝的斗争。但它并不是 1789 年大革命的重演,而是在新的条件下进行的新的革命,动力和结果均不一样。因为自大革命以后,法国已开始了由农业国向工业国的转变。据统计,在 1789—1815 年和 1825—1875 年期间,工业在国民收入中的平均比重由 20% 提高到了 25%。1815 年 6 月 18 日的滑铁卢决战最终改变了法国革命的形势。路易十八重新坐上了国王的宝座,拿破仑被流放到大西洋的圣赫勒拿岛。法国大革命中建立起来的政治制度被抛弃了,路易十八"恩赐"给法国一部"宪章",日期落款为路易十八临朝十九年(1814),他根本不承认有过什么共和制,也不承认有过什么执政府、帝国,象征革命的三色旗也被白色旗取代。按照"宪章",国王掌握全部行政权,同时又是武装力量的总司令。立法权由国王和议会分割,但贵族院议员是由国王任命的,而参选众议员的财产资格规定为其所纳直接税不少于 1000 法郎。以哲学教授罗埃-科拉尔为代表的君主立宪派主张坚决遵守 1814 年宪章,认为它是合法的君主政体、贵族院、天主教和公民平等、自由的经济活动与选举的众议院的结合。他们既反对贵族政治的特权，也反对民主政治和共和政体，受到了来自两个政治派别的反对。一是极右翼的保皇党人即极端的君主主义者，以路易十六的弟弟阿尔图瓦伯爵为代表。他们是昔日的亡命徒，认为宪章是"愚蠢和黑暗的产物"，国王的权力应是至高无上的。另一个反对派是资产阶级自由派，以本扎曼·孔斯旦为代表。他们虽然赞成君主立宪，但认为掌权的应是资产阶级而不是贵族，因为宪法应由议会来制定，而不应由国王"恩赐"。这三派之间的斗争决定着复辟时期法国政治的方向。1815年众议院的选举是一个重要的转折，极端保皇党人在选举中获得多数选票，使议会成为所谓"无双议院"，由它建立的非常法庭在一年之内就做出了多达9000项的有罪判决。在发生王位继承者贝里公爵①被刺事件后，保皇党人于1820年6月在议会通过了"双重投票法"，给予大地主在选举议员时两次投票的权利，结果使自由派在两三年内几乎完全被排挤出议会。1823年，法国执行"神圣同盟"的任务，派出10万大军入侵革命的西班牙，把被革命推翻的斐迪南七世重新扶上王位，然后又提出"在国内实行西班牙远征"，企图彻底镇压民主派。1824年9月查理十世即阿尔图瓦伯爵即位后，更是颁布"赔偿流亡者十亿法郎"的法令，规定凡地产在革命期间被没收的人均可获得赔偿。1829年8月，查理十世任命极端保皇派茹尔·波林尼雅克亲王组阁，当这个反动内阁遭到群众抗议时，查理十世便解散众议院并进行重选，结果反对派的席位由221席增加到270席。于是，查理十世决定彻底放弃立宪政体，乃于1830年7月25日下令取消出版和言论自由，解散新选出的众议院，大大提高选举资格以剥夺资产阶级的选举权。在此情况下，一场新的革命终于在法国爆发。7月26日，自由派新闻工作者在一次紧急会议上通过决议，表示既然政府已破坏了法制，也就免除了公民遵守法纪的义务。7月27日，因停刊而失业的印刷工人走上街头，接着各行各业的工人起而响应，其口号是："打倒波林尼雅克！"当波林尼雅克派出军队前往镇压时，工人便开始在巴黎街道上构筑街垒。27日夜，人民的示威游行演变成以建立共和国为目标的起义，第二天起义者便占领全城。29日，起义者开始进攻王宫，下午2时杜伊勒里宫便落入起义者之手，复辟王朝被推翻。这时，资产阶级自由派站到了前台，他们在银行家拉菲特家里聚会，成立了以拉菲特为首的临时政府，然后由临时政府决定拥护大银行家的"走卒"奥尔良公爵路易-

---

① 贝里公爵为阿尔图瓦伯爵的长子。

1830 年革命

菲利普登上王位。8月2日,查理十世宣布退位,并逃往英国。8月7日,路易-菲利普被众议院宣布为国王,"七月王朝"正式建立。与1789年革命不同,1830年革命的特点是:领导来自自由资产阶级,而动力来自工人群众,虽然结果仍然是君主立宪,但实权已由贵族阶级转到资产阶级,主要是金融资产阶级手中。它是法国革命深化的表现。

  工业革命所引发的最大的社会变迁发生于英国,其突出的表现是1832年的议会改革。为什么要进行议会改革?一方面,自工业革命以来,资产阶级在经济上获得了巨大成功。据统计,在1688—1770年间工业在英国国民收入中的比重由21%提高到24%,在1801—1841年间由23%提高到34%。但另一方面,在政治上,资产阶级仍然处于某种无权状态,自1688年以来土地贵族控制议会的局面并未改观。例如,有137万人口的伦敦在议会只有4名代表,平均34.25万人产生一名议会代表;而只有375人的30个"衰败市镇"却有60名代表,平均每6个居民就有一名代表。当时英国议会共有 658 个席位,其中 254 个席位代表着只有 5723 人的荒凉村镇。由于土地贵族把持议会,议会所制定的政策和法令明显偏袒土地贵族及其利益。例如,1815 年颁布的《谷物法》规定:当国内粮价不超过 80 先令 1 夸特(12.7 公斤)时,禁止从国外进口谷物,这便是土地贵族利益的反映。由于物价高,工人的工资也必须相应提高,否则无法维持劳动力再生产的能力,这就迫使工厂主增加工人工资,从而提高了产品的成本。所以,在 1830 年左右,当英国工业革命基本结束的时候,议会改革便提上了日程。走在改革运动前列的是工业资产阶级,1830 年 1 月 25 日,在黑色工业中心伯明翰成立了以银行家托马斯·阿特伍德为首的"伯明翰政治同盟",并在其宣言中提出改变"工业和商业的利益几乎全无代表的状况"。工业家弗赖尔更是明确表示:"我们现在为整个世界生产,假如我们没有自己的议员来促进和扩大我们的贸易,我们商业的伟大纪元就结束了。"支持改革的还有一部分传统的中产阶级,他们在 1831 年成立了"全国政治同盟",提出实现"人民在议会中的充分平等的代表权"的要求,并希望吸收属于辉格党的贵族,因为后者为了从事商业贸易和海外扩张,也要求改革。但代表大土地所有者、乡村地主利益的托利党贵族一直坚决反对改革并把持着政权。但自 19 世纪 20 年代起,一个以坎宁为首的"自由派"在托利党内逐步形成,并在 1830 年最终脱离托利党,与以格雷为首的辉格党改革派合流,从而导致威灵顿内阁于是年年底垮台,以格雷为首的内阁上台,改革从而得以进行。在 1831 年一年之内,格雷内阁先后提出了三个改革法案,其内容大同小异。由于托利党的反对,第一个改革议案在下院被否决。第二个议案虽在下院通过,但又被上院否决,这引起全国性的抗议,许多地方发生民众暴动。当第三个议案再次被上院否决时,伯明翰 30 万人集会以示抗议,格雷也以内阁总辞职相威胁,国王被迫要求格雷重新组阁。1832 年 6 月 4 日,议案在上院通过,6 月 7 日由国王批准为法律,议会改革终成事实。1832 年议会改革的主要内容是:居民不满 2000 人的 56 个"衰败市镇"丧失代表权,有 2000—4000 居民的 30 个"衰败市镇"可各选派一名代表;所空出的 143 个代表席位,65 个给新兴工业城市,65 个给英格兰较大的郡,8 个给苏格兰选区,5 个给爱尔兰。在城市,凡全年房租收入不少于 10 英镑者以及缴纳房租不少于 10 英镑的房客可享有选举权;在农村,凡全年收入不少于 50 英镑的土地所有者或年缴纳租金在 50 英镑者也可享有选举权。这次改革使全英选民人数由原来的 43.5 万人增加到 65.2 万人,主要受益者为工业资产阶级和金融资产阶级。

结果，代表资产阶级利益的辉格党和自由党终于夺得了政治上的优势，仅从1830年起的55年中就9次组阁，执政时间长达41年。这种政治上的改变很快就在经济上反映出来，先是在1846年废除《谷物法》，后又在1849年废除《航海条例》，使贸易垄断政策让位于"自由贸易"政策。这样，英国便终于迎来了一个新时代——自由资本主义时代。

以1848年1月22日意大利巴勒摩起义为开端，欧洲经历了一次全欧性的革命。继巴勒摩起义后，2月22日在法国巴黎、3月13日在奥地利维也纳、3月15日在匈牙利佩斯、3月18日在德意志柏林、3月20日在波兰波兹南、6月12日在捷克布拉格均先后爆发规模不等的起义，运动先由东向西然后又由西向东来回激荡。按各国任务之不同，这次革命大致可分为三大类型：第一类是法国的革命，革命的任务是要推翻金融资产阶级的统治，建立工业资产阶级的统治，因为自1830年革命以来工业革命在法国有了很大进展。第二类是德意志和意大利的革命，革命在这两个地区的任务首先是完成民族统一，其次是要消灭封建残余。而在意大利，在完成这两个任务之前，还要抗击奥地利以争取独立。第三类是奥地利以及处于哈布斯堡家族统治下的匈牙利、捷克等民族的革命，其首要的任务是实现民族自决。由于工业革命这时正从西欧向中欧和东欧扩散，资产阶级和工人阶级的力量在所有这些国家和地区都有所壮大，因此当地民族独立的任务都是由资产阶级提出来的，而工人和市民则构成了所有这些起义的主要动力。例如，巴登的自由派创办的《德意志报》首先提出了在普鲁士领导下完成国家统一的主张。在意大利，以马志尼为首的资产阶级民主派首先提出意大利应建立在"三个不可分割的基础上，这就是独立、统一和自由"。匈牙利诗人裴多菲在三月革命的前夜写下了《民族之歌》，其中写道："起来，匈牙利人，祖国正在召唤！"而在普鲁士占领下的波兰则在3月20日成立了"民族委员会"，其中坚力量也是资产阶级自由派。但由于工业革命在所有这些国家和地区都尚未完成，资产阶级的主体尚未完成由商业资产阶级到工业资产阶级的转变，因此都未能完成革命赋予他们的领导任务，而先后归于失败。只有在法国，由于它当时已成为欧陆工业化程度最高的国家之一，革命被打上了典型的时代特征。这在1848年二月革命后于2月24日夜宣布成立的临时政府名单中，体现得尤为清楚。这个临时政府由11人组成，除了7人属于资产阶级共和派（如拉马丁之流）之外，还有两名小资产阶级民主派（罗兰和费罗孔）、一名小资产阶级社会主义者（路易·勃朗）和一名工人（阿尔伯）。

把小资产阶级社会主义者和工人代表纳入一个政权机构,这在世界历史上无疑是破天荒的创举,以致路易·勃朗误以为他们建立的是一个"社会民主的共和国",尽管那只不过是一位小资产者的幻想。我们只能做这样的解释:不仅工业革命的影响已经扩及整个欧洲,而且社会和政治经济的改革也正在向纵深推进。它们绝不是偶然的。

3.16 普鲁士的改革与德意志的崛起

德意志从来就不曾有真正统一的国家。962年建立的"神圣罗马帝国"虽然有一个皇帝和帝国议会,但实权掌握在各地方诸侯手中。1806年帝国被拿破仑强行解散,1815年维也纳会议决定建立的"德意志邦联"不仅包括当时许多邦国之中的34个邦及4个自由市,而且保留了"各邦的独立和不可侵犯性",在邦联中实行"自由否决权"。因此,能否实现民族的统一成为德意志崛起的首要前提和条件。

1848年,资产阶级企图用革命办法来解决统一问题,许多邦都爆发了资产阶级的民族民主运动。在巴登,自由派夺取了大公国的政权,宣布"人民主权的时代"的到来。在巴伐利亚,革命迫使国王路德维希一世退位,自由派唐-吉特马尔被任命为内政大臣。在黑森、符登堡、拿骚、萨克森等邦也相继爆发了革命运动,并都提出了改革的要求。3月18日柏林起义后,资产阶级企图走合法的议会道路,主张召开全德国民议会来解决国家统一问题。两个月后,全德国民议会在法兰克福召开,不久便通过了帝国宪法并建立了帝国政府。但由于各邦、各派对法兰克福议会本身如何限定权力范围,中央政府是采取君主立宪还是君主专制,又由哪个邦来主导整个帝国的命运等问题上意见不一,普鲁士不久就发动了反革命政变并在各地镇压群众运动,轰轰烈烈的1848年革命终于失败。德意志统一问题被搁置下来。实现民族统一的任务之所以未能在1848年革命中完成,首先是因为资产阶级的力量在德意志还不够强大,其次是各封建诸侯的力量过于强大,再次是在德意志还不存在统一的社会经济基础,最后,在各诸侯中还未形成足以完成统一的领导中心。

然而,1848年革命之后,在五六十年代,德意志的社会经济形势发生了根本性的变化。

第一,德意志农业按"普鲁士式道路"基本完成了资本主义改造。所谓"普鲁士式道路"是由封建地主经济向资本主义经济演变的道路。它有这样几个特点：(1)它不是通过革命而是通过改良来实现的,因此地主经济不是被消灭,而是被保存了下来,并在农业中占据着优势;(2)这种地主经济在废除农奴制后逐步而缓慢地演变为资本主义经济;(3)它保留了大量封建制残余,因此农民受到双重的剥削。这条道路从1807年施泰因改革即《十月敕令》开始,由1850年的"调整法"确立,在19世纪60年代最后完成。1807年敕令宣布废除农民对地主的人身依附关系,但保留了与土地占有有关的一切封建义务。1811年哈登贝格"调整法"允许农民赎买关于土地的封建义务。1821年又规定将被占的原农村公社的土地归还公社,然后在公社成员中进行分配。1850年法令规定,次要的封建义务(如打猎)无偿取消,主要的封建义务(如劳役和地租)则要通过赎买,赎买可交赎金,也可出让土地代替赎金。据统计,1816—1848年间,普鲁士已有35万农户赎回了封建义务,变成了份地所有者;而在1850—1860年间,赎买了封建义务的农户已上升到102.7万户。尽管在德意志还保留了大量封建制残余,但这些改革已构成了一场深刻的社会经济变革。

第二,从19世纪30年代开始的工业革命在五六十年代经历了决定性阶段。虽然普鲁士很早就派人前往英国盗窃过技术,但德意志的现代工业起源于19世纪初,最早用英国机器装备的现代型工厂是由英国人在滑铁卢战役后建立的。1821年,普鲁士政府在柏林建立工艺研究所,在德意志人中传播工业方法新知识,为普鲁士政府培养技术官员和工业教育人才,到该所建立16年之后即1837年时,柏林已拥有蒸汽机30台,而整个普鲁士拥有的蒸汽机马力达7500匹,至1846年更增至2.2万匹。大约从1830年起,具有相当规模的股份制企业已在德意志冶金业中普遍采用,其资本主要来自科隆的商人。由工艺研究所的学生波昔格开办的机器制造厂自1837年在柏林建立后发展很快,10年后所雇佣工人达1200人。英国式纺织机在30年代已普遍使用于亚麻、棉花和羊毛纺织业,1831年时仅普鲁士纺织业使用的织机就达9000架,而同年德意志棉织业中使用的这类机器达25500架。至1846年,柏林有4个毛纺厂,平均每个厂雇佣的工人在25人至30人之间。行会制度在德意志特别严格,虽然普鲁士在1810年就着手废除行会制度,但在其他各邦这一工作进展迟缓,所以1840年以后这一封建制度才在整个德意志被逐渐废除,到1869年才最终在整个德意志消失。所以,德意志工业革命的真正起步是1840年以后的事。据统计,从1850年至1870年,在整个德意志,棉花消费从 1.8 万吨上升到 8.1 万吨,生铁产量从 21 万吨提高到 139 万吨,煤产量从 470 万吨提高到 3400 万吨,钢产量从 5900 吨增加到 17 万吨,铁路线从 6000 公里发展到 18800 公里。到 1860 年时,全国已有机器制造厂 300 多家,主要集中于普鲁士首都柏林,柏林已成为整个德意志制造业的中心。

第三是"关税同盟"在德意志的建立和扩大。在"神圣罗马帝国"统治下,德意志长期处于诸侯专政状态,封建割据情况十分严重。据记载,直至 1800 年时,一宗货物通过易北河从汉堡运到马格德堡要付 14 次通行税,而通过美因河从班堡运到美因茨则要付 33 次通行税。直到 19 世纪初这种状况才逐渐有所改变,并于 50 年代基本被解决,其标志就是全德关税同盟的建立。早在 1818 年,在资产阶级的推动下,普鲁士首先废除了它的国内关税,至 1826 年一个被称为"关税同盟"的组织以普鲁士为中心建立起来,它包括了北部六邦。1828 年,一个与北方同盟对立的南方同盟建立起来,但它只包括巴伐利亚和瓦登堡两个邦。不过,在第二年,一个更大的关税同盟诞生了,这就是 1829 年组成的中部关税同盟,其重要成员有萨克森、汉诺威、黑森-卡塞尔等。中部关税同盟的建立对以普鲁士为中心的同盟构成了威胁。为了打破这一威胁,普鲁士与南方同盟订立了条约,迫使中部同盟就范而加入其中,最终在 1834 年合并为"德意志关税同盟"。至此,这个同盟已包括了德意志 18 个邦,占整个德意志 2/3 的领土。1835 年,德意志关税同盟已扩大为 21 邦,到 1852 年其范围几乎涵盖了德意志全境,只有奥地利被排除在同盟之外。这个关税同盟以普鲁士关税原则为基础,实行统一的贸易法、票据法和度量衡,成为统一的资本市场形成的标志。上述经济上的一系列变化要求在政治上做出相应的改变,所以统一问题在 19 世纪 50 年代又被提上了日程。当时,在整个德意志存在两条道路之争:一条是通过自下而上的革命,其结果必然是民主共和制;另一条是通过自上而下的改良,其目标是保持君主制。1848 年革命的失败以及 1848 年革命后的情况表明,要按革命的方式实现德意志的统一是很难的,因为无论是资产阶级还是无产阶级都没有做好用革命方式完成统一的准备,因此改良成了统一德意志唯一的道路。但在如何以改良的方式统一德意志的问题上,各方的意见并不一致。1861 年建立的"自由进步党"主张建立一个排除奥地利的、以普鲁士为首的德意志,即"小德意志方案";而中部和南部的一些资产阶级和贵族则主张在奥地利领导下实现德意志的统一,是为"大德意志方案"。因此,从 50 年代初起,关于如何统一德意志的斗争主要是在普奥之间进行的,其核心是争夺统一德意志的领导权。起初，双方势均力敌，因此在1850年5月于法兰克福召开的全德代表会议决定由普奥轮流担任"邦联议会"主席。但不久普鲁士即开始采取措施以争取优势。本来，普鲁士在1848年革命后就保留了1848年宪法，保留了在革命中夺取到的"人权和公民权"以及众议院的批准赋税之权。现在，它又实行军事改革，大力增加军费并把军役时间由两年改为三年，使兵力由14万增加到21.7万；并通过任命莱茵区的资产者为财政部长，公布财产私有者法和统一的矿山法等，保护和发展工商业；还于1862年9月任命著名的强硬派人士俾斯麦为首相兼外交大臣。其结果是普鲁士在政治、经济和军事上迅速占据了优势，并使之成为统一德意志的领导者。

俾斯麦是一位资产阶级化的容克贵族，曾任普鲁士驻法兰克福议会公使，既对德意志的现实有深切的了解，又有丰富的外交和内政方面的经验。一上台，他就于1862年9月30日在众议院发表著名的"铁血"政策的讲演，提出："当代的重大问题不是通过演说与多数议决所能解决的，而是要用铁和血来解决。"他先是联合奥地利于1864年发动对丹麦的战争，夺回了石勒苏益格、荷尔斯泰因与劳恩堡。然后又联合意大利，于1866年发动对奥地利的战争，建立以普鲁士为核心的"北德意志联邦"，并迫使奥地利退出德意志邦联。① 最后，又利用西班牙王位继承问题，通过篡改"埃姆斯电报"迫使拿破仑三世对普鲁士宣战，并最终打败法国，扫清德意志统一的最后障碍。② 1871年1月18日，统一的"德意志帝国"终于宣告成立，其皇帝便是普鲁士国王威廉一世，其首相即普鲁士首相俾斯麦。至此，德意志便以普鲁士为中心完成了统一。

德国的统一由于是通过王朝战争的方式完成的，给德国留下了很深的军国主义传统，后患无穷。但统一是资产阶级在1848年革命中提出的民族任务，铲除以奥地利为代表的封建诸侯专政有利于资本主义在德国的发展。统一后的德国虽然采取了帝制，但它是建立在资产阶级议会民主制（在皇帝之下有一个选举的帝国议会）基础之上的，因而它在性质上是资产阶级的。这就为以后德国的崛起准备了条件。

---

① 奥地利被普鲁士打败后，不得不让它统治下的匈牙利获得某种独立，即于1867年成立"奥匈二元帝国"。
② 拿破仑三世为了阻止德意志的崛起，主张"德意志应划为三块，永远不得统一"。

德意志帝国在凡尔赛镜厅宣布成立

3.17 意大利的统一：中断了的发展重新启动

在 14、15 世纪，意大利是欧洲最先进的国家，被称为"第一个资产阶级民族"。但在 1453 年土耳其人占领君士坦丁堡、1492 年哥伦布航行并发现新大陆，以及世界商路转移之后，意大利资本主义的发展就中断了。

意大利商业的跨境性质使之与远地市场联系较多，而与国内市场联系较少，对国内资本主义发展的影响有限。所以，当世界商路转移后，它的商业就走向衰落了。16、17 世纪，在意大利北部各城市共和国出现了封建制再版的现象，重新开始了封建化过程。结果资产阶级被封建化，一部分转变为土地贵族，一部分变成包税人。从 1559 年至 1713 年，西班牙统治意大利达 150 年。之后，奥地利、法国又先后局部地统治过意大利。它们为了争夺控制权，在意大利领土上进行长期战争，破坏了意大利发展的任何可能性。此外，罗马教廷正好地处意大利中部，又是一个统治着一定领土的世俗政权,其长期存在成为意大利统一的一大障碍。所以,直到1815年维也纳会议之前,意大利主要还是一个地理概念,而不是一个国家概念。1815年维也纳会议后,它仍被分割为若干小国,包括伦巴第、威尼斯、撒丁、两西西里、托斯坎纳、帕尔马、卢加、摩德纳以及罗马教皇国。其中,威尼斯由奥地利统治,两西西里属西班牙波旁王室,帕尔马、卢加和摩德纳是奥地利的附属国,罗马则处于法军的保护之下。因此,意大利要重新启动它的发展过程,首先必须摆脱外国对它的控制,实现民族和国家的统一。

早在1807年,一个被称为"烧炭党"的民族复兴组织就在那不勒斯成立。参加这个组织的成员包括资产者、小资产者、贫民、军官、士兵、工人、农民和神甫等。他们装扮成烧炭工人,活动于意大利南部的卡拉布里亚森林。它的基本口号是谋求意大利的"自由和独立",主要目标是把外国势力从意大利赶出去;在1815年之前,主要是指拿破仑一世;1815年以后,主要是指奥地利。烧炭党人曾在那不勒斯、巴勒摩、都灵发动过多次起义,形成了意大利复兴运动的第一次高潮,但均被当地统治者或奥地利军队所扼杀。烧炭党人不仅成分复杂,而且观点有分歧:既有共和派,也有君主派;由于活动处于秘密状态,无法充分发动群众,其活动和起义始终只具有地方性、分散性,因而其失败是不可避免的。只是在1830年以后,意大利的复兴运动才第一次具有了民族的和群众的性质,因为这时产生了它的第一位真正的民族复兴运动领导人,即朱塞佩·马志尼(1805—1872)。马志尼原也是烧炭党人,但他从该党1820年和1830年的两次起义失败中认识到,仅通过地方性的密谋和起义永远也无法实现意大利民族的统一。于是,他在逃亡法国马赛后,组成了"青年意大利党",并在过去烧炭党人的口号"自由和独立"中加入了一个新的口号:"统一"。马志尼在"青年意大利党"的宣言中说,意大利应建立在"三个不可分割的基础上,这就是独立、统一和自由"。这样,他就把建立统一和独立的意大利的任务第一次作为全民族解放运动的首要任务摆在了所有意大利人民面前,从而赋予其以全民族的性质。因此,这个斗争不再是密谋性的而是群众性的,不再是地方性的而是全国性的。而且,他是看到工人手工业者和城市平民是革命力量的第一人,提出要用"人民革命""武装人民"的方法来完成统一。

但在三四十年代,在如何统一意大利的问题上,意见并不统一,至少有三种方案。第一是马志尼提出的通过革命建立共和国的方案;第二是彼蒙特神父乔伯蒂提出的建立以教皇为首的意大利联邦的方案;第三是切萨雷·巴尔博伯爵提出的建立以撒丁萨伏依王朝为中心的君主立宪制方案。1848年革命的爆发,声势浩大、势不可挡,一下子使联邦制方案和君主立宪制方案失去了依据,给马志尼提出的通过革命的方式建立统一的共和制的意大利的方案以实现的机会。在这次革命中,首先是爆发了巴勒摩起义,接着以撒丁王国为首进行了两次反奥战争,青年意大利党人及其他民主派在各地发动革命,在威尼斯、托斯坎纳、尼斯、佛罗伦萨、罗马等地,都建立了颇具民主色彩的共和国。但由于君主派势力的强大和资产阶级民主派的软弱,这些似乎轰轰烈烈的革命都得不到有力的支持,尤其是没有革命武装作后盾而顷刻瓦解、烟消云散。这是因为,除部分地区外,从整个意大利来看,资本主义经济的发展还是太薄弱了,在政治上就造成了资产阶级力量的软弱。正因为如此,在1848年革命中,除了资产阶级民主派显示了自己的顽强斗志外,许多上层资产阶级即资产阶级自由派都发生了由革命转入反革命的现象。结果,在19世纪五六十年代,当意大利民族统一事业重新提上日程的时候,以类似于德意志王朝战争的方式来完成统一和复兴就成了不可避免的选择。其领导人是卡米洛·加富尔,核心是撒丁王国(包括由萨伏依家族统治的撒丁、彼蒙特、萨伏依、尼斯等),而推动者则是路易·波拿巴。

19世纪五六十年代,资本主义在意大利获得普遍发展,现代的机器制造业也在彼蒙特、伦巴第、托斯坎纳建立起来。在此期间,丝织品产量增加了一倍,毛织品产量增加了两倍,棉织品产量增加了三倍,甚至铁路也在好几个地区和城市修建起来,到1850年已达400公里。所有这些都表明,意大利统一的经济前提已经具备。但为什么不是别的邦国而是撒丁王国充当了统一的核心呢?这是因为,撒丁王国与法国和奥地利毗邻,它利用这两个强国的矛盾,作为"缓冲国"在1815年后保持了独立,成为意大利唯一没有受外国支配的邦国。1848年革命后,随着封建制度的复辟,在革命中建立的共和国均一一倾覆,但撒丁王国却保持革命期间颁布的自由主义宪法,成为唯一保留了革命影响的国家,又拥有一支强大的军队。此外,撒丁王国的统治者采取自由贸易政策,鼓励工商业的发展,注意兴建铁路和引进机器,使撒丁王国成为意大利资本主义最发达的地区。另一个重要原因是它在1852—1859年和1860—1861年两度任命自由派贵族加富尔为首相,使他得以施展其丰富的政治经验和外交经验来为统一大业服务,并最终完成了意大利的统一。

加富尔全名卡米洛·B.加富尔,1810年生于都灵一个贵族家庭,毕业于都灵军事学院,但他本人已逐渐资产阶级化,不仅在自己的领地上经营农业,还开设化肥厂,向银行投资,因而在政治上走向自由化,主张君主立宪。1847 年他在都灵创办《复兴报》,宣传自由贸易、发展工商业和君主立宪思想,成为意大利复兴运动的"三杰"之一。他认为,要打败奥地利,仅依靠意大利的力量是不够的,还必须借助于法国的力量。而当时统治法国的路易·波拿巴(即拿破仑三世)由于曾参加过意大利"烧炭党"的活动,也企图在支持意大利"独立"的口号下,与奥地利争霸。因此,当加富尔于 1852 年被任命为撒丁王国首相后,就决定从利用法、奥矛盾入手来开始统一意大利的事业。加富尔和拿破仑三世联合的机遇是 1853 年爆发的克里米亚战争。当时俄、土为争夺耶路撒冷的管辖权再度发生战争,并把英、法、普、奥卷入其中。为了争取拿破仑三世对意大利统一的支持,1855 年 1 月 26 日撒丁和拿破仑三世订立条约,答应派 1500 名彼蒙特军人前往塞瓦斯托波尔,这就为法、撒同盟作了准备。1858 年 7 月,加富尔又与拿破仑三世在普隆比埃会谈,订立密约:法国支持撒丁反对奥地利,将威尼斯和伦巴第并入撒丁王国,而撒丁则答应将尼斯和萨伏依割让给法国。这个密约使路易·波拿巴成为意大利统一事业的推动者。此后不久,1859 年 4 月,法、意与奥地利之间的战争爆发,奥地利战败,并将伦巴第归还意大利。第二年,托斯坎纳、帕尔马、摩德纳又正式并入撒丁王国,从而基本实现了意大利北部和中部的统一,北部只剩威尼斯还在奥地利控制之下。

与此同时,南部意大利的统一工作也取得了进展。1860 年 4 月西西里发生起义,当起义遭到政府镇压的时候,革命家加里波第(1807—1882)组织了"千人红衫军",乘两艘船从热那亚出发,于 5 月 11 日在西西里岛的马尔萨拉登陆,在农民起义军配合下占领全岛。8 月初,加里波第的军队又横渡墨西拿海峡向那不勒斯进发,在那不勒斯国王法兰西斯二世逃走后,加里波第于 9 月 7 日坐敞篷车进入那不勒斯城,建立起以他为首的革命政权。他在那里进行了一系列改革,如废除苛捐杂税、分配给市民以廉价食品、将部分土地分给农民等。他本可能以革命方式实现整个意大利的统一,但他却没有这样做,而是在 1859 年 10 月 21 日举行公民投票,将那不勒斯与撒丁王国合并,并在 1861 年 3 月在都灵召开第一届全意议会,宣布成立"意大利王国",并决定由撒丁国王维克托·伊曼纽尔任意大利王国国王,把首都移往佛罗伦萨。至此,整个意大利便基本实现了统一。威尼斯和罗马尚处于奥地利和法国的统治之下,但也在 1866 年普奥战争和 1870 年普法战争后,先后得到解决。

19世纪中叶以后,随着意大利统一事业的完成,其资本主义发展终于在中断了300年后,得以重新启动。

3.18 俄罗斯帝国:斯拉夫派和西方派关于俄国发展道路的争论及1861年农奴制改革

1825年十二月党人起义后,围绕着要不要废除农奴制以及废除农奴制后俄国走什么道路的问题,在俄国哲学、社会和文学领域发生了激烈的争论,并由此形成了两个重要的文学、政治派别:斯拉夫派和西方派。它们活跃于19世纪40年代到60年代。

西方派包括不同的阶层,有温和的自由主义资产阶级,也有进步的教授、文学家。西方派反对并要求废除农奴制,并认为在废除农奴制后,俄国应该走西欧的道路,发展资本主义经济,因而他们肯定彼得一世的改革,主张实行资产阶级自由,首先是言论出版自由,其代表人物有安年科夫、卡维林、契杰林等。而别林斯基、赫尔岑、奥加廖夫、屠格涅夫等人是早期西方派的重要人物,他们在《祖国纪事》和《现代人》杂志上,宣传自己的主张和观点,同斯拉夫派展开激烈论战。后来西方派内部分为两翼:右翼以维尔纳斯基为代表,主张君主立宪政体,要求实行议会制度,解放农奴,代表作有《经济学指南》(1847)。左翼包括赫尔岑、别林斯基等人,在1848年革命后与右翼决裂,走到否定资本主义制度、承认革命民主主义和共和国的立场上来。

斯拉夫派则是俄国自由贵族中的一个保守的派别,成员多半是地主知识分子。其代表人物有宗教哲学家、作家霍米亚科夫、作家阿克萨科夫兄弟、政论家伊凡·基列耶夫斯基以及民俗学家彼得·基列耶夫斯基兄弟等等。这些人认为俄罗斯是一个特殊的东斯拉夫国家,其"民族特殊性"的集中体现就是它的农民、农民生活方式以及传统的农村公社。因此,俄国的发展不应走西欧的道路,而应由"农业公社"直接过渡到"工业公社",劳动组合是完成过渡的原则。他们反对彻底解放农奴,主张逐渐解放,更反对进行西方式的革命,认为那是"毫无意义的动荡",自然也反对彼得一世的改革。他们幻想在农民和贵族、君主政体和正教教会之间维持一种封建宗法关系,他们是西方派的直接对立面。

然而,当时的俄国已不是斯拉夫派所要维护的那个俄国。一方面,农奴制在沙皇专制制度的庇护下,仍在俄国的社会经济生活中占据着统治地位。约2150万农奴依然痛苦地生活在农奴主的皮鞭之下,他们按其依附关系之不同可分为三类:(1)地主农奴,他们是住在私人所有的土地上的农民,即依附于贵族和地主的农奴,其人数约1100万;(2)国家农奴,他们是居住在国家所有的土地上的农民,即直接依附于国家的农奴,其人数约950万;(3)采邑农奴,他们是居住在皇室领地上的农民,即向沙皇宫廷纳税的农奴,其人数约100万。这三种农奴中,地主农奴地位最低,其身份和奴隶差不多,而国家农奴较自由,可以进城找工作。但由于各地环境和条件不一样,特别是商品经济发展程度不一样,各地农奴的处境也不一样。据估计,在俄国欧洲疆域的核心地带,支付劳役地租的农奴占72%,交代役租的农奴只占28%;而在非黑土带,由于工商业比较发达,前者与后者之比大约是4:6。

另一方面,一种新经济因素即资本主义也慢慢在俄国内部滋生、发展。早在17世纪末,俄国已有了工场手工业的萌芽,在彼得大帝改革后又有所发展,但那是建立在农奴制基础上的,①不是真正资本主义性质的。大约在18世纪末,采用雇佣劳动的资本主义工场手工业在俄国已经产生,但这时在工业中占统治地位的还是采用农奴劳动的工场。19世纪上半叶,使用雇佣劳动的工场手工业在轻工业中开始占据优势,但在冶金、呢绒、制革业中,农奴劳动仍是主要的。例如,在加工工业中,自由工人在工人总数中的比重:1804年为48%,1825年为54%。与此同时,机器的引进和使用越来越普遍,1837年俄国第一条铁路(从彼得堡到巴甫洛夫斯克)建成通车,1833—1835年俄国造出了第一辆火车头,机器的输入在1835年至1860年间增加了25倍。但资本主义在俄国的发展,受到农奴制的严重阻碍和限制,因为农奴制的存在不仅缩小了国内市场,也限制了足够的自由劳动力的供应。据统计,在加工工业中,强迫劳动者在工厂工人总数中的比重,1804年为52%,1825年为46%。这种状况若不改变,俄国资本主义的发展是不可能的。

沙皇政府对此并非毫无察觉,1721年彼得一世颁布的试图解决工业劳动力问题的法令就是一个证明。但他当时不可能去解决农奴制本身的问题,因为当时正是农奴制发展的鼎盛时期。第一个试图解决农奴制问题的沙皇大概是亚历山大

---

① 1721年,彼得一世为解决发展工业的劳动力问题,特颁布法令准许工场主连带土地和农民购买整个村庄,并规定这些农民永远附属于工场,不得分开出卖。

释放农奴

一世(1801—1825在位),因为他的祖母叶卡捷琳娜二世是一位"开明君主",他本人是由瑞士温和共和党人拉加尔普教育出来的。亚历山大一世于1801年上台后,由他的一些青年朋友组成的"国家改革草案机密委员会"提出了一些改革方案,其中之一就是1803年3月20日的《自由耕种者法案》,准许地主释放农奴。据说,按此法有47153个农奴获释,赎金为5000卢布。但这与废除农奴制没有关系,释奴是主人自愿的。亚历山大一世还任命了开明人士米·米·斯毕朗斯基为国务大臣。此人认为"一个开明的商业的民族,能够长期地停留在奴隶制之下,在历史上还没有过"。他曾提出建立"国家杜马"的建议,虽然没有公开提出解放农奴,但主张给予农民"个人自由"。后由于反对派的攻击,被当作"危险的改革家"而遭撤职。在尼古拉一世统治时期(1825—1855),先后设立过11个"机密委员会"来讨论农奴制问题,尼古拉一世甚至认为农奴制"乃一大患",但又认为"现在去动它是一件更加有害的事情",没有任何进展。

但是,两方面情况的发展,最终改变了沙皇政府的态度。一是农奴制危机的加深。据统计,自进入19世纪以来,农民起义和骚动的频率几乎呈直线上升的趋势:1826年至1844年共发生207次。到改革前的几年,简直是烽火四起,越烧越旺:1858年为86次,1859年为90次,1860年达108次。学术界一般认为,19世纪

50年代农奴制已进入总危机阶段,以致整个社会都感到了这种危机的影响。二是俄国在克里米亚战争中失败。爆发于1853年的这场战争是由俄、土争夺"圣地"耶路撒冷的管辖权而引发的:沙俄能否享有在奥斯曼帝国的版图内保护其东正教教徒的权利,土耳其政府给予了否定的回答,尼古拉一世于是企图用武力迫使其让步。由于土耳其获得英、法、普、奥的支持,更由于沙皇专制制度的腐朽,俄国在这次战争中失败了。这时,西方早已使用了线膛枪,而俄国仍用着燧发枪;西方的舰队早已装备了蒸汽机,而俄国仍然是帆力舰;西方可以用铁路运送军队,而俄国的军队仍靠马拉,俄国怎么能不失败呢?正是这次失败使新即位的亚历山大二世认识到:现行的农奴领有制,不能老是不改,自上而下来废除农奴制度比等到下面自行废除要来得好些。于是他于1857年1月成立农民事务机密委员会,令其着手起草解放农奴的方案,1861年3月3日(俄历2月19日)便颁布解放令。

按照解放令,自法令颁布之日起,农奴获得人身自由,他们有权拥有动产和不动产,可从事工商业活动,可自由结婚,但仍由农村村社管理。村社和乡的公职人员由农民选举产生。同时,由贵族选派若干调停吏负责处理农民与地主的关系。农民在获得自由时,必须获得一块份地和宅旁园地,数量由各地视情况而定,但不得低于2.75俄亩、高于12俄亩,①超过部分由地主承担,份地在法律上仍是地主的财产,农民只有"永久使用权"。农民的份地要交赎金,赎金以每年代役租作为资本的6%计算得出,在赎地时交20%—25%,其余由政府垫付给地主,49年内按本利还清。

除了解放农奴外,这场改革还有一系列后续举措:1864年成立县和州自治局;同年进行司法改革,实行公开审判,建立陪审制,设立律师制,地方设立裁判所,农村设乡间法庭;1870年决定由房产主、商人、工厂主等选出代表组成市杜马;1874年实行军事改革,以普遍兵役制取代募兵制,凡21岁的青年都须入伍服役,服役期为6年。

这场改革,由于在州县设立地方议会制度,使俄国在向资产阶级君主制转变的道路上前进了一步;由于废除了农奴制,使俄国的封建生产方式转向资本主义生产方式;由于大量农奴获得人身自由,为资本主义的发展准备了劳动力来源。总之,随着农奴制改革的实行,俄国从此正式走上了资本主义发展道路。但从整

---

① 1俄亩=16.35亩。

体上看,由于这次改革的不彻底,也由于沙皇制度被完整地保留了下来,俄国并没有因此搭上西方工业化、现代化的快车,反而被欧洲或者说西方进一步边缘化了。1905年,和中国在"甲午战争"中一样,亦被日本在"日俄战争"中打败。所以,关于此后俄国历史的叙述,也就不得不放到发展中国家去进行。

3.19 美国内战:一艘来自西方尽头的世界级航船的发动机

1861年爆发的内战是美利坚文明发展中的一个转折点。一方面它是对独立以来美国一系列发展的总结,另一方面它又是美国以后走上迅速而广阔发展道路的起点。

独立后,在美国社会经济的发展中,实际上存在着两种发展倾向:在北部实行的是自由劳动制度,而在南部实行的却是黑人奴隶制。这是因为,在独立战争期间,北部各州已先后废除了奴隶制,而南部各州由于奴隶主的反对,奴隶制却保存了下来。更重要的是在1787年制定的联邦宪法中规定,"对于现有任何一州所认为的应准其移民或入境的人,在1808年以前国会不得加以禁止",这意味着把奴隶制问题交由州去处理,而变成一种地方制度,从而容忍了南部奴隶制的存在。至1804年,联邦政府更是决定,以"梅松—狄克逊线"(位于北纬39°43′,即1767年划定的马里兰和宾夕法尼亚之间的边界线)作为南部蓄奴州和北部自由州的边界线,它实际上把两种劳动制度的对立变成了南北之间的对立,并第一次把它确立了下来。

亚历山大·汉密尔顿任财政部长后,提出了《关于制造业的报告》,确立了实行保护关税、鼓励工商业的工业化路线。1807年由杰斐逊签署的禁运法令,一方面具有对抗拿破仑"大陆封锁"的性质,另一方面迫使大量商业资本投入国内制造业和运输业,从而刺激了美国工业的发展。1814年第二次对英战争取得胜利,不仅在政治上而且在经济上维护了美国的独立,使保护关税政策(平均关税为25%以上)得以在1816年确立。从此,美国正式走上了工业化的道路。据统计,1859年时,全国大大小小的企业达14万个。1810—1860年的50年中,美国工业总产值增长了9倍,达18亿美元以上。但美国工业当时主要集中于北部,整个北部占全国制造业的73%、工人数的83%、总产值的83%,其中心是处于东北部的波士顿。北部在美国工业革命的优势地位是由一系列因素决定和造就的。新英格兰多砂土不适宜发展大规模农业,但这里河流较多且落差较大,有利于水力的利用。在阿巴拉契亚山脉的北端两侧,煤炭和铁矿蕴藏丰富,是发展近代工业的必要和主要原料。以波士顿为中心的地区距欧洲最近,这一区位优势使之在大西洋三角贸易中处于有利地位,从而积累了大量的商业资本。

独立时,南部虽保留了奴隶制,但奴隶制经济当时正处于衰落状态,因为烟草种植业的市场主要在英国和欧洲大陆,独立战争打乱了正常的贸易格局。但进入19世纪以后,南部的奴隶制种植园经济突然又重获生机,到1850年达到了空前的繁荣。其原因是:(1)自18世纪中叶以来,以棉纺织业为重要领域的"工业革命"在英国兴起,然后又从英国传播到欧陆和美国北部,对棉花的需求大增;(2)自1786年美国南部引入优质"海岛棉"后,南部棉花种植第一次有了明显的商业价值,"海岛棉"迅速成为南部对欧出口产品之一,因为这种长绒棉的售价每磅达1—2美元,是原高地棉售价的1—4倍;(3)1793年惠特尼轧棉机试制成功,使棉花脱籽的效率一下提高了50倍至100倍,这使原来难于脱籽的高地棉也有了商业种植的价值。结果,南部农场主纷纷转产种植棉花,并把种植的范围从沿海迅速向西扩大到墨西哥湾平原,以致密西西比河三角洲在19世纪30年代就成为著名的"棉花王国",以黑奴为主要劳动力。据统计,1860年,美国南部产棉量共达384万包,占整个世界棉花供应量的2/3,美国商品输出的60%。

南部的奴隶种植园经济以追求利润为目标,其产品以对外(主要是欧洲)出口为主,并且采取种植园这种大规模经营方式,在这一点上与任何资本主义经营没有区别,实属一种不成熟的过渡的资本主义生产形式。此外,当工业革命在新英格兰起飞时,也是以棉纺织业为主要领域展开的,它的原料也是来自南部的奴隶制棉花种植园,因此二者在经济上是互补的。那么,南北矛盾为何越来越大,以致最终不得不兵戎相见,酿成长达4年的内战?第一,南部种植园主根据"比较利益"的原则大力发展棉花种植,但却阻碍和削弱了工业在南部的发展,与整个国家工业化的总趋势是矛盾的;第二,种植园主为了获得最大的好处,大量采用奴隶劳动,把黑人当作会说话的工具加以役使,严重违背了美国在《独立宣言》中宣布的"人权",这和北部日益发展的自由资本主义原则和道德范式形成强烈对照;第三,奴隶种植园经济对土地采取掠夺式经营大大损害了土地的地力,不得不靠不断向西扩张来维持其发展和繁荣,和北部争夺西部"自由土地"的控制权;第四,也是更重要的,对西部土地的争夺到一定时候就会由经济领域转入政治领域,因为西部被占领的土地按蓄奴州还是自由州加入联邦,会影响到参议院席位和表决权的比例。这样,对西部土地控制权的争夺就成为南北矛盾的焦点。

在 1820 年以前,南北之间虽然已矛盾重重,但尚能和平共处,因为南北两种制度尚能平行向西推进而不影响在中央权力的平衡。当时南北各有 11 个州。1820 年以后,西部每增加一个新州,都存在是按蓄奴州还是按自由州加入联邦的问题,因而都会影响到参议院的权力平衡。开始时能通过妥协暂时缓解南北矛盾,当矛盾积累到一定程度便终于引发了堪萨斯血战,终致 1861 年爆发内战。因为新当选的林肯总统是一位来自西部的共和党人,他曾答应给西部自由移民以宅地,主张逐步地废除奴隶制,并实行有利于北部的保护关税,这些严重威胁到南部奴隶主的利益。所以,林肯尚未走马上任,南部就迫不及待地宣布脱离联邦,另组"南部同盟",并于 1861 年 4 月 12 日对联邦开战。这是一场发生于美国本土的最大规模的战争,敌对双方在纵横数千里的战场上厮杀,在 4 年中南北交战达 2400 余次,虽然最终以北部的胜利结束,但双方军队伤亡都很惨重。北部在实力上占有绝对优势:北方有 23 个州而南部只有 11 个,北方人口为 2200 万而南部只有 900 万,北方工业总产值占比 92%,而南部只占 8%。但北方开始时常常打败仗。最后北方之所以能取胜,除了军事指挥方面的因素外,得益于 1862 年颁布的两个重要文件:《宅地法》和《解放黑奴宣言》。后者摧毁了奴隶制,而前者把西部的自由移民团结在联邦一边,都对战争产生了决定性影响。

内战对美国历史和文明的影响是多方面的。第一,内战废除了奴隶制,400 万黑奴由主人的财产变成了自由人,这不仅解决了独立革命所遗留的一大问题,而且使《独立宣言》所宣布的"人人生而平等"的原则在黑人身上得到了体现,这有第 13、14 和 15 条宪法修正案为证,尽管这种平等还不彻底。第二,由于奴隶制的存在,新兴的美利坚合众国始终处于一种半自由、半奴役的状态,用林肯的话说合众国这幢大厦乃是一所"裂屋",奴隶制的废除才使这幢大厦恢复了统一,真正变成一个国家。第三,奴隶制在美国的社会经济生活中是一个"毒瘤",它本身是一种强迫劳动制度,其长期存在不仅影响到主人与黑奴的关系,还影响到整个南部文化,并成为南部文明的"核心",进而毒化整个国家的经济、社会、政治乃至道德气氛。内战摘除了这个"毒瘤",从而改善了整个国家的气氛。第四,内战的结束不仅在形式上恢复了联邦的完整,而且在实际上即经济和政治上实现了制度的统一,这不仅使南部走上了工业化的道路,也使资本的扩张有了一个统一的市场,从而在国内的发展畅行无阻。第五,《宅地法》的颁布大大加快了西部开发的进程和国家的发展。据统计,从 1860 年至 1900 年,美国全国的农场数由 204.4 万个增加到 573.9 万个,耕地由 1.63 亿英亩扩大到 4.15 亿英亩。其中,40%的新农场和 50%的新耕地位于密西西比河以西的 19 个新州和领地,这是一个有力的证明。第六,在内战中,由于共和党对国会的控制,通过了一系列有利于北部工商业资产阶级的政策,如恢复高关税,发行 26 亿美元的国家公债和 4.5 亿美元的绿背纸币以及实施其他相关的优惠政策,这些在战后都迅速地转化为资本,大大促进了工商业,尤其是重工业、铁路业的发展。总之,内战对美国的影响是全面的、深刻的。

据统计,1884 年美国工业净产值首次超过农业,占工农业净产值的 53.4%。19 世纪 80 年代初,美国工业总产值已在资本主义世界占据首位,到 1890 年已增长到 31%,而英国已降至 22%。这表明,内战后不足 30 年,美国已迅速成长为世界经济强国,超过了英国、法国等老牌资本主义大国。如果把内战后的美国比喻成一艘从西方尽头驶出的世界级航船,那么内战就是这艘航船的发动机。只是不要忘记:奴隶制虽然在法律上废除了,但种族歧视属于意识形态领域的问题,它是不能用行政和立法手段来解决的,因而会顽固存在并适时表现出来。

3.20 日本的明治维新和"脱亚入欧":从东亚驶出的另一艘初露桅杆的世界级航船

1868 年发生的"明治维新"是日本历史和文明发展中的里程碑,也是东亚乃至整个亚洲社会发展中的大事。因为日本是亚洲国家中唯一通过自身改革走上现代化之路而避免了殖民地化的国家,其总特点是既保留传统又"脱亚入欧"。

明治维新前的日本正处于德川幕府统治时期(1603—1868),是一个典型的封建制国家。在经济上,全部土地为封建领主占有,但未建立大的庄园制,而把它交由农民分散耕种,所以形成发达的小农经济。在政治上,天皇制仍然保存着,但天皇及其臣属(公卿)并不参与政事,只住在京都。政权实际控制在江户的德川幕府手中,其统治方式称幕藩体制,以征夷大将军为幕府最高统治者,幕府下辖全国 260 多个藩,各藩的直接统治者称大名,最基层是以本地百姓为中心的村。德川家族通过幕府和藩的双重政权统治全体人民,而其统治的工具是以大名为中心的武

德川幕府将军及其官员接见第一任美国大使汤森·哈里斯

士团。在这种封建领主制下,大名向将军提供以石高为基准的军役并履行所谓"参觐交代"制度①。武士团以服军役为中心,被编成大名的家臣团,确立知行制度。村则以石高制为基础,征收以大米为主的实物年贡,形成村请制度。但自17世纪以来,在幕府统治下的日本,其社会经济和文化也开始发生变化。

首先是出现了资本主义萌芽。早在德川幕府建立之前,由于实行"太阁检地"和"刀狩令",已引发了兵农分离和对粮食的巨大需求。德川幕府建立后,又禁止人身买卖和使用家奴;为了增加领主年贡来源,又通过代官、村吏等招揽农民包垦荒地,从而强化了农业商品化的趋势。德川中期以后,商品经济显著发展,以大阪、江户、京都为中心,一个全国性的商业网已初步形成。正是在这种商品经济的涌动中,18世纪中叶资本主义的幼芽开始在日本萌生,商人通过"问屋"包买农村手工业品进行贩卖,或分发给农民原料令其加工,然后付给工资(实物)收买成品。后来,除原料外,还预付工具给农民(如在棉织业中由商人借给农民棉纱、织机等),生产者只出卖劳动力而不必使用自己的工具,加工费也改用货币形式支付。这种称为"前贷制"的包买制度和西欧的"外放加工制度"一样,是资本主义萌芽的最初形式。

---

① 这是幕府控制大名的一种方法,各藩大名每两年中一年住本藩,一年住江户,而大名的妻子须长住江户,以作人质。

其次是西方先进文化技术的引进。引进始于1639年宽永锁国体制确立之前,可分为三个不同的阶段:(1)蛮学时期;(2)兰学时期;(3)洋学时期。当时葡萄牙人、西班牙人从南方而来,日本人受中华文化影响称其为蛮夷,对其文化称为"蛮学"。葡萄牙人和西班牙人带来的主要是天主教文化,天主教主张一神教、男女平等、一夫一妻、生命神赐、自杀有罪等,因而与日本的崇拜祖先、君权至上、男尊女卑、一夫多妻、服从领主、切腹自杀等格格不入,对日本人的思想文化、伦理道德形成很大冲击。但"蛮学"带来的主要是宗教改革前的天主教文化,在自然科学方面还比较落后,对日本影响不大。以《解体新书》的翻译和出版(1774)为开始标志的"兰学",是以宗教改革后的荷兰科学文化为主体的西方文化,在生理学、病理学、博物学、物理学及航海、造船、化学等方面都已近代化,因而在日本流传甚广,影响大增。不仅在京都、大阪、长崎形成多个兰学的中心,而且在一些地方建立了兰学基地。幕末,1853年美国叩关,第二年签订《神奈川条约》迫使日本开港。此后传入的"洋学"则以英、美、法的科学、文化为主,其范围从医学及天文历算之类的"实用之学"扩大到一切西方科学文化知识,而且研究者也从上层知识分子扩大到民间知识分子,对日本的文化、教育和实业产生了革命性的影响:一是导致了各种学问所的建立;二是导致了各类近代学校的兴办;三是导致了一系列制铁所的创立。至1863年长崎制铁所建成时,已使用了英国发明的蒸汽机,在工业上把日本推上了近代化之路。

最后是改革派在日本的形成。对西学应当抱什么态度?是完全拒之门外还是加以批判地吸收?这在日本引起了激烈的讨论。关于前一种态度,早已有禁教、锁国之事发生,后期则有所谓"攘夷论"的提出。所幸并不是所有人都持此种"攘夷论",而是对西学采取分析的态度后才决定取舍。其中比较著名的有佐久间象山(1811—1864)的"东洋道德西洋艺"论,桥本左内(1834—1859)的"器械艺术取于彼,仁义忠孝存于我"论等。著名启蒙思想家福泽谕吉更是主张对西方科学技术进行研究,对欧洲各国的风俗习惯进行探索,并在英法两国多方面请教朋友,打听国家制度、海陆军规则、赋税征收方法等。他于1866年根据实地考察所写的《西洋事情》一书详细介绍了西方的政治制度,尤其推崇美国的宪政体制,认为"由人民代表合议国政","以美国为最"。此后,凡谈西洋文明而主张开国之必要者都把《西洋事情》置于座右。

作为日本历史和文明转折点的明治维新运动就是在资本主义已经萌芽、西方

日本的现代化

科技文化大举侵入,且国内改革思想泛起之际酝酿而成的。首先起来实施改革的是长州、萨摩等藩中与地方商人有联系的中下层武士,改革主要集中于革新地方藩政,以加强商业活动、改善农村秩序、增加藩财政。乃结成长萨同盟,由主张"公武合体"①转而提出"尊王攘夷"及"武力讨幕"。因为在他们看来,幕府是引狼入室的罪魁,攘夷必须讨幕。西乡隆盛、大久保利通、久坂玄瑞等人在斗争中成为运动的领袖。在这种情况下,德川庆喜(1837—1913)决定听从土佐藩主山内容堂劝告,实行"奉还大政",一方面在形式上让天皇拥有最高权力,另一方面自己掌握实权。倒幕派识破其阴谋,乃于 1868 年 1 月 3 日断然发动宫廷政变,由年仅 16 岁的睦仁天皇出面召开御前会议,发布"王政复古大号令",宣布王政复古,挽回国威。同时,成立以天皇为首的临时中央政府,剥夺德川庆喜的将军职务,废除摄政、关白、幕府等制度,暂设总裁、议定、参与三职;确定"一洗旧弊""广开言路""登用人才"的方针。然后,朝廷公布讨伐令,在政府军抵达江户郊区时,德川庆喜宣布投降。由此才结束了幕府长达 260 多年的统治。

但倒幕派的活动并未到此为止,"倒幕"只是其改革的开端。1868 年 3 月睦仁天皇发布《五条誓文》,9 月改元"明治"并采用"一世一元制",其间又改江户为东京。这些都是改革派推动的结果。《五条誓文》宣告:(1)广兴会议,万机决于

---

① 公,指朝廷;武,指幕府或强藩。"公武合体"即以幕府为中心或以强藩为中心,推动与朝廷的传统权威相结合,改组幕府体制。

公论;(2)上下一心,盛行经论;(3)官武一途,迄至庶民,各遂其志;(4)破除旧来之陋习,秉天地之公道;(5)求知识于世界,以振皇基。第一条旨在确立君主立宪,第二条提出以经济建设为中心,第三条要求废除等级制度,第四条主张放弃攘夷政策转而与外国交往,第五条讲学习西方科学文化。它的原型实际上就是土佐藩武士坂本龙马与该藩之主后藤象二郎1867年6月在"夕颜丸"上提出的"船中八策"。誓文是一个维新的总纲,在很大程度上勾勒了整个维新运动,也是此后日本发展的方向和路径。

以誓文为指南的改革随之展开。首先各藩在1869年奉还版籍,进而于1871年废藩置县,由中央派官吏统治,建立中央集权,统一货币和市场。其次在1869年至1871年间先后废除大名、公卿、武士等称号和等级身份制度,宣布"四民平等",把居民分为华族、士族和平民三等。同时废除行会制度,允许人民有居住、迁移和择业自由。再次是仿欧美制度,购买外国技术装备,兴办技工学校和官营模范工厂,聘用外国技术专家。同时大量派遣官吏、技师、职工到西方各国学习,汲取新知识、新技术。最后,从1872年开始实行土地改革,取消旧领主的土地领有制,承认实际上有土地的人为土地所有者。第二年又颁布地税改革条例,取消名目繁多的贡赋,缴纳全国统一的单一地税,地税的标准为地价的3%,结果地税成了国家税收80%的来源。总之,明治维新一方面大刀阔斧扫除封建旧制度,为资本主义发展创造条件,使日本"脱亚入欧";另一方面又保留了天皇制度和落后的封建势力,以及传统的伦理道德,并使二者在天皇制下有机地结合在一起,从而为后来的军国主义化埋下了伏笔。

明治维新后,日本得以迅速走上工业化的道路。据统计,1884—1893年间,工业公司、运输公司和商业公司的资本分别增加了14.5倍、12.1倍和3.3倍。1893年时,拥有10名工人以上的工厂已达3019家,其中以机械作动力的有675家。纺织业发展尤为迅速,1887—1890年间该部门的投资占各工业部门投资的40%。如今,包括官营八幡制铁所(北九州市)、三菱长崎造船厂(长崎市)和端岛煤矿、高岛煤矿、三池煤矿在内的23处所谓"明治遗产",见证了发生于江户幕府末期至明治时期日本工业革命的过程,但其中多处也是当时剥削和欺诈朝鲜半岛和中国劳工的巢穴及日后侵略东亚的重要支柱和出发地;如培养了日本对外侵略急先锋伊藤博文的松下村塾,主张"开拓虾夷,乘间夺取堪察加及鄂霍茨克","其后北割满洲之地,南收台湾吕宋"的吉田松阴曾讲学于此。这表明,到19世纪末,日本作为亚洲唯一"脱亚入欧"的国家,好比一艘从东亚驶出的世界级航船,已初露桅杆了。

3.21 盛开的物质文明之花:19世纪最后30年的经济发展与西方现代化进程的结束

从西方现代化的角度看,19世纪六七十年代之交出现的"垄断"是一件非常重要的大事。因为它空前地扩大了经济竞争的规模,推动了西方经济的飞速发展,加快了西方现代化的进程。

对于资本主义来说,"垄断"是一件很自然的事情,因为它是资本和生产日益集中的必然结果。自由竞争引起生产集中,生产集中导致垄断,这是资本发展的内在逻辑。垄断之所以会成为刺激经济加速发展的动因,与它主要采取的集资和组织方式即股份公司形式有关。股份公司的集资和经营活动实行的是"委托"与"代理"制度,股东把资本与投资委托给公司的董事会去管理,而董事会则把生产与经营之权交给经理去实行,从而使经营权与所有权发生分离。这在经济上引发了什么样的变化呢?第一,它可以通过大量吸收股份来大量吸收资本,从而拥有以往个体资本家难以达到的实力;第二,由于股份制度的发展,大资本家可以通过层层"委托"形成连续的所有权,从而控制规模越来越大的生产;第三,通过操纵股票,大资本家可以不在生产领域,而在交换领域中进行投机,发财致富。一句话,由于垄断的出现,不仅没有消灭竞争,反而使资本家可以在更大的规模上进行竞争,从而为经济的发展提供了新的形式与动力。这正是19世纪最后30年西方经济得以加速发展的根本原因。

为了进行更大规模的竞争,19世纪最后30年西方经济发展中的一个突出事实是各国都加快了科学技术发展的步伐。因为,为了进行更大规模的竞争,就必须尽可能提高企业的竞争力,而为了提高竞争力就必须尽可能地提高劳动生产率。在当时,提高劳动生产率的办法主要有两个:一是推行"大规模生产",二是增加产品生产中科学技术的含量,两者都有赖于科学技术的发展。所以,在19世纪最后30年,西方在科学技术的发展方面出现了三大趋势:(1)科学与资本主义生产直接结合,许多大型企业都在其内部建立了科学技术实验室,以推动和提高其技术创新的能力,德国的西门子公司是这方面的典型。(2)科学研究走上集体化的道路，以集体的智慧而不仅是个人的力量进行攻关。例如，1873年德国的"国立物理研究所"、1876年爱迪生的"实用研究所"、1879年德国的"国立化工研究所"就是在这样的背景下创办的。(3)大量进行智力投资，创办与实业有关的理工学院和技术学校，以发展实业教育。美国是这方面的典型，仅在内战结束后的15年内，所创办的大学与中等技术学校就达450所。据统计，从1851年至1900年，在重大科学技术方面取得的成就：德国为202项，英国为106项，法国为75项，美国为33项。可以看作是上述三大发展趋势的直接成果。

这个时期的科技发明硕果累累。1831年法拉第发明发电机，1870年比利时人Z.格拉姆制成环状电枢自激式发电机，是现代电机的雏形。1872年德国人黑夫纳-阿尔特涅克设计出第一台高效率的发电机，开创了廉价生产电力的新时代。1873年，美国的R.帕尔文制成第一台以蒸汽为动力的履带式拖拉机。1875年，英国人发明底吹式转炉炼钢法，即"托马斯炼钢法"。1877年，美国人爱迪生发明留声机，并取得专利。1878年世界上第一座水力发电站在法国建成。1879年，在柏林的一个贸易展览会上，冯·西门子展出了世界上最早的电气化铁路。同一年，爱迪生经过数百次试验，终于找到了适用的灯丝材料即碳化了的棉线，从而第一次使电灯发光。还是在这一年，发明过底吹式转炉炼钢法的托马斯又发明了碱性转炉炼钢法，解决了脱磷问题。1880年，爱迪生实验并改进了白炽灯和电话，而法国人M.代普烈首次证明可以实现没有大损耗的远距离输电方法，1882年世界上第一条远距离直流输电线路在法国建成。1883年至1884年，英国人发明了第一台具有实用价值的变压器，制成第一台具有实用意义的汽轮机。1885年，最早的内燃机汽车由本茨在德国发明成功。1889年至1890年，俄国工程师杜列夫-杜波洛沃尔斯基先后发明第一台具有实用价值的三相交流电动机和三相交流变压器，使俄国在1891年建成世界上第一条三相交流输电线路。1890年，美国统计学家H.霍勒里斯研制出第一台械制表机，用于美国人口普查之中。1893年，塞尔维亚裔美籍物理学家N.特斯拉发明无线电信号系统，美国人H.福特发明汽车流水线工艺，后者是美国汽车工业的开拓者。1895年，俄国物理学家A.波波夫发明无线电发报机，意大利人G.马可尼获得无线电报专利权，马可尼还是世界上第一座电磁波信号发射塔的建立人。1903年，美国莱特兄弟驾驶"飞行者1号"试飞成功，俄国人K.齐奥尔科夫斯基提出火箭飞行和火箭发动机原理。所有这些发明和发现都为人类物质文明的发展展现了无限广阔的前景。

西伯利亚铁路的修建

19世纪最后30年的经济发展是全面的,尤以下面三个行业最为突出:(1)钢铁工业。在19世纪70年代以前,钢铁生产发展不快,关键是那时炼的钢含硫和磷过多,酸性过大。1879年,英人西德尼·托马斯发明碱性转炉炼钢法,有效地解决了炼钢过程中的脱磷问题,使钢的生产突飞猛进。1870年至1913年,钢的产量增加了146倍,使钢的时代取代了铁的时代,各国纷纷用钢轨替换铁轨。据统计,铁路线的长度从1870年的21万公里增加到1913年的110万公里。与此同时,轮船的质量也由于用钢板取代铁板得到了很大提高,成为海上交通的主要工具。(2)化学工业。化学工业50年代始于德国,"德国化学之父"是李比希(1803—1873),但那时的化学工业主要是农业化学,主要产品是农用化肥。60年代从煤焦油中提取染料成功,这一重要突破直接导致煤化学工业的产生,从此农业化学发展为工业化学。70年代,煤化学工业进一步发展,分化出一系列新的分支,如染料工业、制药工业、香料工业、合成橡胶等等。其间,人工合成染料特别是人工合成靛蓝是化学工业中的一项重要成就,它是由德国化学家A.拜尔完成的。从1900

年开始,人工合成靛蓝的生产完全取代了印度自然靛蓝生产的垄断地位。(3)电子工业。人类进入"电气时代"的标志是由一系列的发明和发现构成的,这就是:1867年德国人西门子提出发电机原理、1870年造出第一台发电机、1873年造出第一台电动机。当1882年第一次实现线路输电、1891年第一次实现三相交流输电后,可以说没有哪一种发明像电的发明那样如此广泛地改变了人们的生活:1895年把电用于交通,在大城市中出现了"电车";由于解决了电的远距离输送,"电灯"进入了寻常百姓之家。为了满足生产和生活对电的需求,1882年时美国已建造了150多个小电站。由于有上述几项产业的发展作为支柱,在19世纪末和20世纪初西欧和北美各国继英国之后相继都完成了工业化,成为当时世界最先进的地区。据统计,至1913年,即第一次世界大战前,西方主要资本主义国家的工业生产占全世界工业生产的87%;其国内生产总值的年均增长率高达2%—4.1%。[①]

更重要的是人们开始享受有史以来从未有过的物质生活。吃、穿方面相对稳定,代步工具已由自行车(1840)发展到汽车(1885)和电车(1895),由于飞机(1903)的发明,空中旅行也成为可能。此外,1845年新式缝纫机的发明以及1873年以氨为制冷剂的冷冻机的发明大大方便了人们的生活。在娱乐生活方面,不仅有留声机(1877)、录音机(磁带录音,1898),还有电影(1895)和电视(1908—1923)。其中电视自1923年第一个实验性电视台建立起,不到4年就实现了首次机电式电视试播。在人类交往方面,自1876年美国人贝尔发明电话以后,更有无线电报(1896)和无线电话(1901),甚至进行图像传送的尼科普扫描盘(1884)等一系列发明,使人们得以实现远距离或越洋通话。1921年,美国建成世界上第一个广播电台,自此人们对社会的了解不再限于人与人之间的交往和书本,足不出户已可以知天下大事。合成化学的发展不仅为工业生产提供了新的原料来源,对改善人类的日常生活也起着重大作用。例如各种合成染料的发明大大丰富了衣料的花色品种,为生活更添光彩。

总之,工业革命不仅极大地提高了社会生产力,使经济获得突飞猛进的发展,也从根本上改变了人们的生产方式和生活方式,使人类享受到不曾有过的现代物质文明,是人类社会的巨大进步。

---

① 参见 W. W. Rostow, *The World Economy: History and Prospect*, London, Macmillan, 1978, pp. 52-53; Angus Madison, *Phases of Capitalist Developmeat*, Oxford: Oxford University Press, 1982, pp. 44, 45, 96。

哥本哈根的电话接线中心

3.22 现代工业社会的结构与过程：工业革命的社会影响

自18世纪以来，人类的历史和文明发生了重大的转折，这就是由传统农业社会过渡到现代工业社会。而造成这种转变的根本动力就是工业革命。那么工业革命怎样改变了传统农业社会的面貌？又怎样塑造了现代工业社会？下面，按经济、社会和政治方面分别叙述如下。

1. 经济方面

首先是经济活动的变化。自工业革命以来，由于机器的发明和采用，各种省时省工、提高效率、增加收益的生产方法日新月异、层出不穷。不仅工人人数激增，产品数量增加，而且经济活动的频率也加快了。这些也刺激了人们消费的欲望和消费量的增长，人们对各种制造品（而不仅仅是自然产品）尤其是生活日用品的需求逐步扩大。许多过去只有贵族才享用的商品走进了平常百姓之家；而过去不太为生产者注意的普通商品，现在由于需求的扩大有了大量生产的必要。总之，出现了"需求和生产的大众化"。随着生产和消费的扩大，商品贸易也空前繁荣起来，因为贸易是连接生产与消费的桥梁，而它的形式就是市场。

其次是经济危机（或恐慌）的出现。在传统农业社会里，生产和生活总的来说是相对平静的，因为农业属于生长性行业，主要受自然的制约，较少受人为因素的影响。现代社会里的生产是社会化的大生产，它是建立在市场和交换基础上的，金融和货币日益深深地介入生产和消费。这样，一方面它可以刺激新企业的创立，并进而造成"生产过剩"；另一方面，一些资金不足、经营不善的企业又容易在竞争中破产，导致"经济危机"。"危机"和"调节"的过程就形成"周期"，即"经济周期"。世界历史上第一次经济危机爆发于1825年，以后几乎每隔十年都要发生一次，而且其影响的国家和地区逐渐扩大，至1847年终于演变成"国际性的"危机。

最后是互助和合作经济形式的发生。在传统农业经济社会里，生产和经营带有很强的私人性质，个体之间很少有什么关照。但自资本主义产生以后，经济活动具有了以往不曾有过的性质和特点。它的社会性打破了小农经济的封闭性，它的竞争性危及了生产者和消费者，它造成的分配不均使弱者受损。于是，处于经济竞争中不利地位的弱者——主要是城乡小资产者和无产者——开始寻求一种自救之法，这就导致了19世纪"合作运动"的产生。它实际上是一种经济互助形式。当时的合作社主要有几种形式：消费合作社、生产合作社、信用合作社、销售合作社。最早出现的合作社是消费合作社，于1844年成立于英国。

2. 社会方面

首先是人口的迅速增长。以英国为例，1801年仅为1050万，1821年上升到2080万，1911年达4522万；1801年法兰西的人口为2744万，1876年上升到3690万，1908年则达到3925万；从1816年至1911年，德意志的人口也从2480万增加到3690万。19世纪欧洲人口发展呈现出三个特点：第一个特点是人口数量增幅大，估计1800年为1.75亿，到1882年已达3.27亿左右。人口增加的基本原因是生产力的提高、天灾人祸的减少、医药卫生条件改善以及自然资源的开发。第二个特点是城镇人口比重增加很快。英国是典型，19世纪初其城镇人口只占全国总人口的1/4，19世纪中叶就达1/2，19世纪末提高到3/4。都市化的发展主要是工业革命的结果，工厂制度的建立引发了人口从农村向城市的转移。第三个特点是大量人口向海外移民。大约从19世纪20年代起，从欧洲迁出的人口明显增加，到19世纪中期平均每年达30万。据统计，从19世纪初到1914年，从欧洲迁出的总人口达5000万，目的地主要是美国。因为美国被视作移民的"天堂"，有大量的"自由土地"供移民开发。

其次是劳资问题的出现。在工厂制度建立之前，即手工作坊和工场手工业时期，劳资界限不很分明，因为那时工业在很大程度上还是农业的副业，雇主可能兼做工人，而工人也可能是农民，二者并不分家。工厂制度建立后，形成了产业资本家和产业工人，其社会角色的划分也日益明显，雇主逐渐完全脱离生产过程，而工人的劳动也完全变为社会劳动。更重要的是：随着大机器的发明和采用以及工厂制度的建立和发展，生产规模具有了不断扩大的趋势，因为资本只有和大工业结合才能获得充分的发展，从而积累下雄厚的财力。而旧式的作坊和工场，由于以私人资本为基础又采用手工劳动，越来越难以和大工业相抗衡，不得不受制于大资本势力的控制，以致完全放弃自己的生产，而替其他资本家劳动。这时，工人除替别人劳动换取工资外，完全被排斥于管理生产、调节资本与利润的分配活动之外，在这种情况下，劳资两极的利益冲突便有了日趋尖锐之势，从而形成"劳资问题"。工人为了维护自身利益，纷纷组织起来，以作为一个整体和雇主交涉，而"工会"就是其基本的组织形式。工会最早产生于1830年左右的英国。工人的斗争最初完全是自发的，而且目标也不甚清楚，在他们看来是机器给他们带来了困难和贫困，所以他们那时把矛头指向机器并企图捣毁它们。英国1779年的"卢德运动"就是这样发生的。当他们认识到，问题不在机器，而在于不平等的所有制关系以及由此派生出来的不平等的分配关系后，才把矛头从机器转向雇主本人，以"罢工"和"谈判"的方式去争得自身的利益。这时劳资关系就具有了阶级关系的性质。

最后是社会主义的兴起。有人把"社会主义"的兴起追溯到1516年托马斯·莫尔所著的《乌托邦》。从思想和意识的萌芽而言，这是可以的，但作为一种运动则过早了。真正意义上的社会主义是和工业革命联系在一起的，大约是18世纪末19世纪初才出现的。据我们所知，"社会主义"和"社会主义者"这两个词1803年首次出现于意大利的出版物中，但当时的含义与后来的含义几乎没有关系，且此后就一直没有再用过。直到1827年，在欧文主义者的《合作杂志》上，才第一次正式使用"社会主义者"一词，因为它是用来称呼欧文合作学说的信徒的，已具备社会主义的实质内容。而"社会主义"一词，直到1832年才初次正式出现于法文期刊《地球报》，这是一份由比埃尔·勒鲁编辑的圣西门派的主要机关报，"社会主义"即指圣西门学说的特征。19世纪30年代，勒鲁和雷诺两人在《新百科全书》中经常使用"社会主义"一词，1835年该词开始流行于英国。不难看出，"Socialism"（社会主义）和"Socialist"（社会主义者）两词最初是社会改良运动的产物，因为无论是欧文派还是圣西门派，最初都是从改良资本主义社会出发的。从语言学上看,这两个词都是从"social"(社会的)这一形容词衍生而来的,前者指有关"社会"的学说,后者指倡导这种学说的人;而当时"社会的"一词,其含义和"个人的"相对立。因此,"社会主义者"是指这样一些人,即他们反对过去那种强调个人权利的见解,而注重人类关系中的社会因素,并力图使"问题"在人权大辩论中得到关注,获得解决。这正是社会主义思潮在当时的基本含义。

3. 政治方面

首先是确立私有财产权神圣不可侵犯的原则。自私有制产生以来,对私有财产的保护就是历代国家政权的职能,在不同时期还制定了大量的法令和文件,对私有制原则加以确认。但私有财产神圣不可侵犯并被作为至高无上的原则加以确立,则是在现代特别是资本主义制度确立以后,即工业革命开始以后才有的。因为这一原则是建立在"自然权利"理论的基础上的,而"自然权利"理论是由约翰·洛克加以系统化后才被普及的。而到1804年拿破仑制定《民法典》时,则更进一步宣布:"所有权是对于物有绝对无限制地使用、收益及处分的权利",从而使之"绝对"化。

其次是一系列新的商业政策的实施。诸如奖励发明、设置专利、制定版权、鼓励移民、进行补贴等都是发展工商业的重要举措。但这些政策和举措有的在中世纪后期就"萌芽"了,有的起源还可追溯更远,只是在近代特别是工业革命后有所发展罢了。但有一项政策则是工业革命后才提出并确立起来的,这就是自由贸易政策。在此以前,由于各国实行重商主义政策,对贸易的垄断曾经是所有商业冒险公司护身的法宝。在工业革命之后,工业资本已把自己变成"世界的工厂",这时它们需要广阔和自由出入的市场,在这种情况下垄断贸易就不再适宜了,于是便被"自由贸易"政策所取代。

最后是劳工立法的编制。为了解决劳资问题,在工业革命中,各国开始编制劳工立法,以处理由工业革命引发的大量"社会问题",包括健康、工伤、教育、劳动等。英国是工业革命的发源地,也是最早编制劳工立法的国家,因此在这方面也最为典型。早在1802年,它就制定了《学徒健康与道德法》,禁止9岁以下儿童做工,规定童工劳动时间不得超过12小时,并要求学徒接受初等教育。1819年法令明确规定9—16岁的童工每个工作日不得工作超过12小时,1833年法令又改为13岁以下童工每个工作日不得工作超过9小时。而1844年法令则规定8—13岁的童工每天应有3小时上学的时间,而成年女工与童工的工作时间应相同,除星期日、星期六一部分、复活节、感恩节外,每年应有8个半天假。这类劳工立法,后来为几乎所有欧陆国家所效仿。

工业革命对各个国家和社会的影响深远而复杂,涉及上述经济、社会和政治各个领域,但若把现代工业社会作为一个整体来观察,无外乎三个层次:一是价值体系,二是制度层面,三是社会群体。其中,制度处于各现代社会的关键地位,因为它的载体主要是立法,而立法一方面要以一定的经济利益和价值观念为依据,另一方面又为规范各社会群体和个人的行为提供了必要的模式。总之,现代工业社会是一种法制社会,而与传统农业社会有别。

3.23 理性时代的思想和文化

人类在进入现代工业社会之前的一个很长时期内生活在传统农业社会里,这时人们使用的已是半自然半人工的生产力。虽然这已比早期完全自然形态的生产力进步了,但仍没有完全摆脱对自然力的依赖。与此相联系的是人们在观念上信仰不同的异己力量,即宗教。宗教总是带着某些"超人"的东西,是人的智力朦胧未开的表现。

"理性"并不是近代才产生的一个新概念,早在古希腊哲学家们所提出的"自然哲学"中就已存在了。巴门尼德最早将感觉和理性作为两种不同的认识加以明确区分,苏格拉底把灵魂看作理智所在的地方,即把理性视为灵魂的本质,而柏拉图则认为宇宙本是一个有理性有灵魂的生物,到亚里士多德已然形成所谓"宇宙理性论",认为"自然"之为物均含有一种宇宙的理性,而自然法只不过是此宇宙理性的表现而已。[①] 然而,在罗马教廷和封建主统治的中世纪,这种理性的光辉被宗教神学掩盖了、泯灭了。

现代工业社会是建立在大机器生产的基础上的。大机器是一种完全人工形态的生产力,因此它意味着对自然力的征服,其关键是科学在生产中的运用。而科学(science)一词本起源于拉丁语的"学问""知识"(scienfia)一词,它在本质上是与人的智力或理性相连的。因此,在现代工业社会里,理性在人们的生产方式、

---

① 参见汪子嵩等:《希腊哲学史》,人民出版社,2014年。

生活方式乃至观念形态中起着越来越大的作用,而不断排斥着异己力量对人类的控制。换言之,在人类文明发展史上,这是一个新的时代——理性的时代。

在宗教时代与理性时代之间横亘着一些巨大的障碍。例如,世界上究竟有没有神?如果有神,那么中世纪所宣扬的整个宗教神学就有了依据;而如果没有神,那么这个世界的本质是什么?人们能否认识这个世界?应如何认识?人究竟有没有平等的权利?如果有,那么造成不平等的原因是什么?这关系到对整个人类历史的认识。最后,人在宇宙中究竟处于何种地位?如何认识人本身的性质以及人的价值?对这些问题作何回答,关系到能否把人们从中世纪宗教神学的统治下解放出来。中世纪所宣扬的宗教神学认为,世界上的一切包括人本身在内都是神创造的,因而神权统治、君主专制、贫富差别都是天经地义的,人们只能忍受这一切,而不必去加以改变。当然也就谈不上什么自由、平等、民主。

理性思想的种子是由人文主义者在16世纪播下的。当时的人文主义者以人性反对禁欲主义,以理性反对蒙昧主义,以科学反对神权至上,喊出了"人是自己幸福的工匠"的口号,努力寻求"人的解放"。托马斯·康帕内拉写道:"人在世界中……是一个思考者","当人思考时,他想得比太阳更远,甚至超越天堂;他思考许许多多的世界,它们的无限性……"另一位人文主义者马希里奥·费希诺也说:"正是人的精神重建了这个动摇的宇宙,正是通过人的行动,物质世界被不断改变并趋向它曾由之产生的那些精神的领域。"这些表述都包含着从未有过的"理性"的精神。但无论是人文学者,还是他们之后的宗教改革家,都未能在理论上真正弄清:世界上究竟有没有神?人们是否有平等的权利?人类究竟是怎样来的?而如果不从理论上正确地回答这些问题,人们就还不能从根本上批倒中世纪的宗教神学,进而给人们以启发。这个任务是由18世纪的启蒙学者,以及他们的继承者先后完成的。

世界上究竟有没有神?牛顿发现了万有引力,本来已接近于找到正确的答案,但他仍承认造物主为"第一推动力"。只是在启蒙运动中,这个问题才由保尔·昂利·霍尔巴赫(1723—1789)等人给予彻底解决。霍尔巴赫是18世纪唯物论的重要代表,他在《自然体系》等著作中指出:物质是第一性的,而感觉是第二性的,物质和运动是不可分的,而且一切物质都充满着活的运动。他说:"物质凭它本身的力量而活动,它并不需要任何外部的推动来使它发生运动。"又说:"人是自然的产物,他存在于自然中,受自然规律支配。"①这就彻底驳斥了神学的谬论:第一,既然世界都是由物质构成的,这就否定了上帝即神的存在,因为神是属于精神的;第二,既然物质与运动不可分,且是靠自己的力量运动着的,也就否定了"第一推动力"的存在。这样,就把人对世界的认识奠定在唯物的即科学的基础上,从而从根本上和理论上否定了宗教神学的依据,给人以思想的启蒙。

人有没有平等的权利?自16世纪、17世纪以来,哲学家和政治学家们依据自然法哲学的理论提出了"人生而平等"的主张,认为人生来尤其是在人类存在的初期是平等的,因为当时他们还是一种自然人。但这种理论不能回答这样一个问题:为什么人类后来又出现了剥削和压迫,出现了不平等?因而还不能完全说明人有没有平等的权利的问题。对这个问题的彻底解决,也是由18世纪的启蒙学者来完成的,其中贡献最大的有两个人,卢梭和摩莱里。前者著有《论人类不平等的起源和基础》(1754),后者写有《自然法典》(1755)。摩莱里指出,私有制是社会上一切罪恶的根源,认为"在没有私有制的地方,就不会有任何由私有制所引起的有害后果"。卢梭虽然主张以小私有取代大私有,但他正确地指出私有制是产生不平等的原因,并断言:在"自然状态"下,一切人曾经都是平等的。这就从正反两个方面论证了人所拥有的平等权利,从而在理论上确立了自由和平等的观念,给人们以政治上的启蒙。

对人本身的认识似乎要比前两个问题更难,文艺复兴时期提出的以人为本而不是以神为本的思想,已打开了通往最终认识人类自身本质的道路,但直到启蒙运动时期大多数学者仍停留在把人当作"自然人"的状态,即对于人的自然本质的认识。不过,把人类看成自然界的一部分,实际上已包含了对"上帝造人"的神学的否定成分,应是人类科学地认识自身的第一步。因为,当历史进入19世纪之时,一个重要的学说即生物进化论产生了。1809年法国生物学家拉马克在《动物学哲学》一书中首次提出了生物演化的观点。1859年英国生物学家达尔文出版《物种起源》一书,第一次科学地论证了生物进化的规律和过程,既然人是自然的一部分,按逻辑人也应当是进化的产物。接着,1863年,赫胥黎的《人类在自然界的位置》出版,以他自己的方式论证了人是生物进化的产物的观点,得出了与达尔文相同的结论,均是对上帝造人神话的毁灭性打击。此后,对人的本质的探讨主

---

① 转引自罗森塔尔、尤金编:《简明哲学辞典》,三联书店,1973年,第698—699页。

要沿着两条道路进行：一是进一步探索人作为生物进化的过程，即探讨人的自然本质，主要是由生物学家来做的；二是探讨人的社会演变过程，即探讨人的社会本质，恩格斯的《劳动在从猿到人转变过程中的作用》一文是其代表。而考古学则用事实和实物证明：人的生物机体进化和社会劳动的功能是互为因果的，都促进了人的起源与演进。

在上述几大问题的解决过程中，科学与宗教的冲突始终贯穿其中，而这些问题的解决又进一步加强了理性和科学的精神。但理性的精神的扩张绝不仅仅限于上述几个方面，它也渗透到哲学、文学和艺术等各个领域。事实上，在人类理性觉醒的阶段，"科学""哲学"和"理性"这三个概念常常是不分的，或者说是相互联系的。我们在前面谈到，science（科学）一词来自拉丁文的"scienfia"（学问、知识），但它同时还相当于希腊语中

达尔文的进化论受到同时代人的嘲讽

作为"Sophia"（智慧）叠词的"Philosophi"（哲学），可见很难把三者分开。人文主义本是文艺复兴时期文学和艺术的核心，作为 17 世纪文学主潮的古典主义在很大程度上继承和发展了文艺复兴文学的传统，也是崇尚理性的。18 世纪启蒙时期的文学更是把理性作为衡量一切的尺度，在和封建主义及教会势力的斗争中，为资产阶级革命做了充分的舆论准备。至于产生于 19 世纪的浪漫主义文学，虽然情况有些复杂，但其基本的和主要的倾向则是对进步和理想的歌颂，也没有脱离理性的精神。

理性是人的智力的核心，其主要特点是取之不尽。因此，人类在自己的生产和生活中越是需要和动用自己的智力，理性就增长得越快、越广。与经济上出现的工业化和现代化相伴随，之所以会在思想和文化上出现一个理性的时代，就是

因为这种工业化和现代化需要大量科学和技术,也就是要依靠人的智力和理性。这是现代工业社会与传统农业社会的根本区别所在。

从第二个千年中期开始,在亚欧农业带的西部,一种新的社会即现代工业社会逐步兴起,并最终取代传统农业社会成为社会的主潮,这是一个大转变的过程,也是一个现代化的过程。为这种转变提供原动力的是社会经济生活走向商品化的趋势,而造成这个趋势的是城市在上个千年之交的普遍兴起。新兴城市的经济结构以手工业为基础,也就是以劳动和交换为基础,是一种存在于土地财产之外的独立形式。城市的大量兴起必然引起城乡之间的交换,城乡交换必然导致货币使用的增加。当商品货币关系渗入封建经济结构内部时,社会经济生活商品化的趋势就形成了。于是西欧社会开始发生多重变化:首先是12世纪后农奴制在西欧逐渐解体,因为当商品货币关系渗入农奴制体制之内时,货币地租便取代了劳役地租和实物地租成为主要的地租形式,农奴对主人的人身依附便失去了依据;与此同时,在15世纪、16世纪,一种以资本为主导而以雇佣劳动为基础的生产方式,随即在封建经济结构内部孕育而生,因商业的发达已为之准备了资本,而农奴制解体则为之准备了劳动力市场。由于资本以利润的最大化为目标,以尽可能高的劳动生产率为手段,使科学技术的采用成为必要,这就导致了18世纪的"工业革命"。其趋势就是"赋予生产以科学的性质",而逐步把直接劳动降到次要的地位。一旦资本主义生产被大机器武装起来,生产关系、社会关系以及整个上层建筑的变革就不可避免,乃至人本身都将随之发生改变。这是一个现代化的过程,实质上也是社会经济、政治的理性化过程。这一过程在西欧和北美(即西方世界)大约始于18世纪中叶而止于20世纪中叶。

第 四 编

欠发达国家和地区的现代化

本编叙述欠发达国家和地区的现代化问题。所谓"欠发达国家和地区"是指原西方国家的殖民地或半殖民地,即在西方资本主义核心国家形成和发展过程中,被边缘化或半边缘化的国家和地区。这些国家和地区遍布于亚非拉,且大多数属于传统农业国。其中一些古老的文明古国如印度、中国等在西方列强入侵之前,曾拥有高度发达或较为发达的封建经济和文化。在一些国家,如奥斯曼、印度、中国以及日本曾依靠自身内力孕育了资本主义萌芽,但后来由于种种原因,有的发展缓慢,有的夭折。在边缘化或半边缘化过程中,西方殖民列强为建立稳定的销售市场和原料产地,一方面破坏这些地区的传统社会结构,另一方面又采取措施创建西方式社会的基础,把西方制度、文化和技术引入殖民地、半殖民地。但这样一来,一种新的社会和经济力量即民族资本主义便得以利用在边缘化和半边缘化过程中建立的与资本主义核心地区的联系来强化和发展自己,最终形成能与西方列强抗衡的力量。从20世纪初起,民族资本主义在和西方列强的联系和斗争中,以各国传统的政治、经济和文化为依托,不断探寻边缘化或半边缘化地区的现代化之路,积累了丰富的经验,展现了多样化的模式。在这个过程中,不仅形成了东欧、拉美和东亚三大新兴工业带,古老的中国也开始重新崛起,从而把世界现代化的历史进程向前大大推进了一步。

4.1 西方冲击下的农耕世界:第三世界的形成及历史起源

18世纪前后,当西欧和北美在"工业革命"的推动下,先后由传统农业社会转向现代化工业社会的时候,西方以外的广大地区仍处于传统农业社会发展阶段。这些地区虽然发展程度差别很大,社会经济形态也很不一样,但大多数以农业和手工业为基础,和西方已经出现的大机器生产比较起来,生产力相对落后,已不是西方的对手。被大机器武装起来的西方,正开足马力生产专供市场销售的工业品,很快成为名副其实的"世界的工厂",在各地排挤传统的手工业品。在这种情况下,资本在海外活动的目的和方式也相应地发生变化,建立稳定的原料产地和销售市场取代了以往对财富特别是金银的直接掠夺,为此就必须对亚非拉广大地区的传统社会进行改造,即使之逐步边缘化和半边缘化,从而赋予殖民主义以所谓"双重使命":破坏旧式的传统农业社会,为西式社会创立基础。这种边缘化、半边缘化的过程,就是广大亚非拉国家从属于资本主义核心国家的过程,也是第三世界最后形成的真正过程。它意味着东方对西方的从属,但又不仅止于此。

从16世纪起,与西欧毗邻的东欧特别是波罗的海沿岸国家就成了西欧纺织品和各种金属制品销售的市场,而西欧则成了东欧谷物和亚麻等商品的集散基地,并由此导致了农奴制在东欧"再版",东欧便成为第一个因紧靠西欧被西方边缘化的地区。但与北美的奴隶制种植园不一样,东欧的"再版农奴制"庄园经济,在性质上连形式上的资本主义都不是:因为它们的建立者是纯粹的贵族地主,使用的又是纯粹的农奴劳动,生产也不是完全以市场为目的。与此同时,西方资本主义的触角向亚非拉广大地区延伸:1415年葡萄牙占领北非的休达,1492年为西班牙服务的克里斯多弗·哥伦布到达美洲,1498年瓦斯科·达·伽马远航印度并成功返回欧洲,1505年葡萄牙人在东非建立第一个商港,并于1511年和1557年先后占领了马六甲和中国澳门,1571年菲律宾被西班牙征服,1619年荷兰在印度尼西亚建立巴达维亚,1690年英国在印度建立加尔各答并于1796年征服锡兰,1842年占领中国香港,1854年美国强迫日本开港,等等,从而开始了将这些国家和地区边缘化和半边缘化的过程。但这些殖民活动主要集中于一些据点和商港,并以对财富特别是金银的直接掠夺为目标,还不能说是"第三世界"的真正形成,只是构成了第三世界的历史起源。

第三世界的真正形成发生于18世纪"工业革命"之后。这是因为,为了把广大亚非拉国家和地区变为西方国家的附庸,西方资本主义核心国家采取了一系列措施,对这些国家和地区的传统社会进行改造。第一,它们逐步把商业公司和组织的职能由单纯的商业性质改为商业兼政治性质,以适应对殖民地和半殖民地的统治需要;第二,它们对殖民地和半殖民地的掠夺由对金银和其他财富的掠夺为主,转变为主要对当地土地进行占领和经营;第三,它们制定一系列政策,限制和压制当地政治、经济和贸易的自主性,扩大殖民者在这些领域里的权限和利益;第四,为了在当地创建西方式社会的基础,殖民当局在当地推行程度不等的农业改革政策和措施,以摧毁封建的土地关系,建立现代土地和税收制度;第五,直接控制殖民地和半殖民地的一些重要厂矿、企业,为殖民国家生产它们所需要的原料和产品,同时也直接从这种生产经营中获取利润;第六,以创办报纸、学校、教会和实业等各种方式宣传和传播西方的观念、制度、思想、科技和文化,以便在思想上控制殖民地、半殖民地民众;如此等等。总之,就是要在经济、政治和文化上,为西方殖民主义对亚非拉广大地区的统治创造必要的社会条件,在制度和文化上建立起边缘地区与核心地区的联系。这一过程即第三世界最后形成的过程。只是由于各地区的历史和文化背景不同,在边缘化时其方式和程度会有不同的表现和特点。

在曾经是葡萄牙和西班牙殖民地的拉丁美洲,其社会经济结构原本是在破坏了当地土著印第安文明之后建立起来的,而它们的宗主国当时虽然商业资本已经萌芽,但政治上依然实行君主专制,经济上则以封建大土地所有制为主。因此,这两个国家在拉丁美洲建立的殖民地混合实行土著人奴隶制、委托监护制、劳役分派制、债役农制和黑奴制。19世纪初的拉美独立革命,虽然在大多数国家确立了资产阶级民主共和原则,但实权却掌握在大地主和天主教势力的手中,以军事独裁为特征的"考迪罗主义"到处横行,社会经济又恢复了旧日的"秩序"。虽然黑奴制度被废除了,但大地产制在19世纪还获得了大发展,"一个世纪中并入大地产的土地,等于以前3个世纪并入大地产的土地"。因此,其现代化的启动是艰难的。

在世界的东方,情况更为复杂。这里除日本在19世纪"明治维新"后"脱亚入欧"外,绝大部分都还处于传统农业社会,"农业和手工业相结合"的结构基本未变。在印度,即使在莫卧儿帝国时期,除了保留着古老的村社制度外,还保留着极端落后的种姓制度,由婆罗门教、佛教和耆那教演化而来的印度教,相信精神的至高无上,而不太相信西方的物质文明。奥朗则布(1618—1707)死后,莫卧儿帝国日趋瓦解,完全被英国东印度公司所控制,变为英帝国的殖民地。而中国在经历了盛唐文明之后,长期处于分裂割据状态,元朝和清朝都是北方少数民族入主中原后汉化建立的王朝。由农民起义建立的明王朝虽然曾派郑和打开了与南洋和"西洋"各地的联系,但因其出使的政治目的大于经济目的,终无大的作为。与此相反,日本在明治维新后,迅速走上了工业化的道路,终在1894—1895年的中日甲午战争和1904—1905年的日俄战争中先后打败中国和俄国,占领中国台湾和朝鲜,进

备受欺凌的刚果人民

而把侵略的魔爪伸向中国内地。

地跨欧亚非三大洲的奥斯曼帝国是第三大面临西方挑战的重要地区。这里本是传统的东西方贸易中心,早在16世纪这里的某些地方就已出现了资本主义萌芽。据统计,在1586年布尔萨的纺织业中,最大的两家作坊分别有织机46台和66台,花在劳工工资上的费用至少为5000杜卡特(ducats),并已开始从市场上公开招募雇工。但此时的奥斯曼帝国虽然庞大无比,在政治和经济上却都存在着许多难以克服的矛盾。在政治上它和所有伊斯兰教国家一样,实行政教合一的专制统治,作为宗教领袖的哈里发同时又是国家的最高行政首脑。在经济上,整个国家被分为埃及、西亚、中亚和巴尔干几大块。虽然伊斯兰教在帝国内部占据统治地位,但天主教徒、东正教徒和其他异教徒的生产和生活方式以及他们所受的待遇均不一样。奥斯曼帝国不过是一个松散的政治和军事联盟,它统治的时间越长,积累的问题就越多,难以从整体上面对西方的挑战。

至于撒哈拉沙漠以南的黑非洲,这时虽然已诞生了好几个强大的王国,如贝宁王国、尼日尔王国、刚果王国等,但大部分地区还处于原始社会向阶级社会的过渡阶段。文明发展程度参差不齐,生产力水平低下。更为重要的是,各殖民主义列强对其进行分割占领,黑奴贸易繁盛,这不仅极大地破坏了黑非洲发展的内部活力,也常常是引起黑非洲内部种族仇杀的祸因,便利了西方殖民列强的入侵。

4.2 捷克、斯洛伐克、波兰与俄罗斯:努力打造"核心地区"之外的第一个新兴工业带

东欧,即易北河和波罗的海东南岸之间的地区,既是被西方资本主义"核心地区"边缘化的第一个地区,也是"核心地区"之外最先形成的一个新兴工业带。但

为之做出贡献的主要是捷克、斯洛伐克、波兰和俄罗斯,而不包括当时的匈牙利、罗马尼亚、保加利亚和南斯拉夫。

捷克和斯洛伐克地区最早的居民为凯尔特人,此后先后遭日耳曼人、俄罗斯人、阿瓦尔人入侵并统治。9世纪时诞生过一个叫"大摩拉维亚"的公国,但不久就遭到马扎尔人的入侵并解体,长期处于混乱和分裂状态,不得不接受奥匈帝国的统治。18世纪后期,斯洛伐克和捷克两民族先后觉醒并崛起,在第一次世界大战结束后建立起统一的捷克斯洛伐克国家,尽管几十年后又再次分裂。捷克和斯洛伐克地区拥有发展工业的雄厚基础:13世纪和14世纪期间伊赫拉瓦、哈夫利奇库夫·布罗德、库特纳·霍纳和伊洛维成了捷克的主要采矿中心,它铸造的银币格罗什从1300年起流行于全欧洲;与此同时,贵金属的开采在斯洛伐克获得空前发展,其金银开采量分别占世界总量的1/3和1/2,克雷姆尼察铸造的金币从1328年起成为欧洲最受欢迎的货币。伴随着使用农奴劳动的贵族大庄园制的形成和发展,在捷克和斯洛伐克兴建了大批啤酒厂、锯木厂、冶炼厂、铸铁厂、玻璃厂等,各种采矿业特别是金银的采掘和冶炼也扩大了规模。由于有良好的工业基础,大约在19世纪40年代,当发源于英国的"工业革命"在大西洋两岸迅速传播的时候,蒸汽机及其他许多机械便开始进入捷克和斯洛伐克的某些行业,特别是传统的纺织业。到19世纪五六十年代,著名的塔特拉车辆制造厂和捷卡德机器制造厂也已建立,甚至连接矿山和工厂的铁路网也开始形成,这时重工业便取代纺织业获得了工业中的优势地位。而推动这一转变的动力,是1781年农奴制的废除以及1859年行会制度的废除。

1795年后,波兰由普鲁士、奥地利和俄罗斯分别占领,拿破仑战争结束和1815年维也纳会议后,在波兰土地上虽然重新建立了"波兰王国"和几个公国,但仍由普、奥、俄实际控制,直到1918年第一次世界大战结束时,波兰才真正恢复其独立国家地位。波兰主要是一个农业国,在西欧资本主义兴起期间,它输往西欧市场的主要是粮食和原料,但在16世纪至18世纪农奴制发展和贵族大庄园形成的过程中,各类手工工场,甚至是使用雇佣劳动和农奴劳动的工场手工业有了长足的发展,几乎涉及了波兰经济和社会生活的每一个领域。普、奥、俄对波兰的占领,一方面加快了对波兰人力、资源和市场的掠夺,另一方面在客观上也推动了波兰工业的发展,因为许多原材料需要在当地加工之后才能运回占领国内,其结果是三大工业中心在19世纪初的迅速兴起:(1)罗兹轻工业区,以生产呢绒、麻布和棉布为主,其中仅呢绒1827年的总产量就达700万沃凯奇;(2)基埃尔策重工业区,这里既是波兰采矿和冶金业的总经理处所在地,也是波兰第一所矿业学校的诞生地;(3)华沙综合工业区,包括纺织、五金、食品和化工等多种工业,并于1821年率先将蒸汽机引入纺织业。此后,西方式工业在波兰的传播速度加快,1830年之前仅华沙就有8个工厂引进了蒸汽机,从而催生波兰工业在19世纪五六十年代的普遍性高涨浪潮。据统计,1840—1860年期间,波兰王国的工业产值增加了4倍多,其总产值达3.2亿卢布,工人总数达7.5万;其中最发达、规模也最大的是纺织业,1860年时全国有纺织厂320个,其工人人数占全国工人总数的一半。但是否应将这一浪潮视为波兰的"工业革命"仍然存疑,因为农奴制在波兰一直存在到1864年,毕竟真正的工业革命不能建立在农奴劳动的基础上。

我们在第3.18章中谈到,1861年俄国农奴制改革不彻底,此后俄国不仅没有搭上西方发展的快车,反而在某种意义上进一步被边缘化了,俄国在1904—1905年日俄战争中的失败就是明证。1905年和1917年的两次资产阶级革命企图挽救这种颓势,建立权力有限的所谓"国家杜马",起用大臣会议主席斯托雷平主持改革,包括允许农民退出村社和扶植富裕农民发展,甚至一度把工业生产的年生产率提高到11%,但所有这一切成就都被俄国在第一次世界大战中的失败所勾销。不过,两次资产阶级革命把俄国社会民主工党及其多数派即布尔什维克推到历史前台,最终导致了1917年列宁领导的"十月革命"的胜利(革命爆发的时间为公历11月7日,俄历10月25日),并开辟了一条不同于西方资本主义工业化的道路。因为十月革命后建立的苏维埃政权及之后的"苏联",宣布这场革命为"社会主义革命",在废除土地和生产资料私有制并实行公有制的基础上推行计划经济,仅通过从1928年开始实行的"两个五年计划"就基本上实现了工业化。据统计,从1928年至1940年,苏联共新建大型企业6000多个,工业总产值增加了4倍多,跃居欧洲首位,其中重工业的年增长率高达21.2%。

与此同时,在十月革命和苏联的巨大影响下,工业基础本来就很雄厚的捷克斯洛伐克和波兰也加快了工业化的步伐:前者自1949年至1960年先后完成两个五年计划和两个一年计划,1959年时其工业产值已占工农业总产值的85%,成为世界上工业高度发达的国家之一;后者从1947年起实行恢复国民经济的三年计划和加速经济发展的六年计划,到1961年第一个五年计划完成时,也已基本实现了国家的工业化,波兹南成为其新的最大机车车辆制造中心。这样,波兰、捷克斯洛伐克就和苏联一起,构筑起西方"核心地区"之外的第一个新兴工业带,这个工业带拥有不同于西方工业化的性质和色彩。

必须指出,以苏联为代表的社会主义,乃是发生于落后国家而非先进生产力之上的社会主义,严格地讲并非马克思本来意义上的社会主义。不了解这一点,我们就不可能正确地观察、研究和评价20世纪及以后整个社会主义之历史,并从中吸取必要的经验和教训。

4.3 列强激烈争夺中的三大伊斯兰帝国:奥斯曼帝国、萨非伊朗和莫卧儿印度

奥斯曼帝国、萨非伊朗和莫卧儿印度地处西亚至南亚一线,是传统农业世界最早受到西方冲击的地区之一。以奥斯曼帝国为例,它不仅一直受到俄国南下的威胁,从15世纪末起,还面临崛起于地中海的西班牙的争霸。1498年5月20日葡萄牙人占领卡利库特,这既是西欧人入侵印度的开端,也为其从波斯湾进入伊朗准备了条件,此后法国人、英国人接踵而至。上述这三个伊斯兰帝国无不受到西方的袭扰,并由此引发了帝国内部的变迁。

1536年,为了对付当时在中欧称雄的以哈布斯堡家族为中心的神圣罗马帝国,苏莱曼统治的奥斯曼帝国决定按下列条件与法国结盟:奥斯曼向法国商人开放领海和港口,商品入境关税只收取5%;同时,法国人在奥斯曼境内享有贸易自由、航行自由及治外法权。这是奥斯曼帝国向西方工业国开放市场的开始,但其内部整个封建制度(如军事采邑制、包税制等)此时却依然如故,因而很难适应国门开放所造成的形势。不久就出现了财政赤字、货币贬值和物价飞涨并发的局面。据统计,1597年时这个国家的财政亏空达6亿阿克切,为全部收入的两倍。为了弥补财政赤字,政府只好用降低质量的办法来扩大货币的供应和发行。1600年时,1阿克切的含银量大约只有1500年时的1/10。物价飞涨常常是货币贬值的伴随物,1550年以后的5年内,棉花、黄油、蜂蜜的价格分别上涨了2倍、4倍、8.5倍。结果,在16世纪末17世纪初,终于酿成社会的大动荡,造成奥斯曼帝国历史上的"大逃亡",以致许多农民靠乞讨和劫掠为生。至1840年,奥斯曼帝国被迫再次与法国订立不平等条约,允许法国人在奥斯曼境内随意旅行和贸易,进口税由过去的5%降到了3%。在内外交困的情况下,塞里姆三世(1789—1807在位)、马

赫穆德二世(1808—1839 在位)和穆斯塔法·拉施特·帕夏先后尝试和实施多项改革,企图挽回帝国的颓势。这些改革包括:改组帝国会议,规定一切重大措施须经大臣们讨论;责令近卫军接受欧式训练,并组建西式陆军和海军以取代军事采邑制下的旧军,1834 年废除过时的军事采邑制;在法律上承认"生命安全是人最重要的天赋权利","保护个人财产的神圣不可侵犯",根据财产状况课税;创办世俗的大、中、小学校等。很明显,这些上层改革动摇了帝国的政治和军事体制,为之注入了某些资本主义的因素。但由于未能触及帝国的根本制度,尤其是作为土地制核心的"蒂马尔制度",这些改革很难达到安定民心、革新政治、巩固统治的作用。因为在这种土地制度下,直属国家的土地几乎占了 87%,而在其上耕种的农民只有"世袭和永恒的租佃权",而不是所有权。

伊朗高原地处中亚与西亚之要冲,历来是列强争夺的重要目标,巴比伦、亚述、亚历山大帝国、阿拉伯帝国、帖木儿帝国都先后在这里建立过统治。1520 年建立的萨非王朝在 17 世纪初达于鼎盛。声威显赫的君主阿拔斯一世借助英国的海上势力于 1623 年收复了被葡萄牙人占据百余年的霍尔木兹,但由此也为西方势力的侵入打开了方便之门。先是英国获得在伊朗免税通商的权利,随即是荷兰、法国等西方商人援例均沾,1708 年和 1715 年法国又把领事裁判权强加于它,1763 年英国东印度公司被允许免征关税。拿破仑战争失败后,由于法国势力受挫,在伊朗的争夺以英国和沙俄为主,二者的势力分别从南北向内地推进,伊朗主权丧失大半,沦为半殖民地。在这种情况下,跻身于谢赫教派的阿里·穆罕默德自称"巴布",即人民与马赫迪(这个教派所宣扬的即将降临的伊斯兰教救世主)之间的媒介("巴布"在阿拉伯语中是"门"的意思),于 1844 年创立巴布教。它宣布马赫迪即将降世,伊朗将成为一个没有压迫、人人平等的"正义王国"。巴布教徒于 1848 年 9 月发动起义,其战火燃遍伊朗各地,但亦难免以失败告终。不过它却迫使新即位的国王纳席尔·厄丁(1848—1896 在位)进行必要的改革,以挽救濒临衰亡的民族命运。改革由出身卑微、出使过奥斯曼、身为国王妹夫和首相的密尔札·达吉汗主持。其改革显然深受奥斯曼帝国改革的影响,也主要集中于整顿军事和政治两方面:一是改组军队,严禁部队和军官的无纪律现象,严禁侵吞士兵薪饷,计划建立一支统一编制的新军,并使之扩充至 10 万人,为此在德黑兰创办了军官学校;二是整顿财政,大力裁减宫廷侍役,削减官吏薪俸,取消王子在各省的直接收入,改由国库支给。此外,密尔札·达吉汗还建立兵工厂和军需工场,鼓励发展民族工商业,建立路警以保护商路与商队,学习奥斯曼,派人到俄国留学,在德黑兰创办科学馆和报纸《时事日志》。但由于这些改革未触及伊朗的根本制度,如君主专制制度和土地制度,均难以达到振兴民族的目标,甚至密尔札·达吉汗本人也殉身改革。改革失败后,英国在伊朗的势力更是大增,又是修路,又是开矿、敷设电线,伊朗殖民化一步深似一步,已难以自拔了。

在莫卧儿帝国,情况更是不妙。本来,这个帝国创造过自己光辉的业绩。在16、17世纪甚至已依靠自身创造的力量,孕育了资本主义的幼芽。例如,在金刚石开采业,科卢尔矿场上的工作人员达3万之众,并有一定的劳动分工。但沙杰罕(1627—1658在位)统治末期,四个儿子争夺帝位,互相残杀,最后取胜的奥朗则布虽成就辉煌,然而他对印度教的迫害终于逼出了锡克教运动,继之又发生了马拉特人反政府和反伊斯兰教的起义。尽管起义最后被镇压下去了,奥朗则布的统治保住了,但帝国的根基却动摇了。接着而来的是英国对印度的大举进攻,直至后者完全变成英国的殖民地。英国在印度的殖民活动比葡萄牙晚,当它于16世纪末来到印度西海岸时,葡萄牙人已占有卡利库特(1498)、果阿(1510)、第乌和达曼等地,并以这些地方为根据地从事转运贸易。但英国自1600年成立东印度公司后,很快在印度成为与葡萄牙人竞争的主要对手,于1612年在苏拉特附近击败葡萄牙的船只,并获得莫卧儿皇帝贾杰吉允许在那里建立商馆。此后,英国加快了在印度的扩张,1629年在马德拉斯建立要塞,1668年占孟买为据点,1686年再在东海岸建立加尔各答。1707年奥朗则布去世,各土邦相继独立,互相仇杀,内战不已。这给英国独占印度提供了绝好机会。此间,虽然法国于1668年始在苏拉特建立商馆,进而与英国争夺在印度的控制权,但1756—1763年七年战争后,法国人亦承认了英国在全印的霸主地位。18世纪末19世纪初,在克莱武、赫斯丁、康华里等总督在任期间,英国先后与迈索尔进行了两次战争(1780—1784、1790—1792),与马拉特人进行了三次战争(1775—1782、1803—1805、1817—1818),与锡克人进行了两次战争(1845—1846、1848—1849),从而兼并了坦焦尔(1799)、信德(1843)、旁遮普(1849)、奥德(1856)等邦,英国在印度的殖民统治已完全确立,虽有1857—1859年的印度民族大起义,也成定势。至1877年,维多利亚女王宣布兼任印度女王,印各土邦皆变成英国的属地,从而为印度的殖民化过程打上了句号。在英国变印度为殖民地的过程中,1757年克莱武对孟加拉发动的普拉西战役是一个重要的转折点即开端,正如马宗达等人在《高级印度史》中所说:"普拉西之战似乎是一次较小的战役,但却产生了比世界上最大的战役更为重要的后果,它为英国征服孟加拉以至最终征服整个印度铺平了道路。"①

至此,这三个最大的伊斯兰帝国都先后沦为西方列强的殖民地或半殖民地,结束了它们曾经拥有的辉煌历史。在此期间,虽然各帝国都发生了上层改革,但由于未能触及其根本制度,均未能改变帝国的衰落命运,因而尚不构成现代化正式启动的标志。

4.4 伊斯兰现代化的正式启动:从青年土耳其党到凯末尔革命,伊朗的立宪运动和伊斯兰革命,埃及华夫脱党及护宪运动

莫卧儿帝国灭亡后,印度沦为英国的殖民地,这标志着印度最终脱离了伊斯兰世界。因此,本章所叙述的伊斯兰现代化不再包括印度的内容。

伊斯兰国家的现代化之所以能在19世纪末和20世纪初启动,是因为这时资本主义在伊斯兰世界有了长足的发展,从而在伊斯兰世界培植出了一个新的代表进步的阶级:资产阶级——尽管它还不够强大。例如,在土耳其,由于对外贸易和铁路建设的发展,沿海和沿线地区的劳动分工加速进行,涌现出了一批经营地主和富农;1888年至1903年间烟草种植面积增加了两倍,1896年至1908年间皮棉产量增加了30多倍,19世纪90年代地毯和纺织业获得了较大的发展,铁路、煤炭、港口建设也有了很大进展。土耳其的资本当时主要是商业资本,而且非土耳其人(如希腊人、亚美尼亚人、犹太人)控制着其中的绝大部分,但土耳其人在商业资本和工业资本中仍分别占了15%和12%,这是土耳其资产阶级兴起的重要条件。大体说来,伊朗和埃及的情况与土耳其类似。

土耳其现代化运动的最初推动者是1889年秘密成立的"青年土耳其党",原名"统一与进步协会",创始人为艾哈迈德·里扎(Ahmed Riza,1858—1930),最初以巴黎为活动中心。1907年与萨洛尼卡的奥斯曼自由社联合,更名为"奥斯曼统一与进步协会",从此有了两个活动中心,并在帝国的欧、亚部分都建有支部。当时奥斯曼帝国正处于阿卜杜勒·哈米德二世的专制统治下,没有任何的政治自由

---

① R. C. Majumdar, H. C. Raychaudhuri, Kalikinkar Datta, *An Advanced History of India*, London: Macmillian, 1950.

与民主,甚至连"自由""民主"这样的字眼也从字典中删除了。经济上,国家的命运控制在英、法、德、奥等国之手,一切听从由它们组成的"奥斯曼国债管理处"摆布。土耳其党人以反对苏丹专制制度、维护奥斯曼帝国领土完整、恢复1876年宪法和建立君主立宪制为自己的纲领。所谓"1876年宪法",即新奥斯曼党人在1876年发动宫廷政变后所颁布的宪法,这部土耳其历史上第一部宪法的核心正是要在土耳其实行资产阶级的君主立宪制度,把实权由君主转移到选举产生的议会手中。但当时政变未能成功,很快就被镇压下去了。这一次,青年土耳其党人宣称:"土耳其人已经成熟到可以实行宪政的程度了。"他们在1908年7月发动了起义,逼迫阿卜杜拉·哈米德二世宣布恢复1876年宪法,并在短期内举行全国大选。土耳其党人获得了230个议席中的150席,其领袖阿赫梅特·里扎还当选为议长,看来似乎是成功了。但议会很快就被反革命势力所发动的政变推翻,取而代之的是陆军大臣恩维尔等人的军事独裁统治。这个政府在1913年颁布了《奖励工业法》《实施地籍法》,并允许个人向银行抵押土地,在一定程度上有利于资本主义的发展。不过,土耳其现代化正式启动的真正标志是第二次革命,即1919年至1922年的"凯末尔革命",这次革命的直接导火线是第一次世界大战中土耳其政府追随德奥集团失败后,遭到英法和希腊军占领所形成的民族危机。土耳其人民在凯末尔的领导下,于1923年10月29日宣布建立土耳其共和国,凯末尔任总统。凯末尔主张共和主义、民族主义、平民主义、国家主义、世俗主义和改革主义。他上台后立即着手政治、立法、文化和教育等世俗化改革:(1)废除苏丹制和哈里发制;(2)实行政教分离,赋予国民议会以立法权;(3)停办宗教中学和小学以及大学的神学系,使教育世俗化;(4)实行文字改革,用拉丁字母代替阿拉伯字母;(5)由国家统一管理国民经济,发展民族工商业。这些举措结束了奥斯曼帝国600多年的专制统治,

青年土耳其党庆祝政变成功

破天荒在传统的东方农业社会中建立起共和政体,使土耳其在落后国家中率先走上了现代化的道路。

在伊朗,由于19世纪中叶内部的改革不力,殖民地化和半殖民地化的过程进一步加深。1872年,英国人路透男爵从伊朗国王手中获得了一系列特权,如矿藏开采权、关税征收权及开设银行、建筑公路的优先权。虽遭俄国反对而破产,但为了给英国商人以"补偿",伊朗国王后来不得不以个案形式另外给予他们新的优惠,1889年给予路透为期60年的银行特许权,1890年给予塔尔博特公司为期50年的烟草专卖权。与此同时,俄国也加紧了对伊朗的控制。首先是在1878年派遣教官团帮助伊朗国王训练哥萨克骑兵,然后又在八九十年代获得在伊架设电线、修筑公路、开设银行及捕鱼的特权。为了挽救祖国的命运,伊朗改革家马尔科姆汗起草了《改革书》,由于不为当时的伊朗当局所采纳,乃在伦敦创办波斯文报纸《法言报》(1890),鼓吹法治及立宪。到20世纪初,伊朗这类刊物增加至100多种。城市商人、手工业者和伊斯兰阿訇成立了名为"恩楚明"(即委员会)的组织,并发展出地方自治机构和革命政权;而小资产阶级和城乡工农群众则建立了名为"穆札希德"的革命组织,并组成了以下层群众为骨干的敢死队"费达伊"。在人民群众的压力下,国王穆札法尔不得不于1906年8月签署召集国会的敕令。通过选举产生的国会在10月开幕,并在12月通过了一部民主宪法。宪法虽然保留了君主制并宣布伊斯兰教为国教,但确定议会为"全体人民的议会",并有权决定法律、预算、借款、租税等问题,建立了政府对议会负责的制度;又宣布人民享有教育、出版、集会、结社自由,在法律面前人人平等,公民生命、财产权利不受侵犯;宗教法院和世俗法院并存;等等。这显然是一部君主立宪制宪法,是使伊朗社会走向现代化的重要步骤。但伊朗迈向现代化的阻力很大,1907年1月穆札法尔去世以后,继位的穆罕默德·阿里拒绝批准《基本法补充条款》,1907年8月英俄达成协议,将班达·阿巴斯—克尔曼—加吉克一线以南和卡斯列·西林—伊斯法—祖尔卡达尔一线以北分别划入两国的势力范围,并明确声称要伊"维持现状"。在这种情况下,国王穆罕默德·阿里以为时机已到,先后于1907年12月和1908年6月以哥萨克骑兵团为主力发动政变,占领了首都,炮轰国会,逮捕议员,废除宪法。革命派先撤退到大不里士,又撤到吉兰。后来虽然在费达伊的支持下重新攻入德黑兰,赶走了国王,但在沙俄的刺刀保护下,穆罕默德·阿里最终重返王位,恢复专制。一场有声有色的现代化改革彻底破产。

直到一战之前,埃及在名义上仍是奥斯曼帝国的一个省,但在奥斯曼帝国的众多行省中,埃及的地位似乎总是有些与众不同,一直保有某种难以名状的独立性。例如,埃及的统治者拥有奥斯曼帝国授予他的封号"赫底威"。"赫底威",意即国王。19 世纪,当上层改革在伊斯兰世界风起云涌时,刚刚夺得总督职位的穆罕默德·阿里(1805—1848 年在位)也进行了一系列改革,诸如规定作坊主所需的原料由政府按价提供,产品由政府按收购价包销。政府控制了工业品的生产和收购,也就控制了很大一部分进出口贸易。1836 年时,政府控制的进出口贸易在全国进口和出口贸易总量中,竟分别达到 95% 和 40%。但当时的改革并未触动封建土地所有制,反而把从旧封建地主那里掠夺而来的土地大片大片地分封给王亲国戚和文武官员,因此很难说改革是资本主义的。至 20 世纪初,情况与 19 世纪有了很大不同。特别是在 1914 年年底英国宣布将埃及纳入"英王陛下的保护"①之后,资本主义在埃及有了很大的发展。埃及作为英国的"兵营国家",获得了大量军需订货,工商业得到了极大的发展,以致埃及资本家得以在 1916 年成立工商业委员会,敢于向英国要求自己的权利。正是在这样的基础上,1918 年 11 月才有可能组成以柴鲁尔(1857—1927)为首的"华夫脱党"(al-wafd,阿拉伯语"代表团"之意),该党在 20 世纪初的埃及历史上掀起了一场声势浩大的制宪运动。华夫脱党在其纲领中给自己提出的任务是:"用和平合法的手段来实现埃及的完全独立。"具体地说,是要废除英国的殖民保护制度,把英国军队从埃及领土上赶出去,成立立宪政府。当柴鲁尔以立法议会副议长身份征求签名时,他得到了 200 万埃及人的响应,并迫使亲英的政府首相辞职。但 1919 年 3 月 8 日英国逮捕柴鲁尔后,和平的签名运动就转变为武装起义。虽然几经波折,英国占领者还是于 1922 年 3 月 16 日被迫承认埃及为独立的君主立宪制国家,是年 4 月 4 日颁布的《埃及宪法》宣布:埃及为自由独立的国家,实行君主立宪制,国王由穆罕默德·阿里家族继承,以阿拉伯语为国语,伊斯兰教为国教。国王为全国武装部队总司令,实行"主权在民","公民享有平等自由",立法议会由上下两院组成,但国王在议会休会期间拥有立法权,并可解散议会。由此,在非洲催生了第一个现代民族国家,也标志着埃及现代化进程的正式启动,因为宪法首次引入了西方议会民主制。

---

① 在第一次世界大战中,土耳其加入德奥同盟国一方作战并最终战败,英国便以此为借口把埃及置于自己的保护之下。

这一立宪运动,虽然后来在英国强大的压力下趋于保守,但毕竟宣告了殖民保护制度的破产,促成了君主立宪制的建立,加快了埃及资本主义的发展,是埃及现代史上重要的一页。

但刚刚启动的伊斯兰现代化进程不是没有缺点,它主要集中于政治领域而疏于经济领域的改革,尤其忽视对封建土地制度的改革,因而又反过来限制了政治现代化的深入。即使在政治领域的改革也很不够,如几乎所有的改革都把伊斯兰教奉为国教,这与改革前没有什么不同。所以,这几个国家建立的立宪制度也是不彻底和不巩固的。这是因为当时这些国家都在不同程度上存在着维护或争取民族独立的问题,而领导现代化运动的资产阶级又都有些先天不足,根本无力把改革推向深入。这些问题将长期影响伊斯兰世界社会现代化的历史进程,并使问题更加复杂化。不幸的是,对于伊斯兰世界及其历史而言,万千的研究者、观察家和政治家所忽视的,也正是此点。

4.5 英国对印度的殖民统治

莫卧儿帝国是伊斯兰化的蒙古人建立的,它在政治上借用了蒙古的专制传统,在精神上依靠伊斯兰教作统治工具。莫卧儿帝国瓦解后,蒙古人的势力和伊斯兰教都从印度大地上"隐退"①,但印度却未能立即向本土文化即婆罗门教、佛教和印度教代表的文明回归。脱离了伊斯兰教的印度并未立即向印度文明回归,而是在英国统治近两百年后才真正走上独立的现代化之路。因为取代莫卧儿帝国的是英帝国的统治,与一般的殖民统治不同,它把印度变成了英帝国的一部分。在被殖民化的过程中,印度的政治、经济发生了多重的变化。

首先是东印度公司的职能扩大。英国东印度公司成立于1600年,原是一个特许商业公司。虽然它被特许制定法律的权力,但那是用来约束公司职员的。此后它的权力和职能逐步扩大:1661年获得了设防和建立武装力量进行守卫的权力,并可任命官员管理其要塞;1669年获得了建立军队的权力,开始招募陆军和海军为公司服务;1677年获得建立铸币厂的权力,开始铸造印度货币,供公司在印度

---

① 这里所说的"隐退",主要是政治上的,指它们从统治地位上撤退,但伊斯兰教的影响还是存在的,它的教徒也不能撤退。

使用;1683年获得对非基督教民族宣战、媾和,处理通过战争得到的领土即占领领土之权;1687年和1726年获得在被占领土上建立市政府和法院的权力,实际上被授予统治权。这样,这个最初的商业公司就拥有了政治、军事、司法的广泛权力,从而为它以后对印度的扩张和统治准备了条件。

其次是统一的政治权力在印度的建立。莫卧儿帝国解体后,印度分裂为大约554个土邦,其中较大的封建国家有马拉特、旁遮普、孟加拉、奥德、海德拉巴、卡尔那提克、迈索尔等,这种分裂状况便利了东印度公司对它们的征服。东印度公司的征服从1757年征服孟加拉开始到1849年兼并旁遮普为止,前后共花了92年,因为这种征服是以小灭大、以弱对强。印度的各土邦虽然相互独立,但却都建立在军事采邑制的基础上,并不可轻取。正因为如此,东印度公司对印度各邦的征服除了部分采用直接的军事征服外,有相当大一部分是通过间接征服的形式进行的:与土邦订立资助同盟条约,由公司派军队驻扎该邦负担防务,而由该邦负担全部费用;或划出部分土地给公司作给养来源,在外交上接受公司的监护。这样,在印度就以东印度公司为中心形成了新的政治权力体系,这个权力体系分为两种形式:一是直接统治形式,即由公司直接统治的土邦,因而称为"英属印度";二是间接统治形式,即由条约维系的附属领,称为"印度土邦"。但在东印度公司作为"特许公司"的时候,统治印度的权力并不在殖民地,而是在伦敦的公司董事会,从方针政策的制定到文武官员的任命,都操纵在它的手中,在印度设立的殖民政府只是它的执行机构。不过特许状有一条规定,英王对公司领地有最高领导权。所以,当工业革命开始、工业资产阶级掌权之后,为了建立稳定的原料来源和销售市场,英国议会就开始借此插手印度事务,于1773年和1784年连续通过两个《东印度公司法》。前者要求公司董事会必须把"从印度寄来的有关税收的一切信件"交给财政部,把有关民政和军政的一切函件交给国务大臣,把孟加拉管区升格为总管其他管区的"印度总督"(仍叫孟加拉总督),并由一个四人参事会辅助,总督和参事均由国王任命。另在加尔各答建立最高法院,所有法官都由国王任命,作为国王的法庭负责审理涉及公司和英国臣民的案件。后者决定在英国议会建立一个"监督局",监督东印度公司的事务,其成员也由国王任命。这标志着一种双重权力体制的形成,从此印度的事务由公司和英议会共同管理。1858年,英政府取消了东印度公司的代管权力,印度事务转由政府直接管理。1877年,维多利亚女王正式加冕为印度女皇,只不过是这种权力集中趋势的必然结果。

曾经的莫卧儿帝国是一个典型的东方式农业国，实行土地国有制，其中70%的耕地由具有一定军阶的札吉达尔领有，其领地称"札吉尔"。17世纪时，全国共有札吉尔8210个。这种土地制度的特点是：地权由国家、领主和农村公社三重分割；地税合一，由领主即札吉达尔统一收取，税率达50%；采用非世袭的经营方式，土地领有者定期调任，在同一块封地上的居住时间平均不满10年。东印度公司在由商业公司转变为国家政权的过程中，为了适应其扩张需要，从1765年开始，克莱武强迫莫卧儿皇帝沙·阿拉姆二世签署敕令，授权英人在其管区内征税，从此东印度公司的利润主要依靠田赋而不是贸易。征税形式一般采取短期包税制，实行公开招标，出钱多者获包税权。由于此税制弊病太多，1793年后改行固定赋额制，即对柴明达尔（印地语，指"土地所有者"）实行永久地税制①，对莱特瓦尔（阿拉伯语，指"农民"）实行可变动地税制②，而马哈瓦尔（印地语，指"庄地持有者"）的地税则视情况而定：庄地原为封建主占有的，即以封建主为纳税人，税率为地租的83%，属固定型；庄地原为村社集体占有的，以农村公社为纳税人，税率为净收入的95%，属可变型。1813年取消东印度公司的贸易垄断权后，英国资产阶级要求开放印度市场，加速农业商品化的呼声不断高涨，因此从1833年起又多次对非永久性地税制进行改革：(1)把税率从原来的83%降到50%；(2)不按作物的种类而是土质的好坏确定税额；(3)延长修订税率的周期(到30年)以稳定税额；(4)承认地主和农民有自由处理(包括抵押和买卖)土地的权利。除了增加东印度公司的税收外，这一系列地税改革的基本趋势和后果：一是改变了印度农村的阶级结构，使以往以村社为基础的札吉达尔-柴明达尔地权制度演变为单一的地主土地私有制；二是改变了印度农业经济的性质，由以往自给自足的农业转变为开放的商品农业。这意味着印度传统农业社会的破坏，也是印度殖民地化过程中发生的第二重变化。此外，由于东印度公司的垄断权被取消，来自英国的各种工业产品倾销印度，印度传统的民族工业也即刻被摧残。因为大机器生产提高了效率，降低了成本，印度的手工业自然不是英国的对手。

但殖民主义在印度的历史作用并不仅是破坏，因为英国需要的是一个拥有广阔原料产地的印度，这决定了它不能只破坏而无建设。早在18世纪末和19世纪

---

① 以1790年估定的地税额作地租，将其中10/11作为地税交给政府，这个税额永远不变。
② 农民被承认为土地所有者，税率为净产量的95%，或总产量的45%。

初,工业革命中的一系列技术发明就被引入印度,其传播速度不亚于西欧、北美。如:1794年轧棉机已引入印度,蒸汽机在1814年后才传到印度,到1829年第一艘汽船已在印度西海岸安装成功。棉纺织业是引入西方技术最早的行业,早在1817年就有外商在加尔各答投资建厂,1830年和1854年又有法商和英商投资建厂。1854年C. N. 达瓦尔在孟买建立的轧花厂,甚至首次使用了蒸汽作动力。至1860年仅孟买就有现代棉纺织厂十多家。19世纪初,西方航运业获得大发展,对缆绳、风帆等产品的需求猛增,这刺激英商投资于麻纺业。第一家小型现代麻纺厂1855年在加尔各答应运而生,投资人正是英商乔治·奥克兰德,至1859年此厂又发展为黄麻纺织厂。铁路是英商投资的另一个重要部门,1849年第一条试验性铁路在加尔各答建成通车,1854年第一条商业性铁路即孟买至塔巴的铁路也投入运行,由于殖民当局以田赋收入作补贴,铁路在印度发展很快,至1890年其长度已达25495公里。与此同时,钢铁业的发展也极为迅速,19世纪四五十年代已有大量英资投资于此,只因经营不善而进展不大。1874年建立的印度第一家现代炼铁企业"孟加拉冶铁公司"也因种种原因于1879年倒闭;但于1908年动工、1911年投产的"塔塔钢铁公司"在1913—1914年就获得了年产生铁15.5万吨、钢锭7.8万吨的生产能力,成为印度现代钢铁业起步的重要标志。该公司的创始人是印度商贾姆歇特吉·塔塔,他不仅在计划上做到周密细致,而且注意利用孟买民族资本的力量,又重视对引进的工艺技术进行改造,所以一举成功。英资投资的工业领域,还包括电报、采矿、水利等等,但又不仅限于工业领域,开办种植园也是一个重要的项目,包括蓝靛、咖啡和茶叶的种植,其规模之大,令人吃惊。例如,为了满足英国市场对茶叶的需求,东印度公司于1833年起开始在印度的阿萨姆试种茶叶,至1871年已拥有茶叶种植园295个,年产600万磅。可见,英国在印度不仅是破坏传统社会,也要建设一个符合其利益的西方式社会,至少是为建立这样的社会奠定基础,这就在客观上推动了印度社会的进步。这是印度殖民化过程中发生的第三重变化。

不过,在印度殖民化过程中还有一重变化,就是民族资本主义的兴起。早在莫卧儿帝国后期,印度已产生了资本主义萌芽,但在西方殖民主义入侵过程中基本被摧毁,并未成为印度民族资本的直接先驱。印度真正的民族资本是19世纪初在殖民地化过程中作为英资的附庸而逐步兴起的,这从以下事实中可以看得很清楚。例如,在孟买——印度民族资本最早出现的地区之一,第一个投资开办棉纺厂的是一位名叫考瓦斯吉·达瓦尔的帕西族商人。他曾经是英国商馆的捐客，在印度和英国之间从事棉花买卖，并从中学会了资本主义经营方式。又如，在古吉拉特——印度民族资本最早出现的另一个地区，第一家棉纺厂的创办人赛特·乔塔拉尔也是商人出身，曾当过英国殖民当局税卡的官吏。但正是在与各西方资本主义核心国家的联系中，印度的民族资本获得了发展和壮大自己的机会。据统计，在棉纺织业，1886—1905年工厂数由95个增加到197个，到第一次世界大战前(1913—1914)又增加到264个，新增加的主要是印度资本，这就为民族资产阶级的形成准备了条件。1885年12月28日，印度民族资产阶级的政治代表在孟买建立了印度国大党，出席前三届年会的代表中商人和工厂主的比重由10%左右增加到25%，还有律师、医生和知识分子，这充分地反映了印度民族资本势力的成长过程。也正是在和西方资本主义核心国家的联系中，民族知识分子才能深刻认识西方殖民列强对东方民族压迫剥削的本质。19世纪60年代著名思想家达达拜·瑙罗吉首先提出"财富外流论"，指出英国对印度的榨取是印度贫困的根源。瑙罗吉本人曾是卡马公司的合资经营人和常驻伦敦的代表，因而有机会深入考察英国资本主义的发展与殖民制度的关系，并得出正确的结论。在几经曲折之后，国大党与晚于它成立的穆斯林联盟合作，带领印度人民于1947年8月争得自治权，并最终在1950年1月建立了独立的印度共和国，从而开创了印度现代化进程的新时代。从此，印度文明的发展才算既摆脱了伊斯兰教的统治，又摆脱了西方基督教文明的统治，重新表现出古老的印度文明的特征与魅力。

但不要忘记，印度是一个典型的东方式社会，不仅农村公社的传统根深蒂固，而且种姓制度的传统也极顽强，其现代化进程不会是一帆风顺的。我们知道，印度有一位声名远播的思想家名叫甘地(1869—1948)，他既是一位争取民族独立的不屈战士，也是一位有名的反现代化的思想家。他说过，"我是一个也始终是一个现代文明的决断的反对者"。在他看来，当时"统治印度的不是英国人而是现代文明"，"只有在西方将现代文明彻底抛弃之后"，人类的福祉才会到来。① 也不要忘记，独立后的印度，并没有完全剪断它与西方殖民主义之间的脐带，它依旧把殖民时期英王颁发的有关特许状和英议会制定的有关法律视作现代印度宪法和法制传统的源头，就是明证。关于这一点，只要查一查印度人所编有关印度宪政文献

---

① 艾恺：《世界范围内的反现代化思潮：论文化守成主义》，贵州人民出版社，1991年，第128—129页。

集及相关历史著述,便可知晓。

4.6 拉丁美洲现代化起步的必要条件:独立革命战争与政治体制的共和化

18世纪末、19世纪初,拉丁美洲各国先后发生独立革命,除了巴西以外的所有国家都建立了共和体制,这是拉丁美洲现代化起步的必要条件,也是拉丁美洲现代化起步的重要标志。这是因为:在"自由殖民地"中,拉美保留了较多的旧大陆传统社会的痕迹,殖民过程未能成为向现代工业社会转变的过程。

美洲是欧洲人发现的"新大陆",由于当地的土著力量相对落后,1492年后陆续成了西方列强"自由移民"之地,但随之出现了两种不同情况。在英国人拓殖的北美,由于在殖民活动开始之前,英国资本主义已经产生,在殖民期间先发生政治革命确立了议会民主制,后又发生影响深远的工业革命,因此,北美殖民地的社会经济结构从一开始就是奠定在资本主义的基础之上的。换言之,在北美,殖民过程就是向现代社会转变的过程。而在西班牙与葡萄牙人拓殖的拉丁美洲则是另一种情形。由于整个拓殖过程中这两个国家都还处于君主专制统治下,即便曾经有过一些微弱的资本主义萌芽,后来也夭折了,因此,拉美的社会经济结构和它们的母国最终不是建立在宗主国和殖民地之间的分工之上,而是建立在两者"可怕的类似上"。① 换言之,在拉美,无论是政治还是经济,基本都是传统式的。

当然,在拉美殖民地也存在着资本主义因素。例如,新西班牙的采金和采银业虽然主要使用强迫役工(包括土著、黑奴和混血劳工),但也有少量雇佣劳动力,他们与矿主订立劳动合同,在完成劳动定额后可得到一定的工资,甚至还可自由开矿,但须与矿主对半分成。手工业的规模也有很大发展,如19世纪初,新西班牙克雷塔罗的手工业作坊或工场已达到345家,所拥有的织机数已达到1280台之多。此外,在少数手工工场已采用自由劳动,雇佣工人来自城镇居民。在农业中,种植园经济占绝对统治地位,1810年时仅新西班牙就发展至4944处。虽然这些种植园大多是由大土地所有者开办的,而且普遍实行的是债务雇农制,但随着采矿业在殖民地经济中地位的降低,商品农业的成分在整个经济中的比重日益增

---

① 莱斯利·贝瑟尔主编:《剑桥拉丁美洲史》(第3卷),社会科学文献出版社,1994年,第5页。

大,而且种植的专门化和商品化程度均有提高。大量采用工资制的临时劳力的引进,无不透露出新经济的性质,其中包括资本主义因素。

殖民地传统的社会制度也不是一成不变的。以劳动制度为例,拉美最早引入的奴隶制是印第安人奴隶制,其时间可追溯到1495年哥伦布第二次航行美洲之时,当时他把战败的1500名土著居民变为奴隶。但由于宗教及人道的原因,特别是印第安人的勇敢反抗,西班牙国王卡洛斯一世在1542年颁布的《新法律》中宣布废除奴隶制。大约在1499年开始实行对印第安人的委托监护制,但这一制度广泛被滥用而加重了对印第安人的压迫。1520年,查理一世曾下令废除监护制,到1720年才真正由西班牙王室予以废除。在印第安人奴隶制废除后,与印第安人有关的劳役制还有劳役分派制,它首先流行于1550年以后的新西班牙和秘鲁总督区。这种制度源于印第安人的传统劳动制度,但并非有人所说的"普遍奴隶制",因为殖民者在其中加入了"工资制",即必须付给劳动者一定的工资,而且要"按日"付给。产生于17世纪上半叶的债役农制在某种意义上可以看作是继劳役分派制之后的产物,因为债役农是因欠大庄园主的债才沦为债役雇农的,这一制度不完全等于奴隶制或封建农奴制:第一,债农被奴役的程度因时间和地区之不同而不同,有的地方较强,有的地方较弱;第二,债务束缚是一种经济束缚,而不像封建农奴制那样还包括经济以外的强制;第三,与债役农制并存的还有工资劳动、租佃制度和分成农制,因此债役农制不一定占主导地位。总之,拉丁美洲殖民地的劳动制度在三百年内发生了很大的变化。

在土地制度方面,大部分时间里,大地产制在拉美殖民地占据着统治地位。从类型上看,它包括大庄园、大牧场和大种植园制,在劳动制度上既实行黑奴制度,也实行债役农制和工资制度以及租佃制度,这些制度均被保存了下来。在政治上,由于殖民地一开始就被视作西班牙和葡萄牙王室的私产,整个殖民地的最高事务管理机构是西印度院。它作为最高决策机关拥有行政、司法和立法大权,派"总督"具体管理各个辖区,有时在各总辖区之下再设都督区。与英属北美各殖民地不一样,拉美殖民地各总辖区一直未设立代议机构,下设的市镇虽然有市政会和市议员,但市镇长官是由国王或总督直接任命的。可见拉美殖民地的权力体系是专制式的,而不是民主式的。它统治的社会基础是殖民官吏、天主教和当地上层人士,上层人士包括半岛人和土生白人。西班牙和葡萄牙王室都只把拉美殖民地视作剥削对象,而不允许它们发展成竞争对手,1800年11月28日西班牙王室颁令禁止殖民地建立工厂就是这种政策的突出反映。正如它在另一个对殖民地的命令中所说:"殖民地建立工厂和购置机器过多,与蒸蒸日上的西班牙工业形成对立",因而是不能允许的。为此,西班牙政府在殖民地实行贸易专营制度,规定殖民地输往欧洲的产品必须经过西班牙专营商人之手。与此相联系,土生白人在政治上的发展也受到限制,其担任行政、军事和教会高级职位的权利基本被剥夺,在殖民地时代所任命的170名总督和602名省长中,土生白人分别只有4名和14名。

这种状况与以下情况形成尖锐的矛盾:第一,占殖民地人口2/3的土著和黑奴(1010万人)承担着殖民地主要的劳动任务,但处于隐蔽的奴隶制和农奴制之下;第二,约880万的土生白人和混血种人本是自由人,名义上与相对少数(30万)的来自伊比利亚的半岛人"完全平等",但却未享有公民权;第三,殖民地商品经济的发展已把一个初具实力的资产阶级推向社会,他们中的一些知识分子已在欧美接受了新式教育,但这个新生的阶级在经济、政治和思想上都受到西、葡专制制度的压制。所以,当18世纪上半叶法国掀起启蒙运动,接着北美爆发独立革命,并迅速把革命信息反馈回欧陆,在法国引发更大规模的大革命时,受过伏尔泰、孟德斯鸠、狄德罗和卢梭思想洗礼的米兰达(1750—1816)便及时地把《人权宣言》和《社会契约论》译成西班牙文,于1794年在哥伦比亚秘密地印刷发行《人权宣言》,从而点燃了拉丁美洲独立革命之火。

这场革命首先爆发于法属圣多明各,1803年11月29日海地颁布《独立宣言》。接着,1810年4月在委内瑞拉,1810年5月在拉普拉塔地区,先后发生土生白人领导的市政革命,均宣布成立带有自治性质的"最高执政委员会"(洪达),形成南北两大革命中心,并旋即开始了和西班牙军队的武装斗争。1810年9月,在秘密组织"文学和社交会"领导下,起义之火点燃于墨西哥的多洛雷斯,10月下旬有七八万之众的起义大军一举拿下墨西哥城,使之成为争取拉美独立的第三大革命中心。这些革命者或者发表《独立宣言》(委内瑞拉),或者发表《告全国同胞书》(墨西哥),所表达的共同意志和声音就是"美洲是自由、独立的美洲,它不隶属于西班牙和其他任何民族、政府或王朝"。这场革命虽然一度受到很大挫折,革命初期的重要领导人米兰达甚至被捕牺牲,另一位革命领袖玻利瓦尔也从委内瑞拉逃往牙买加,但当玻利瓦尔率领的革命军经牙买加、海地重返委内瑞拉,又以废除奴隶制、解放黑人为号召集结起浩浩大军之后,他的军队就以破竹之势从委内瑞拉打到哥伦比亚、厄瓜多尔,然后又接手指挥圣马丁的部队进入秘鲁,于1825

年4月解放全秘鲁,从而结束了西班牙在南美的殖民统治。

拉美独立革命波澜壮阔、此伏彼起。从1790年到1826年历时36年,先后有17个国家由殖民地演变成主权国,它们是海地(1804)、巴拉圭、委内瑞拉(1811)、阿根廷(1816)、智利(1818)、哥伦比亚(1819)、墨西哥、哥斯达黎加、玻利维亚、危地马拉、洪都拉斯、尼加拉瓜、秘鲁(1821)、巴西、厄瓜多尔(1822)、玻利维亚、乌拉圭(1825)。除巴西外,这些国家都在宪法中采取了共和国的形式,确立了议会民主制,废除了贵族称号及法律,实行天主教会与政府分离,并先后废除奴隶贸易和奴隶制度,从而揭开了拉美历史发展的新篇章,这是拉美殖民地走向现代化的第一步。且由于西、葡在拉美实行的君主专制程度比英国在北美的程度深,这场独立革命的规模和激烈程度不亚于美国革命。

在拉美独立革命中,巴西并未建立共和制,而是在1822年9月7日,由若奥六世之子、摄政王唐·佩德罗发表独立宣言,宣布巴西与葡萄牙决裂,同时又于12月1日把王冠戴在了自己头上,从而在巴西保留了君主制。这位君主自称"立宪皇帝",称帝后还在1823年5月3日正式举行了"制宪会议",虽然他后来因为与激进派的矛盾而解散了制宪会议,但在他所领导制定的新宪法中保留了参议院和众议院,其中众议院由间接选举产生。可见,这个政体仍留下了独立革命的印记。

4.7 19世纪末和20世纪初拉丁美洲的"依附性发展"

拉美革命爆发之时,其资本主义发展水平大大低于北美,尚处于萌芽阶段。因此,在拉美独立革命中,虽然一些接受过西方自由民主思想影响的知识分子起过重要作用,但在独立革命中起主导作用的并不是资产阶级,而是对西、葡专制制度不满的土生白人地主。结果,独立后拉美所建立起来的国家权力大多掌握在新的政治权贵、大地主和教会势力手中,被称为"三元寡头统治"。这个时期,拉美在政治上的特点是"考迪罗"①即军事独裁盛行,政变和战争频仍。据记载,玻利维亚在74年内发生了60次"革命",哥伦比亚在70年中经历了27次内战,墨西哥70届政权中有60个以政变形式上台。其实,拉美独立革命之所以能够成功,主要

---

① "考迪罗"是西班牙语caudillo一词的音译,原意为首领和领袖。在这里,专指靠武力发动政变、互相攻伐、争权夺利的拉美军事独裁者。

是因为宗主国西、葡被拿破仑军队占领,两国在拉美殖民地的统治力量被严重削弱,对殖民地有些鞭长莫及。这种情况不能不对拉丁美洲以后的发展产生强烈影响。

首先是大地产制在独立后不仅没有被破坏,反而在很大程度上得到巩固和发展。大地产制是拉美殖民地土地制度的主要特征,它起源于16世纪初墨西哥的骑兵份地或牧场赐予,通过各种形式的兼并在17世纪形成并有了很大发展,但被独立革命所打断。独立后,由于土生白人主导国家权力体制,他们没有也不准备触动原来的大地产制,一些将军和官僚反而得到了大片土地赏赐,成为新的土地权贵。特别是在19世纪中叶以后,由于种种因素的刺激,如农产品国际贸易的迅速增长,大量教会地产转入私人地主之手,政府支持大地主兼并印第安人的土地,并向外国资本开放国有土地,大地产制在拉美的发展又形成新的高潮。据统计,19世纪并入大地产的土地,相当于之前三个世纪土地的兼并总量。而在墨西哥,1910年时85%的土地掌握在1%的人口手中。

其次是发展过程中的"欧化"取向。由于当时资本主义尚不发达,真正的资产阶级的力量还很软弱,独立后拉丁美洲各国并未提出自己独立的现代化纲领。这些国家的领导者最初是仿效欧美建立立宪政体①,19世纪后期又提出"秩序与进步"的口号,有的甚至把这个口号标在自己的国旗上。什么是"秩序与进步"呢?就是在政治上实行"精英"统治,在经济上采用西方科技,仍没有离开欧化的路子。为此,执政者在拉美提出并实行一系列改革措施:第一,发展教育。为什么首先要发展教育呢?因为它是培养西式统治精英的主要手段,也是利用西方科技推动社会进步的关键。诚如墨西哥总统卡德拉斯所说:"教育乃政治、经济发展的基础。"西班牙本是欧洲大学的发祥地之一,拉丁美洲殖民地因而远比其他殖民地更为重视教育,早在1538年已有第一所大学诞生于圣多明各,在整个殖民时期至少建立过23所大学。但教育在拉美全方位的发展,譬如学校类型、级别、规模的发展还是在独立之后,它们不仅仿效欧美兴办各类现代学校,还从外国聘请专家来担任领导或教授。阿根廷是这方面的典型,到1875年它已有各类学校1900所。第二,兴办实业,包括铁路、电讯、港口、工厂,其中发展最快的是铁路的修建。南美的第

---

① 据估计,在拉美独立后的150年中,拉美各国共制定过180—190部宪法,其中仅委内瑞拉就颁布过22部宪法,基本上都是对法国和美国宪法的模仿。

一条铁路1852年铺设于智利,1870年以后在筹款和建设方面进入高潮,到1913年拉美各国铁路总长已达83246公里。据统计,在截至1913年建成的83246公里铁路中,阿根廷、巴西、墨西哥占90%以上,这三国的铁路是工业化的动脉,是联系港口和内地、乡村和城市的纽带。铁路的迅速发展为1870年以后拉美进入工业化准备了重要条件。第三,创办银行。要发展实业,就需要大量的资本,而银行是集资的主要方式。19世纪中叶以前,在拉美集资主要靠高利贷,通过教会、商人向外国资本家借款,因而必须忍受外国资本家的厚利盘剥。19世纪中叶以后,以巴西和阿根廷为首的拉美国家开始自己创办银行进行集资。到1913年,在阿根廷已有银行89家,其中本国银行13家,国际银行分行76家。在巴西已有各类银行65家,其中本国银行17家,国际银行支行48家。虽然资本市场仍然在很大程度上受外国控制,但民族资本的实力已有所增强。第四,自由贸易。独立后,在贸易问题上,发生了"欧洲派"与"美洲派"之争。争论的一个主要问题是实行自由贸易还是实行保护关税,最终以自由贸易派的胜利告停。这一政策促进了拉美各国初级产品的出口。阿根廷1873年的贸易额是1853年的7倍,墨西哥1900年的贸易额是1877年的4倍;整个拉美的贸易额在1870年以后的14年中,增长了43%。而且随着民族意识的增强,在进行自由贸易的同时,也对民族工业进行了一定的保护。以巴西为例,为了保护本国工业,1844年把进口税提高30%,同时对必要的原材料和机械的进口免税。第五,鼓励移民。这里说的是吸引移民而不是对外移民,因为各国政府认为吸引外来移民不仅是吸引外国资本和技术的一种形式,也是改造国民素质的必要条件,所以拉美各国在19世纪普遍采取鼓励移民的政策。据统计,从1850年到1920年,拉美人口由3038万增加到7745万,其中大量移民的涌入是一个重要的因素。这些移民同时也带来了资本、技术和文化,成为拉美工业化的重要资源。1914年阿根廷2/3的工厂主是外国移民。

"欧化"推动了拉美经济现代化的进程。据研究,1870年时,墨西哥几乎还谈不上现代工业,但到1910年已建立了146家现代纺织厂。然而"欧化"也造成了对欧美资本的依赖,先是英国接着是美国在很大程度上控制了拉美经济,成为拉美的主要威胁。拉美独立战争爆发时,英国打着"同情"拉美革命的旗号,以贸易、军火和金钱"支持"各地起义军,并在1825年较早地正式承认了阿根廷、哥伦比亚和墨西哥的独立,其目的是要把昔日西班牙的殖民地变成英国的殖民地。由于这一目的已不可能实现,英国转而以贷款、直接投资、控制对外贸易等手段加紧推行经济殖民主义。据统计,英国对拉美的投资从1827年到1890年由2500万英镑提高到42579万英镑,增加了16倍。其间,英国于1833年侵占阿根廷的马尔维纳斯群岛,1835年侵占洪都拉斯部分领土。美国则以拉美的"保护者"自居,在1823年发表著名的"门罗宣言",提出"美洲是美洲人的美洲"的口号,却掩盖不住它要把拉丁美洲变成美国人的后院的企图。在1824年至1895年的71年内,美国就对拉丁美洲发动了20多次入侵和战争,兼并了墨西哥大约一半的领土,包括得克萨斯和加利福尼亚等。1890年,在美国的倡议下成立的"美洲国家联盟"将其常设机构"美洲各国商务局"设在华盛顿,从此美国就有了一个从经济和政治上控制拉美的正式工具。此后,美国对拉美的资本输出迅速扩大,并在贸易中占据主导地位。至1913年,在拉美外贸输入总额中,美国已占25%,而英国只占24.4%;而在其输出总额中,美国占30.8%,英国只占21.2%。可见,独立后拉美的发展带有很大的依附性。

造成这种"依附性发展"的根本原因是广大民众的贫困和国内市场的狭小,而土地问题历来是拉美民众一切问题的关键,但这个问题解决得太滞后,直到1910年墨西哥爆发民主革命才开始得到解决。在此之前,拉美农业的基本特点:一是大地产制横行乡里;二是农业经营形式保守落后。1910年墨西哥的民主革命为了反对波菲利奥·迪亚斯的独裁和卖国统治,提出了"土地和自由"的纲领性口号,因此卡兰萨将军当政后立即在1915年公布了土地改革命令。1917年颁布的新宪

美国在墨西哥北部投资的铜矿

法中也明确规定,土地、河流、矿藏归国家所有,但土地可分给私人经营。由于这次改革,有约9000万公顷土地被重新分配,300多万农民实际受益,新建农村公社2.3万个、印第安土著公社500个。这次改革后来为危地马拉和玻利维亚所仿效,并于20世纪60年代推及拉丁美洲大多数国家,对拉美社会的变革产生了广泛而深远的影响。其主要成果是:(1)实行土地再分配,形成国家、村社和个人三级所有制;(2)推行移民垦殖法,组织无地和少地农民在国有荒地或庄园空地上拓殖;(3)征收土地累进税,以增加政府的财政收入。所有制的改变(尤其是土地私有范围的扩大)带来了土地经营方式的变化,由此催生了一大批以商品生产为目的、采用租佃和雇佣形式的资本主义农场。总之,这场广泛而深刻的土地改革成为拉美社会发生转型的重要步骤,其意义不可低估。

4.8 "进口替代"的提出与实施:拉美成为"核心地区"之外的第二个新兴工业带

拉美独立后的"依附性发展"造成了许多问题,诸如经济结构不平衡、对外资过度依赖以及英、美先后在拉美争霸等等。针对这些问题,拉美人民、各国领导人和有识之士开始寻求自主发展的道路,以摆脱对欧洲的过度信任以及对外资尤其是英、美资本的过度依赖。其努力归结到一点,就是搞"进口替代"。

在此之前,拉美搞的一直是初级产品出口,也就是用拉美廉价的低级产品换取欧美的外汇,然后用外汇去购买他们的工业制品,以满足拉美自身生产和生活之需,这是一种不等价交换。然而,20世纪30年代发生的大危机和大萧条,不仅给欧美的经济以沉重打击,也迅速波及拉美和世界其他地区,初级产品在西方更难找到市场,拉美国家的外汇收入急剧减少。在这种情况下,拉美国家不得不压缩进口,提高贸易壁垒,实行外汇管制。有的国家如阿根廷甚至被迫宣布放弃金本位制,以便保护本国市场。这时,虽然个别国家还企图尽可能为自己的初级产品寻找国外市场,但多数拉美国家决定开始加快本国的工业化进程,以此来减少对外国资本和制造业品的依赖。换言之,20世纪30年代的大危机成为拉美发展模式转换的一个契机。

与此同时,人们对发展的认识也逐步发生了变化。早在第一次世界大战期间,厄瓜多尔中央银行行长 V. 埃米利奥在分析该国初级产品与美国工业制成品之间的价格剪刀差以及由此引起的对外贸易条件恶化时就指出,拉美国家有可能因出口初级产品而长期面临贸易条件恶化的趋势,为了摆脱这种不利的地位,必须发展自己的制造业。20世纪30年代的大危机更加清楚地暴露了拉美以出口初级产品为目标的"外向型"经济的问题和弱点,使越来越多的拉美国家领导人开始考虑经济发展模式转型的问题。例如,1930年,G. 瓦加斯在竞选巴西总统时就表示,如果他当选,他的政府将更加重视国内制造业的发展;阿根廷工业协会主席 L. 科隆博和农业部长 L. 杜奥也明确表示,阿根廷应自己制造原来依赖于进口的工业品,以应对外汇不足的情况。这些都是基于经验的政策考虑。

但这种基于经验的政策考虑很快就在理论上获得了论证,并由此形成了"中心—外围"的概念。此概念的发明者是德国学者韦尔纳·桑巴特。1928年,他在《现代资本主义》一书中提出应"区分处于中心地区的资本主义国家和一大批处于外围地区的国家"的问题。此后,桑巴特关于"中心—外围"的概念在1931年于巴西出版的罗马尼亚学者 M. 曼努斯库所著《保护主义理论》一书以及1933年出版的留德智利学者 E. F. 瓦格纳所著《世界经济的演变与周期》一书中得到解释和传播;阿根廷经济学家 R. 普雷维什也于1944年采用了"中心—外围"概念,但 R. 普雷维什关于"中心—外围"的观念与桑巴特有很大不同:桑巴特是站在中欧和东欧的立场反对英美主导世界经济,而 R. 普雷维什则是站在拉美国家的立场反对英美主导世界经济。1949年,R. 普雷维什任职于联合国拉美经委会,又主持编写《拉美经济概览》多年,使其有机会深入考察"中心—外围"的经济关系,把他的观念理论化,从而为拉美在1950年以后全面实施"进口替代"发展战略提供了理论依据。

"中心—外围"解释之所以能成为"进口替代"发展战略的理论依据,是因为它正确地指出了"外围"与"中心"之间不等价交换的根源。在这种理论看来,"外围"与"中心"之间之所以会产生不等价交换,主要是由以下三个方面的因素造成的:(1)中心地区拥有先进的生产力、技术和组织,而外围地区则不拥有这种生产力、技术和组织;(2)技术进步的成果在世界范围内的分布不平衡,它首先在"中心"地区传播并使其生产迅速一体化,而外围地区所需的新技术则有赖于引进,且主要使用于供出口的初级产品部门,无助于外围地区整个经济的改造;(3)在这种情况下,中心地区的企业主可以靠不断提高劳动生产率来控制和制定价格,而外围地区只能被动地"接受"他们制定的价格,使外围地区的国际收支失衡。因此,按照这种"中心—外围"理论,处于"外围"的国家只有采取断然的措施,实行"进口替代"工业化发展战略,即把以扩大初级产品出口为基础的外向型发展模式转变为以增加本国工业生产为基础的内向型发展模式,才能摆脱被动的地位。这一分析在当时是符合拉美的实际情况的,因而得到了拉美国家的广泛认同。

拉美国家以"进口替代"方式实现工业化的努力始于20世纪40年代,50年代进入全面发展阶段,60年代基本完成。各国做法虽有差异,起步时间也不太一致,但主要政策和措施类似:(1)实行保护关税。根据联合国拉美经委会1966年的报告,当时巴西、哥伦比亚和智利的关税为40%,厄瓜多尔、巴拉圭和委内瑞拉的关税为50%,而阿根廷的关税达90%,平均高于当时西方主要国家的关税率二倍以上。(2)对国内无法生产的商品、国内难以满足需求的产品或需要增加储备的"战略物资",采取发放进口许可证的制度,结果导致受制于进口许可证的产品比重逐年增加(1956年为25%,1960年达60%)。(3)扶持民族工业。主要办法是对有利于进口替代工业化的企业采用双重汇率制或多重汇率制,使其能以最为优惠的汇率获得所需外汇。例如,在巴西,1953—1961年间,对出口产品使用的是4种固定汇率,对政府允许进口的商品使用的是1种固定汇率,而对其他进口商品使用的是5种汇率。(4)动用国家资本,直接兴建国有企业。据统计,1940—1975年间,公共投资在墨西哥投资总额中占40%,其中包括1952年建立的国营火车车辆制造厂和1954年建立的国营柴油机制造厂。但墨西哥并不是唯一重视兴办国有企业的国家,其他拉美国家如巴西、秘鲁、委内瑞拉、阿根廷、哥伦比亚等在此期间都兴办了大批国有企业。这类企业涉及制造、交通、电信、航空、钢铁、煤炭、水利等许多行业。

这些政策和措施在拉美的工业化运动中发挥了重要作用,使20世纪40年代至60年代成为拉美"进口替代"工业化的决定性阶段。据统计,1940—1968年,拉美经济的年增长率高达4.5%。其中,1955—1960年间,工业产值的年增长率达6.2%;制造业在国内生产总值中的比重也由1928—1929年的13%提高到1963—1964年的23%。而同一时期,拉美国家的进口总额在国内生产总值中的比重则由30%降到9%。这些数据表明,拉美国家在很大程度上摆脱了对欧美资本和产品的依赖,已初步成为西方"核心地区"之外的第二个新兴工业带。

当然,"进口替代"发展模式有其难以克服的缺陷,它使所有工业化活动都面向国内市场,忽视了经济发展利用国外市场的重要性。它选择工业部门的依据不是经济上的可行性而是随意性,因此并不是每一个被选择的工业部门都一定能发展起来。由于工业部门过于依赖国内市场，所以并不能消除长期存在的拉美国家的外汇脆弱性。有鉴于此，20世纪60年代中叶以后，拉美国家开始修正"进口替代"发展战略，注意和加强工业生产的"出口导向"，即既坚持工业发展的自立性又利用和加强与国际资本和市场的联系，使拉美经济的发展趋于健康。这种修正了的"进口替代"发展模式被称为"后进口替代"发展模式。

4.9 "脱亚入欧"后的日本：甲午战争、日俄战争和日本殖民体系的形成

日本通过明治维新实现了既保留传统又"脱亚入欧"。由于实行"脱亚入欧"，日本在经济上迅速确立了资本主义体制，驶上了西方资本主义发展的快车道。1884年，改革刚结束就掀起了第一个创办企业的高潮。10年内工业公司数量猛增7倍，资本额猛增14.5倍，铁路线长度增加7倍，排水量500吨以上的海轮由25艘增加到91艘。由于保留了天皇制，日本民族在历史上所形成的几乎一切主要传统——好的与坏的、进步的与保守的文化传统（其中就包括既崇尚"仇讨"又崇尚"切腹"的武士道）都被保存了下来。结果，明治维新后不久，日本就走上了对外扩张的道路，矛头直指中国乃至整个东亚。它先是在1894年发动了中日甲午战争，后又在1904年发动了日俄战争，并在东亚建立起自己的殖民体系。日本资本主义的崛起晚于西方，但走上帝国主义的侵略扩张之路却如此之快，令世界特别是东亚深感震惊。

日本能否实现征服中国乃至东亚的关键是能否征服朝鲜，因为朝鲜是日中之间的桥梁，征服了朝鲜就有了征服东亚大陆的跳板。朝鲜约于公元前5—前2世纪开始建立奴隶制国家，公元前后高句丽、百济和新罗三国形成鼎立之势，1392年高丽大将李成桂统一朝鲜，建都于汉城，长期与中国保持密切关系，1637年成为中国的附属国。进入15世纪后，日本、俄国、美国、英国的势力先后进入朝鲜，企图在朝鲜建立势力范围，进而完全割断朝鲜与中国的关系，并把它变成自己独占的殖民地。这种危机在19世纪末达到顶点。其中，对朝鲜最大的威胁来自日本。

早在1592年，刚刚统一了日本的丰臣秀吉就以"假道"朝鲜、"直入大明"之名，于是年4月率水陆两军约20万人入侵朝鲜。丰臣秀吉于釜山登陆，然后分三路北进，20天后占领汉城。朝鲜水师在李舜臣领导下，乘他设计的以铁板包装并可喷射火焰的著名的龟船迎敌，先后击沉日军大小舰只350多艘；在李如松率领

的大约 4 万中国军队的配合下，1593 年就光复了被日军占领的大部分领土。其间，李舜臣虽因内部党争被撤职，但在战争失利之后再度被起用。李舜臣率领的水军与庞大的日本水军激战于鸣梁海峡，击毁日舰 100 余艘，歼敌 4000 余人，丰臣秀吉因此忧急而死，留下遗嘱令部队从朝鲜退军。日本的第一次大规模侵略以失败告终。不可淡忘的是，丰臣秀吉在入侵朝鲜之前写给朝鲜国王的信中声称，他的主要目标是"直入大明"，入侵朝鲜只是为了"假道"而已。

18 世纪末，当德川幕府处于解体之际，为了转移幕藩体制内部的尖锐矛盾，征服朝鲜进而征服中国的计划再次被提了出来并日益理论化。其先驱式人物林子平，于 1785 年写成《三国通览图说》，又于 1791 年出版《海国兵谈》一书，明确提出要"以日本之雄士、兵入此三国"，即入侵朝鲜、琉球、虾夷。1822 年，佐藤信渊（1769—1850）更是把征服论大大加以发展，并在其所著《混同秘策》一书中提出，日本应从北到南组建 9 个军作为对外扩张的工具，一旦时机成熟便可立即出动，依从中国东北到蒙古、朝鲜，进而进攻中国内陆的顺序展开，"十数年可悉数平定全中国"。这种征服论后经桥本左内（1834—1859）和吉田松阴（1830—1859）等人的补充发挥，已变得日益系统、完整，只是由于幕府统治很快趋于崩溃，来不及实施罢了。但吉田松阴不仅有言而且有行，为传授他的军事思想和侵略理论曾专门创办私塾招收弟子，后来在对外侵略扩张中的一些重要人物（如西乡隆盛、木户孝允、伊藤博文）都是他的门徒。

始于 1868 年的明治维新取得成功，日本的政治、经济和军事实力迅速增强。它不仅建立了一支由陆军和海军组成的现代军队，而且已经用西方技术武装了起来。到 1890 年，陆军发展为 7 个师团，共 5.3 万人，海军拥有军舰 25 艘及鱼雷艇 10 艘，总吨位达 5 万多吨。其军制采用德国制，以镇台为军团。1894 年 6 月，当朝鲜南部爆发"东学党"领导的反政府和反君主制的农民起义，朝鲜统治者请求清政府出兵援助时，日本假意向清政府表示无意借题发兵，却早已在朝鲜的牙山设立大举侵朝的大本营，于 6 月 9 日在仁川登陆，次日进驻汉城。6 月 14 日，日本政府还通过了"朝鲜内政改革案"，并决定以武力执行这个把朝鲜变为殖民地的方案。对此，清政府和李鸿章毫无准备，进而急命袁世凯与日本驻朝公使商议"中日同时撤兵"。而得到英国暗中支持的日本根本不予理睬，于 7 月 23 日派军占领朝鲜王宫，25 日在牙山口外的丰岛附近击沉中国运输船"高升号"。8 月 1 日，中日甲午战争正式爆发。这次战争有两次大规模的战役，一是平壤之战，一是黄海之战。

平壤守军是叶志超统率的中国军队,但由互不相属的淮军和东北系组成,又未积极备战,结果当9月15日日军进攻时,据守北城的总兵左宝贵英勇战死,主帅叶志超乃仓皇下令撤军,从平壤一直退过鸭绿江。在海战方面,中国海军指挥无方,舰队吨位较大但速度较慢,在战斗中损失很大。"致远"舰受创后,管带邓世昌驾舰猛撞敌船,"经远"舰管带林永升与舰共存亡。后李鸿章下令只守海口不许巡海,致使整个北洋舰队被困在山东威海卫港内,于1895年2月全军覆灭。日本海军乘胜推进,占领澎湖列岛。

甲午战争一开始,清廷上下就笼罩着一片主和气氛,上有西太后、奕䜣、李鸿章,下有袁世凯等大小官吏。日本业已出兵朝鲜,李鸿章却训令叶志超"仍静待勿妄动"。战争正如火如荼之时,清廷先是请求暗中支持日本的英国,后是请求表面中立的美国出面调停。战争尚未结束,朝鲜人民及辽东人民尚在拼死抵抗,户部侍郎张荫桓和湖南巡抚邵友濂已被清廷委派为"全权大臣",带着美国顾问 J. W. 福斯特(J. W. Foster)前往日本广岛议和,结果竟遭日本拒绝。在此情况下,李鸿章不得不亲赴日本议和,并于1895年4月17日在马关达成协议,即《马关条约》。其主要内容是:(1)朝鲜完全"自主",实际上即承认日本对朝鲜的控制,完全脱离中国的势力范围;(2)割让辽东半岛、澎湖列岛和台湾给日本,使之成为日本的殖民地;(3)赔偿日本军费两万万两白银;(4)允许日本资本家在通商口岸设立工厂;(5)向日本开放沙市、重庆、苏州、杭州为商埠。这标志着日本海外殖民体系的初步形成,朝鲜和中国台湾从此成为它向东亚大陆扩张的两块重要跳板。

甲午战争后帝国主义开始瓜分中国,德国、法国和俄国都在中国划定了"势力范围",这就加剧了日本和俄国在东北亚的矛盾。为了缓和这一矛盾,1903年日本政府向俄国政府提议,双方互相承认对方在中国东北地区和朝鲜的特殊权益和经济特权,而在背后加紧扩建陆军和海军,准备战争。在俄国方面,以财政大臣维特为首的温和派和以内政大臣普列维为首的强硬派进行着激烈的斗争。普列维声称:"俄国之所以有今日,靠的是刺刀而不是外交";"我们必须用刺刀而不是外交笔墨来解决同中国和日本的争论问题"。他同时还认为,对日本的"一场小规模战争的胜利"可以平息俄国国内的革命动荡。① 1903年5月,强硬派人物亚历山大·别佐布拉佐夫被任命为国务秘书,把持了东方事务,而维特却被迫辞职。因此,俄

---

① 巴巴拉·杰拉维奇:《俄国外交政策的一世纪,1814—1914》,商务印书馆,1978年,第214页。

国人在和日本人的谈判中漫不经心。日本大使一怒之下于1904年2月6日突然中断谈判,返回本国。三天后,一支日本舰队在朝鲜仁川港(当时叫济物浦港)击沉俄舰两艘,又在中国辽东半岛的旅顺港附近用鱼雷击沉俄主力战舰,而这时俄远东舰队的其余舰只被封冻在海参崴港内。日本在取得海上优势后,成千上万士兵侵入朝鲜和中国东北,俄军则向北退至沈阳(奉天)。旅顺港被日军包围。由于远东舰队被困,俄国急忙从西部调遣一支海军东援,于1905年5月在对马海峡与日舰遭遇,经两天(5月27日、28日)激战后全军覆没,而日本只损失了三艘鱼雷艇。

在此情况下,俄国被迫接受美国总统西奥多·罗斯福的调停,在美国新罕布什尔州的朴次茅斯与日方代表谈判,并于1905年9月5日签订《朴次茅斯和约》。此和约的主要内容是:俄将库页岛北纬50度以南的地区割让给日本,承认日本在朝鲜的"政治、军事和经济利益",将俄国从中国租借的辽东领土转让给日本。通过这次战争,日本不仅巩固了它在甲午战争后建立的海外殖民体系,还扩大了这个殖民体系,并上升为东亚地区的大国。

日本在甲午战争后建立的、以朝鲜和中国台湾地区为核心的殖民体系直到第二次世界大战结束时才宣告瓦解。此后,朝鲜被一分为二,北部建立了朝鲜民主主义人民共和国,而南部则由大韩民国统治。台湾在回归中国后,为逃往那里的国民党军队所盘踞。

4.10 从日本占领到二战后朝鲜与中国台湾的农地改革:亚细亚式传统社会经济结构的转型

从20世纪60年代开始,韩国、新加坡和中国台湾、香港地区迅速崛起为新兴的工业化经济体,被称为东亚"四小龙"。其中,中国香港由英国占领,新加坡原先是英国的殖民地,但于1959年成立自治邦。二者幅员都不大,土地问题不突出。然而台湾岛及其附属岛屿总面积达3.6万平方公里,韩国面积是中国台湾的2.5倍(9.9万平方公里),原都是亚细亚式传统农业社会的重要组成部分,存在严重的土地问题。为何韩国和中国台湾能和中国香港、新加坡一起在战后迅速崛起?这是一个很值得注意的问题。究其原因,土地问题的解决即农地改革的实行具有决定性的作用,因为它为韩国和中国台湾由传统农业社会向现代工业社会的转变准备了条件。

中国台湾地区和韩国原来的社会都是建立在封建土地制度基础上的,并且均有自己的特点。当西方开始向资本主义社会过渡的时候,朝鲜才刚刚建立了李朝(1392—1910),这是朝鲜最后一个封建王朝。根据李朝初年颁布的科田法,李朝的土地制度由"科田""功臣田"和"军田"构成,科田是按等级授给京畿各级官僚的,而"功臣田"和"军田"则是赐予地方官吏的,它们均属于私田,可全部或部分世袭。"科田"制继承了李朝以前的"两班"制,即授予文武百官以封地,更是传统封建制的延续。但无论哪种田制,耕作主要是由农民来承担的。农民除了交纳沉重的地租外,还要按户头和人头交纳户贡和身赋。台湾的情况与朝鲜有些不同,其封建土地制度是在荷兰入侵后逐渐形成的,在此之前土地由土著和大陆移民分别垦殖,并无定制。荷兰殖民当局将台湾的土地收为"王田",悉归荷兰联邦议会所有,而强迫农民以"王佃"身份耕种,十亩为一甲,数十亩为一结。1661年郑成功收复台湾后,改"王田"为"官田"、改"王佃"为"官佃",但允许文武官员自行招佃垦殖,是为"私田",可自收地租。清时,大批闽、粤豪门入台,他们从官府取得垦田权利,成为"大租户",将土地租给一些比较富裕的农民经营,而这些富裕农民大多并不亲自耕种,又转租给较小的农民耕种,从而形成两级租佃制,转租人即"小租户"成了二地主。可见,日本占领以前中国台湾和朝鲜的土地制是典型的亚细亚式的。

台湾地区和朝鲜在中日甲午战争后沦为日本殖民地,日本为了把这些殖民地纳入以宗主国为核心的资本主义体系,推行所谓"农业台湾、工业日本"的政策,即使之成为日本所需稻米和工业原料的供应基地。为了达到这一目的,日本必须在殖民地建立单一土地私有权,以便与强调产权明晰的资本主义接轨。为此,1898年,日本首先在台湾设立"台湾临时土地调查局",同时颁布土地调查令,对台湾耕地的面积、等级和归属进行清理、登记。在朝鲜,类似的土地调查则从1910年"日韩合并"开始,先后进行了8年。通过土地调查,在台湾发现了大量未登记在案的所谓"隐田",使台农地总面积从清政府掌握的36万甲增加到63万甲[①],即增加了75%。在朝鲜,政府掌握的在册耕地也从272.7万町步增加到433.7万町步[②]。

---

① 1甲=0.97公顷。
② 1町步=0.992公顷。

从历史上看,土地调查沿用了明治维新后日本在国内的做法,是为了使农地制度适应日本发展资本主义的需要,对日本社会"脱亚入欧"非常关键。在弄清了两地的耕地状况后,殖民当局进行了土地改革,改革的核心就是确立土地私有权,并进而以此为基础确定税收,所以此种改革在历史上称为"地税改革",但具体做法又不尽一致。在朝鲜,日本总督府以暴力征收旧时国有土地(包括驿屯土地、官庄土地等)归其所有,但承认以前两班地主的土地所有权;而在台湾,则以有偿的方式完全废除过时的封建大租户对土地的所有权,使中间地主和部分劳动者享有完全的私有权。至于地税,按正式规定,在朝鲜为法定收获量的3.9%,在台湾为5%。这次地税改革在台湾实行得比较认真,1905年、1915年、1919年和1935年前后进行了四次,而在朝鲜则进行得比较草率。

关于日本在朝鲜和中国台湾进行的地税改革,日本学者中村哲认为其"最大的意义在于废除前近(现)代土地所有关系,建立了近(现)代土地所有制",日本在中国台湾和朝鲜实行的是"殖民地资本主义"。[①] 这种意见在这一点上是正确的,即"地税改革"是摧毁前现代土地所有制,建立现代土地所有制的重要步骤,是中国台湾和朝鲜向资本主义过渡的起点。但它并不意味着资本主义土地关系的确立,这是因为:第一,即使地税改革确立了单一土地私有制,把广大农民变成了小土地所有者,但小农所有制的涌现在西方也还是从封建农奴制向资本主义转变的过渡阶段,在性质上它仍然是前资本主义的。它不一定成为发展资本主义的障碍,但资本主义的发展要以它的破坏为前提。第二,在朝鲜和中国台湾的地税改革中,并没有完全摧毁从前的封建土地制,如在台湾废除大租户的土地所有权后,取而代之的是大量由中间地主承租外在地主土地的"包租转佃"制,又在某种程度上使旧日的两极租佃制复活了。第三,无论在中国台湾还是朝鲜,在农地调查和清理中,殖民当局都利用宗主国的地位大量强占土地。在台湾,他们以"无人申报"或"业主不明"为借口,强占了大约20%的耕地,在朝鲜南部即后来的韩国地区,日本人强占的土地分别占旱田和水田的9%和18%。第四,官方规定的地税率并不很高,但农民要受当地地主和日本地主的双重剥削,实际地租率就大大超过了官方的规定。据统计,1931年韩国地区的实际租率一般在50%—80%之间。因此,对日占时期两地的地税改革效果不能估计过高。正因为如此,在日占结束

[①] 中村哲:《近代东亚经济的发展和世界市场》,商务印书馆,1994年,第132—135页。

以后,中国台湾和韩国才须在农地改革方面进行补课。

  日本战败后,按1945年雅尔塔会议的决定,在建立一个统一独立和民主的朝鲜以前,朝鲜以北纬38度线为界分别由美国和苏联占领。1948年9月9日朝鲜民主主义人民共和国在平壤成立,1948年8月15日大韩民国在汉城成立,之后虽然苏联结束了对朝鲜的占领,但美国却一直控制着韩国。台湾虽然根据《开罗宣言》和《波茨坦公告》回归中国,但在国民党当局逃往台湾后,又于1954年与美国签订"共同防御条约",实际上把台湾纳入美国的保护之下,此条约直到中美于1979年正式建交方告失效。所以,日占时期结束后的台湾地区和韩国,其社会经济、政治无不受到美国的影响,战后台湾地区和韩国的农地改革就是在这样的背景下发生的。这时的美国已把它的主要敌人由日本转向共产主义,而把台湾地区和韩国变为反对共产主义的"前沿地带"。为了平息两地民众因土地问题引发的日益增加的不满,美国积极支持两地进行新的农地改革,企图把它作为"革命的替代物"。①

  战后台湾地区的农地改革较为彻底。改革从1949年4月颁布《台湾省私有耕地租用办法》开始,经历了"三七五减租""公地放领""耕者有其田"三阶段。所谓"三七五减租"就是将原来大约50%—70%的地租率减为37.5%,这次减租使29.6万户佃农受益,占当年台湾地区农户总数的44.5%。所谓"公地放领"就是将没收的日占时期日本会社和日本地主所占土地有偿分配给农民,这类土地占当时耕地总面积的21%,共约18万公顷,使13万户佃农(占当时农户总数的22%)受益。所谓"耕者有其田"就是规定地主保留地(包括自耕地)不得超过水田3甲、旱田5甲,其余由当局征收(有补偿)并向农民出售,地价分10年支付、年息4%,共征收土地14.36万甲,使19.5万户佃农受益。由于这些改革,台湾地区自耕农在各类农户中的比重由1945年的29.8%上升为84.7%,而佃农由40.7%下降为7.8%,从根本上改变了台湾地区传统社会的结构。

  战后韩国的农地改革与中国台湾地区不同,它是由当时的美国占领军政府直接发动的。早在1945年10月,美国占领军当局就发布过一个"9号法令",宣布地租率不得超过收获量的1/3,但遭到南朝鲜地主的抵制,美国扶植的所谓"立法议会"也不予合作。在此情况下,军政府乃下令设立"新韩公司",负责接收前日本"东洋拓殖会社"侵占的土地,并按"9号法令"对耕种这部分土地的佃农减租。

---

① 塞缪尔·亨廷顿:《变革社会中的政治秩序》,华夏出版社,1988年,第364页。

1948年4月,美国占领军政府又单独采取行动,采取有偿方式分配前日占土地,其办法是:土地按年均产量的3倍定价,但购地价款可分15年还清。这一措施涉及土地32.4万町步,但实际进入分配的只有24.5万町步,约占全部日占土地的3/4。全面的农地改革始于大韩民国成立后颁布的"第31号法令"(1949年6月)及相关修正案,因为它明确规定政府将以土地债券分期偿付的形式征收地主超过了法定町步的土地,然后有偿分配给无地和少地的农民。这使大约33.2万町步的地主土地进入分配过程,使92万户农民各获得0.36町步土地。这虽然远未满足广大农民的土地要求,但仍使韩国自耕农在农户总数中的比重由1945年的13.8%上升到1965年的69.5%。

从日占时期到战后,中国台湾地区和韩国的农地改革虽然总的来说不够彻底,但这是当时东亚乃至整个亚洲(除社会主义国家外)最大规模的土地改革。拥有土地私有权的成千上万小土地所有者逐渐成为这两个地区农民的主体,这就为土地的自由转让,商品经济的发展,人口、职业和经营方式的变换准备了社会经济条件。总之,农地改革是东亚这些地区由传统农业社会向现代工业社会转变的决定性步骤。

4.11 东亚"四小龙"的崛起:韩国、新加坡和中国台湾、香港地区成为"核心地区"之外的第三个新兴工业带

东亚"四小龙"系指韩国、新加坡和中国台湾、香港地区四个东亚迅速发展的经济体。从20世纪60年代起,它们大约仅仅花了20年时间,就分别实现了现代化而崛起于东亚,由北到南形成西方"核心地区"之外的第三个新兴工业带,令世人瞩目。

香港是中国的领土,当时由英国占领;[①]新加坡当时已是英联邦自治领,原来是英国的殖民地。[②] 它们的一个共同点即都是城市,不涉及大土地问题。而韩国

[①] 香港是中国领土的一部分,1841年被英国占领。1941年12月8日,日本侵略军进攻香港地区,12月18日在香港岛登陆。1945年8月30日英国皇家海军返回香港,重建英国殖民政府。
[②] 新加坡于1819年变为东印度公司殖民地,1867年后成为海峡殖民地的一部分,1946年成为一个单独的殖民地,1956—1963年作为"新加坡邦"享有内部自治,1963年9月加入马来西亚联邦,不到两年又退出,1965年成为英联邦内的一个独立共和国。

和台湾地区不同,它们都具有相当大的属地面积并有深厚的人文传统,是东亚传统社会的重要组成部分,涉及繁杂的土地问题。如前文所述,经过日占时期到战后的农地改革,韩国和中国台湾地区传统的封建土地所有制已被摧毁,拥有排他性私有权的自耕农已成为农村社会结构的主体,因此,在20世纪50年代末60年代初,它们与不存在大土地问题的新加坡和中国台湾地区拥有了大体一致的社会发展水准,都已具备经济起飞的条件。不过,尽管如此,由于四个地区各自的历史不同、环境不同、条件不同,在崛起过程中仍表现出不同的特点。

日占时期,现代工业已开始在韩国生根,这主要是以日本氮肥公司为代表的日本垄断资本向韩国扩张的结果。但当时韩国主要还是日本的稻米和原料供应地,因此工业的发展是有限的,其产品也主要是由手工工场生产的。李承晚统治时期(1948—1960),为了恢复因战争和日占破坏的经济,曾在美援支持下发展了一些日用消费品生产。但当时韩国政府既不接受援助机构提出的经济计划,也从未自行制定过任何类似的计划。所以,直到1960年,国民生产总值仅21.2亿美元,人均不过83美元。1961年朴正熙执政后,提出"先工后农""重点投资"的发展战略,把主要依靠美援的消费型经济转变为以发展加工工业为主的开发型经济,因此60年代轻纺工业得到了重点发展。这和拉丁美洲1950年以后实行的"进口替代"发展战略是类似的,但这一战略的实施比拉美晚约10年。韩国的"进口替代"工业在1970年以后有重大改变,即把发展重点从轻工业转到重化工业,因而催生了钢铁、有色金属、机械、造船、汽车、电子、石化、水泥、陶瓷、纤维十大战略工业的兴起。与拉丁美洲不同的是,韩国在实行"进口替代"工业化的过程中,就十分重视出口导向型经济的发展。早在1964年政府就制定了《出口产业基地建设法》,先后建立了20多个出口工业区和加工区,在造船、汽车、电子、机械等工业领域都有专门的出口工业区,马山和里里则是著名的出口加工区,它们的产品必须全部外销。1974年以后又开辟了特定的专业生产区即"工业园",如钢铁业的浦项、机械制造业的昌原、电子业的龟尾、化工业的丽川等。为此,韩国政府十分注重资本和技术的引进,鼓励双边合作、多边合作和外商直接投资,仅1962—1981年吸收的外资就达486.5亿美元,此间年均经济增长率高达8.2%,其中靠外资实现的增长达3.3%。据统计,1971—1992年间,韩国的国民生产总值从95亿美元增加到2839亿美元,22年里增加至原来的近30倍,被称为"汉江奇迹"。

和韩国一样,日占时期的台湾地区也是日本的原料供应地,主要是用台湾的食糖、大米去换取日本的工业制品。当时台湾的工业只有冶金、造船、化工和机械有所发展,但3/4的工业都在大战中被摧毁。1945年后,台湾地区财政赤字严重,外汇储备很少,社会极不稳定。当时美国为稳定它的这一反共的"前沿地带",提供了规模庞大的美援,而重点就放在生产原料和生活消费品上。据统计,1950—1955年间,美国提供的生产和生活方面的援助价值3.7亿美元,占此间美国经援总额的88.2%,而其中用于农工生产的原料占84.3%。为了改变这种状况,台湾当局提出了"以农养工、以工扶农"的方针,力求在"发展中求稳定",实际上也是实行"进口替代"。由于美援的力度比较大,战后经济恢复和发展的速度达到了8.1%的年增长率(1955—1965),大大高于同期韩国大约5.1%的水准,因而1962年时台湾地区的经济生产总值已达300亿美元,而韩国只有80多亿美元。台湾地区由"进口替代"向"出口导向"型经济的转变始于1963年,从时间上看与韩国几乎同步,但台湾地区为鼓励出口特意设置的一系列奖项则是韩国没有的。与韩国相比,台湾地区在实行"出口导向"发展战略时,将发展高科技产品放在更为重要的地位,这在电子、电信、机械等领域尤为突出。为此,它在1979年就制定了《科学工业园区设置管理条例》,80年代中叶又制定了《促进产业升级条例》,努力在技术上追赶国际经济技术发展的前沿。到1987年底,台湾地区已在电脑终端机、电脑显示器、个人电脑电路板、电脑影像扫描机等高科技产品的出口方面夺得了世界第一。但台湾在发展战略上不只重视"出口导向"产业,也十分重视内部的基础建设。这类基础建设包括70年代作为"台湾岛改造计划"的"十大建设"和"十二项建设",80年代的"十四项重点工程"和90年代的"六年建设计划",涉及高速公路、铁路电气化、国际机场、港口和造船、核电厂、半导体以及航空、航天等领域所需要的高级材料,耗资巨大。可见,台湾地区并不只专注于"出口导向",也很重视"进口替代",实施的是一种全面发展战略。

香港被称为"东方之珠",但其实在英国的长期统治中,原只是作为殖民者的转口贸易港,内部建设和经济并无多大发展,1947年时全港登记在册的工厂不过972家,所雇工人人数仅51340名,且生产的大都是一些日用消费品,以及为港口服务的辅助性产业,如修船和造船之类。香港现代化的真正起步始于二战之后,1948年创办了第一家毛纺厂,1949年建立了第一座纺纱厂(大南纱厂),同年有了第一家纺织结合的工厂。从50年代到70年代,香港发展的主要是劳动力密集型的轻工业,当时的支柱性产业有纺织、成衣、塑胶和电子四大产业。据统计,到

1981年，这四大产业已拥有工厂大约20381家，出口总值在422亿港元以上，香港已基本实现工业化。80年代，香港工业进行了大调整，利用中国内地"改革开放"之机，把大批劳动密集型产业转移至内地，大力引进先进技术，创办新兴工业，从而越过资本密集型发展阶段，实现了由劳动力密集型到技术密集型的"跳跃性飞跃"。至1990年，香港工业部门就拥有工厂4.9万家，工业品出口值上升为2284亿港元，其中电子产品的出口突破586亿港元，超过了10年前四大支柱产业的出口总值。香港现代化的成功主要依靠三条经验：一是确保了自由港的地位，二是实现了经济的多元化，三是建立了发达的金融市场。香港坚持实行自由贸易、自由通航，对有形贸易不加管制，除烟酒等四类商品外均不征税，对旅游、航运、空运等无形贸易也无限制，进港船（除发现毒品与走私外）一律免检。除少量企业由政府经营外，工业和公共事业均由私人自由经营。各种货币、黄金在香港不仅可以自由兑换，也可自由出入香港，这就在很大程度上确保了它的自由港地位。在产业设置上，不仅注意发展各种传统实业和无形产业，更注意引进和发展新兴产业，其中旅游业就是一个异军突起的代表，对旅客的吃、住、行、游、购提供"一条龙"服务，很受游客的欢迎。据统计，1990年，进入香港的游客达593.3万人次，旅游业收入近400亿港元。但最重要的是香港建立了完善和发达的金融市场，如果从1845年英国在香港建立第一家银行——金宝银行算起，经过150年的发展，香港已建立了门类齐全、制度完备、管理严密的金融体系。截至1990年，香港共有持牌银行168家，有限持牌银行46家，接受存款公司191家，外国银行办事处155家，认可金融机构的香港分行1473家、海外分行178家、海外代办处31家。此外，还有相当完备的股票、债券市场。所有这些铸就了香港作为世界第三大金融中心的地位，是其自由繁荣的关键性因素。

新加坡与中国香港一样同为"自由港"，因此双方在发展经验方面有许多共同点。殖民时期，作为英国的加工和转口贸易港，新加坡也存在一定的依附性发展。但新加坡的真正起飞还是在1959年人民行动党成立自治政府，特别是1965年成为独立的共和国之后，在此之前它的进出口贸易长期徘徊在100亿（1880年为115亿）到700亿（1938年为689亿）新元之间。当时新加坡地位未定，它先是海峡殖民地的一部分，后又加入马来西亚联邦，可不久又从联邦退出，没有发展经济的稳定环境。1959年自治政府成立，人民行动党的李光耀出任第一届自治政府总理，他虽然早年接受西方教育，并一度不想做"亚洲人"，但最终还是改变了对"亚洲价值观"的态度,而以做"亚洲人"为荣,他声称自己内心并没有西方价值观念体系,"有的是东方的精神价值体系"。这一表态反映了东亚文明和精神的复兴与觉醒,是后来新加坡作为东亚"四小龙"之一崛起的重要因素。李光耀执政后,采取了系统性措施刺激新加坡的现代化:一是加强人民行动党(甚至李光耀个人)对政府的控制;二是于1965年在全国基层建立市民评议委员会和社区中心;三是取消激进派控制的"新加坡职工总会"、组建受政府影响的全国职工总会;四是启用毕业于伦敦大学的经济学博士吴庆瑞任财政部长;五是出台"1961—1964年发展计划",正式启动新加坡的现代化。该计划宣布将"动用政府和其他公共机构掌握的资源"以支持经济发展,但又明确表示政府和公共机构的作用"只限于有限的领域","将来工业化的很多部分要靠国内外的私人企业",实际上提出了现代化的"东亚模式"的基本原则。为此,1961年专门成立了经济发展局,先后创建了30多个工业区,又制定了《新兴工业法令》《工业扩展法令》《制造业控制法令》以及《工业关系法令》《奖励法令》和《雇佣法令》,以保障投资和创业环境。结果,新加坡国内生产总值的年增长率在60年代和70年代分别达到了8.8%和8.5%,其中制造业分别达到了13.0%和9.6%。新加坡的发展模式既不是单纯的"进口替代",也不是单纯的"出口导向",而是这两者的有机结合,其经济结构从一开始就是多元化的。

如果拿东亚"四小龙"与拉美相比较,就可发现二者虽然都经历了由"进口替代"到"出口导向"的转换过程,但它们的产业结构有很大的不同。虽然服务业在拉美和东亚的产业结构中都占了相当大的比重,但它在"四小龙"的比重似乎更高一些,在中国香港和新加坡尤为突出。这从下表可看得很清楚:

1987年国/地区内生产总值分布(%)

国家/地区	农业	工业	制造业	服务业
中国台湾地区	6	48	39	46
中国香港地区	0	29	22	70
韩国	11	43	30	46
新加坡	1	38	29	62
巴西	11	38	28	51
墨西哥	9	34	25	57
阿根廷	13	43	31	44

这说明,东亚"四小龙"的经济发展融进了更多后现代即高科技的因素,是产品换代升级的产物。其现代化发展模式与拉丁美洲相比,更接近于西方模式,因而现代化程度高于拉美。东亚"四小龙"是独立于西方"核心地区"之外的第三个新兴工业带,是名副其实的"新兴工业带"。

4.12 鸦片战争:中国面临的危机与现代化的启动

当西方于15世纪开始兴起的时候,中国封建社会的盛期(唐宋)已经过去,正进入它的末世。清朝于1644年取代明朝入主中原之际,一场具有世界性影响的革命正在英伦三岛如火如荼地进行着。

当然,西方在人类文明的发展史上是迟到者,西方的兴起经历了大约三个世纪(15—18世纪),并非一蹴而就。同样,中国封建社会的衰落也不是一朝一夕的事情,也有一个漫长的过程。① 如果从整体上看,在15世纪至18世纪的几百年间,中国经济的综合实力依然高于西方,至少不低于西方。记载表明,11世纪,中国的铁产量已达12.5万吨,相当于欧洲17世纪末的水平,当时官办的兵工厂一年能生产1600万个铁箭头。13世纪,以水力为动力的机械已能带动32个纱锭旋转。元末明初,棉花、蚕桑、甘蔗、烟草、茶叶等经济作物的种植扩大,已在全国形成了几个很有特色的种植区。以北京、徽州、南京为中心形成的大小商路不下200条,带动了一大批市镇和市墟的兴起,以贩商、牙商、铺商、钱庄、票号为主要形式,以江浙、湖广、山西、安徽商人为主要代表的商业资本应运而生,到鸦片战争前全国商品总流量在3.9亿两白银以上。明、清之际,资本主义萌芽已出现在包括纺织、采矿、铸铁、造纸、制瓷等20个行业,在江南的丝织业中尤为明显:"苏城机户,类多雇人工织,机户出(资)经营,机匠计工受值",乾、嘉时期南京的织机不下3万台。

从传统农业社会的经济结构看,明、清之际也已发生了很大变化。欧洲此时正处于领主制崩坏时期,而中国早在战国时期就开始了从领主制向地主制的过渡,经两千多年的发展、演变,到明清时已达于成熟。租佃关系已很普遍,"为人佃

---

① 日本学者谢世辉认为:"大清帝国以1795年为转折,从兴盛期进入衰退期。"(见作者著:《世界历史的变革》,人民出版社,1989年,第25页。)1795年是苗民起义和稍后白莲教起义爆发的时间。

清末苏州年画《上海火车站》

作者什九"①,代役租已取代其他地租形式而成为主要地租形式,②甚至使用雇工经营一部分或大部分土地的"经营地主"也已出现。从欧洲社会发展的进程来看,"代役租"是封建地租的最后形态,它一方面表明了封建的人身依附关系已解体,另一方面又意味着商品货币关系已渗入传统的社会经济生活。它证明:资本主义作为一种新的生产方式,既有依靠中国本身的力量萌生的条件,也有依靠中国自身的环境发展的可能。但为何已经萌芽的资本主义未能在中国充分发展、壮大,更未进而依靠自身的力量引发一场类似西方的"工业革命",而使古老的中华文明跃居世界前列,中国反而在19世纪中叶被西方列强击败,沦为半殖民地半封建社会呢?

其中的原因很多。第一,商品经济在中国虽已有很大发展,但中国农村古老的"耕织结合"的基本结构并未改变,这是商品经济深入发展和劳动力市场形成的主要障碍。第二,中国中央集权的专制王朝体系经过两千年的发展,既非常严密又已经老化,加上以"中央帝国"自居而视他族为"夷"的传统观念,使之越来越自我封闭,明、清"海禁"政策的提出和实施是其集中体现。第三,由于实行"海禁",即使当时拥有优于西方的造船和航海技术也不能加以利用,因而始终未能为中国

---

① 顾炎武:《日知录》第10卷。
② 范铁城:《东方的复兴:中印经济近代化对比观照》,湖南出版社,1991年,第19页。

开辟出一个如15世纪以后西方那样的地理大发现和海上贸易的新时代,也就不能积累起大规模的商业资本。第四,也是更重要的,即在科学技术方面,中国虽然十分重视发明和创造,重视对自然和宇宙的观察,但中国科学技术研究的主体、对象和手段常常和其他社会实践的主体、对象和方法融会在一起,不太注意数理、逻辑方法在科学研究中的运用,因而科学技术始终未形成一种独立的体系,更未出现像17世纪西方那样的科学数学化的趋势。所有这些,都阻碍着中国社会经济的发展,尤其是生产力的发展。这样看来,17世纪、18世纪东西方的发展出现巨大的反差,不是没有缘由的。

其实,自15世纪、16世纪以来,西方列强就以各种各样的方式(包括政治的和经济的、官方的和民间的、合法的和非法的)不断叩击中国天朝的大门,发出或强或弱的警告。早在1508年葡萄牙人占领印度沿海地区以后,即派人到马六甲刺探我国虚实,1511年葡人霸占马六甲并劫掠我商船。1514年葡人首次抵达广州屯门,"出售其货,获大利而归"。1517年葡国又正式遣使来华,以"进贡"为名率船8艘进入广州。1544年和1557年,他们分别在福建的浯屿和珠江口的澳门建立了殖民据点。这是来自西方的警告。而在东方,早在14世纪已有来自日本的"倭寇"骚扰我沿海,丰臣秀吉统一日本后更是明确提出要借道朝鲜侵略中国,于1592年和1596年两次发动侵朝战争。这两次战争虽然失败,但日本侵略中国的计划从未放弃。更为危险的是:英国在1757年普拉西战役之后,一步一步把印度变为它的完全殖民地,并以印度为基地展开对东亚的渗透。1840年以前,英国虽未在中国领土上建立永久殖民地,但鸦片走私的规模在1839年已达四五万箱,而朝廷在禁烟问题上却争论不休,主张"弛禁"的一派一直占据上风,认为可以通过使鸦片合法化以增加税收。所以,后来朝廷虽派林则徐到广州禁烟,但在英国以武力相威胁时,道光帝即将林则徐革职,改派投降派琦善等人去议和。朝廷腐败至极,禁烟功亏一篑。但英国殖民者并不满足,悍然于1840年发动侵略战争,先后占领厦门、定海、镇海、宁波、上海、镇江等地,又于1842年8月把《南京条约》强加给中国人民。结果,清政府赔款2100万银元,割地(香港),开放五口(广州、厦门、福州、宁波、上海)通商。通商时中国的进出口关税还须与英方"议定",是为"协定关税"。这次战争因鸦片问题而起,史称"鸦片战争"。

但事情并未因《南京条约》的签订而结束。在此后两年中,英帝国得寸进尺,又强迫中国政府签订了两个重要条约:(1)1843年7月22日在虎门订立的《中英

五口通商后的上海

五口通商章程》,其中规定英国侨民犯罪应交英国领事按英国法律办理,此即所谓"领事裁判权";(2)1843年10月8日签订的《中英虎门续约》,其中规定将来中国如"有新恩施及他国,亦应准英人一体均沾",此即片面"最惠国待遇"。英人拿到了协定关税、领事裁判权和片面最惠国待遇,就好比用三条绳索捆住了中国人的手脚,开始把中国推上半殖民地化的道路。其他西方列强看到英国从中国占到便宜,都把它视作进入中国的机会和打开中国大门的钥匙,纷纷提出"利益均沾"的要求。美国来得最快,于1844年7月与中国钦差耆英签订《中美望厦条约》,不仅得到了协定关税、领事裁判权,还获得了把兵船开入中国港口,在五口建造教堂的权利。接着而来的是法国、比利时、瑞典、挪威等国,也都在"利益均沾"的口号下满意而归。不久,西方资本(首先和主要是英国资本)就开始源源不断地流入中国,在中国从事掠夺式经营。1843年英商首先在香港建立了第一座船坞,1845年又在广州的黄埔建立名为"柯祥"的船坞,至1864年外商在珠江口的香港、九龙和黄埔以及长江口的上海设立大小船厂共39家。其中最重要的有3家,即1862年成立于上海浦东的祥生船厂、1863年成立于香港的黄埔船坞公司和1864年成立于上海虹口的耶松船厂。前两者都为英商所建,后者则属美商所有。除了航运业外,外商在纺织、缫丝、制茶、制糖、打包等行业的扩张也颇为引人注目,1861年英商在上海创办的缫丝厂、1863年俄商在汉口设立的砖茶厂、1879年美商在上海建立的缫丝厂就是外资企图控制这些中国传统工业的最初步骤。它表明,中华民族正面临从未有过的危机,而且越来越由表及里、深入沉重,中国变成从属于西方资本主义核心地区的半边缘地区,这种边缘化的过程是以中国封建社会的衰败为内因的。

但由 1842 年《南京条约》而开始的"半边缘化"过程也有两重性。一方面它在政治上使中国一步一步地演变为西方列强的半殖民地,另一方面在经济上它也逐步地将西方的科学、技术引入中国,从而使现代化进程得以在中国启动,其具体表现就是"洋务运动"的兴起。所谓"洋务",就是官办西式现代工业及有关事务,因此具有一系列相互联系的特点:(1)"洋务"的领导在清廷,即 1861 年设立的总理各国事务衙门;(2)"洋务"的具体操办者大都是朝廷重臣,如李鸿章、曾国藩、左宗棠、沈葆桢等,都是权倾一方的官僚军阀;(3)所办"洋务"最初都是所谓"新式军事工业",带有强烈的"自强新政"色彩,即振兴大清帝业;(4)不少管理工作都借重洋人,或作"督办",或作"技师",至少最初是如此;(5)它在管理上是封建式的,但生产和经营又是资本主义的,具有现代性或近代性。"洋务运动"的开始以 1861 年在安庆开设军械所为标志,重要的洋务工业有曾国藩、李鸿章 1865 年在上海高昌庙设立的"江南制造局",在南京设立的由英人马格里督办的"金陵制造局",以及 1866 年三口通商大臣(后改为"北洋通商大臣")崇厚设立的"天津制造局"、1864 年左宗棠在福建创办的"马尾船政局"。据统计,自 1861 年以后,由清各级政府创办的军事洋务企业不下 35 家,分布于北起吉林、南到广州、东起台湾、西至新疆的全国各地,其中的很多机器都直接采自英美。不仅为清朝军队提供了大量武器装备,也为中国培养了第一批现代型管理和技术人才,传播了西方的科学、技术、知识和观念,是中国前所未有之创举。正因为如此,也由于官办产生的贪污、浪费、腐败等弊端,"洋务运动"在 1872 年以后转向民间,由兴办军工企业转而创办民用企业,从而催生了大批新式工业。诸如纺织工业中的继昌隆缫丝厂(1872 年由陈启源创办于广东)、航运业中的上海轮船招商局(1872

李鸿章视察唐胥铁路旧照

年由朱其昂创办于上海)、采矿业中的开平煤矿(1878年李鸿章开办于滦州)、电报业中大沽与天津间的第一条电报线路(1879年由李鸿章敷设)、铁路业中的唐山至胥各庄铁路(1880年由唐廷枢提议修筑),以及钢铁业中的汉阳铁厂(1890年由张之洞创办于湖北)等,是为中国民族工业的先驱。这些企业虽是官督民办,但对国计民生产生了广泛的影响,是中国民族资本产生的标志,同时也是中国近代产业工人诞生的标志。

1895年中国在甲午战争中战败,由北洋军阀一手操练的北洋水师在战争中全军覆没,暴露了洋务派几十年来在"自强"名义下所经营的新式军队、海军和港口的脆弱,因而实际上也宣告了洋务运动的破产。但究其原因,中国之失与其说失在器,毋宁说失在制,主要是由朝廷腐败、妥协投降、指挥失当造成的。因此,洋务运动的进步意义以及它在中国现代化启动过程中的地位和作用,并不能因甲午战败而一笔抹杀。

4.13 从太平天国、戊戌变法到辛亥革命:中国现代化模式的第一次大转换

1895年甲午战争后,中国赔偿日本军费两亿两,割让辽东、台湾和澎湖。西方列强纷纷向中国"租借"领土,在中国划分它们的"势力范围"。俄国与日本争夺对中国东北的控制,法国对西南三省志在必得,英国悍然出兵西藏。列强一面加大对中国的资本输出,夺取与中国经济命脉有关的权益(如筑路权),在各地设厂以垄断中国工业,一面诱使中国政府向列强大量借款,同时提出苛刻的交换条件,以达到控制中国财政的目的,其中就包括"承包税收""发行货币"以及"经营有关中国国库的各项业务"等等。中华民族的危机进一步加深。

这种危机在各阶层人民中都引发了强烈的不满,而表现得最为激烈的就是下层民众尤其是农民群众,因为他们要受地主、朝廷和洋人的三重剥削。当时集中体现下层民众这种不满的便是爆发于第二次鸦片战争(1856)前后并坚持了13年之久的太平天国运动(1851—1864)。这个运动的领导人洪秀全本是落第书生,他在广西金田举义起事时以"拜上帝教"为号召,但其主要成分和支持者无疑都是农民。为了满足农民的利益和要求,洪秀全在建号"太平天国"、定都天京即南京后,旋即颁布其主要纲领《天朝田亩制度》,宣布将土地分为九等,"凡分田,照人口,不

论男妇,算其家口多寡,人多则多分,人寡则寡分",16 岁及以上受全份,16 岁以下减半。它响亮地提出:"有田同耕,有饭同食,有衣同穿,有钱同使,无处不均匀,无人不饱暖。"从 1853 年 5 月起,太平军从扬州出发进行北伐和西征,其北伐军直逼太原、天津,而西征军也攻占并牢牢控制了武汉,影响遍及大江南北、城乡僻壤,其主要原因就是它获得了农民的响应。但是,太平天国运动的领袖们没有走出中国大多数农民起义所惯有的"皇权主义"的阴影,他们在反对清廷的同时自己又做起了新的"天王";他们反对以往世道的不平等但又在自己的亲戚和部下中封王并把官吏分为九等,还从封建的糟粕中拾起了"世袭制",把洪秀全 5 岁的儿子封为"幼天王";他们一面提倡男女平等并设立女官、女军,却又在自己的后宫中豢养众多嫔妃。不过,有一样东西是在历代农民运动的档案中找不到的,这就是总理太平天国朝政的洪仁玕提出的《资政新篇》,它提出反对卖官鬻爵、贪污腐化、封建迷信,禁止买卖人口、使用奴婢、游手好闲等;主张兴邮亭、立报馆、开医院、办学校,发展工业、矿业、交通运输和银行业,奖励发明,保护私人专利,准许私人投资及对外通商等;要求学习西方科技、革新政治、发展资本主义经济等。这其中透露出的思想是非常现代的,与传统农民有质的区别。因此,虽然太平天国运动最终在内外反动派的镇压下彻底失败了,而且可以断言内讧是其失败的决定性因素,但它仍给后来中国现代化模式的选择提供了正、反两个方面的有益的启迪。

  面对日益深重的民族危机,中国知识分子和有识之士更是痛心疾首。早在明末清初,终身不仕的大学者顾炎武就提出"天下兴亡,匹夫有责",提倡经世致用之学。认为中国封建社会已进入"衰世"、"自古至今,法无不改"的龚自珍(1792—1841)支持林则徐禁烟,主张加强战备。稍晚于龚的魏源更是明确提出"师夷长技以制夷"的主张,认为应当允许自由设厂以制造枪、炮、船,作为抵抗侵略之用,他编修的《海国图志》是我国第一部全面介绍西方史地的图书。江苏人冯桂珍(1809—1874)曾任李鸿章幕僚,官至三品,虽早年办过团练、打过太平军,但对清朝的腐败多有揭露,提出过许多整顿吏治、减轻赋税、崇尚节俭、兴修水利、发展农桑、种茶开矿的建议。他主张学习西方以"自强",认为为此就必须"采西学""制洋器"。更重要的是,他提出在"采西学"之时,应"以中国之伦常名教为原本,辅以诸国富强之术",即利用西方的科技达强国固体之目的。他的这一思想被后来的郑观应所接受,郑将其概括为"主以中学,辅以西学",又对他所说的"西学"加以扩充,格致、舆地、历史、商政、兵法、造船、制器以及农、牧、渔、矿诸务,无所不包。到张之洞、梁启超之时,"中学为体,西学为用"已被宗奉为"新学"的根本原则,既为洋务派所接受,也为后来的维新派所接受。此间,对"采西学"做出了独特贡献的人是严复,他所编译的赫胥黎的《天演论》、亚当·斯密的《原富》和斯宾塞的《群学肄言》均是当时西学中的经典,对当时正在迅速形成的维新思潮自然具有推波助澜的作用。而严复本人既是"新学"的创导者,也是维新派的重要人物。

但维新派的领袖是康有为而不是严复,也不是梁启超。康有为既是当时维新组织的创始人,又是最早上书皇帝要求变法的人,还是后来维新政策的主要制定者和执行者。但康有为当时未出过国门,所受的教育主要是程、朱兼及陆、王理学,其新思想最初来自江南制造局及"广学会"的译书。他和梁启超创办的"强学会"是他进行维新活动的重要阵地,梁启超借以崛起的《时务报》是由"强学会"的上海分会创办的。维新运动有三大中心,除了北京、上海之外,最重要的就是长沙的"南学会",其会长为谭嗣同。为了推进维新,从1888年至1898年,康有为先后6次上书光绪帝(1875—1908在位),其中最重要的是1898年的第六书,提出"大誓群臣以定国是""立对策所以征贤才""开制度局而定宪法"的建议,这是一个中国版的君主立宪的纲领,希冀以皇帝权力推行新政。在他看来,如果不照这三条办,国家就要灭亡了。光绪帝从未受过如此大的震动,乃于是年6月11日颁布"明定国是"上谕,令康有为充任总理衙门章京并许以专折奏事,由此开始了所谓"百日维新"。百日之中,出台新政主要有三:(1)裁撤詹事府及绿营等旧机构,允许官民上书言事。(2)废除八股,改试策论;取消旧式书院,改设新式学校。(3)设立路矿、农工商等总局,以推动实业的发展。由于当年为戊戌年,故这次革新亦称"戊戌变法"。这次变法并未提及康有为提出的立"对策所"即设议会一事,因此只触及了清朝体制的枝叶,而非它的基干,是外在于体制的。1861年咸丰病逝,5岁皇子载淳继位,改元"祺祥"。是年11月2日慈禧利用奕䜣的势力发动政变,改年号为"同治",实行"垂帘听政"以后①,清廷的实权就掌握在慈禧手里,而不在皇帝手中。光绪手无实权,康梁书生议政,维新必败无疑。果然,不久慈禧就在袁世凯的支持下,于9月21日发动政变囚禁光绪,追杀维新派,变法宣告失败。京

---

① 同治帝亲政后,"听政"改为"训政"。光绪帝即位后,慈禧又"训政数年",直到1889年才"归政",但仍掌握实权。

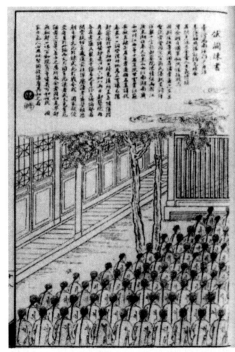

《公车上书图》，载《点石斋画报》

师大学堂成为变法仅存的成果。

戊戌变法虽然失败，但变法图强的努力并未结束。不应忘记，马关"议和"的消息传出后，在中国旋即兴起的改良势力实际上有两股：一股以康梁为代表，另一股以孙中山为代表。孙中山（1866—1925）名文，号逸仙，广东香山人，出身农民，先后求学于檀香山、广州、香港，毕业于香港西医书院。当康有为在北京发动"公车上书"之时，他才于1894年冬在檀香山秘密成立"兴中会"。与康梁一派几乎是清一色的知识分子不同，"兴中会"有华侨资本家为后盾，且一开始就着手武装起义的准备，与维新派在组织、结构、力量、活动方式上差别很大。1905年，孙中山在日本联合几乎同时成立的"华兴会""光复会"组成"中国同盟会"，并被推为总理；提出"驱逐鞑虏，恢复中华，建立民国，平均地权"的纲领；在稍后又创办机关报《民报》并撰写发刊词，将其十六字纲领概括为：民族主义、民权主义、民生主义，史称"三民主义"。同盟会建立时到会人数仅有约100人，后发展到全国各地，除在国内设有5个支部外，还在南洋、欧洲、美洲、檀香山建有支部，其成员主要是新式知识分子和中小资产阶级。① 同盟会以《民报》为阵地,与保守派进行要不要推翻清朝、要不要建立共和、要不要实行土地国有的论战,宣扬了三民主义,影响大增,成为当时中国最大的资产阶级政党。

同盟会的发展及日渐成为革命的中坚力量,既有洋务运动后中国民族资本的发展为基础,也与1900年以后清廷实行的"新政"有关。戊戌变法虽然失败了,但中国社会面临的危机并没有消失,英、俄、日、美、德、法、意、奥八国联军不久即入侵中国,1900年8月14日联军占领北京,慈禧等人仓皇出逃西安,后被迫签订《辛丑条约》(1901)。按条约规定,中国赔款4.5亿两白银,划定东交民巷为专用使馆区,禁止中国人成立反帝性质的组织。在此情况下,清廷不得不从1901年起实行"新政"。刘坤一、张之洞应改革上谕奏《江楚会奏变法三折》,所列变法建议凡27条,涉及改革机构、裁减绿营、编练新军、奖励实业、废除八股、改试策论、创办学堂、设立学部、鼓励留学、修订法律、废除苛刑、停止捐纳等等,其中许多内容在戊戌变法时已提出过。这次"新政"的影响:一是推动了民族资本的发展,如民资厂矿在1895年至1913年间增加了463家;二是促进了新型知识分子的形成,1905年时仅留学生就超过8000人,国内入学人数至清末增加到156万;三是在某种程度上为资产阶级革命准备了条件,因为它编练的"新军"成了革命党人可资利用的工具。据记载,武昌起义爆发时,革命党人中有2000人来自张之洞编练的新军,因为革命党人早就在"新军"中展开活动。

辛亥革命1911年10月10日爆发于武昌,发动者是湖北的文学社和共进会,此前它们与谭人凤、宋教仁领导的上海同盟会做过商讨。起义军在占领武汉三镇后即成立了军政府,宣布国号为"中华民国",由黎元洪任大都督,各地革命党人纷纷响应,至11月下旬14省宣布独立。1911年12月10日,各地代表在南京集会,29日,选举刚从美国回来的孙中山为临时大总统、黎元洪为副总统。1912年元旦孙中山宣誓就职,正式宣告中华民国成立。1月28日,又由各省选派的参议员组成临时参议院,作为共和国的立法机关。1912年2月12日,大清帝国皇帝宣告自行"逊位"。临时政府存在期间颁布了一系列法令:在经济上保护工商业,废除一

---

① 据统计,在1905—1907年间加入同盟会的成员,其出身可考者共379人。其中留学生和学生354人,占93%;官僚和有功名的知识分子10人,教师、医生8人,各占2%;资本家、商人6人,占1%;此外还有贫农1人。

切苛捐杂税,鼓励投资;在政治上宣布人民享有选举、参政等权利,以及居住、言论、集会、结社、出版等自由,并废除"大人、老爷"的称呼,严禁蓄奴、买卖人口;在文教方面提出德、智、体、美等教育方针,废止读经,实行男女同校;等等。其中,最重要的历史文件《中华民国临时约法》(1912年3月11日)宣布:中华民国是民主共和制国家,人民享有人身、财产、言论、居住、信教等自由,总统由参议院选举产生,实行"三权分立"原则,国家采用内阁制,总统命令经总理联署方能生效。所有这些都说明,由孙中山主持的这个中华民国的临时政府,从形式到内容都是资产阶级的,辛亥革命是一次资产阶级的民主革命。

孙中山就职时宣读的《大总统誓词》

从洋务运动到戊戌变法,所追求的是要在政治上保存君主政体,同时在经济上仿效西式现代化。但辛亥革命却从根本上否定了君主制,用共和制取代了清朝的君主专制,并鼓励资本主义工商业的发展。因此,从现代化在中国的历史进程看,辛亥革命是中国现代化模式的第一次大转换,这已成为不可抗拒的历史潮流。尽管后来出现两次复辟帝制的尝试,但都以失败告终,就是明证。

4.14 从旧民主主义到新民主主义:中国走向现代化的新起点

辛亥革命推翻了清王朝、建立了共和国,但它并没有完成资产阶级民主革命的任务。它对帝国主义心存幻想,竟宣布承认清政府同列强缔结的一切不平等条约;它不关心广大农民的利益,未能满足他们的土地要求。这场革命的局限性,由此可知。

在南京临时政府的11名主要成员中,革命派只占4人,在43名参议员中虽然革命党人占33人,但非革命党人仍占一定比例。更重要的是,在临时政府成立过程中,革命党人就在权力分配上发生争执,湖北集团推出黎元洪为"大元帅",而江浙集团则提议黄兴作候选人,后因孙中山及时回国,问题才暂告解决,但不要忘记仍有"虚临时总统之席以待袁君反正来归"的武昌代表会议决议,对革命党人和整个革命事业而言,袁世凯都是最大的未知数。

袁世凯(1859—1916)①背景复杂,早年投靠淮军吴长庆,光绪八年出任驻朝鲜通商大臣,曾参加强学会。后由荣禄推荐,在天津小站操练"新编陆军",官升至直隶按察使。在戊戌变法中,袁世凯因向荣禄告密出卖维新派而得慈禧宠信,先是任山东巡抚,后改任北洋大臣、练兵大臣等,开始编练北洋军。再后又调任军机大臣、外务部尚书,1909年被载沣开缺,客居彰德(安阳)洹上村。辛亥革命爆发时,他在西方列强支持下东山再起,夺取内阁总理大臣之职,后又组成责任内阁,颁布《宪法重大信条十九条》,总揽清廷权力,大权在握。于是令北洋军攻占汉口,进而向湖北军政府提出"议和"。由于黎元洪和黄兴均对袁世凯抱有幻想,甚至以为他拥有"拿破仑、华盛顿之资格"②,军政府便答应停战"议和",史称"南北议和"。这就动摇了湖北军政府作为"中央政府"的定位,为辛亥革命的失败埋下了祸根,是走向失败的第一步。在谈判中,关于未来国体是采用共和还是立宪的问题,双方同意交由各省代表参加的国民会议解决,这本已是南方做出的又一让步,但由于此时袁世凯已大权在握,而孙中山也已成为南京政府临时大总统,袁世凯权衡再三,决定中止议和谈判,以观动向。

此时,在革命党人中发生了两大重要变动:一是产生了建立共和政体即象征着革命成功的情绪,以章太炎"革命军起,革命党消"的口号为典型;一是产生了对大权在握的袁世凯的敬畏心理,认为大总统一职"非袁莫属"。甚至孙中山在当选临时大总统后,也在致袁的电报中表示自己不过是"暂时承乏""虚位以待",采取了和当初武汉代表会议一样的态度。而袁世凯仍不放心,一面指使冯国璋等北洋将领发表通电,表示断然不能承认"共和政体",一面令在徐州的张勋率所部南下,威胁南京。对此,孙中山本决定北伐予以回击,但因得不到临时政府内部的支持而作罢,不得不在1912年1月22日发表声明,表示:只要清帝退位,袁宣布绝对赞成共和,自己即行辞职并推举袁为临时大总统。临时革命政府和孙中山的妥协虽

---

① 字慰亭,号容庵,河南项城人。
② 见《黄兴致袁世凯函》。

事出有因,但在革命和反革命阵营中都引发了难以控制的逆转。在北方,袁世凯先是以内阁总辞职向清皇室逼宫,迫使清朝皇帝于 2 月 12 日退居私邸,宣布"不再预政",接着致电南京临时政府,说"共和国为最良国体",以此空头支票换取孙中山兑现"辞职"的承诺,但他本人拒绝到南京就职。然后,袁世凯通过破坏责任内阁制,指使杀害在国会选举中获胜的国民党代理事长宋教仁,解散国会并废除《临时约法》,一步步把民国大总统变为无冕之王,最终在 1916 年演出了一场"黄袍加身"的闹剧。在南方,孙中山宣布辞职以后,先是参议院选举袁世凯为临时大总统,后又迁就袁的要求决定将临时政府迁往北京,等于解散南方革命政府,使革命失去了大本营。之后,经孙中山同意,于 1912 年 8 月在北京将同盟会和另外三个小党改组为国民党,此党虽以孙中山为理事长而以宋教仁为代理,但它已不是昔日孙中山创办的革命的同盟会。不久以宋教仁为首的国民党人就走上了议会斗争的道路,虽然他们在 1912 年和 1913 年之交的国会选举中获胜,但失去了革命大本营的国民党人已不是袁世凯的对手,宋本人也被刺身亡。当然,以宋教仁为首的国民党人的参选活动,作为中国历史上第一次成功的民主参政的记录,自有其进步的意义,不可一笔抹杀。

  1916 年袁世凯洪宪称帝,孙中山宣布讨袁,蔡锷和唐继尧发动护国战争,袁世凯众叛亲离,最后忧愤交加而死。这既反映了民心的背向,也说明了反动派的脆弱,固然可以说长道短、深究其由,但有一个事实却也浅显明白:辛亥革命已经失败,中国再度陷于混乱。首先,袁世凯死后,黎元洪由副总统升任总统,但实权掌握在国务总理北洋军阀段祺瑞手中,形成"府院之争"①。而此时的北洋军阀已分裂成以段祺瑞、冯国璋、张作霖为首的皖系、直系、奉系三大派系,并先后控制中央政权。其他大小军阀如由滇系(唐继尧)、桂系(陆荣廷)和川、黔军阀组成的"西南军阀",山西军阀阎锡山等等,由于远离中央权力,自行其是,从此中国进入"军阀割据"时期。1917 年,围绕是否对德参战问题爆发"府院之争",段祺瑞在日本支持下借参战向日本借款购置军火,以扩大实力,准备在将来"武力统一"其他派系;黎元洪在美国支持下表示反对并下令免除段祺瑞的职务,段在去职后跑到天津联合皖系八省督军组成"独立"的总参谋处,与北京政府对抗。为打破僵局,黎元洪不得已请徐州张勋出面"调停",久有复辟之意的张勋于是乘机邀北洋各派代

---

① "府"即总统府,"院"即国务院。

表会聚徐州，打着维护北洋统治的旗号扩充自己的实力和特权，于6月率兵进京迫使黎元洪解散国会、交出政权。1917年7月1日，他把12岁的溥仪重新扶上皇位，演出了民国后第二次复辟丑剧。因举国声讨，12天后溥仪再次退位。段祺瑞重掌政权。但此时的段祺瑞因有日本人撑腰，竟拒绝恢复原来的国会和孙中山制定的《临时约法》，从而引发了一场全国性的"护法运动"。孙中山此时在广州组织"护法军政府"，以大元帅之身份率军北伐并攻占长沙。然而，心怀鬼胎的西南军阀改大元帅制为总裁合议制，取消了孙中山在护法军的最高统帅地位，孙再次被迫挂冠而去。去职后，孙中山来到上海，1919年将"中华革命党"（1914年建立于日本）改组为"中国国民党"，以取代1912年在北京组建但已变质的"国民党"，又联合南方军阀陈炯明于1920年在广州成立"非常政府"，以"非常大元帅"的身份重新号召北伐，却由于陈炯明反叛而失败。这次失败表明，旧式的民主革命已完全陷入绝境，革命党人若要继续革命，就必须另寻新路。

新文化运动的兴起为革命提供了转机。新文化运动以1915年9月陈独秀在上海创办《青年杂志》为标志。陈独秀（1879—1942），安徽怀宁人，早年留学日本并接受西方文化，曾创办《安徽俗话报》。《青年杂志》从第2期起迁至北京并更名为《新青年》，它以"民主与科学"为口号，以青年为对象，成为新文化的旗帜。新文化运动提出的"打倒孔家店"的口号，直接指向在中国传统文化中占统治地位的旧儒学，划清了以"民主与科学"为核心的新文化与旧文化的界线。而从提倡白话文、反对文言文开始的文学革命，则使新文化运动更加接近民众，既体现了新文化的民主性质和方向，也推动了新文化的普及。所以，新文化运动成为中国有史以来规模最大的思想和文化革命，具有根本性的革命作用。值得注意的是：自新文化的重要领袖式人物蔡元培1916年底出任北京大学校长后，由于实行"兼容并包，思想自由"原则，北大海纳百川，招揽了陈独秀、李大钊、杨昌济、马寅初、李四光等大批文化精英，各种学说、流派、思潮在北大自由发展，各种学会、小报、讲演活跃。如果说"民主与科学"是中国新文化的两大旗帜的话，那么北京大学就是中国新文化的摇篮和中心。一所大学对一个民族和国家影响之大，在世界历史上无出其右。新文化运动向中华民族揭示了中国历史和文化发展的新起点，它是发生于最深层的思想意识领域的革命，从一开始就显示出大转折的深刻性。这是20世纪之初中国社会发生的第一个重大变化。

马克思主义在中国的传播和生根是当时中国社会发生的另一重大变化，它以新文化运动的兴起和发展为条件,是新文化发展的必然,也是新文化中最进步的成分。最早在中国传播马克思主义的李大钊就是《新青年》的编辑,也是北京大学的教授。李大钊(1889—1927),河北乐亭人,早年留学日本,他最初的马克思主义思想也是在日本接受的。李大钊回国后,先是任北京《晨钟报》总编辑,后又任北京大学图书馆主任兼教授、《新青年》编辑,并创办《每周评论》,宣传新文化。从1918年起,即在俄国发生十月革命以后,他开始宣传马克思主义,先后发表《庶民的胜利》《布尔什维主义的胜利》讲演和论文,公开歌颂十月革命的胜利。之后,他一面积极宣传马克思主义,写了《再论问题与主义》《我的马克思主义观》等重要文章,一面从事马克思主义研究的组织工作,于1920年3月在北京大学创建了中国第一个"马克思学说研究会",其影响越来越大。在此期间,五四运动爆发。中国本是第一次世界大战中的战胜国,但《凡尔赛和约》却把原德国在山东的权益转让给日本,而北洋政府出席巴黎和会的代表竟然准备在和约上签字,由此引发了1919年5月4日的运动。这次运动有几个重要特点:一是把矛头直指帝国主义和北洋政府,提出取消日本"二十一条",收回山东权益,惩办曹汝霖等卖国贼。二是由学生运动发展为工人运动。五四运动的策划和主力本是以北京大学学生为代表的青年学生,但从6月3日起工人成为运动的主力,罢工运动遍及上海、南京、天津等城市,运动的中心从北京转到上海。从中国现代化进程的角度看,五四运动的伟大意义在于:它促进了新文化在民众中的传播,尤其是马克思主义在工人中的传播,促进了马克思主义与工人运动的结合。1920年,除北京外,上海、武汉、济南、长沙等地都建立了共产主义小组,它们与单纯的马克思主义研究会不同,既从事马克思主义宣传又从事工人运动,是马克思主义与工人运动相结合的纽带。1921年7月在上海举行的中国共产党的成立大会,其代表如张国焘、董必武、毛泽东等就来自这些小组。虽然谋划和推动这次大会的领导人李大钊和陈独秀因故未能出席,但陈独秀还是被选为党的第一任总书记。新成立的中国共产党把反帝反封建列入自己的纲领,意味着新民主主义即无产阶级领导的资产阶级民主革命正式取代旧民主主义,成为中华民族新的旗帜。这是中国现代化的新起点。

此后,孙中山在李大钊帮助下改组国民党,1923年又在广州重建大元帅府。1924年召开的国民党第一次全国代表大会接受了共产党反帝反封建的主张,确立了"联俄、联共、扶助农工"的三大政策,实现了国共合作,并与共产党共同发动了北伐战争,这是国民党弃旧图新的表现。但在1925年孙中山逝世后,窃取了国民党最高权力的蒋介石,终于在 1927 年背叛革命并发动"清党"运动,变成帝国主义、官僚资本主义和封建主义的代理人,从而由革命的动力变为中国革命的对象。而共产党则在土地革命和抗日战争中发展壮大,最终在解放战争中打败蒋介石,于 1949 年 10 月 1 日在北京创建了一个新的中国——中华人民共和国。新中国成立后,首先实行土地改革以完成民主革命的任务,接着又按政治经济统一的原则开展农业合作化和工商业的社会主义改造,然后又在党的"八大"上把发展生产力、实现工业化确定为自己的主要任务。在包括两个过渡的伟大变革中,毛泽东都是在重大转折关头为中国共产党和中国人民战胜敌人、走出危局、指明方向的人。毛泽东乃湖南湘潭韶山冲人,出生于地道的农民世家,虽只上过湖南一师,但他"才气过人""目光如炬",在其留存至今的最早作品《商鞅徙木立信论》一文中,就提出了"利国富民""幸福吾民"和"保人民之权利"等主张,并于 1916 年作出有关"二十年内,中日必有一战"的预言,而被其师视为"自是伟大之器"。毛泽东是中共创始人之一,在 1927 年蒋介石"四·一二"反革命政变后,提出了"枪杆子里面出政权"的著名口号。"秋收起义"失败后,他带领起义队伍走上井冈山,开辟了中国第一个实行工农武装割据的革命根据地,成为中国工农红军的创始者。长征之中,毛泽东"四渡赤水"出奇兵,成功摆脱国民党几十万大军的围追堵截而使全党和红军转危为安。在第二次国共合作中,他以坚定的"独立自主的山地游击战"克服王明"一切经过统一战线"的主张,发展和壮大了八路军、新四军的抗日根据地。在以"人民战争"战胜日本侵略者后,他又谋划并指挥了世界历史上空前规模的辽沈、淮海和平津三大战役,显示出高超的战争艺术。他提出的"将革命进行到底"的口号,不仅打破了美蒋"划江而治"的迷梦,也彰显了这位革命家的坚定性和彻底性。

4.15 发展模式与历史传统:对现代化的文化诠释

"现代性代表着事物唯一的最后状态,即在一些西方社会中所看到的那种'事物状态',是每个人都应模仿的,这样就能获得最大的成功。"[①]这是西方学者对

---

① 转引自 A. R. 德赛:《重新评价"现代化"概念》,塞缪尔·亨廷顿:《现代化:理论与历史经验的再探讨》,上海译文出版社,1993 年,第 27 页。

"现代性"的经典定义,是长期流行于国际学术界的占统治地位的看法。这种现代化理论由来已久、源远流长,最早可追溯到德国学者马克斯·韦伯。马克斯·韦伯认为,资本主义即"靠持续的、理性的、资本主义方式的企业活动来追求利润并且是不断再生的利润"。他还认为,"理性"或"理性主义"是现代西方社会的"独特性",是西方现代文化所特有的现象,在西方以外的"其他地方还从未有过",最多也"只略有迹象而已"。① 因此,宗奉韦伯理论的西方现代化理论家认定,西方以外的其他地方如果要搞现代化,就只能效仿"西方模式"。换言之,西方的现代化模式是普遍适用的。

然而,日本的崛起以及东亚"四小龙"的高速发展已经或正在对韦伯的命题乃至整个西方的现代化理论提出严重的挑战。只要将这几十年东亚经济增长的速度和西方国家相关的指标做一比较,就可看得出来:

生产总值年均增长率:东亚与西方比较(%)

西方	1860—1913 年	1913—1938 年	1953—1973 年
美国	4.3	2.0	3.5
英国	2.4	1.0	3.0
法国	1.1	1.1	5.2
东亚②	1955—1965 年	1965—1980 年	1980—1987 年
韩国	5.1	9.5	9.2
中国台湾地区	8.1	9.8	9.0

资料来源:正村公宏:《日本经济论》,1979 年,第 5 版。世界银行:《世界发展报告》(1989)。

虽然西方经济在二战后比战前有了较大的增长,但战后东亚"四小龙"经济发展的速度几乎高于同期西方一倍,甚至一倍以上。仅就发展速度看,在世界历史上是罕见的,说它是"东亚奇迹"也不为过。这就催生了这样一些疑问:(1)如何看待儒家文化在东亚现代化过程中的作用?它是否存在着有利于现代发展或适应现代生活的一面?(2)儒家文化与基督教文化和伊斯兰文化一样都是传统文化的一部分,传统文化和现代化难道真是根本对立的吗?(3)"现代性"被西方现代化论

---

① 马克斯·韦伯:《新教伦理与资本主义精神》,生活·读书·新知三联书店,1987 年,第 8、11、15 页。
② 此处未列入日本的数据。据统计,1953—1973 年间,日本国民生产总值的平均增长率为 9.8%,与东亚的韩国、中国台湾地区差不多,或略高。

者视作西方仅有的"独特性",那么应如何评价西方现代文明中的这种"现代性"?

现在看来,有一点已变得越来越清晰,既然儒家文化在东亚传统文化中占据着重要地位或统治地位,而东亚在现代化事业中又创造了高于西方的发展速度,儒家文化肯定包含着有利于现代化的因素。事实上,在日本和东亚"四小龙"的现代化过程中,许多成功的企业家和公司都从儒家文化中获得过有益的启示和营养。日本企业家横山亮次认为,日本的终身就业制和年功序列化是"礼"的体现;企业内工会则是"和为贵"思想的体现;在处理和职工的关系时,贯彻了"爱人者人恒爱之"的思想。台湾企业家颜云年认为,"庶、富、教"是《论语》垂世的三部曲,他和他的家族正是以此为座右铭,才发家致富而成为台湾五大家族之一,其公馆的命名"陋园"亦取自《论语》的名句。正如米切尔·莫里西所说,日本式资本主义是一种"国家的、家长制的、反个性的"资本主义形式,它越发展到后期越远离西方模式,这是一种区别于西方个人资本主义的"儒家资本主义",它导源于日本传统文化中的集体主义。其实,米切尔·莫里西所谈到的日本资本主义发展中的那些特点在新加坡和中国台湾资本主义的发展中也可以找到,李光耀在领导新加坡的经济工作时,其风格在很大程度上就是"家长式的"。李光耀认为,家庭是文明延续的关键,正是家庭这个基本单位的巩固团结,使华人社会历经几千年而不衰,其实他讲的就是中国文化传统中的"家国"情怀。有人在评论李光耀的领导风格时这样写道:"李光耀领导新加坡凡31年,其地位如同一位'贤王'。"既然儒家文化在日本和东亚"四小龙"的现代化过程中起着如此巨大的作用,那么就不能说儒家文化甚或传统文化是与所谓"现代性"根本对立的;既然"传统"和"现代性"不是根本对立的,传统文化在现代化过程中可以发挥某种作用,那么就不能说西方"现代性"的"独特性"是绝对的。总之,日本和东亚"四小龙"现代化的成就,以及对儒家文化在其中的作用的探讨,要求我们对传统与现代化的关系进而对西方学者所说的"现代性"做必要的重新考量。必须指出,儒家文化、佛教、伊斯兰教和基督教是传统文化,但传统文化包括经济的和政治的、制度的和文化的方面,并不仅仅限于宗教-价值体系,它们都对现代化有着重大的、多方面的影响,包括现代化的启动、模式和进程。

世界现代化的进程并非只有一条起跑线。西欧最早启动现代化,实现由传统农业社会向现代工业社会的转变,显然与日耳曼人入侵及其封建化过程的时间有关。西欧封建化过程来得晚,不像东方国家那样成熟、稳定,因此旧制度的瓦解和新制度的建立都比较彻底,这决定了西方现代化模式的典型性,得以依靠自己的力量实现现代化。而东方世界,作为古典农业文明最早的发祥地以及几大文明古国诞生之地,由于封建化时间早、程度高,因而封建社会更为成熟、稳定,向现代工业社会的过渡也不易启动。传统遗留给这些国家的经济、政治、制度和文化诸方面的积淀既厚且深,这决定了欠发达国家现代化的模式绝不像西方那么单纯、那么典型。西欧在现代化过程启动之前,就进行了宗教改革并使政教分裂,因而宗教对国家政治生活的影响不是越来越强,而是逐步减弱。但与之相比,伊斯兰国家从一开始就是政教合一的,哈里发既是宗教领袖也是国家元首,又没有发生过西方那样的宗教改革,因而伊斯兰国家的现代化首先遇到的就是宗教问题,当然这绝不是唯一的问题。在佛教(或印度教)和儒家思想流行的国家和地区,宗教在国家的政治和精神生活中从未上升到伊斯兰教那样的地位,因为所谓"儒教"从来就不是本来意义上的宗教,宗教的本质特征是对神的信仰,而"儒教"的创始人孔子的学说主要是"祖述尧舜,宪章文武",崇尚的是"礼乐""仁义""忠恕""德泽""仁政"。这些本是关于"人"的学说,但正是因为如此,儒、佛之道对人的影响甚至远超过基督教对于人的影响,在现代化启动和推进时要摆脱旧观念、接受新观念都很难。就这一点而言,在受儒家思想、佛教影响的国家中,中国最甚,印度次之,日本又次之。

欠发达国家过去大多是殖民地和半殖民地,现代化的启动、模式和特点除受其自身的传统和文化影响外,还受到内部衰败化和边缘化程度的影响。因为殖民主义是现代资本主义的伴生物,本是现代资产阶级和资本主义扩张的工具,从它踏上海外土地的第一天起就肩负着"双重使命":既要破坏旧式的传统农业社会,也要为西方式社会的建立创造条件。因此,欠发达国家现代化的启动和发展模式不能不受殖民化或边缘化过程和程度的影响。这种影响大致可分为三大类:(1)受殖民化影响不大,现代化的模式主要靠自身的力量建立起来。日本是这一类国家的典型。(2)半封建半殖民地国家,其现代化模式的选择虽然依靠自身的力量,但选择过程曲折复杂,中国是这一类的典型。(3)完全的西方国家的殖民地,其现代化的启动和模式选择,深受原宗主国制度和文化的影响。这后一大类又可分为两小类:一是以移民为主建立的殖民地,它们的现代化启动最初基本上是由宗主国决定的,拉丁美洲是这一类的典型;二是以土著为主要成分的殖民地,这类国家现代化模式的选择以民族力量和殖民势力较量的结果为转移,印度是这一类的典型。不过,所有这些类型都受到国际大环境的影响,二战以后殖民地的民族解放运动和宗主国的"非殖民化"政策交互作用,已经从根本上改变了欠发达国家的国际环境,它们在现代化模式的选择和转换上获得了更多的自主权。也正因为如此,在此后的现代化过程中,传统文化的作用和影响就凸现了出来。

在欠发达国家,现代化的过程和特点虽然深受传统文化的影响,但绝不能夸大这种影响。因为:第一,从根本上来说,文化是一种他变因素,它要受经济因素的制约,因此文化不能成为社会发展的原动力,既不能直接也不能单独对经济发挥作用,它的主要社会功能是向人们提供一种伦理价值观,通过影响人们的意识来约束人们的行为。第二,任何传统文化作为一种历史范畴都不是永恒的,它要随历史和环境的变化而变化,抛弃某些过时的东西,吸收和注入某些新的东西,不能一提到"传统文化",就把它等同于古代文化。以儒学为例,古之儒者讲修身治平之道,详于人事,而于宇宙本原则不提;至张载,始明人性与宇宙之关系,进而发展成以"天理"为最高哲学范畴的理学;新文化运动和五四运动中,在"打倒孔家店"的口号下旧儒学遭到猛烈批判,但不久又有人发动了"新儒学"运动。第三,任何东西都不是绝对的,传统文化也不例外,它包含着比较好的和比较坏的、比较优秀的和比较落后的,包含着精华和糟粕。例如,孔子说"礼之用,和为贵"可能有一定道理,但如果要求"非礼勿视,非礼勿听,非礼勿言,非礼勿动"就难了;又如,孔子说"君子不重则不威"可能有一定道理,但如果说只要"天下有道"就可要求"庶民不议"就不对了;再如,"畏天命,畏大人,畏圣人之言"如果说尚可理解,但鼓吹"死生有命,富贵在天"就不可理喻了。因此在谈传统文化对现代化的作用时,其实并不是指整个传统文化,儒家文化也是如此。最后,我们承认文化因素对经济发展的历史作用,并不等于说起作用的文化就只有"传统文化",更重要的还是新文化。以日本为例,在它的现代化过程中,虽然传统文化发挥了作用,但也大量地吸收了西方的新文化,即日本人所说的"兰学""西学"。事实上,在日本的崛起和东亚"四小龙"的腾飞过程中,"美国因素"始终是一个不可忽视的因素,尽管不足以构成其发展的充分条件。

总之,现代化过程的核心,包括欠发达国家的现代化,是经济上的工业化、政治上的民主化和文化上的理性化,传统文化对各国现代化的启动、进程和特点产生了这样那样的作用,有时甚至是很大的作用,但不能离开推动现代化的基本因素来谈传统文化的作用。

综上所述,我们可以对欠发达国家的现代化做出如下总结。我们所说的欠发达国家,有一些(如中国、印度等)是古代文明的发祥地,它们依靠自身的力量也曾孕育出资本主义的幼芽,但在西方殖民列强的入侵面前,特别在西方工业革命的冲击下,这些刚刚产生的"幼芽"基本上都夭折了,这些国家大部分变成了西方(以及日本)资本主义国家的殖民地和半殖民地,即变成了附属于西方资本主义核心地区的边缘地带和半边缘地带。不过,殖民主义的到来不仅破坏了这些国家的传统社会,也肩负着为西方式社会创建基础的使命,引进了一些西方的科学、技术、制度、文化和观念,这对这些国家现代化过程的最初启动起过程度不等的历史作用。但由于西方资本主义并不是要把它的殖民地、半殖民地变成与自己竞争的强大对手,而只是希望把它们变成依附于自己的有用的边缘、半边缘地带,这些国家现代化的真正启动和发展只能是独立之后的事情,并必须以其独立为先决条件。至于欠发达国家现代化启动的时间和发展的快慢,既要看它们对西方科学技术接受的程度,也要看它们如何有效利用传统文化的有益因素,但主要是由这些国家所采取的战略和模式决定的。在这方面,东亚和拉美不一样,中国大陆和拉美及东亚"四小龙"也不一样。其中值得注意的是:欠发达国家所采取的"出口导向"发展战略曾创造了高达8%的高速度发展,这说明在经济发展上西方不是不可超越的,关键在于模式的选择。最后,还须说明,由于自身历史和外界环境的原因,除南非以外的几乎整个黑非洲都尚未真正加入世界现代化的进程,而南非由于长期实行种族隔离,其现代化发展是极为畸形的、片面的,故暂未列入本编叙述的范围。

第五编

高科技革命与人类的变迁

世界在20世纪发生了巨大变化。首先是在19世纪下半叶发生的所谓"第二次工业革命"推动下，欧陆和北美继英国之后相继实现了工业化，并由此诞生了4个新的世界性大国或准大国，它们是德国、俄国，以及新大陆的美国和东亚的日本。除美国之外，其他3个大国内部都保留了相当浓厚的封建帝国传统（这种传统只在俄国因"十月革命"而打断），因而经济的起飞只不过使这几个国家"如虎添翼"，结果终于导致了两次世界大战的发生。20世纪发生的第三件大事，是"第三世界"的兴起和世界格局的改变。"第三世界"的起源可追溯到16世纪首先被西欧"边缘化"的东欧，但它的真正兴起还是发生于因两次大战而导致的旧殖民体系瓦解之后，政治独立使这些国家焕发了生机。然而，20世纪发生的最大事件，可能既不是两次大战也不是"第三世界"的兴起，而是由二战引发的第三次科技和产业革命，即"高科技革命"。因为前三件大事主要属于结构性的，而"高科技革命"是发生于生产力领域的，且比第二次科技和产业革命深刻和广泛得多的革命。所以，此编将按本书副标题所提出的原则，以"高科技革命"为线索来考察当代世界人类的变迁，以及这些变迁的性质和意义。

5.1 高科技革命的前提和条件

20世纪中叶，也就是第二次世界大战前后，当一些人预言西方正走向衰落，而欠发达国家的现代化正如火如荼展开的时候，一场新的革命在西方悄悄地展开了。它一经兴起就深刻地改变了早已高度现代化的西方工业世界，并给世界其他地区以极大震动，令一些毫无思想准备的人目瞪口呆，这个革命就是"高科技革命"，其主要发源地是美国。

"高科技"这一概念形成于20世纪80年代。它最初的原型可追溯至美国20世纪60年代出版的《高格调技术》，这是由两位女建筑师撰写的关于建筑的书。70年代，"高技术"一词开始频繁出现于各种社会传媒，用以指称利用最新科技成果进行开发的产业及其产品。1981年，一种名为《高技术》、以高技术为主题的专门刊物问世，从此"高技术"这一概念正式流行。这和高科技革命的实际进程是一致的。

为这次革命所进行的理论准备始于19世纪末的物理学革命。当时，牛顿的力学体系被看成是对科学根本问题的最终解决，并以此为基础统一了声学、热学、光学和电磁学。按当时的看法，光波、电磁波和声波是一样的，其传播是靠介质"以太"来进行的，这种介质充满全宇宙，渗透在一切物体内部。但1887年，美国物理学家A.A.迈克尔逊所做的"以太漂移实验"证明，光速是一个完全不变的量，人们预期的"以太风"根本不存在。与此同时，从1895年伦琴发现X射线以后，物理学中的新发现层出不穷。1896年贝克勒尔发现铀盐有放射线，1934年居里夫妇发现有放射性的新元素钋，1899年汤姆逊证实了电子的存在，等等。所有这些都对传统的经典物理学发出了挑战。1905年，A.爱因斯坦首先以光速不变原理和力学相对性原理为前提，经过严密的逻辑和数学论证，创立了狭义相对论，提出：物理定律对于相互运动的两个坐标系具有同样形式的描述、光速与光源的速度无关，从而否定了经典力学认为时间长短、空间距离、同时性等概念都与速度有关的时空观。然后，他又以等效原理和广义协变原理为基础，借助新的数学工具黎曼几何，于1916年创立了广义相对论；揭示出时间、空间的根本属性及其与物质分布、物质运动之间的内在联系，指出所谓"引力"只不过是时空的弯曲效应，它是由物质分布直接决定的，在引力场中某一点的物质的量决定了该点四维时空曲率的大小。他建立的质能关系公式 $E = mc^2$，为以后原子能的利用提供了理论依据。

但19世纪末、20世纪初的科学成就绝不仅是这些。在物理学领域还建立了量子力学，这是一门描述微观粒子运动规律，如微观粒子波粒二象性、电子绕原子核旋转等的理论。在化学领域，由于电子的发现和量子力学的运用，科学家揭示了元素周期律的深层本质，发现了化学反应价键及其基本类型以及分子轨道的对称守恒原理。在生物学领域，早在1865年孟德尔就通过实验，提出在生物体内存在着"遗传因子"，即后来人们称为"基因"的假说。当20世纪初物理学、化学与生物学结合产生"分子生物学"后,科学家终于通过对基因的载体染色体的化学分析和大量遗传实验,在 1944 年发现了生物遗传的密码 DNA,并在 1953 年建立了 DNA 双螺旋结构的分子模型。与此同时,人类对世界的探索继续沿着两个方向发展:一是宏观世界即宇观世界,一是微观世界即物质结构。但这两个方向的探索都以对微观世界的已有的认识为基础。在微观领域,人们以 19 世纪末物理学的"三大发现"和 20 世纪初的量子力学为基础,进一步探索和认识微观粒子的基本性质、物质内部的层次和结构,以及粒子运动转化的规律,如守恒性和物理规律的对称性。在宏观领域,也有一系列新发现,如太阳本身是银河系的一部分,太阳甚至不在银河系中心,银河系之外还有大量河外星系(根据 1929 年哈勃的计算,这些河外星系的红移与它的距离成正比)。这就提出了一个问题:宇宙究竟是怎样形成的?为了解释哈勃的划时代发现,科学家先是提出了宇宙正在膨胀的理论,后又在 1948 年提出了大爆炸理论。后者是对前者的解释,它认为宇宙是一个奇点爆炸的产物,球内充满辐射和基本粒子,这些基本粒子相互发生核聚变反应,引起爆炸而向外膨胀。可见微观物理学对宇宙探索的重要性。此外,这个时期在方法论上也取得了重要突破:1945 年,L. 贝塔朗菲创立了研究系统的模式、原则和规律,并对其功能进行数学描述;1948 年,申农在理论上阐明了信源、信宿、信道和编码等通信方面的基本问题,并用数理统计方法来研究信息的变换和传递;1948 年,维纳在《控制论》一文中揭示了由信息和反馈构成的系统自动控制的规模。这"三论"(系统论、信息论、控制论)使大规模研究的观念和方法发生了革命性变化,成为当代科学技术革命的主要方法论依据。

但高科技革命作为人类历史上最伟大的革命,仅有上述理论上的准备是不够的,它还需要有雄厚的物质和技术基础,而提供这种基础的就是工业化。19 世纪末、20 世纪初,正是 18 世纪开始的工业革命浪潮在西欧和北美开始收获的阶段,也就是工业化的完成时期,发展呈加速度态势。以工业生产为例,如果把 1913 年的生产指数定为 100,那么从 1890 年至 1913 年,英、德、法、美 4 国的生产率分别提高了 38、60、44 和 61 个百分点。[①] 因此,至 20 世纪初,西欧和北美不仅已成为世界最发达的工业化地区,而且积累下丰富的物质财富,这可从下表看出来:

---

① 参见瓦尔加主编:《世界经济危机(1848—1935)》,世界知识出版社,1958 年,第 54 页。

西方主要国家经济指标(1938—1939)

项　　目	美国	英国	德国	法国
煤产量(百万吨)	404.9	235.1	386.8	50.2
生铁(万吨)	3158	817	1775	738
钢(万吨)	4790	1343	2373	795
铁路(千公里)	381.1	32.2	57.1	42.6
船舶(千吨)	13288	17733	3928	2844

资料来源：宋则行、樊亢主编：《世界经济史》中卷，经济科学出版社，1994年，第340页。

工业社会的发展与农业社会不一样，其动力主要来自劳动生产率的提高即科学技术的利用，因此在工业化过程中西方各国普遍形成了对科学的重要性的共识，建立了领导和组织科学研究的体系，加大了对科学研究的投入。以美国为例，在第二次大战前，已形成了一个由政府、大学、工业和基金会组成的全国科技体系，1930年时用于研究和开发的经费已占政府总预算的2%以上。在技术方面，电力、通信、汽车、收音机制造、石油、化工等新兴产业大为发展，为科学技术研究提供了超高压、超低压、超高温、超低温、超纯度、高真空等实验手段，电子显微镜、电子示波器、质谱仪、同位素测定仪、原子光谱仪以及获得高速质子的回旋加速器等一大批精密仪器也相继问世。在高分子化学领域，合成橡胶、纤维和塑料的发明已被用于军事。总之，在新的高科技革命到来之前，西方国家已为之准备了雄厚的物质和技术基础。离开了这些条件，高科技革命的兴起和发展是不可想象的。

5.2　二次大战如何引发高科技革命

高科技革命的兴起与第二次世界大战有密切的联系，其具有开拓性的两项重要科技突破都是出于战争的需要：(1)原子弹制造技术的突破。物理学家早在二战前已提出原子能的利用问题，而爱因斯坦提出的质能转换公式 $E=mc^2$ 已在理论上解决了这个问题。1939年，O.哈恩发现铀235的原子核被中子轰击可发生核裂变。纳粹德国为了战争的需要，率先开始秘密研究原子武器的工作。当时，虽然大多数科学家根据质能转换公式已预见到原子能会成为一种巨大能源，但对能否做到人工利用仍疑虑重重。直到1939年8月2日，因迫害犹太人之苦从德国来到美国的爱因斯坦写信给当时的美国总统 F. 罗斯福,建议美国"政府方面要迅速采取行动",以便赶在德国之前制造出原子弹。罗斯福接受了他的建议,于当年 10 月 21 日成立"铀顾问委员会",1940 年 6 月成立"国防科研委员会",1941 年 6 月成立政府科学研究与开发办公室。1942 年夏,一个名为"曼哈顿工程"的原子能研究计划在美国、英国和加拿大的合作下全面展开,其中关键性的原子弹的研究设计工作由奥本海默主持。是年底,费米领导的首次人工控制链式核裂变反应试验在芝加哥大学的原子反应堆中获得成功,从而宣告了原子能时代的到来。1945 年 8 月 6 日和 9 日,美国先后在日本的广岛和长崎投下原子弹,其威力相当于 3.5 万吨 TNT 的爆炸力,伤亡人数约 30 万。整个"曼哈顿工程"动员了 50 万人,耗资 22 亿美元。(2)电子计算机技术的突破。现代计算机的原理早在 20 世纪 30 年代就已提出,甚至按此原理工作的机械式计算装置和采用三极管的电子计算机也已分别被设计出来,但在 1945 年以前由于种种原因都没制造成功。第一台现代型电子计算机是被称为"ENIAC"的电子数字积分计算器,具有通用性、简单性和可编程功能,于 1946 年 2 月 15 日在美国试制成功,也与二次世界大战有关。为了计算飞机和飞弹的速度,早在 1935 年美国陆军军械部就在马里兰的阿伯丁建有"弹道研究实验室",专门从事与弹道有关的计算。二战爆发后,该实验室与宾夕法尼亚大学的莫尔学院电工系每天都要为炮弹部队提供 6 张火力表。当时使用的是继电器计算机、IBM600 系列计算机以及微分分析机,计算一张火力表往往需两三个月,显然不适应战争发展的需要。为此,军械部于 1943 年决定研究新的电子计算机,并把这一任务交由莫尔学院来完成,工程的军方代表是哥尔斯坦中尉,业务主管是 J. 莫克利和 P. 埃克特,投资 10 万美元。ENIAC 计算机实际上在 1945 年底就研制成功,在 1946 年 2 月就完成了第一道题目的计算,但到 2 月 15 日才举行揭幕典礼。它是一台巨型机,共用 1.8 万支电子管、7 万只电阻、1 万只电容,耗电 140 千瓦·时,占地 170 平方米,但每秒可作 5000 次运算,比旧式计算机快千倍。

虽说高科技革命是由第二次世界大战引发的,但其真正兴起和发展则是在二战之后。理由有三:首先,许多尖端科技出现在二战之后,其次,高科技的全面突破发生在战后;再次,与高科技有关的新兴产业在战后才逐步形成。计算机技术是战后第一个也是发展最快的高科技领域,在几十年内已更新换代 5 次,由电子管发展到晶体管、集成电路、大规模集成电路,从第四代起向巨型和微型两个方向发展。巨型机诞生的标志是 20 世纪 70 年代初由克雷领导研制的每秒运算 1000 万次的名为 Cyber70 的计算机,而英特尔公司在 1971 年 11 月研制的 4004 机则是第一台微处理器,目前正在向人工神经网络化发展,在 1980 年诞生了世界上第一个因特网。核能的开发和利用在战后有两大重要突破。一是在核裂变之外发现并实现了另一种核能:由核聚变产生的核能,并在 1952 年 11 月 1 日爆炸了第一颗氢弹。二是实现了原子能的和平利用。1954 年苏联在奥布宁斯克建成的核电站为世界首次提供了核电。到 1979 年,世界上已建成核电站 186 座,总输出功率达 112447000 千瓦。但目前利用的还是核裂变产生的能量,而不是核聚变产生的能量。核技术还进入了医学、生物学等领域,是人类寻找新能源工作的重大成就之一。

在生物学领域,战后具有重大意义的突破首先是在 1957 年发现了基因调节和控制的所谓"中心法则"①,然后又在 1969 年全部破译了 64 种遗传密码的含义,确认基因突变是生物进化的主要源泉。这两项突破导致了重组 DNA 技术的建立及基因工程的产生,使人们能够在细胞和亚细胞的分子水平上直接操纵生命,改变生物的遗传形态甚至定向地创造新的生命形态。生物技术在农牧业、生物医药、能源和环保领域有广阔的应用前景。1997 年 2 月,苏格兰科学家首次利用绵羊体细胞克隆绵羊成功,是转基因工程最新的成就之一。

在材料技术方面,由于固体物理、有机化学、量子化学、冶金科学、陶瓷科学、微电子学、光电子学和生物学的交叉影响,以及许多极端条件技术如超高温、超低温、超高压、超低压、高真空、超纯度等条件的创造和利用,战后在新型材料如新型金属材料、高分子合成材料、复合型材料、新型无机非金属材料以及光电子材料等的研制方面取得长足进展。一根光导纤维的通信容量可传输 1—2 亿路电话。

空间技术是战后兴起的又一个重要的高科技领域。1957 年 8 月苏联成功发射第一枚 SS–6 洲际导弹,10 月成功地把第一颗人造卫星送入太空,1961 年 4 月苏联人加加林搭载飞船遨游太空并安全返回。1969 年 7 月美国人首次乘阿波罗 11 号飞船登上月球,实现了人类征服太空的又一个壮举。这些成功几乎凝结了当代所有高科技成就,包括火箭技术、计算技术、遥感技术、生命科学、材料科学等等。

---

① 即基因调节和控制的机制,是遗传信息从 DNA 传递给 RNA,再从 RNA 传递给蛋白质的转录和翻译过程,以及遗传信息在 DNA 分子中的复制,在这个过程中作为运载工具的是转移 RNA(tRNA)。

战后兴起的高科技领域中,还有一个是海洋技术,它主要涉及海洋探测和海洋资源开发,除了要利用卫星遥测等空间技术外,还包括海上平台、深海钻探、海洋捕捞、海水养殖、海水淡化、海水提炼、海水发电等一系列专门技术,已取得的成果向人类展示了诱人的前景。

由以上所述可知,这次高科技革命有一系列突出特点:(1)它以微观世界研究的突破为起点;(2)在几乎所有尖端科技领域都取得了突破性进展;(3)呈现出连锁化和群落化;(4)技术的科学化导致科学、技术、生产"一体化"。总之,这是人类历史上规模最大、时间最长、影响最大的一场生产技术革命,迄今为止它已进行了半个多世纪,但从它初步展示的潜力来看,只不过才刚刚开始。

第一位进入太空的女性:苏联人瓦连京娜·捷列什科娃(Valentina Tereshkova)

5.3 战后两大阵营及"冷战"局面的形成

如前文所述,"高科技革命"虽由二战引发,且在二战中已初露端倪,但真正的"高科技"的革命性爆发发生在二战结束之后,确切地说是战后两大阵营,以及美苏"冷战"局面的形成所致,因为冷战是一种"恐怖平衡",而"恐怖平衡"的背后是由高科技支撑的武装力量系统。

其实,第二次世界大战与第一次世界大战有很大的不同。第一次世界大战是两个帝国主义集团,即德奥"同盟国"和英法俄"协约国"之间的战争,是完全非正义的帝国主义战争。在这次大战中,绝大多数的"第二国际"成员即社会党和共产党分别站在了本国政府一边,以"保卫祖国"的姿态出现而对政府的参战投了赞成票,从而导致了"第二国际"的破产。只有列宁领导的布尔什维克党,在战争中响亮地提出了"以民族解放战争取代帝国主义战争"的口号,并先后作为实际领导力量和完全领导身份,在1917年发生的资产阶级"二月革命"和无产阶级"十月革命"中发挥巨大作用,又在创建世界历史上第一个社会主义国家之后,随即宣布俄国退出第一次世界大战。所以,列宁缔造的苏维埃共和国一开始就被所有帝国主义国家视为"异物",必置之死地而后快。但这个新兴国家并没有被西方的威胁所吓倒,而是在列宁和斯大林领导下以如下举措,把一个原本相对落后的国家转变成一个与美国并驾齐驱的世界强国:(1)从1921年起实行"新经济政策"以恢复经济,保障民生;(2)从1928年起实行"五年计划"以发展工业特别是重工业;(3)在第一个"五年计划"期间实行"农业集体化",以发展大规模农业;(4)采取有力措施抢占科学文化高地。

第二次世界大战则不同,它由帝国主义侵略战争,最终演变成一场伟大的反法西斯战争。斯大林领导的苏联本来就是与英法一起抗击纳粹德国侵略的主要战场,而美国在战争中失去"中立国"地位后,也不再卖军火给交战双方从中渔利,而是在富兰克林·罗斯福总统领导下,毅然派兵在诺曼底登陆,成为苏联和英法的盟国。在这次大战中,本已因丧失殖民地而开始衰落的英国,虽然有英吉利海峡的保护,但在因飞机的发明而令战争变为"立体战"或"总体战"的情况下,面对德军"总体战"的狂轰滥炸,已变得破碎不堪,而作为德国邻邦的法国更是不堪一击,迅疾瓦解。只有罗斯福领导的美国,为了实现西方乃至世界霸主的地位和梦想,不仅努力充当西方民主国家领袖的角色,而且利用战争需求大大加强和扩张了自己的工业和制造实力,并通过卷入欧洲战场、非洲战场和太平洋战场,逐渐把自己的触角伸向世界各地,实现了"美国利益的全球化"。战后,它的军事基地几乎遍及世界各地,无论在经济上还是政治上它都是西方国家的龙头老大。

在战争期间和战后的世界事务中,斯大林领导的苏联的地位和作用,与第一次世界大战后的苏维埃共和国亦不一样。苏联不仅是美国和西方民主国家的盟国,而且是抗击法西斯的主要战场和主要力量。斯大林作为伟大的战略家、苏联实行工业化运动的领导者,在吸取因德国突然袭击造成战争初期巨大损失的教训后,迅速激发全体苏联人民的抗战意志和精神,1941年莫斯科"红场阅兵"作为世界历史上最著名的阅兵,即为明证。他及时地将全国的工业和经济转入战时体制,为最终战胜德国法西斯准备了充分条件,1942年斯大林格勒保卫战的胜利成为整个世界反法西斯战争的转折点。苏联红军不仅把法西斯军队完全赶出了国境线，而且乘胜追击，越过东欧进入德国首都柏林，并迫使希特勒自杀，然后又根据罗斯福、丘吉尔和斯大林三巨头共同达成的"雅尔塔协定"，回过头来出兵中国东北，对日本关东军发动"最后一击"，为结束整个世界反法西斯战争做出了不可磨灭的贡献。更重要的是，正是在这一势如破竹的反击战过程中，受斯大林领导的"共产国际"支持和帮助的、以捷克斯洛伐克、波兰为代表的东欧各国以及以中国、越南和朝鲜为代表的东亚诸国，先后建立起由共产党领导的社会主义国家，从而在战后形成了与以美国为首的西方国家并存的，以苏联为首的社会主义阵营。从此，这两大阵营的分歧、矛盾和斗争，在很大程度上决定着战后世界形势和格局的走向，这种矛盾和斗争，在历史上称为"冷战"，尽管它主要是在美苏之间展开的，但其影响不可避免地波及两大阵营的其他国家，且"冷战"并不完全排除"热战"，如朝鲜战争和越南战争。

本来，关于战后世界的管控和治理问题，早在战争后期就在美、英、法、苏及中国，特别是美、英、苏、中四大国领导人之间，有过长久、认真和仔细的研讨，并最终以联合国的建立实现了战后的和平。美国是这一进程的主要推动者。早在1943年10月莫斯科外长会议期间，美、英、苏、中四国就在共同签署的《普遍安全宣言》中宣称，要在战后建立一个国际组织"以维护国际和平与安全"；1944年8—10月间，在美国敦巴顿橡树园召开的四大国会议，一致同意将这一国际组织定名为"联合国"，并决定立即着手具体的筹备工作；在1945年2月的雅尔塔会议上，美、英、苏三大国首脑同意由中、苏、美、英、法五个常任理事国组成联合国核心机构安全理事会，且在做出决定时必须遵循"五大国一致"的原则。这样，在1945年4—6月的旧金山会议上，来自50个与会国的代表得以顺利通过《联合国宪章》，同时也宣告了联合国的成立，总部设在纽约。不久，其成员由最初的50个发展到100多个，成为世界历史上最大的以"普遍安全"为宗旨的国际组织，这是这场反法西斯战争的重要成果。

联合国安理会虽然实行"大国否决"，但除5个常任理事国之外，还有10个（最初为6个）任期为两年的"非常任理事国"。联合国总部下设6个主要委员会，分管政治和安全，经济和财政，社会、人道和文化，非殖民化，行政和预算，法律事务，其职责不限于和平和安全。每年召开一次全体大会，是各成员国自由发表意见的重要平台，对世界事务的处理有着广泛的影响，时间从9月的第三个星期二开始，持续到12月中旬。执行联合国机构所制定的安理会方案和政策是秘书处的任务,由安理会提名和大会选举产生秘书长。《联合国宪章》第一条规定,联合国的宗旨是维护国际和平与安全、发展各国间友好关系和促进国际合作,"主权平等"和"普遍人权"日益成为世界各国和各族人民的最大公约数。但世界并不太平,加入联合国的成员国越多,意识形态和制度差异就越明显。以美国为首的西方国家和以苏联为首的社会主义国家在意识形态和社会制度上的差异和矛盾,几乎伴随着联合国从酝酿到成立的全过程,并在联合国成立之后迅速公开化,并演变成正面冲突。斯大林在1946年2月9日对莫斯科选民的讲话中提出,导致第二次世界大战爆发的根源是以垄断资本为基础的世界各种势力的冲突,而这种根源在战后依然存在,因此苏联人民必须努力恢复经济、发展生产、增强国力,以应付任何可能发生的不测。当时美国驻苏使馆代办凯南于2月22日向国内发去一份长达8000字的密电,提醒美国政府要全力"遏制"苏联今后的对外扩张,而美最高法院大法官道格拉斯甚至指责斯大林的讲话是"第三次世界大战的宣言"。同年3月5日,英国首相丘吉尔在杜鲁门总统家乡密苏里州富尔顿的一所学院演讲,公然宣布在美苏之间本就存在一幅"铁幕",而今"从波罗的海的斯德丁到亚得里亚海边的里雅斯特,一幅横贯欧亚大陆的铁幕已经降落下来",为此就需在英联邦和美利坚合众国之间建立起一种"特殊关系"即实际上的军事同盟,以便对付以苏联为首的"铁幕"后的那些国家。

丘吉尔的这场著名演讲,被国际社会称为"富尔顿演说",或者"铁幕演说"。尽管有人把它说成是对上述斯大林讲话的"回应",但"铁幕"一词早在一年前丘吉尔给杜鲁门的信中就使用过了,在那封信中丘吉尔声称"一幅铁幕已降落"。[①]可见,丘吉尔的演说是早有准备的,不能把挑起"冷战"的责任推到斯大林身上。该演说以意识形态划线而被认为揭开了"冷战"的序幕。值得注意的是,尽管在场的听众只有3000余人,但由于广播电台对演讲进行了现场转播,在收音机旁聆听其演讲的英美听众成千上万。冷战在经济、政治和军事上均是实力的较量,而军事常常是或历来是先进科技首先被投入和采用的领域。因此,努力开发和利用高科技,以增强己方对敌方在军事上的实力和优势,就成了当时美苏双方的必然选择。

---

① 参见金重远主编:《战后世界史》,复旦大学出版社,1995年,第80页。

5.4 发展高科技及其产业成为美国基本国策

高科技的兴起和发展得到美国联邦政府的高度重视和有力推动,以至于在二战后逐渐成为其国家的根本国策。这是因为,二战以后,美苏争霸形势日趋激烈,由"热战"演变成"冷战",两国为了争夺和维护各自的霸权,均力求掌握经济、政治和军事上的领先地位,而高科技越来越成为这种争夺的主要手段,成为美苏争夺的战略制高点,并反过来把这两个国家都推上"超级大国"的宝座,苏联也摆脱了"十月革命"前那种落后的状况。

早在1945年9月6日,即日本正式签署投降书后的第4天,美国总统杜鲁门在国会提出21点战后复兴计划,其中就提到了发展科技与维护霸权的关系:"没有一个国家可以在当今世界上维持领袖地位,除非它充分开发其科学技术资源;没有一个政府可以充分地承担起各种责任,除非它慷慨大方地和明智地支持鼓励大学、工业界和它自己的实验室中的科学工作。"1947年9月,杜鲁门的总统助理兼总统科学研究委员会主席约翰·R.斯蒂曼,在题为《科学与公共政策》的政策报告中也指出:"如果我们要继续成为世界上的民主堡垒,就必须不懈地增强和扩大我们的国内经济和对外贸易。实现这一目标的一个重要手段就是科学知识的不断进步,以及我们的技术得到相应的稳步改善。"这样,开发大学、工业界和联邦的科技资源,形成科技优势以争夺和维护美国在世界上的"领袖地位",便成了美国的基本国策。

其实,这一高科技国策的出台,与美国对苏"遏制"战略的确立有直接的关联,而对苏"遏制"战略确立的标志,就是1947年3月12日杜鲁门总统为应对希土危机而提出的"杜鲁门主义",即杜鲁门总统当日向国会提交的恣文中阐述的一种外交方针。希腊、土耳其是东西方"冷战"的最初焦点,其危机的来龙去脉如下:(1)土耳其问题很大程度上是海峡管控问题。由于土耳其在二战初期有明显亲德反苏倾向,1945年3月苏方宣布废除1925年与之签订的《苏土中立和互不侵犯条约》,虽然土方表示愿意与苏方谈判以签订一份新约,但苏方在重新谈判和签订新约的条件中提出:把土东部卡尔斯、阿尔达汉两地交还苏联;允许苏联参与对土耳其海峡的监管并拥有在该地区建立海军基地之权。这遭到土耳其政府断然拒绝,而英美虽然承认海峡任何时候都应对黑海国家的舰船开放,但一致认为苏联之意图在控制土耳其,并进而向近东和中东地区渗透。于是,英美以强硬态度对待苏联,不仅对土耳其进行军事技术援助,还提供 2500 万美元贷款购买军事装备,并将"罗斯福号"航空母舰驶入东地中海。(2)希腊问题实质上是希腊由共产党还是保王党掌权的问题。1941 年希腊被纳粹德国占领,国王带领政府要员逃亡海外,后在英国保护下先后在开罗和伦敦建立逃亡政府,这令占全国人口近 1/3 的由共产党领导的民族解放阵线,在 1944 年轻而易举地夺取了全国政权。然而,同年 10 月英国与苏联达成在巴尔干半岛划分势力范围的所谓"百分比协定",旋即策划了各抵抗运动与流亡政府的停战谈判,共产党和民族解放阵线被诱使放下武器而转向议会斗争,乔治二世国王的流亡政府得以在 1946 年 3 月的普选和 9 月的全民公决中获胜并回国重掌政权。而认为选举与公决均不合理的民族解放阵线,在马科斯·瓦菲阿迪斯领导下拿起武器,重新投入战斗,得到 7.6 亿美元援助的希腊反动政府却始终无力扭转这种内战局面。正是在这样的情况下,杜鲁门在国会咨文中,把西方称为"不受强制行径支配的生活方式"而攻击苏东国家为"极权政体",并要求各国人民在所谓的"自由"与"极权"两种生活方式中选择,同时要求国会授权为希、土提供 4 亿美元援助。这位美国总统声称:"美国外交政策的首要目标之一,就是创造各种条件,以使我们和其他国家能够促成一种不受强制行径支配的生活方式。"可见,发展高科技以"创造各种条件",与援助、遏制和自由选择,在"杜鲁门主义"中原本是四位一体的。

为了夺取这一战略制高点,美国联邦政府采取了一系列措施,落实科技开发计划。首先是在 1946 年 8 月 1 日设立原子能委员会,负责管理核材料的生产以及研究开发核武器工作。与此同时,为了维护未来的海上力量和国家安全,在海军部成立"海军研究署",并且很快发展成为一个重要的科研机构。该年 10 月,根据杜鲁门总统的命令,成立新的总统科学研究委员会,专门负责研究战后科技政策问题。1947 年 9 月 15 日,根据新通过的《国家安全法》,成立了国防部以及国家安全委员会、国家安全资源局、研究开发局和弹药局。同年 12 月,根据约翰·R. 斯蒂曼的报告,增设科学研究和开发部际委员会,以协调各部门的科技政策和工作。1950 年 5 月 10 日,成立国家科学基金会,主要负责基础研究和年轻科学人才的培养,并制定相关的政策和措施。1951 年 4 月 20 日,根据杜鲁门的总统令,在国防动员署下设立科学顾问委员会,专门就军事科技发展问题向总统提供咨询。艾森豪威尔任总统后,除了设立专门的总统科学特别助理外,还在 1953 年 4 月 11 日设立卫生、教育和福利部,这也是一个民用科技部门。这样,在战后大约10年间,美国建立起一个庞大的政府科技体系,其总的趋势和特点是由战时科技体制向常规科技体制转化,为高科技的发展提供科学决策、组织保证和经费保证。

但是,在战后的最初10年,美国的高科技政策和研究重点显然主要集中或者说过分集中于军事部门。有人估计,这个时期用于国防部的经费占了联邦研究和开发经费的4/5。因此,1957年10月和11月,苏联两次成功发射人造卫星便触发了美国现代史上一次罕见的自我评估,美国发现自身不仅在科技上而且在整体上都存在着被苏联超越的问题,于是不得不对现有科技政策做重新调整。为此,在1957年11月,便首先把原来隶属于国防动员署的科学顾问委员会划归总统行政办公室而变为总统科学顾问委员会。艾森豪威尔上台后,又下令设立联邦科学技术委员会,以及国家航空航天局。为了从根本上改变美国科技发展水平在世界上的劣势地位,联邦政府决定对教育实行重大改革,于1958年颁布《国防教育法》,强调数、理、化教学在人才培养中的重要性,并规定在1959—1962年间拨款8亿美元用于教育。1958年2月,一专家小组提出的关于《国家支持行为科学》的报告还强调,必须使美国在社会科学方面保持对苏联的"明显领先优势",以防止苏联社会科学超越美国而带来的"破坏性后果",并进而要求制定一种"普遍的社会科学政策"。1960年7月,约翰·肯尼迪在接受总统候选人提名时则提出"新边疆"的口号,其科技政策的视野比以往的历届总统更为开阔,目光所及包括了"探索星球、征服沙漠、消除疾病、开发海洋"。所以,在肯尼迪上台后,联邦的研究和开发经费从1961年的93亿美元增加到1964年的149亿美元,其中仅用于国家宇航局的费用在1965年就超过50亿美元。宇航计划和阿波罗计划的实施由于涉及广泛而尖端的科学技术领域,带动了美国科技和工业的全面发展。当然,由于与苏联争霸的需要,也由于战后美国军事政策的惯性,肯尼迪并没能改变以往过于集中于国防部门的科技方针。特别是参议员马尔科姆·瓦罗普于1979年提出"天基防御"概念后,不久就诞生了比"阿波罗计划"更庞大的"星球大战"计划,其科技政策军事化的倾向就更加明显了。因为这些计划正在把美国由一个二元帝国变为一个三元帝国:除了陆上帝国和海上帝国外,还要打造一个天空帝国!此时提出的理由是:"空间不仅是国家安全的关键,而且是经济增长和能源供应的关键。"

但随着20世纪60年代民权运动、学生运动和知识分子反叛的出现,美国政府感到了整个科技政策的偏颇,于是不得不做一些必要的调整。1965年9月,约翰逊总统在《关于加强全国科学能力的声明》中表示,除了要"继续确保美国科学的实力和领导地位"外,还"要使科学研究、知识信息应用于我们社会所面临的种种问题"。为此,在1965年9月颁布的国家技术服务法令中,要求通过联邦政府的全国性计划,加强地方政府、工业界和大学之间的技术交流和合作,向工商业提供有效的科技服务。在此期间,政府在立法和行政方面采取了一系列措施,以解决城市建筑、垃圾处理、交通运输、保护水质、控制噪音、减少污染、人体健康等问题,开辟了科学技术发展的新方向,并使科技成为社会进步的有力工具。尼克松上任后,立即任命了一个总统特别小组,检查当前美国的科技政策,在他于1970年4月提出的《科学技术:进步的工具》报告中,特别强调了科学技术与国家目标的关系、基础研究与应用研究的关系以及联邦机构与私营机构的关系,后来又加上了社会科学与自然科学的关系。由此美国迈入了一个全面综合和平衡发展的新阶段。

20世纪六七十年代,美国在高科技领域取得了重大进展。继"曼哈顿工程"之后,成功地实施了"阿波罗计划"以及其他一系列宇宙探索计划,美国人不仅登上了月球,还发射了水星、火星和金星探测器。早在1969年,美国就初步实现了计算机联网化,在1971年就在网上发送了第一封电子邮件,它成为后来的信息高速公路的先导。1971年,美国发出了"向癌症开战"的口号,并为此投入了大批研究经费。在新能源、新材料以及信息技术、生物技术和海洋技术等方面,美国也获得了一个又一个突破。归纳起来,美国的高科技革命,在联邦政府的大力倡导和支持下,已形成相当可观的6大群落:(1)电子技术;(2)新材料技术;(3)新能源技术;(4)生物技术;(5)海洋技术;(6)空间技术。其庞大的科技存量,不仅为美国展开国际竞争提供了空前的竞争力,也为美国的经济发展乃至社会转型提供了新的动力。

5.5 个案研究:北加州"硅谷"成为引领美国乃至全球的高科技中心

"后工业社会"属于高科技时代。就历史发展和演进过程而言,今日的高科技(从科学、技术到产业)已经经历了4个发展阶段:手机、电脑、互联网和人工智能,所以,在科学上人们把人工智能称为"高科技及其产业的4.0版"。

位于北加州以无线电技术成就"第一步"的"硅谷"是引领整个美国乃至全球的高科技中心。因为如果把"硬件"和"软件"视作高科技产业的两大部分,那么把这两大部分整合在一起并成为几乎全部高科技设备心脏的便是"芯片"即"半导体集成电路",而"半导体集成电路"的细胞和关键组件是晶体三极管。晶体三极管取代真空三极管,得以使第二次世界大战中发明的大型计算机发生革命性变化(由大变小)。此处有两点需提请读者注意:其一,在高科技时代发生的上述变化中,"硅"及其物理性质是构成几乎全部关键设备的基本元素,也是北加州高科技开发区被命名为"硅谷"的缘由;其二,在高科技时代发生的上述变化中,几乎每一个关键和重大发明都是由"硅谷"人提供的,非如此不足以以"高科技中心"的地位、身份和作用引领美国乃至全球。正因为如此,我们有必要对"硅谷"的历史有一个简略而清晰的了解。

硅谷是此处我们需要了解的一切的源头,而硅谷作为世界上第一个重要的高科技园区,其源头是斯坦福大学电机系的无线电实验室和惠普公司。斯坦福大学创办于1891年,其创办人利兰·斯坦福原是负责修建横贯美国大陆铁路西段的"联合太平洋铁路公司"的总经理,据说创办该大学是为了纪念其在意大利旅行中因感染伤寒不幸死去的儿子小斯坦福,为此他拿出250万美元设立了创校基金。"让自由之风吹拂"是这所大学的校训,而它的办学方针和教育理念可以从斯坦福在首次开学典礼上的一段发言中看出:"生活归根结底是实用的,你们到此学习是为自己谋求一个有用的职位,这包含着创新、进取的愿望,良好的设计和最终使之实现的努力。"而把这种方针和理念具体化,则要归功于该校于1945年制定的发展规划,该规划具体而系统地提出:第一,要依托斯坦福的尖端学科把该校办成高新科技的研发中心,把大学和工业结合起来为当地的高新科技与经济发展做贡献;第二,要把学校的财力、物力集中起来,以吸引世界一流科学家,组建各学科前沿研究所,培养引领世界潮流的专业人才;第三,要加强学校的基础教育,使其毕业生成为未来新产业的技术储备;第四,要改变以往的专利转让制度,加强教授与企业的联系。

正是根据这一教育方针和理念,1951年,斯坦福大学最早的毕业生之一、1930年代就是斯坦福电机系教授、1940年代已是该校工学院院长、当时出任该校教务长的弗雷德里克·特曼,主持了硅谷原型即斯坦福工业园区的建立。工业园被美国政府认定为"硅谷诞生地"并为之立了铜牌。以斯坦福大学技术转让为基础并得到特曼扶持,1939年于艾迪生大街367号车库中创立的惠普公司,因设计、生产和销售第一个能显示声音频率的"音频振荡器"而稳居"硅谷"电子行业龙头老大的地位，直至20世纪90年代。点接触晶体三极管和结型晶体三极管虽然早在1948—1950年就由肖克利、巴丁和布拉顿发明和研制成功，但肖克利的半导体实验室第一个把"硅"带进"硅谷"并从事晶体三极管研制和生产，也是在特曼支持下才于1956年落户距斯坦福5英里的圣克拉拉。据统计，50年中，"硅谷"由斯坦福大学教授、学生和毕业生创办的公司超过1200家，50%以上的"硅谷"产品均来自该校校友的公司。特曼成为名副其实的"硅谷之父"。不过，如果说特曼和他的学生们为"硅谷"奠定了基础，那么，在"硅谷"掀起一种创业高潮而把其打造成全世界工程专业学生向往"圣地"的，则是斯坦福大学的第10任校长约翰·亨尼斯。亨尼斯本人是微处理器理论和技术专家，他通过精简指令集（RISC）使处理器的设计和工作更简洁高效，从而重新定义了微处理器（CPU）架构，使之在平板电脑、手机、笔记本电脑等领域被广泛采用。他不仅于1984年创办了精简指令集微处理器公司并担任首席技术官，兼任谷歌、思科等上市公司的董事，还在20世纪90年代和21世纪最初10年间任斯坦福大学计算机系主任、工学院院长、教务长及校长，成为教学与企业相结合的典型，高扬了大学的企业家精神。斯坦福大学授权给了企业8000多项专利，不仅从中收取了13亿美元的专利费，还衍生出了"硅谷"许多公司，其中包括升阳、思科、雅虎、谷歌和特斯拉这样一些著名公司。据统计，20世纪八九十年代，以斯坦福工业园（后改为研究园）为中心，云集于"硅谷"的电子计算机企业从3000多家增加到7000家。"硅谷"不愧是真正的世界高科技研发中心。

"叛逆八人帮"和仙童半导体公司，是"硅谷"崛起中的第一个传奇。以罗伯特·诺伊斯为首，包括"摩尔定律"发明人戈登·摩尔在内的八人，原都是肖克利半导体实验室的技术骨干，因不满肖克利对公司的管理和运作出走而被肖克利称为"叛逆八人帮"。肖克利不愧是20世纪美国的科学奇才，一生拥有90多项发明专利并以"晶体三极管之父"获得诺贝尔物理学奖，肖克利半导体实验室就是专为生产晶体三极管并把"硅"带入"硅谷"而成立的，但他在管理方面却是庸才，公司成立两年生产的只是二极管而不是三极管，这就导致了"八人帮"的出走。原公司关门，肖克利重返斯坦福执教。放大与开关是三极管的两大功能，用硅做成的晶体三极管在实现功率放大时不需预热，且所耗功率仅为真空管的百万分之一，从而为计算机的微型化奠定了基础，并必将引发电信和计算机等各方面的革命，其研发和生产有广泛的价值和前途，这成为"八人帮"于1957年9月18日成立仙童半导体公司的强大动力。仙童公司成立之初，实际主管为霍奇森，技术主管是诺伊斯，总经理是刚从休斯顿挖过来的埃德·鲍德温，但灵魂人物却是预言今后芯片上的晶体三极管数目会按几何级数增长的摩尔，他们通力合作，在几个月内就成功生产出了工业用晶体三极管，而不再是肖克利的试验品。这使仙童半导体公司成为"硅谷"诞生的真正标志，因为肖克利的半导体实验室并未能生产出真正的晶体三极管。当然，真正使"叛逆八人帮"和仙童公司成为硅谷传奇的还是以下多重因素的推动：首先是美苏"冷战"的需要。当时，这一领域的"冷战"正大规模展开，从而刺激了对高科技武器的大量需求和采购，而用以保证其质量、可靠性和寿命的就是晶体三极管。为了提高产品质量并满足军方要求，先是仙童公司的金·霍克于1958年发明了所谓"平面工艺"，解决了晶体三极管的绝缘和连线问题，后诺伊斯于1959年发明了"集成电路"，解决了单晶片电路问题。"集成电路"又称"芯片"，装置尺寸小但有完整逻辑功能，是20世纪最伟大的发明，也是引发"第三次产业革命"的决定性新技术。其次，仙童公司从成立起的整个运作，都得到了风险投资资本家亚瑟·洛克的大力支持和投入。仙童公司是以风险投资方式创立的第一家硅谷公司，其做法是向大部分员工发放股票选择权，而不再以工资为报酬的首选，并以此奠定了硅谷和硅谷文化的基础。再次，仙童公司以"离岸设厂"的办法来达到降成本、降价格以提高竞争力的目的。其第一个这样的"离岸工厂"于20世纪70年代设于香港，为此它早在1962年就派人到香港进行实地考察并研究了设厂的可行性。这样，仙童半导体公司就以"离岸设厂"之举，开启了高科技全球化的先例。尤为重要的是，仙童的创业模式的成功，使之成为第一家可以被一再复制的公司，直接或间接从仙童半导体公司分出来的公司到1984年已有70多家，其中就包括发明了"半导体储存器"和"微处理器"的英特尔公司，它由摩尔和诺伊斯出走后于1968年7月创办。摩尔按自己提出的摩尔定律，不断提高芯片上电路的集成度，到2006年底，该公司生产的芯片上的晶体三极管数已达8.2亿个，时间频率达3.3兆赫，而线宽仅45纳米。它们都丰富了仙童公司的传奇。需要注意的是：20世纪60年代，加利福尼亚州正是"反主流文化"的重镇，或许正是这一因素而今成了推动"叛逆八人帮"及其后继者不断"创新"的精神力量。

如果说"叛逆八人帮"和仙童半导体公司是硅谷的一个传奇，那么20世纪70—90年代的另一个传奇就是以互联网发明为标志的计算机革命，只是这场革命的动力既来自硅谷，又不完全来自硅谷。这场革命的目标是知识、信息和资源的共享,而互联网是实现这种共享的手段或媒介。这一网络可以简单地划分为"客户端"和"服务器"两大部分,其中所谓"服务器"在本质上就是互联网集合了云计算和储存的"数字中枢",与之有关的接口信号处理、网络规格、速率和传输方式等一系列理论和技术问题复杂。其实,互联网作为一系列计算机连接而成的网络,它所涉及的许多理论和技术问题在20世纪70—80年代硅谷研发个人电脑的过程中已部分得到解决,在硅谷立足并引领了这场计算机革命的许多核心企业都为之做出了贡献:1968年由斯坦福研究所的道格拉斯·恩格尔巴特所展示的"在线系统",由乔布斯和沃兹于1976年和1977年设计和生产的苹果一号、苹果二号功不可没,因为由此造成的个人电脑的普及为它提供了取之不尽的信息资源;诺伊斯和基尔比共同发明了"集成电路",作为计算机细胞的半导体储存器的发明则主要归功于英特尔公司的安迪·格鲁夫,霍夫和法金为之发明了有键盘控制、显示控制、打印控制、算术运算和记录等多种功能的微处理器,设计简化、速度更快且兼容性强的精简指令集(CPU)也是由英特尔推出的;等等。所有这些都表明,硅谷已使自己站在了"互联网时代"的前沿。正如史蒂夫·乔布斯2007年1月在旧金山的iPhone产品发布会上所透露的:"今天,我向你们介绍三个革命性产品:一个是能控式的iPad,一个是手机,一个是无线电互联网通信设备。它们是单个独立的装置吗? 不,不是,这是一个装置,我们称之为iPhone。"只是不要忘了,真正为"数字计算机"和"互联网"提供设想和"共享"理论的源头,可追溯到1936年的英国数学家艾伦·图灵(Alan Turing)。他曾说:"我们不需要有无数不同的机器做不同的工作,仅有一种机器就足够了,为做各种工作的通用机器'编制程序'的办公室工作,将取代为完成不同工作制造各种机器的工程难题。"他所设想和描述的机器通常称为"图灵机"。

总之,硅谷不仅以自己非凡的创新能力把自身打造为引领美国乃至全球的高科技中心,还以如下5点特色成就了高科技时代一种典型的产、学、研相结合的企业经营和发展模式:(1)跳槽创业;(2)以科技创业;(3)风险投资参与和监督;(4)为降低成本和扩展市场离岸设厂;(5)以入股分红取代固定工资。

5.6 以"创新"为特征的高科技革命在全球的传播

任何真正的科学革命都直接或间接源于人类发展生产的实际需要,并最终必将引起当时社会生产力的变革。高科技革命也不例外。在几大高科技群落兴起的同时,核电站、电子计算机和信息产业、基因工程、细胞工程、发酵工程以及各种新材料开发、海洋资源开发、空间技术开发等相关产业都先后建立起来,形成了人类历史上又一次新的产业革命。这场革命以能源、信息和材料为主要支柱。其中,信息技术及其产业的发展尤为突出,并集中体现着这次科技和产业革命的本质特征,因为它是人类智力解放的里程碑,不仅是人的四肢的延伸,而且是人脑的延伸,以至于部分地代替人的脑力劳动。值得注意的是,这一本质特征,又由于现代计算技术和信息技术的迅速发展和广泛运用,反过来给正在兴起和发展的新科技和产业领域以巨大而深刻的影响,使研究、生产、管理信息化、网络化、程序化、系统化,大大增强了这次新的科技和产业革命的知识性、时效性和风险性,加快了发展的速度。以新技术从发明到运用的时间为例,蒸汽机约为84年,电动机约为65年,无线电约为35年,雷达约为15年。而在这次高科技革命中,原子能只花了大概6年时间,电子计算机为5年,晶体管为4年,激光器仅为1年。新兴产业发展的速度之所以迅速加快,从根本上说就是科学第一次成了经济发展的主要发动机,成了社会经济发展的"中轴"。在由农业革命所开辟的传统农业时代,经济发展的"中轴"是劳力和土地;在由工业革命所开辟的现代工业时代,经济发展的"中轴"是技术和资源;而在这次新的产业革命中,由于科学和智力成为经济发展的"中轴",一个既不同于传统农业也不同于现代工业的经济时代,即"知识经济"时代已经来临。因此,这次新的科技和产业革命是人类历史上发生的继农业革命和工业革命之后的第三次产业革命,具有伟大的世界历史意义。

各种特色的"高科技园"的建立和发展,是20世纪后半叶高科技革命中的一个创造,它们一般创办于高校或科研机构集中的地区,又或者是强大的现代工业企业集中的地区,以雄厚的科技实力为依托推动"科学、技术和生产"的一体化,或者"产、学、研"的一体化。美国是"高科技园"的发源地,世界上最早建立的三大研究园,即加州硅谷斯坦福研究园、波士顿128号公路研究园和北卡罗来纳三角研究园,先后于20世纪50年代诞生。其中,位于北卡罗来纳的三角研究园是第一个正式建立的"高科技园",它根据该州州长卢瑟·霍奇1955年"关于在北卡罗来纳开发工业研究中心的建议"建立,由专门组建的三个机构即基金会、研究园和研究所组成。三角研究园依托的是北卡罗来纳大学、北卡罗来纳州立大学和杜克大学,高科技园位于三所大学构成的三角地带,其攻关的主要方向最初集中于化学、电子和医药三大领域。与之相比，波士顿 128 号公路和加州斯坦福研究园崛起的源头可追溯到更早的 1951 年，而且两者均有雄厚的工业基地作后盾，因为波士顿本是美国工业革命的发祥地，而加州在二战中则是美国太平洋战区军需的主要供应地。建于 1951 年的 128 号高速公路全长 90 公里，距波士顿市区 16 公里，由于麻省理工学院这所著名学府的鼓励和支持，20 世纪 60 年代以来在此公路沿线创办了大批高科技公司。斯坦福研究园在 70 年代迅速崛起，成千上万的高科技创业者以此为基地，迅速占领了斯坦福大学以南那片长、宽分别为 70 公里和 15 公里的地带，把它变成了美国著名的"硅谷"或"栖息地"。"硅谷"与 128 号公路"高科技园"竞争极其激烈，从下表可见一斑。

"硅谷"和 128 号公路高科技产业企业数和就业人数比较

企业类别	1959 年		1975 年		1990 年		1992 年	
	硅谷/128号公路企业数	硅谷/128号公路就业人数	硅谷/128号公路企业数	硅谷/128号公路就业人数	硅谷/128号公路企业数	硅谷/128号公路就业人数	硅谷/128号公路企业数	硅谷/128号公路就业人数
计算与办公设备	0.4	1.2	1.2	1.3	2.5	3.9	2.6	3.5
通信设备	0.6	0.1	1.2	0.6	2.8	1.0	2.9	1.2
电子元件	0.4	0.4	1.3	2.3	2.2	3.3	2.4	3.0
制导导弹、航天器	—	—	4.0	10.2	1.3	4.9	2.3	9.9
仪 器	0.4	0.1	0.8	0.6	1.1	0.6	1.2	0.8
软件与数据处理	—	—	0.8	1.2	1.3	1.1	1.5	1.2
总 计	0.4	0.3	1.0	1.2	1.5	1.8	1.6	1.8

资料来源：Annalee Saxenian, *Regional Advantage: Culture and Competition in Silicon Valley and Route 128*, Historical Date, Harvard University Press, 1996. 此表中的数字，小于 1 说明 128 号公路占优势，大于 1 说明硅谷占优势。

此后，高科技园迅速从美国向全世界扩散。到 1992 年，全世界的高技术开发区总数已达 802 个，其中发达国家占了 80% 以上，美国有 398 个，欧盟有 229 个，日本有 104 个。[①] 比较著名的高科技园，除了上述三个美国的高科技园外，还有加

---

① 参见顾朝林等：《中国高技术产业与园区》，中信出版社，1998 年，第 1 页。

拿大的北硅谷,英国的剑桥科学园、M4 走廊地带、英国硅谷和赫利奥特瓦特大学科学园,法国的索菲亚·昂蒂波利科学城,德国柏林的革新与创业中心,苏联的新西伯利亚科学城,日本的筑波科学城,以色列的魏茨曼科学工业园,韩国的大德工业园,印度班加罗尔的硅谷高科技园及尼尔吉里技术城,中国台湾的新竹科学园、北京的中关村,等等。由于科技园集产、学、研于一体,已赋予"开发"以前所未有的新内涵:"创新"。这类科技园在世界各地的建立和发展,集中地反映了发源于美国的高科技革命在全球传播的广度和深度。

当代的"第三产业"是一种真正的产业,而不仅仅是服务业。这种新兴的产业与传统的产业不同,也与以大机器为动力的现代工业相异,它是以高新知识即高科技为中心组织起来的,因而有"知识经济"之称。这类产业的典型是所谓"信息产业"。"信息"之所以会成为一种"产业",首先是因为"信息"如今有了价值,它是有关科学、技术、经济和商业的有用知识,社会对这类知识的需要巨大而迫切。其次是由于有了现代的知识存贮和提取工具——电子计算机,为人们获得这些知识和信息提供了便捷的条件,因此向人们提供这类信息就成了一种专门的业务。再次是为了提高搜集、存贮和输出信息的数量和质量,就必须不断改进和完善"信息交流的工具"——电子计算机,从而使计算机的研制成为一种不断更新的产业。这一知识产业的兴起,在美国可追溯到 1943 年 6 月,即世界上第一台大型电子计算机 ENIAC 研制工程启动的时间。此后,电子计算机从第一代发展到第五代,美国几乎都是原创国。自 1970 年美国开通世界上第一个因特网以来,到 1989 年美国本土已有 10 万台计算机与因特网相连,到 1994 年这一网络已覆盖 150 多个国家和地区。无论是以个人名义还是团体的名义,上网并获得因特网提供的信息,所支付的费用就构成了网站的收入来源,从而赋予它以商业性质。除了信息产业外,高科技还渗透到生物、化学、能源、材料、海洋和航天等领域,并形成了一系列新兴的"知识产业"。

传统的工业技术旨在尽可能多地利用自然资源以获得最大的利润,不太考虑或很少考虑环境效益、生态效益和社会效益。而高科技革命兴起于多种自然资源几近枯竭、环境危机日益加剧的时候,它力求把技术与科学融为一体,反映了人类对自然界与人类社会认识的全面化。因此,知识经济要求科学、合理、综合地利用现有资源,同时开发尚未利用的富有的自然资源,以取代几近枯竭的稀缺的自然资源,还可以在新的条件下再生和创造新的材料、生物种群,在某种程度上塑造新的世界。例如，美国科学家斯蒂伍德，在1958年运用无性繁殖技术，用打孔器从胡萝卜的根上取下一块组织，将其放在营养基内进行转动，使胡萝卜组织的细胞一个个离开组织而进入培养液中，然后不断地分裂并生出新的细胞胚，进一步长成一棵胡萝卜幼苗，后来这些幼苗在土壤中终于又开花结果。又如，1989年美国科学家将获得抗体的重链基因和轻链基因构建成重组DNA，然后将其转入烟草细胞，利用植物细胞组织培养技术培养出转基因烟草，结果在烟叶片上产生了占烟叶蛋白总量13%的抗体。这样，美国只需用目前烟草种植面积的1%来种这种转基因烟草，每年就能生产270千克的抗体，可满足27万名病人1年的需要，从而形成巨大的社会和经济效益。目前，这种基因工程和细胞工程技术已在全球广泛传播。

传统工业经济需要大量资金、设备，在这类经济中有形资本起着决定性作用，而在知识经济中则是知识和智力这种无形资本起决定作用。虽然知识经济也需要有资金投入，对于高技术产业甚至还要有风险资金投入，但如果没有更多的信息、知识和智力的投入，就不能称为"高技术产业"。据估计，目前美国许多高科技企业中的无形资产，已超过这些企业总资产的60%，这是传统工业资本构成中从来没有的现象。无形资本在企业整个资本构成中的比例增长，或者说经济发展中资本投入无形化的趋势，将对经济产生怎样的影响呢？（1）由于高科技的介入，经济形态的性质发生了变化，因为高科技代替传统生产力，成了主要的生产力。（2）在高科技介入之前，劳动时间是衡量价值和财富的尺度，由于科学技术成了第一生产力，劳动时间将不再是构成价值和财富的尺度。（3）由于劳动时间不再是价值的尺度，在高科技条件下人们便可以花较少的劳动时间创造较大的价值，这必将引起人们价值观的变化。（4）按一般逻辑，人们便可以抽出更多的时间，来从事在以往的生活条件下不能从事的文化、科学、艺术等活动，从而使人类自身获得全面的发展。（5）在高科技条件下，特别在计算机网络化之后，由于生产和交换的形式、规模和节奏均发生变化，因此以往的市场经济的周期规律也可能发生改变。

更重要的是，与以往其他形态的经济不同，知识经济是一种真正的具有创新色彩的经济形态，因为高科技为经济的创新提供了不竭的动力。美国经济学家J.熊彼特提出了现代"创新理论"，他认为其含义是指"企业家实行对生产要素的新的结合"，包括这样5种情况和内容：（1）引入一种新的产品或提供一种产品的新特征；（2）采用一种新的生产方法；（3）开辟一个新的市场；（4）获得一种原料或半成品的新的供应来源；(5)实行一种新的企业组织形式。不难看出，熊彼特的"创新"概念，主要谈的还是"生产要素"的新组合问题，显然还是以现代工业经济为对象的。而在高科技条件下的经济创新，除了生产要素的重新组合之外，还包括了新的能源、新的材料和新的技术的创新，以及通过基因工程和细胞工程来修饰、改造生物的遗传性状，甚至创造新的生物种群。这是人类历史上从未有过的创新活动，拥有极高的发展和扩张能力。

作为当今世界最具价值的公司之一，苹果公司的创始人史蒂夫·乔布斯①表达过高科技时代人们对"创新"的认知和理解："最永久的发明创造都是艺术与科学的嫁接"，"如果有努力、决心和远见，凡事皆有可能"，"要创造未来，你不能靠销售讨论组"，也"绝不要害怕失败"，你应"求知若饥，虚心若愚"，并"在身边聚拢一批最有才华的人"，但要"信任自己胜过信任任何人"。乔布斯是成功的冒险资本家，也是当代高科技领域的一位怪才，他的话只不过是典型的"创新思维"的本能反应。其实质是：为了成功创新，就要敢于突破已有的教条。

5.7 美国联邦政府与互联网时代的到来：苏东剧变、"一超独霸"与"全球整合"

在"个案研究"一章，笔者已谈到"硅谷"在其崛起和发展中，为互联网时代的到来在理念和技术上所做的许多准备，并从2007年1月乔布斯在iPhone产品发布会上的讲话中得知，其实他当时本就把iPhone这款产品直接称作"互联网设备"，说明"硅谷"的创业者们在研发活动中正自觉或不自觉地为互联网时代的到来做着准备。然而，此事并不意味"互联网时代"的真正到来，"互联网时代"正式到来的标志是1969年"阿帕网"的开通，虽然当时接入该网的只有加州大学圣巴

---

① 史蒂夫·乔布斯(Steve Jobs, 1955—2011)，是一个未婚母亲的孩子，由他人抚养长大，只在里德学院上学6个月便决定退学。1976年，21岁的他与朋友史蒂夫·沃兹尼亚克在自家车库创办苹果电脑公司，首推苹果Ⅱ型电脑和第一代台式电脑图形处理机麦金托什(Macintosh)大获成功。1985年，他在权力斗争中被他亲手创办的苹果公司解雇，但他以创办下一代计算机公司(NeXT)和Pixar动画制作公司(1986)进行反击，迫使苹果公司与之和解并重返董事长位置。在乔布斯指导下，公司将麦金托什改头换面，生产出iPod、iPad、iPhone及最大电子商务平台iTunes，这才有了电脑与商务、电脑与动画、电脑与音乐之类的结合，并开启了个人电脑让位于智能移动的"后个人电脑时代"。2012年，总部位于美国加州库比蒂诺的苹果公司，市值已达6250亿美元。

巴拉分校和犹他大学两个客户端,但到 1971 年底该网已有 15 个节点,连接着 23 台主机。而它的诞生本是"冷战"的直接产物,因为该网原本就是用"美国高级研究计划局"(简称 ARPA)来命名的,而该机构是 1958 年初为应对"冷战"的需要按艾森豪威尔总统的建议设立的,是联邦政府管辖下的一个先进武器研发机构,且该局开通的互联网比乔布斯推出 iPhone 早 37 年零 2 个月,只不过当时用的连线法是有线即电话线而非无线。

导致"美国高级研究计划局"成立的直接动因,是 1957 年 10 月和 11 月苏联两次成功发射人造卫星:第一颗重 80 千克,后一颗重 300 千克并载有一条狗,卫星每天要在美国上空绕过一次,通过足够好的照相机和望远镜便可以获取地面信息,这对"冷战"中的美国人是极大的震动。阿帕网是 NASA(1958 年从"美国高级研究计划局"独立出来的部门)交办的人机关系研究课题的成果,它虽然只是一个开端,但开启了真正的"网络时代"的一系列必要而重大的步骤,在美国联邦政府和有关部门的主导下随即展开:1969 年底 1970 年初,阿帕网计划的制定者劳伦斯·罗伯茨,开始把计算机网络中提出请求的一方称为"客户端",而把被请求的一方称为"服务器";在阿帕网上,也是人类历史上发送的第一封电子邮件,是 1971 年由雷蒙德·汤姆林森发出的,他也是用@字符来识别邮件用户名和地址的引入者;1972 年 10 月,在华盛顿召开的国际计算机通信大会上,阿帕网和网络技术首次公开和成功演示镜相,各国专家于是决定成立一个国际网络工作组,来负责制定不同网络间的通信协议,加州大学洛杉矶分校的文特·瑟夫为首任负责人。这个通信协议名为 TCP/IP 协议,TCP 即传输控制协议,相当于负责把发送端的信息分解成包并将其装入信封,然后按信封上收端地址发给网络,网络在收到后把信息包还原成原信息并进行验错,而 IP 即互联网协议则负责网络中的节点名,在确定地址后将信息发往目的地;每台计算机的地址将由 4 个十进制数组成,前两个数字表示网络号,后两个数字是每一网络的主机号。1983 年,南加州大学的保罗·莫卡佩特里斯又发明了一套域名系统:用 org 表示组织,mil 表示军队,com 表示公司,gov 表示政府部门,edu 表示教育部门,cn 表示中国,us 表示美国,uk 表示英国,等等。所有这些发明,都成了国际互联网建立在概念和逻辑上的必要准备。

TCP/IP 协议经专家们多次修改,最终成为一个可靠性很高的协议。1975 年 7 月,阿帕网被美国国防通信署接收,负责网络运行和管理;1977 年 7 月,ARPA 进行了一次阿帕网、无线网和卫星网互联实验,负责实验的瑟夫和罗伯特·卡恩在一辆车里将信息通过无线网经阿帕网发送至某卫星站,通过卫星把信息送至挪威再转送至伦敦大学和阿帕网,信息虽经15万千米旅行却无一比特损失。一般把互联网发展的历史划分为三个阶段:1968—1986年为第一阶段,即阿帕网阶段;1986—1995年为第二阶段,即NSF网阶段;1995年以后为第三阶段,即互联网全面商业化阶段。正当互联网处于第二阶段和第三阶段迅速扩张和发展之际,国际社会发生了一系列重大变迁。在由美国主导的世界经济全球化过程中,互联网充当了决定性因素,以致可以说没有互联网的扩张和发展,就不可能有国际经济和社会的整合,也就不可能有真正的经济全球化。所以,我们先要来回顾一下此间国际社会的一系列重大变迁,再谈互联网的扩张和发展及其在经济全球化过程中的巨大作用。

第一个重大变迁是经过5年谈判,最终在1994年成立了"世界贸易组织"(WTO),取代了1948年成立的关税及贸易总协定(GATT)。这一变迁有多方面的意义:一是空前地扩大了这一多边贸易组织成员的数目,1948年GATT成立时签约国仅23个,而成立WTO之前,最终参与贸易谈判的国家就达123个,因此在经贸领域中WTO具有极高的影响力;二是WTO的成立极大地刺激了世界贸易总量的增长,仅该组织成立前4年共7轮贸易谈判所达成的协议,已使世界贸易总值从2万亿美元增至4万亿美元;三是改变了关注的焦点,如果说此前的GATT所关注的重点是降低关税,那么WTO所关注的重点便是自由贸易和服务贸易;四是在整体上推动世界经济的增长,因为数据显示经济增长与贸易自由化的程度之间存在着统计上的联系。第二个重大变迁是1991年发生苏东剧变,其给世界带来的巨大影响:第一,苏联解体,先是联共(布)本身的解体,不仅改变了国家的性质和发展道路,也使整个国际共产主义运动丧失了重心和方向;第二,由于苏联解体,所有原加盟共和国纷纷宣布独立,俄罗斯联邦的领土面积和经济实力比苏联时期大为缩小,西方势力得以迅速向东推进,直逼俄罗斯的腹地;第三,由于美苏"冷战"的结束,西欧在失去强大"敌人"的情况下出现了衰落的迹象,欧盟甚至出现了"解体"的征兆,英国进行的"脱欧"公投就是一个明证;第四,美国出现了该国历史上最长的繁荣期,从1990年到2000年其国内生产总值由5万亿美元增长到10万亿美元,2011年增加到15万亿美元。美国得以在世界上"一超独霸",它除先后多次发动对小国的战争外,先是把日本视为冷战后的主要敌人,后又把中国列为"潜在对手";第五,在这样的形势下,因冷战需要而开发成功的"互联网技术"在

1995年以后出现了"商业化"的趋势。如果没有这种"商业化"的趋势和过程,互联网就不会由一种国内使用的网络演变成一种国际使用的网络,也不会像后来的发展那样广泛而深入地卷入以美国为中心的经济全球化浪潮,并反过来获得"整合"经济全球化的强大功能。当然,美国政府并没有忘记对全世界的监控和情报搜集,包括其盟国和盟友。第三个重大变迁是在经过多年的艰苦谈判之后,中国终于在2001年成功加入世界贸易组织,这是中国在邓小平提出的"改革开放"政策和方针的指引下,主动纳入世界经济、纳入经济全球化、纳入国际社会的长期努力的结果和标志。中国既从经济全球化中获益良多,也为国际社会多方面的发展注入了活力。中国从此逐渐成为世界贸易中最大的出口国和最大的进口国。

正是在上述三个重大变迁的推动和影响下,最初诞生于美国的阿帕网在很短的时间内发生了四重演变:一是由单纯的军事专用发展为民用互联网;二是由国内互联网发展成国际互联网;三是由信息交流的工具演变成商业化的工具;四是由政府管理改由公司管理。所有这些演变,无不体现着互联网时代科学技术无穷无尽的智慧,其具体过程如下:1980年TCP/IP协议被作为美国国防部标准,1989年被美国军方率先使用。但由于1983年以后加入阿帕网的网络不断增加,也由于阿帕网的非军事用途与日俱增,美国国防部为安全起见乃决定将阿帕网分成两部分:一部分为民用网络(ARPANET)即最早的互联网,另一部分则为军事专用网络(Milnet)。高级研究计划局又成立网络活动处,并在该处下设两个工作组:一个负责TCP/IP协议的开发和应用,另一个负责全面发展网络技术的研究。1986年,5台在不同大学里的超级计算中心按美国国家科学基金会的计划被链接为NSF网,而成为阿帕网之外的第二个互联网主干,很快其他的大学也纷纷加入该网,但也使用TCP/IP协议。由于联邦政府承担着公共基础设施的费用,不久便为机构间的流量交换建立了一个托管互联点,它便是联邦互联网交换中心的起源,而为了共享这些设备,后又成立联邦网络委员会(FNC),同时负责与其他国家的合作。1987年,美国国家科学基金会与Merit公司签订协议,决定把对NSF网的具体管理权由联邦互联网交换中心转给Merit公司。当然,这并不意味着美国放弃对国际互联网的管理和控制。

不难看出,美国联邦网络委员会的建立,是互联网发展史上的一大转折,由此开始了国家间的合作和网络经营的商业化,发展呈加速扩张的趋势。1988年,不仅有13个美国国内城市,还有加拿大、丹麦和法国等7个国家接入NSF网,第二年这个名单又增添了 10 个国家。也是在 1988 年,关于建立"高速网络"的概念出现在一份提交给参议员阿尔·戈尔的报告中,尽管建立国家信息高速公路的计划在 5 年之后戈尔成为美国副总统后才正式提出。不过,此间有两件大事不能不提:一是 NSF 在 1990 年联合 Merit 公司、IBM 公司和微波通信公司共组"高级网络服务公司"(ANS)并管理 ANS 网,不久阿帕网正式关闭,退出了历史舞台;二是 Gopher 服务器和万维网(WWW)在 1991 年问世,Gopher 服务器可以比较方便地在互联网上进行信息检索,而万维网则包含了超文本终端程序及超文本浏览器和编辑系统,"超文本语言"是互联网普及的关键,因为它能使页面上的信息和其他的网页相链接。到 1993 年 2 月,全世界已有 26 万台万维网服务器在运行。而第一个真正大众化的浏览器马赛克(Mosaic)也已于 1993 年 1 月诞生,它的发明者是伊利诺伊大学美国国家超级计算机应用中心的临时工马克·安德森。

著名的"互联网定律"之一"梅特卡夫定律"认为:网络的价值与其用户数的平方成正比。据统计,到 1997 年 9 月,互联网上的主机数量已达 2000 万台,上网人数超过 1 亿人次,网民遍布于 186 个国家和地区。正是在这一背景下,FNC 即上文提到的美国联邦网络委员会通过一项决议,给"互联网"下了一个正式的定义:互联网指的是一个符合以下条件的全球信息系统:(1)根据互联网协议(IP)或其扩展协议、后续协议,由一个全球独一无二的地址空间逻辑地连接在一起;(2)能够支持使用传输控制协议、互联网协议(TCP/IP)套件或其扩展协议、后续协议以及其他与 IP 兼容的协议的通信;(3)公开或私下地提供、使用文本中介绍的相关基础设施上分层的高级别服务,或使这些服务可访问。从上述定义和整个互联网技术的发展进程来看,互联网不仅是人类历史上从未出现过的空前巨大的数据库,也是以美国为中心的全球独一无二的信息搜集、整理和交换中心,这些信息涉及全球经济、社会、政治和文化的诸多领域。没有它,作为"一超独霸"的美国对全球经济的整合是无法想象的。因为在当今之世,"数据"是人类生产、生活和从事一切活动(包括创造性劳动)的最大资源,按美国《外交政策》主编戴维·罗特科普夫"网络资源关乎权力"的说法,谁拥有了它,就拥有了世界。而美国不仅是互联网的发明者,还通过经营互联网获得了巨大的财富和好处,仅 2011 年就创造了 5300 亿美元产值和 510 万个就业机会,更重要的,它控制着域名的发展与分配,以及内部硬件和软件的替换、升级和改造。

20 世纪、21 世纪之交,以美国为基地的国际互联网迎来的最大革命性变化,是拥有几十亿持有者的手机可以随时上网,而手机目前已实现融电脑、电话、电视功能于一体,但其中最核心和最深刻的变化却是具有无限可能的人工智能应用软件源源不断地大量嵌入。它使手机不再仅仅具有游戏、拍照、连接互联、播放音乐这类功能,像上网冲浪、地理定位、电子支付和微信聊天之类的应用软件的置入,已使手机及互联网深度融入人们的日常生活。

在此,需要补充说明,"整合"是西方关于"世界历史"的一个重要概念,其实质是资本的所谓"一体化";而马克思的"世界历史"概念,强调人类各民族联系的"普遍化",其实质是交往的平等和密切,但不具有"整合"的概念和性质。如果把世界历史描述为由"分散"到"整体"的过程,不仅迎合了西方"整合"的概念,而且会误以为"整合"是世界历史发展的终极目的,因为由"分散"到"整体"只能有两种办法:或者通过"整合",或者通过"融合",均不符合绝大多数民族的意愿。事实证明,目前资本主义的"整合",即资本主义的"一体化"已经暴露出了诸多问题。

5.8 作为发展中大国的新中国:17年发展,"十年动荡""改革开放"与重新崛起

1949年10月1日,以毛泽东为主席的中华人民共和国中央人民政府成立,无疑是中华民族发展史上的伟大转折,因为它结束了中华民族被西方列强入侵和勒索的百年屈辱,中国人民从此真正站起来了。如果说辛亥革命使"共和"从此深入人心的话,那么新中国的核心概念便是"人民民主"。它实行的是共产党领导下的、团结了民族资产阶级和小资产阶级的人民民主专政。

新中国面对的是一个千疮百孔的烂摊子。当时不仅大批国土尚未解放,已解放区也是匪患横行,国民党残余势力更是唯恐天下不乱,猖狂地投机倒把令1949年就发生三次物价上涨。国家"一穷二白",1949年耕地面积约14.75亿亩,仅占全国可耕地面积的61%,而可耕地不足国土面积的1/10。当年全国的粮食、棉花、油料产量分别为11.218万吨、44.4万吨和232.9万吨,10个农业人口只拥有1头牲口,农业总产值在全国工农业总产值中所占比重高达84.5%,全国80%以上人口是文盲,农村学龄儿童入学率仅20%。面对上述情况,毛泽东坚决遵循"平均地权"和"节制资本"的原则,一方面"没收官僚资本"和努力调整民族资本主义工商业中的公私关系、劳资关系和产销关系并加快各解放区的土地改革以实现

"耕者有其田"的历史使命,另一方面又在清匪反霸坚决镇压反革命的同时开展了"三反"和"五反"运动,迅速荡涤旧中国遗留下来的一切污泥浊水,使老百姓感到并看到共产党治理下的中华大地上空是一片真正"明朗的天"。不仅如此,还在美国把战火燃烧到鸭绿江边、中国被迫派"志愿军"出兵朝鲜并把美军打回到"三八线"以南的情况下,使被长期战争破坏的中国经济得到恢复和发展。

在农业生产方面,对全国4.2万多公里的堤防的绝大部分进行了整修,新修建灌溉工程385处,直接参与这些工程的人数2000万,完成土方在17亿立方米以上,1952年粮食产量已达3278亿斤,比历史最高水平还多出9.3%;在工业生产方面,不仅重点改造了原有重工业企业,还新建工业企业3300多个,到1952年工业总产值已达343.3亿元,平均每年增长4.8%,工业总产值占工农业总产值中的比重已由三年前的30.1%上升到41.5%。在交通运输方面,解放时没有一条可以全线通车的铁路,人民政府在1949—1950年5月期间修复铁路8318公里,使原有铁路基本完全恢复通车,同时又新修了"来陆"(广西来宾至陆关)、"成渝"(成都至重庆)、"天兰"(天水至兰州)三条铁路,到1952年底全国铁路总长已达24578公里。此外,公路、河运、载重汽车和轮驳载重都有1.3至1.5倍的增长,而民用航空线则从无到有达13123公里。在商业和外贸方面,据国家统计局统计,1952年时社会商品零售总额、全国农副产品采购、全国农业生产资料供应和对外贸易出口额,分别达到276.8、129.7、14.1和64.6亿元,增长幅度均在1.5倍以上,其中特别值得一提的是外贸,它第一次改变了1840年以来长期处于逆差的局面。正是以此为基础,毛泽东得以在1953年6月提出以"一化三改"为主要内容的过渡时期总路线,即在一个"相当长的时期"(约三个"五年计划"内)实现国家的工业化,并完成对农业、手工业和资本主义工商业的社会主义改造,而这一过渡实际上三年(而不是三个"五年计划")就完成了。

过渡时期总路线的实质是要完成生产资料的社会主义改造,以在物质上为国家的工业化做好准备。它在农业上的表现,主要是以土地入股的方式,在5.36亿农村人口中完成合作化,到1956年底共建各类合作社76万个。它在手工业方面的表现,先是组织手工业者的生产、供销或消费合作社,后是在工商业中普遍实行公私合营。资本主义工商业的社会主义改造先是采取加工订货、统购包销的办法,后是采公私合营的办法,资本家虽仍保留生产资料所有权,但生产资料支配、管理和人事权已归国家,最终国家还是收回了其生产资料所有权,而"定息"给资方分红。所有这些成就，都空前地激发了数万万中国人进行社会主义建设的积极性，也令毛泽东及其领导的执政党在全体中国人民中享有极高的威望，但也在不知不觉中失去了谨慎和稳健，以致在上层中形成了"十五年赶英超美"的思想，而在民间也出现了"跑步进入共产主义"的情绪，结果出现1958年的"大跃进"并引发了"瞒产虚报"、"一平二调"和"全民办钢"等诸多问题。为了解决这些问题，农民要求"包产到户"并恢复和扩大"自留地"，已得到一些干部甚至上层领导支持。"包产到户"并不改变生产资料的所有制形式，因而本不应被看成是"资本主义复辟"。从对新编历史剧《海瑞罢官》的批判以及大字报《炮打司令部》的内容来看，"文革"的爆发另有更深层的背景：一是在"三年自然灾害"估计问题上的严重分歧；二是"庐山会议"快结束时，彭德怀万言上书所引发的事件及复杂反应；三是"七千人大会"后正式运行但又没有正式决定的"一线二线"问题。所有这些，由于篇幅关系我们都很难说清楚，但有一点是清楚的："文革"是一场本不应发生的"十年动荡"，它给党政军乃至教育、思想、文化的伤害都过于严重。

应当指出，毛泽东原设想"文化革命"三年即可结束，他也不惧怕"天下大乱"，认为"大乱可以达到大治"，所以罕有地采用了"大鸣、大放、大字报"的方式。但毛泽东也没有忽视国家政权的基本稳定和国民经济的恢复和发展，他对以周恩来为首的国务院的倚重和保护就是明证，也不容许自乱长城（军队），否则就不可能基本实现第三、第四个"五年计划"。但他没有想到的是，借"文革"而发迹的林彪集团和江青集团，随着"文革"的进展而篡夺的权力越来越大，最终发展到争权夺利、抢班夺权甚至发动"武装起义"谋害毛泽东本人的地步，而把人民的好总理周恩来当作他们篡党夺权的最大障碍，发动所谓"批林、批孔、批周公"就是其丑恶的一幕。此外，还应当指出，作为伟大政治家的毛泽东，不仅在第四届全国人大筹备召开的过程中，在林彪一再坚持修改宪法时写上"设立国家主席"条款，而毛泽东本人一再表示不愿再担任国家主席一职的情况下，敏锐地观察到他企图抢班夺权的狼子野心，而且早就注意到并一再告警江青一伙不要搞宗派和分裂活动，甚至在几处公开场合指责他们是"四人帮"。所有这些，都为毛泽东逝世后党中央收拾残局、粉碎"四人帮"，于1976年最终结束"文革"准备了条件。

1976年粉碎"四人帮"后，有管理党、政、军事务经验的邓小平重新主持工作，在陈云、叶剑英、李先念等老同志的支持下，积极倡导"实事求是"，努力打破"两个凡是"对思想的束缚，毫不犹豫地把党和国家的工作重心从"以阶级斗争为纲"转到经济建设上来,做出了实行"改革开放"的关键决策,以探索新的经济发展模式,适应战后已经或正在发生的世界潮流。一方面以"安徽小岗村"实行的"家庭联产承包责任制"为突破口,把改革逐步由农村推向城市及工业、商业、物资、建筑、交通、邮电、军工等部门,实行"以税代利"和"利税合一",从而扩大企业和地方的自主权,同时鼓励"乡镇企业"的发展,为解放出来的农村剩余劳动力寻找就业机会。这就完全打破了原来以苏联为代表的以"计划经济"为主体的经济发展模式,开始显示出中国历史上从未有过的发展活力。另一方面,除了派出多个国家代表团出国访问、调查研究和学习取经外,邓小平还亲自率团访问美国、日本和新加坡等国,并在恢复中国在联合国和安理会的合法席位和活动的同时,广泛开展与发达国家和发展中国家的交往和交流。2001年,中国经多轮艰苦谈判终于正式加入作为当代世界重要国际经贸平台的世界贸易组织(WTO)。在这一过程中,中国经济得以跨越多个台阶获得迅速发展,到2010年中国的国内生产总值已达6.1万亿美元,而该年美国和日本的国内生产总值分别是14.9万亿和5.7万亿美元,中国已位居第二。这一数字综合地反映了中国国力的提升,是中国重新崛起的标志,也是"改革开放"成就的集中体现。但中国的"重新崛起"不能只讲"改革开放",它是数代人持续奋斗的成果,其实际过程有三步:孙中山领导辛亥革命推翻腐败的清王朝是第一步;毛泽东领导中国人民革命打败"四大家族"的总代表蒋介石创建新中国是第二步;邓小平实行以体制改革为特点的"改革开放"是第三步。这就叫作:"与时俱进"。

分析起来,推动中国重新崛起的主要动力或因素,是社会主义市场经济体制的确立,其理论基础来自1992年初邓小平关于"计划和市场都是经济手段",是否或怎样使用取决于"三个有利于"标准的南方谈话,而其法律基础则见于1993年第八届全国人民代表大会第一次会议通过的《宪法》第15条:"国家实行社会主义市场经济",其目标和含义"就是要使市场在社会主义国家宏观调控下对资源配置起基础性作用"(中共十四大决议语),其特点是坚持公有制为主体、多种经济成分共同发展。这一体制的确立,不仅是对14年"改革开放"经验的总结,也是推行一系列新的改革开放举措的总动员:其一,从1994年7月1日起开始实施《中华人民共和国公司法》,在国有企业中建立"三权清晰、权责明确、政企分开、管理科学"的现代企业制度。其二,十四大确认乡镇企业是"中国农民的又一伟大创造",迎来了乡镇企业发展的第二个高潮,至1996年底这类企业已发展到2336万个,吸收农村劳动力 1.35 亿，完成增加值 17659 亿元，分别是 1991 年的 1.2 倍、1.4 倍和 5.9 倍。其三，邓小平南方谈话后，掀起一股"下海"经商高潮，到 2002 年私营企业一跃成为中国企业中的第一大群体，其工业产值在 14 年间增加了 158 倍。其四，外资企业得到空前的发展，1992—1994 年，全国批准建立的这类企业就有 179711 家，实际投资额达 691.81 亿美元，使中国成为全球的"投资热土"。其五，在逐步放开粮食、房地产和劳动力市场的同时，也稳健而大胆地开放包括"国债"和"股票"市场在内的资本市场。证券公司于 1999 年 7 月 1 日与中国人民银行脱钩而变为 90 家，除上海和深圳两个证交所外，还在北京建立了全国性证券交易市场联网自动报价系统，上市公司数目也越来越多。其六，20 世纪 90 年代，除提出包括"沿海""沿边""沿江"和"沿路"在内的"四沿战略"外，于 1994 年取消了延续 40 年之久的外贸指令性计划，代之以指导性计划；1996 年底宣布实行人民币在经常项目下的自由兑换，2001 年正式加入世界贸易组织，加速了与世界市场的接轨。其七，有效地利用全球化条件下科学和技术传播所带来的好处，在扎扎实实大规模发展实体经济的同时，大力鼓励"自主创新"和"数字经济"。据统计，2003—2018 年，中国增加了 2140 万家企业，其中 15% 为高科技初创企业。2015 年，中国有 3 家企业进入全球十大初创企业名单，而今百度、阿里巴巴和腾讯已是世界知名品牌；在机器人、人工智能和自动化服务三大行业中亦有长足发展。总之，20 世纪末、21 世纪初，社会主义市场经济体制的确立，在促进国内各种制度变革日益深化的同时，也自然和深深地把中国融入了国际社会之中，从而为把中国由一个世界大国转变成一个世界强国准备了条件。

在此，尚须提醒读者注意的是，毛泽东在 1956 年社会主义改造完成以后，仍有系列重要思想和活动。在极端困难的条件下，由于他的决断、指示和坚持，自力更生搞出"两弹一星"。他通过号召集体学习苏联《社会主义政治经济学》，强调了商品和货币交换在社会主义社会的必要性。他所著《论十大关系》是其探索中国特色社会主义道路以摆脱苏联模式的重大努力。他提出的《关于正确处理人民内部矛盾问题》吸取了斯大林时代苏联正反两方面经验和教训，是对人民民主专政新鲜经验的重要理论概括和总结。列宁曾在感性认识和理性认识之外加上实践检验，而毛泽东却在《人的正确思想是从哪里来的？》一文中提出：一个正确的认识往往需要经过"由实践到认识，由认识到实践这样多次的反复"才能完成，这是他总结其领导中国革命和建设正反两方面的经验和教训后在认识论上的重要进展。他关于"三个世界"划分的理论,不仅彰显了他作为世界大国领袖的品格和风范,也确立了新中国在当时世界格局中应有的地位。他用"小球转动大球"、邀请美国乒乓球队访华、同意美国国家安全事务助理基辛格博士秘密访华,并最终实现尼克松总统访华和中美建交,一举恢复中华人民共和国在联合国和5个常任理事国中的地位,堪称战后世界最具战略意义的政治和外交举措。没有毛泽东和周恩来为打开中美关系所做的非凡努力,中国的"改革开放"和重新崛起,是难以想象的。中国完全纳入国际社会的过程实际上有四步:与苏联建交是第一步,邀请美国乒乓球队访华是第二步,恢复中国在联合国的合法地位是第三步,加入"世贸组织"是第四步,其中每一步都令中国的对外交往获得迅速的扩大与深入。

自然,中国人民和中国政府清楚:(1)当今世界,衡量一国是否发达的标准,已不是国内生产总值即GDP,而是人均国民收入;(2)中国有近14亿人口,虽然经济规模已是世界第二,但人均收入水平还不高;(3)中国在电子商务等高科技运用方面虽然十分发达,但许多高科技领域的核心技术却掌握在别人手里;(4)中国在科学技术教育和研究中重实用而轻基础,至今在现代科技领域仅拿到一个医学诺奖。此外,台湾尚未统一。因此,中国的真正强国之梦还任重道远。

5.9 高科技革命背景下的财富分配趋势:就全球而言是分散大于集中,但在一国之内却是集中大于分散

本章准备讨论的问题是高科技革命背景或条件下,世界经济发展的总趋势,以及与此相关的财富分配的特点,并从中得出必要的结论。

据世界银行统计,整个世界国内生产总值的总和,1960年时仅有1.366万亿美元,10年后的1970年也仅有2.957万亿美元,但到2010年时已增长到65.957万亿美元,40年间增加了21.3倍。其间,20世纪80年代和21世纪第一个十年,总产值均增加了0.9倍,即几乎翻了一番。[①] 这说明,战后特别是在高科技革命和全球化的时代,世界经济在整体上取得了长足的进步。

值得注意的是,在2010年65.957万亿美元的全球国内生产总值中,"七国集团"即传统所谓"发达国家"或主要发达国家仅占32.853万亿美元,其余50.18%即超过

[①] 数据来源:https://data.worldbank.org.cn;访问日期:2020年11月9日。

一半的产值都是由非"七国集团"国家特别是新兴经济体提供的。这一事实表明,在20世纪末、21世纪初,在高科技革命和全球化背景下,就全球而言财富分配罕有地出现了"分散"的趋势,不再高度集中于少数像"七国集团"这样的发达国家。

其实,这种财富分散的趋势,在"经济合作与发展组织"(OECD)2010年的系列报告中,已有明确的和权威的结论,在孙迎春等人翻译,国家行政学院出版社和中央编译出版社于2011年出版的《2010年全球发展展望:财富转移》一书中写道:"2009年中国成为巴西、印度和南非的最大贸易伙伴;印度跨国公司塔塔集团目前是世界非洲撒哈拉以南地区投资的第二大公司;如今在亚洲地区汇聚着全球40%以上的科研人员;2008年发展中国家共持有4.2万亿美元的外汇储备,相当于富裕国家持有外汇的1.5倍;仅仅这几个例子就足以反映20年来全球经济的结构性变化。"这段话从4个方面论证了就全球而言财富分散的趋势;只不过该研究把这一趋势称为"财富转移",而笔者称为"财富分散",但实质是一样的:"世界经济的重心已经向东和向南迁移,由经济合作与发展组织的成员国转向了新兴经济体。"

这里之所以把当代世界财富分配中的这一趋势称为"财富分散"而不是"财富转移",是因为"财富转移"这一提法有夸大西方传统富国特别是"七国集团"作用之嫌,仿佛导致"财富分散"这一趋势的发生是其主动运作的结果。事实上,无论什么时代,亦无论什么地方,财富的产生和积累都是劳动所创造,20世纪末、21世纪初新兴经济体及发展中国家财富的增长,都离不开这些国家和地区广大人民的辛勤劳动。但这里有几点仍然需要加以说明:(1)劳动有体力劳动和脑力劳动之别及一般性劳动与创造性劳动之别;(2)这个时期新兴经济体的经济发展,在整体上明显受益于全球化运动的推动,因为全球化加快了发展中国家融入当代世界发展主潮的步伐;(3)全球化时代不仅为新兴经济体及所有发展中国家开拓了广阔的海外市场,而且为这些国家吸纳国际知识、技术和资本等提供了方便,而一个A国公司在B国生产的产品既计入B国的GDP,也计入A国的GNP;(4)科学技术特别是高科技在全球化运动中的传播,对新兴经济体包括一切发展中国家的发展有着特别重要的意义和作用,因为高科技不仅是生产力而且是"第一生产力",它会加快对传统经济的改造和升级换代。正因为如此,科学技术特别是高科技的传播和采用,在促成全球财富分散趋势的形成中也具有举足轻重的作用。早在2015年,全球科技富豪百强中就有33人来自亚洲,中国有20人。据2018年11月25日阿根廷《号角报》报道,在过去15年中,中国新增企业2140万家,其中15%属于高科技初创企业;截至2018年,数字经济规模已占中国国内生产总值的34.5%,并以每年18%的速度在增长。①

同时又应当指出,虽然财富分配的趋势就全球而言是分散大于集中,但就一国之内而言却是集中大于分散,这在传统的发达国家和新兴经济体及发展中国家都是如此。按上引经济合作与发展组织的研究,2000年、2010年非"经合组织"成员国在全球产出中所占比重,分别是40%和49%;而经合组织成员国在全球产出中所占比重,则相应地由60%下降到51%,说明全球财富的重心正在某种程度上发生转移。但这并不妨碍这些发达国家内部财富的进一步集中,以致"经合组织"2015年的一个研究报告竟称:"发达国家的贫富差距已达'临界点'。"请看以下事实:在"经合组织"的34个成员国中,最富有的10%的人口收入是最贫穷的10%的人口收入的9.6倍。而在20世纪80年代,这一数字还是7.1倍。值得注意的是,在一些经济高速增长的发展中国家如土耳其、墨西哥和智利等国,反映贫富差距的基尼系数也高达0.5,甚至比发达邻国在收入分配上更加不平等。

是什么造成了贫富差距越拉越大,或者说财富分配在一国范围内更加集中呢? 自然,不论是传统的发达国家还是新兴经济体,各国的具体情况或具体原因可能千差万别,不可一概而论。但有一个现象引人注目,这就是在当今全球十大品牌排行榜中,科技公司的排名迅速跃升,以致称霸全球的品牌排行榜,而非科技公司(如可口可乐)的排位却不断下滑,甚至跌出前十(见下表)。

全球十大品牌排行榜(2011年)

排　序	公　司	价　值(亿美元)	类　别
1	谷　歌	443	技术
2	微　软	428	技术
3	沃尔玛	362	零售
4	IBM	362	技术
5	沃达丰	307	电信
6	美国银行	306	银行
7	通用电器	305	综合

---

① 参见《参考消息》(2018年11月27日)。

续表

排　序	公　司	价　值(亿美元)	类　别
8	苹果	295	技术
9	富国银行	289	银行
10	美国电话电信	289	电信

资料来源：英国《每日电讯报》网站

而在之前10—20年，排名最靠前的公司几乎是清一色的非技术实业公司。与此相一致，在个人财富的积累速度方面，而今高科技公司的创始人大大超过了工业化时期任何一个工业巨子。如果说工业化时期的工业巨子的财富是以"百万"为单位计算，那么今日高科技巨头的财富则以"亿万"为单位计算，比尔·盖茨和贝索斯便是其中的代表。

无独有偶，这种情况也同样发生在中国。据外电报导，中国大陆2015年亿万富豪（10亿美元以上）的人数已达596人，而美国只有537人，在这些亿万富豪中排在前3名的，几乎都是高科技企业的创始人或掌门人。另据瑞士信贷银行研究所的研究，截至2017年年底全球身家超过5000万美元的149,890个超级富豪中，有6320人来自中国、3400人来自印度、2910人来自澳大利亚。所有这些都表明，在高科技革命和全球化背景下，无论是西方还是东方、南方还是北方，财富在任何一国内的集中的步伐都加快了。因此，贫富的分化不是缩小了而是扩大了，而加剧这种不平衡的一个重要因素正是"科技"。

"科技"何以成为加剧财富分配不平等的重要因素？经济学家迈克尔·巴克斯特和企业家约翰·斯特劳于2015年出版的《技术的破坏性》(*iDisrupted*)一书，在分析新技术对经济带来冲击的过程中，发现并指出了新技术造成不平等加剧的两种潜在因素：第一种因素是专利以及专利确保创新红利归大公司及其所有者占有的方式，因为"专利的存在可能意味着创新创造的财富大部分增加了社会中最富阶层的财富，而限制了财富下渗的程度"。第二种因素是网上免费提供越来越多的产品，而这样造成的问题在于，为数家产品提供资金只剩下一条途径，那就是"广告"，而广告收入又日益被"谷歌"和"脸书"等一小撮公司所垄断。与此类似，布莱恩·约弗森和他在麻省理工学院的合作者安德鲁·麦卡菲也认为，数字技术从三个方面加剧了当今社会的不平等程度，只是视野与前面两位学者略有不同，他们认为：第一，技术运用需要具有更多技能的新职业取代旧职业，这有益于受过良好教育的人；第二，从2000年开始，在公司的收入中，越来越大的份额进入了那些拥有公司而不是为公司辛勤工作的人的口袋里；第三，数字经济通常会让"超级明星"而不是普通人受益。① 笔者以为，以上两种看法可以互补，但他们都未注意到：创新性劳动和一般体力劳动，在判断价值的尺度上本来是有差异的。这一点决定了财富和社会的两极分化将不可避免，并且还会加剧。

5.10 美国的相对衰落与多极世界的初现

上文谈到，当代世界财富分配中存在着一种趋势：就世界而言是财富的分散。其实，与此种趋势同步发生的还有一种趋势，这就是美国的相对衰落与多极世界的初现。应当指出的是，这种趋势不仅是"初现"，而且很难在经济多极化和政治多极化之间进行划分。在多数情况下，经济多极化显然更为突出。其明显的表现，就是各类区域经济一体化组织的出现（见下表）。

主要的经济一体化组织

组织名称	成立时间	成员	发展状况
欧洲联盟（EU）	1957年	法国、德国、意大利、荷兰、比利时、卢森堡、英国、丹麦、希腊、西班牙、葡萄牙、爱尔兰、奥地利、芬兰、瑞典、波兰、匈牙利、捷克、斯洛伐克、马耳他、塞浦路斯、拉脱维亚、立陶宛、爱沙尼亚、斯洛文尼亚、保加利亚、罗马尼亚、克罗地亚	从1952年成立的煤钢组织发展而来2016年6月23日英国举行脱欧公投，支持脱欧者占51.9%，反对者占48.1%，脱欧获得通过
北美自由贸易区（NAFTA）	1994年	加拿大、美国、墨西哥	1998年美加间取消关税，2008年与墨西哥的关税取消；2017年8月重启自贸区谈判，新协定在原产地原则、市场准入、知识产权、劳工等条款中做出调整

---

① 参见迈克斯·泰格马克：《生命3.0》，浙江教育出版社，2018年，第160—161页。

续　表

组织名称	成立时间	成员	发展状况
中美洲一体化体系(SICA)	1993年	巴拿马、哥斯达黎加、萨尔瓦多、危地马拉、洪都拉斯、尼加拉瓜、伯利兹、多米尼加	与墨西哥签订自贸区协定;2017年12月通过《中美洲交通物流区域政策框架》以促进人员、资金和货物流动
加勒比共同体和共同市场	1973年	安提瓜和巴布达、巴哈马(共同体成员,但不是共同市场成员)、巴巴多斯、伯利兹、多米尼克、格林纳达、圭亚那、海地、牙买加、蒙塞拉特(未独立)、圣基茨和尼维斯、圣卢西亚、圣文森特和格林纳丁斯、苏里南、特立尼达和多巴哥	2006年1月启动单一市场和经济
南方共同市场(Mercosur)	1991年	巴西、阿根廷、乌拉圭、巴拉圭、玻利维亚、委内瑞拉(因国内局势自2017年8月起被无限期中止成员国资格)	2000年对外统一关税;与欧盟进行一体化谈判,2016年5月,南方共同市场和欧盟在比利时首都布鲁塞尔正式互换减免关税商品清单,6月双方就清单进行首轮磋商
安第斯共同体	1969年	玻利维亚、秘鲁、哥伦比亚、厄瓜多尔、委内瑞拉	2003年与南方共同市场建立自贸区
东南亚国家联盟(ASEAN)	1967年	文莱、印度尼西亚、马来西亚、菲律宾、新加坡、泰国、越南、缅甸、柬埔寨、老挝	2010年1月1日,中国-东盟自由贸易区正式建成 在2015年之前建成东盟经济共同体 2018年11月12日,东南亚国家联盟各国在新加坡签署东盟电子商务协议,结在促进区域内跨境电商贸易便利化

续　表

组织名称	成立时间	成员	发展状况
南亚区域合作联盟（APEC）	1985年	孟加拉国、不丹、印度、马尔代夫、尼泊尔、巴基斯坦、斯里兰卡、阿富汗	2014年，强调加快推动区域一体化建设，加强在贸易、投资、金融、能源、安全、基础设施建设、互联互通以及文化领域的合作，优先推进区域和次区域内项目
亚太经济合作组织（APEC）	1989年	澳大利亚、文莱、加拿大、中国、智利、中国香港、日本、印度尼西亚、马来西亚、墨西哥、巴布亚新几内亚、秘鲁、菲律宾、俄罗斯、韩国、新加坡、中国台湾、泰国、美国、越南、新西兰	于2010年工业化国家实现完全自由贸易，或者于2020年全体成员间实现自由贸易
南部非洲发展共同体（SADC）（前身为南部非洲发展协调会议）	1992年，1999年重组	纳米比亚、博茨瓦纳、津巴布韦、莱索托、马拉维、莫桑比克、安哥拉、斯威士兰、坦桑尼亚、赞比亚、南非、毛里求斯、刚果（金）、塞舌尔、马达加斯加、科摩罗	鼓励区域内自由贸易，推行吸引国外投资者的政策
东南非共同市场（COMESA）	1994年	20个，9个实际参与：吉布提、埃及、肯尼亚、马拉维、毛里求斯、马达加斯加、苏丹、赞比亚、津巴布韦	2000年自贸区成立，2009年建立关税联盟，到2020年建立货币联盟，发行共同货币，最终实现经济一体化

资料来源：白远编著：《当代世界经济》（第三版），中国人民大学出版社，2020年，第63—64页。

从上表可知，这些地区经济一体化组织的产生，是与二战后美国的强势崛起、90年代初的"苏东剧变"和美国"一超独霸"相联系的：它们可以说"既是全球化的产物，也是全球化的异物"。① 这是因为，这一"全球化"是以美国为中心而以霸权及"自由贸易"为标榜的资本主义全球化，各国家和地区特别是发展中国家既要适

---

① 何顺果：《全球化：一个历史学的解释》，见何顺果主编：《全球化的历史考察》（修订本），江西人民出版社，2012年，第28页。

应"自由贸易"这一世界发展的大趋势,又要防止发达国家借口"自由贸易"强势进入欠发达市场,要求对民族工业和民族市场进行必要的保护,何况个别发达国家常常在操作中实行"双重标准"。正因为如此,1947—1948年才要在联合国体系中设立"关贸总协定"(GATT),才要为在缔约方中推行"关税减让"进行长达40多年的贸易谈判(见下表),才决定用新的"世贸组织"(WTO)取代原有的"关贸总协定"。

贸易回合谈判

谈判地点	年份	谈判主题	影响的贸易额(亿美元)	参与国家和地区数量
日内瓦	1947	关税	100	23
阿讷西(Annecy)	1949	关税	不详	13
托基(Torquay)	1950—1951	关税	不详	38
日内瓦	1956	关税	25	26
日内瓦	1960—1961	关税	49	26
日内瓦	1964—1967	关税和反倾销措施	400	62
东京、日内瓦	1973—1979	关税、非关税措施、框架协议	1550	102
日内瓦	1986—1994	关税、非关税措施、规则、服务、知识产权、争端解决、纺织品、农业、WTO成立等	37000	123

资料来源:www.wto.org.转引自白远编著:《当代世界经济》(第三版),第98页。

之所以在"关贸总协定"缔约方之间推行"关税减让"的谈判,以及中国加入"世贸组织"的谈判如此艰难,是因为各方在关税减让上存在着"开放"和"保护"的"度"的问题,而这个"度"的把握是由各方本身的制度、传统和发展状况决定和制约的,并不能提出一个外来的统一标准:有的国家可以"开放"得大一些多一些,有的国家和地区则须多做些"保护","开放"和"保护"并非绝对不能相融,一个国家是如此,一个地区经济一体化组织也是如此。由是,区域经济一体化组织就显出差异来。(见下表)

区域经济一体化及其差异

一体化阶段	成员国取消关税和配额	共同的关税和配额制度	取消对要素流动的限制	协调和统一经济政策与机构
自由贸易区	是	否	否	否
关税同盟	是	是	否	否
共同市场	是	是	是	否
经济同盟	是	是	是	是

资料来源：白远编著：《当代世界经济》（第三版），第69页。

在此必须指出，这些差异在某种程度上决定了各区域经济一体化组织与美国或发达国家之间联系的紧密程度，也决定了其在经济全球化中是否构成或多大程度上构成一极，从而反映出当今世界多极化的程度。总的来看，对当今世界多极化的程度不能估计过高。从上表可以看出，在四类区域经济一体化组织中，经济一体化程度最高的或者说"抱团"最紧密的是"经济同盟"，其次是"共同市场"，再次是"关税同盟"和"自由贸易区"。如果同意这种判断，那么就可以得出结论说，"欧盟"是目前区域经济一体化组织中，一体化程度最高、"抱团"也最紧密的一个，因为它不仅用统一的"欧元"取代了各国（英国除外）的货币，而且彼此之间"边界"也是开放的，在各成员国之上还设有"欧盟委员会"和"欧盟议会"，因此它既是美国最大的盟友，也可能是美国最大的对手。

但在世界经济和政治多极化的过程中，"金砖国家"（BRIC）的出现是一个值得关注的重大事件。"金砖国家"的英文名称为BRIC，由巴西、俄罗斯、印度和中国国名的第一个字母组成，最初由高盛公司的吉姆·奥尼尔于2001年提出。其成员后来增加了南非，而变为"BRICS"，涵盖范围扩大到亚欧美非四大洲。虽然当初4个"金砖国家"的经济规模仅为全球总量的8%，但高盛公司在2003年的一份报告中预测，到2050年其规模将超过6个西方大国之和。后来"金砖国家"的发展虽有起伏，但2014年的经济规模（GDP）已占全球的21.3%。对于"金砖国家"有六点值得注意：第一，5个国家中有4个国家都是发展中国家，属于"第三世界"；第二，在4个发展中国家中，有2个（中国和印度）位于亚洲，且都是领土和人口大国；第三，自20世纪70年代以来，中国和印度的经济发展都取得了突飞猛进的发展，而中国2010年已在经济总量上超过日本，跃升为世界第二大经济体；第四，印度在2016年莫迪上台后，在经济、政治、军事和外交上雄心勃勃，其经济增长率每年在6%以上,但强烈的民族主义令其在骨子上不属于任何集团;第五,巴西不仅是拉丁美洲的领土和人口大国,而且有着极为丰富的矿产资源,也是拉美国家中最大的农业大国,在20世纪末21世纪初发展很快;第六,苏联解体后,俄罗斯在经济上由一个超级大国降为一个发展中国家,但它不仅是世界上领土面积最大的国家,而且其文化和自然资源之丰富绝不亚于美国。这样,"金砖国家"就可能从发展中国家中脱颖而出。但正如原来的"第二世界"即发达国家不可能脱离美国的势力范围一样,"金砖国家"也不可能脱离传统的发展中国家。不了解这一点,就有可能发生战略误判。在这样的情况下,中国由于其巨大的经济发展潜力可能在经济上被美国视为主要竞争对手,而俄罗斯则因苏联时期所留下的巨大的科技和军事遗产,而被美国视为军事对手。可以预言,在今后一个相当长的时间内,世界上的大国博弈会在美、俄、中之间进行。这是当今世界最大的政治格局,也是当今世界最大的战略问题。

在此,笔者想郑重声明,虽然本书中讨论非洲的篇幅不多,但这并不意味着可以忽视非洲的存在和进步。这是一个拥有60个国家和地区、拥有3020万平方公里土地和12亿人口的大洲,它曾经有过灿烂的古代文明,但由于长期遭受多个西方殖民大国的统治,这里成了黑奴的输出地和资源掠夺对象,在政治和文化上严重分裂。但在20世纪的"非殖民化"过程和全球化的影响下,走向独立的非洲正在迅速觉醒,先后组建了诸如萨赫姆-撒哈拉国家共同体、阿拉伯马格里布联盟、中非经济与货币共同体、西非国家经济共同体、南部非洲发展共同体、东非共同体等地区经济一体化性质的组织,以捍卫非洲人自身的利益。在包括了55个成员国、总部设在埃塞俄比亚的"非盟"的基础上,44个国家又于2018年3月在卢旺达首都基加利签署了成立"非洲大陆自由贸易区"的协定,其中27国还签署了一项同意人员自由流动的议定书。若"非盟"55个成员国都加入该自贸区,其生产总值将超2.5万亿美元并形成世界上又一巨大市场。非洲正在以自己巨大的资源优势,越来越多地吸引全世界的关注和投资,其中仅中国在非洲的直接投资就从2003年的1亿美元增加到2011年的120亿美元。据英国《经济学家》称,2001—2010年间,世界10个发展最快的经济体有6个在非洲,而刚果民主共和国2015年的经济增长率达9.5%。而今,北非(如摩洛哥、阿尔及利亚)正在形成全球汽车产业的新中心;拥有1.7亿人口的尼日利亚或许会成为非洲的"超级大国",其经济规模(GDP)2014年已达5250亿美元,以致《纽约时报》专栏作家纪思道在

2011年的一篇报道中惊呼:"非洲大陆正在崛起！"

我们在第5章和第6章中已指出,从美国自身的发展来看,这个超级大国并没有衰落,它发动的高科技革命方兴未艾,2019年已有苹果、亚马逊、谷歌和字母表4个公司的市值先后突破万亿美元大关,整个美国的国内生产总值由1970年的1.07万亿美元增长到2000年的10.2万亿美元,继而到2017年的19.3万亿美元。将自己的货币与美元挂钩(即以美元来衡量其市值)的国家和地区占全球的60%,而美元在全球资本流动(主要以借贷形式出现)中所占比重在2010年高达75%。但美国及整个西方经济实力在世界整体实力中的比重的下降①,已越来越使美国及西方在管理世界事务方面深感力不从心,乃决定将战后实际负责管理世界事务的工具"七国集团"(美、英、法、德、意、日、加)在2008年金融危机后扩大为"20国集团"②,新增加的主要成员都是近几十年来形成的发展中大国,而以中国、俄罗斯、印度、巴西、土耳其、墨西哥、阿根廷为代表,因为这些国家都在不同程度上进行了"改革开放"并迅速增强了自己的实力。当然,其中发展最快、变化最大的还是中国,它不仅成长为世界第二大经济体,而且发展模式和科技内涵日益丰富。这些改变既是世纪之交世界历史上发生的重大事件,也深刻地反映了人类社会和世界格局的巨大变迁,正在对人类的前途和命运产生潜移默化的影响。

5.11 高科技引发的经济和社会结构变化:以美国为典型

由于"高科技"所包含的巨大潜能和价值,战后知识产业的迅速崛起和扩大,正在使现代经济(即以现代工业为主体的经济)发生结构性改组。其突出的表现就是,在整个国民经济结构中,传统农业的比重进一步下降,以建筑、汽车、钢铁为支柱的现代工业的统治地位也开始发生动摇,而以计算机、新能源、新材料及生物工程、信息产业为支柱的知识产业一跃成为国民经济中的"首要产业",从而形成一个崭新的经济时代。由于它是以"知识产业"为主导的,因而被称为"知识经济时代",虽然这个时代才刚刚拉开了序幕。

---

① 据统计,美国的经济规模(GDP)在全球经济总量中所占份额,已从2006年的30%下降到2010年的24%。
② 2018年时,"20国集团"成员国人口占世界人口的60%,经济总额占全球GDP的85%、全球投资的80%、国际贸易的75%。

有学者认为，在美国这种转变发生于 1957 年。据丹尼尔·贝尔研究，该年美国从事"第三产业"的人数首次超过了第一产业（农业）和第二产业（工业）的劳动力人数，使美国成为世界上"第一个大多数人既不从事农业生产，也不从事工业生产的国家"。这一结论是否可靠尚存疑问，因为研究者当时把"知识产业"放在所谓"服务行业"之内来考察，而"服务业"是一个含义不很确定的概念，这就容易夸大知识产业在整个经济结构中的比重，其研究和结论并不十分科学。一般认为，知识产业包括教育、研究与开发、交通工具、信息设备，以及专家咨询、档案储存、贸易谈判、专门建议等等。而在丹尼尔·贝尔所说的"服务业"概念中却包含这样 4 大类：(1)个人性质的，如零售商店、洗衣店、汽车修理、美容店等等；(2)企业性质的，如银行业、金融业、房地产和保险业等等；(3)运输、通信和公用事业；(4)保健、教育和管理。十分清楚，这两个概念的内涵虽然有交叉却不能重叠，因此并不是完全一致的，上述结论只能说明某种发展趋势。但从下面的两个统计数据来看，这种结构性变化的趋势无疑是明显的。第一个数据，是国际劳工组织在 1970 年所做的调查，该调查报告估计 1960 年时这个比例为 53%；第二个数据，是经济合作与发展组织 1969 年在巴黎公布的，它显示当年的这个比例为 61.1%。这表明在美国从事"服务业"的劳动力在总劳力中的比重，不仅在 20 世纪中叶超过了 50%，而且还随着时间的推移逐年增加。

要考察知识经济在整个国民经济中的比重，恐怕产值的变化比劳动力的变化更能说明问题。有关这方面的情况，"知识产业"概念的发明人弗里茨·马克卢普在 1962 年首次做了实际测算。他认为，知识产业在美国国民生产总值中的比重 1958 年时大约是 30%，但到 1969 年，据经济合作与发展组织在巴黎公布的数字，包括"知识产业"在内的整个所谓服务业已占美国国民生产总值的 60.4%，而农业和工业所占比重则分别降至 3.0% 和 36.6%。值得注意的是，这种结构性改组最早发生于美国，但也相继发生于西欧大多数国家和地区，很快成为西方资本主义世界的主潮。据统计，1969 年时，已有 3 个欧洲国家，即英国（51.0%）、荷兰（51.6%）、意大利（51.7%）的服务业在国民生产总值中的比重超过一半，而在德国（46.2%）、法国（45.3%）、瑞典（48.9%），此比重也已接近一半。尽管这些数据由于统计方法问题还很不精确，但足以说明现代工业社会经济的结构性改变，其方向已不可逆转，而美国只是这一潮流的领头羊。为了更准确地估算"知识产业"的产值，1977 年经济学家马克·波拉特又对美国 201 种行业中的 400 种职业做了研究，并把"信息产业"从服务业中单独分出来，然后再把电脑制造、长途通信、印刷、大众传媒、广告、会计和教育等从"信息产业"中划出来，称其为"第一信息部门"。据他计算，1976年来自"第一信息部门"的产值约占美国当年国民生产总值的25.1%。从表面上看，"知识产业"的比重是下降了，实际上是大大提高了，因为这个"第一信息部门"只是知识产业中的一小部分，并不能代表整个知识产业。

不难看出，在高科技革命爆发以后，美国的社会经济结构与革命前工业社会的社会经济结构已发生了很大变化。"知识产业"已逐渐上升为国民经济的第一产业，而传统的农业和工业则相应地降为第二产业和第三产业。但实际上，传统的服务业还继续存在，它包括商业、金融业、地产业、运输业，以及公用、卫生、娱乐等，它们实际上构成了"第四产业"。在美国和整个国际学术界，经济学家一般把这种由以第一产业（农业）和第二产业（工业）为主的经济向以服务业特别是"知识产业"为主的经济转变的过程，称为"非工业化"（Deindustrialization），但从一个国家的整个经济形势来看并非完全乐观，因为"非工业化"意味着实体经济的削弱，而实体经济过于削弱会影响到民生的诸方面。工业社会的经济由现代工业、现代农业和服务业构成，而传统农业社会主要由传统农业和小手工业构成，几乎没有什么服务业。这样，我们就可以把自文明产生以来的人类社会划分为以下3个经济时代：

3种不同经济时代经济结构之比较

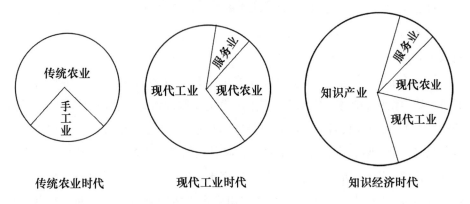

传统农业时代　　　　现代工业时代　　　　知识经济时代

这种社会经济结构的变化，从根本上来说是由"高科技革命"引发的。因此，这种结构变化的本质在于，科学技术已取代人工、半人工和自然形成的生产力，特别是人的活劳动即体力劳动，成为第一生产力。换言之，随着高科技革命和知识经济的兴起，人类获取财富的主要形式发生了根本性变化，从而使人们判断价值的标准也发生了变化。

任何社会,其社会结构都是建立在生产关系的基础之上的,并要随生产关系的变化而变化,但两者都是以生产力的发展为转移。由于高科技革命的爆发,人类从此拥有了新的更加强大的生产力,即以高科技为标志的知识生产力。因此,二战后美国社会变迁的一个突出事实,就是拥有高科技知识、资源和资本的"专业人员"群体的崛起,并对现存工业社会的结构产生多方面的影响。在现代工业社会中,资产阶级是以工业资产阶级为主体形成的,其经济基础是以生产资料为主的有形资本,包括土地、矿产、工厂、机器以及各种工业原料等。高科技革命发生后,知识(主要是各种尖端科技知识)已由一般社会生产力上升为居首位的最强大的生产力。因此,那些拥有高科技知识的专业人员开始把这类高科技看作资本并直接转化为生产力,从而创造了从未有过的财富,成为社会的新富。这些人以电子、信息、能源资料、生物等产业为基础,创建起一系列新兴的高科技产业,其资本和财富积累的速度超过以往其他类型的资本家。微软公司的创始人比尔·盖茨是这类"新富"中的典型代表,他在不太长的时间内,就积累下高达 300 多亿美元的个人财富,即使在 20 世纪末、21 世纪初因新经济出现泡沫而缩水,缩水后的财富仍在 500 多亿美元以上。据研究统计,20 世纪 70 年代末,美国迅速发展的 104 个工业部门中,有 9 个属于高科技部门;到 80 年代,高科技产品已占美国工业产品出口的 75%。1971—1981 年间,美国电子工业部门的年平均增长率达 7.8%,比同期美国工业平均增长率高出一倍多。到 80 年代中期,电子工业的产值已超过汽车业,成为美国的第二大产业。

从经济上看,这次高科技革命所带来的变化是复杂的和多重的。第一,它引起了生产力结构的改变,智力或知识生产力正在取代体力或物质生产力(包括传统的生产工具、机器设备、土地、矿山等劳动对象)成为主要的社会生产力。即使是传统的工具、机器、设备等劳动资料,在高科技的条件下其性质和功能也发生了改变。有形的工具、机器设备和其他劳动资料是有限的,而人类的智力在本质上是无限的、取之不尽的。因此,智力或知识生产力将随着教育的发展不断得到开发,成为人类历史上最伟大的生产力,即"第一生产力"。第二,它开创了一种全新的、人类历史上从未有过的产业,这就是知识产业及与之有关的服务业。"信息产业"最初称为"知识产业",是 1977 年由美国经济学家波拉特正式提出的,它包括直接向市场提供信息产品和服务的部门以及只把信息服务和资本提供给内部消耗而不进入市场的信息服务部门。这里关键性的因素是"知识资本",并运用了大量高科技,因而含金量极高。比尔·盖茨创建的著名的微软公司是当代知识产业中的一个成功典型,它每销售1美元产品可获利33美分。与传统农业、现代工业不同,尽管它也需要一定的物质作载体,但它生产的是非物质产品而不是物质产品。因此如果把传统农业称为"第一产业",而把现代工业称为"第二产业",那么可以把知识产业及其服务业称为"第三产业"。第三,由于"高科技"包含巨大潜能和价值,所以战后知识产业的迅速崛起和扩张,已经或正在使现代经济发生结构性改变。传统农业在整个国民经济中的比重进一步下降,以建筑、汽车、钢铁为支柱的现代工业的统治地位也发生动摇,而以计算机、新材料和新能源及生物工程为支柱的知识产业和服务业一跃而为国民经济的首要产业,从而开创了一个崭新的经济时代,即以高科技为基础和主导的经济时代。这一转变首先发生于1957年的美国,该年美国从事"第三产业"的人数首次超过第一产业(农业)和第二产业(工业)的人数,成为历史上"第一个大多数人既不从事农业生产,也不从事工业生产的国家"。① 据研究,"知识产业"在美国国民生产总值中的比重1958年时大约为30%,10年后的1969年已上升为60.4%,而农业和工业的比重则分别降至3.0%和36.6%。② 这种结构性改变首先发生于美国,此后也先后发生于西欧大多数国家和地区,逐渐成为西方资本主义国家的主流。据统计,到1969年,已有3个欧洲国家,即英国(51.0%)、荷兰(51.6%)、意大利(51.7%)的知识产业和服务业在国民生产总值中的比重超过一半;而在西德(46.2%)、法国(45.3%)、瑞典(48.9%),此比重也已接近一半。尽管这些数字由于对"服务业"的定义不甚严格因而不够精确,但足以说明现代工业社会经济的结构性改变,其方向已不可逆转。第四,高科技具有极大的扩张性,随着高科技和产业革命的兴起和发展,处于新的竞争环境中的传统制造业也不得不大量吸收高科技的成果以增强自己的生存和发展能力,从而促成传统产业的技术改造和换代升级。关于这方面的发展,可以制造业的R&D③密集度(即R&D与增加值的比例)来测度。据统计,1990年时,美国制造业中R&D的密集度大约是12.3%,明显高于其他国家(见下表)。

---

① 丹尼尔·贝尔:《后工业社会的来临》,商务印书馆,1986年,第21页。
② 丹尼尔·贝尔:《后工业社会的来临》,第22页。
③ R&D是英文Research和Development的缩写,即研究与开发。

经济合作与发展组织主要国家物化技术测度①(1990)　　　　单位:%

国　　家	产业类型		
	高技术产业	中技术产业	低技术产业
美　国	12.3	3.0	0.5
日　本	6.4	3.0	0.8
德　国	7.3	2.8	0.4
法　国	9.5	2.3	0.4
英　国	9.0	1.9	0.3
加拿大	6.7	0.6	0.3

资料来源:OECD 编:《以知识为基础的经济》,机械工业出版社,1997 年,第 34 页。

第五,随着知识产业的兴起,继续用传统经济学的眼光来看待新经济运行的规律和特点已越来越困难了。因为在知识经济时代,无形资本即知识和智力的占有和分配比有形资本的占有和分配更加重要。以往的生产以有形资源和劳力投入为主要条件,所以生产的规模越大越好,现在企业经营的好坏以科学水平和知识密集程度为转移,其规模不一定需要很大。传统工业技术以尽可能地利用自然资源为目标,因而造成人与生态的失衡和资源的浪费,而高科技则以科学、合理、综合利用现有资源为目标,并重视新能源、新材料的开发,得以实现经济的可持续发展。智力资本作为所有权的对象,与物质生产资料(如土地、矿山、工具、机器等)相比,具有许多有利于所有者的优势。它的所有者可以把知识拿到市场上去出售,甚至可以无数次地这样做,但在出售和转让以后仍保留在它们的直接所有者手里。这就产生了这样一种可能:劳动者与所有权的统一,防止或限制劳动的异化。上述五重变化,反映了现代工业经济在高科技的影响下,向新经济演变的本质过程,其主要特点是经济的非物质化趋向。它并不意味着否定物质生产,而是要降低物质生产的比重并对它进行改造,体现了科学技术由一般生产力提升为第一生产力后,在经济发展中的革命性作用。

生产力的变革历来是一切社会和历史发展的终极原因。随着新的科技和产业革命的兴起,人类社会也发生了很大的变化。首先,由于科学成为经济发展的

---

① "物化技术测度"指直接 R&D 密集度。

"中轴",一个拥有高科技知识、资源和资本的"专业人员"群体正在崛起,这些人以信息、能源、材料、生物等新兴产业为基地,不断向生产的广度和深度进军,正在取代传统的产业资本家而成为社会的新富,并逐步控制经济和社会运转的关键岗位。其次,知识产业和服务业的兴起极大地改变了传统的就业和劳动方式,一个拥有一定高科技知识和技能、主要从事知识产业劳动和服务的新的工人阶层正在逐步形成和扩大,并取代传统的以体力劳动为主的产业工人阶级而成为主要的劳动阶层。在新兴企业中,这类人员常常占雇佣人数的一半以上。再次,高科技革命不仅为人们提供了获得财富的新手段,而且为人们提供了种类繁多的新型消费品以及完全不同于以往的交往工具,人类的消费结构和生活方式均发生了巨大的变化。今天的人们可以享受更多的高科技产品,从而抽出更多的时间从事文化、娱乐、学习、运动、旅游等活动。最后,更重要的是,高科技的发展对人本身的素质提出了新的要求,即人们必须具有开放的心态、乐于和善于接受新的事物,必须既要有自主精神又要有协作精神,既要学会按程序办事又要培养自己的创造能力,必须不断提高文化和道德水准,接受"终身教育"以便使自己的知识更新换代。一句话,就是要实现人的现代化。

总之,我们可以以高科技革命为界标,把人类社会生产力即人类获得财富的能力的发展,也可以说是人类文明发展的进程划分为两个阶段:在此之前,人类获得财富的源泉主要靠"直接形式"的劳动,即体力劳动;在此之后,人类获得财富的源泉则主要靠非"直接形式"的劳动,即知识生产力。在高科技时代,科学技术已由一般生产力上升为第一生产力,不仅改变了人类获取巨大财富的形式,也改变了价值评判的标准,劳动价值不再决定于劳动时间。正因为如此,发生于二战前后的新的产业革命即"高科技革命"就不应再被看作现代工业社会内部的第三次或第四次结构性调整,而应被看作整个人类社会演进中与农业革命和工业革命并列的第三次产业革命。换言之,人类主要以体力劳动作为财富的巨大源泉的时代正在缓慢地成为过去,一个新的以"高科技"为伟大动力的时代正在到来。

5.12 互联网时代的文化:生活在现实世界和虚拟世界中的人们,生产、生活、工作、交往与思维方式的变化

自人类在地球上诞生以来,生活在不同时代、不同地区的人们从来没有像今

天这样,因为一种技术的发明和运用,几乎完全改变或正在改变自己的面貌,包括自己的生产、生活、交往乃至思维的方式。这个技术就是"互联网"。

当然,"互联网"并不是一项简单的或单一的技术。如前所述,作为一个由无数计算机(包括电脑和手机)通过有线或无线联接在一起的巨型网络,它起码可以划分为"服务器"和"客户端"两大部分,而所谓"服务器"本质上是一台具有信息接收、储存、交换和输出功能的半导体电子计算机。要实现其功能离不开必要的"硬件"和"软件","硬件"的核心部件是"芯片",即大规模集成电路;而"软件"则是为满足不同算法需要而编定的程序,因为不同的运算需求和程序需要不同的算法。

按照摩尔定律,芯片上晶体三极管和电阻的数目是按几何级数增长的,这意味着互联网的运算能力每两年就会翻一番。而今的互联网究竟有多大?连专家们也说不清。截至 2014 年 9 月,互联网上共有约 10 亿个网站即上文所说的"客户端",但由于不断有网站关闭或建立,这一数字始终在变动,而且还有一个"深层网络",其中包括搜索引擎没有编入索引的部分。又据统计,截至 2016 年 3 月中旬,在线网页至少有 46.6 亿个,但也只涵盖可搜索到的网页。那么,互联网究竟包含多少信息?2014 年的一项研究估计,互联网的存储量为 100 万艾字节,而 1 艾字节相当于 100 亿亿字节。流量方面,据思科公司的估计,到 2016 年底全球互联网流量可达到每年 1.1 泽字节,而 1 泽字节等于 1000 个艾字节。至于互联网的计算能力,据 2011 年马丁·希尔伯特在一篇论文中的估计,大约是 3×10^{12} Kbps(千比特每秒)。2015 年时,有研究人员估计,如果打印一个网页的内容需要 30 张 A4 纸,那么把互联网上在线的所有文本打印完,将需要 1.36×10^{11} 张纸,而要把包括"深层网络"的整个网络的内容都打印出来,需要砍伐 2% 的亚马逊雨林来造纸。

问题的实质在于,互联网本身无论从技术上还是概念上,都是发展和变化着的,因而一再被重新定义:PC 互联网只是"互联网 1.0 版",当时是用搜索引擎解决信息不对称问题;到移动互联网时代,已是用共享服务 APP 解决效率不对称问题;而今是物联网(IoT)时代即"互联网 3.0 版",已可用"云脑"(Virtual Private Assistant)来解决智慧不对称问题了。物联网的目标或口号是"万物互联",在物联网中人人都是网民、物物都是服务、数据就是需求,在本质上它是"云脑"驱动的"自动服务网",正向高端人工智能迈进。在移动互联网时代,智能手机延伸了人们眼、耳、口的功能，成为人类新的器官，进而不断让人类的欲望和能力获得提升。QQ和微信等连接器的出现，将人与人、设备和设备、服务和服务、人和设备、人和服务相连，不断地增强着人类活动的广度和深度。在物联网时代，人们已经自觉或不自觉地生活在两个世界：现实世界和虚拟世界，因为物联网打通了由人、物、环境组成的"原子世界"即现实世界与由软件、数据、算法组成的"比特世界"即虚拟世界。请记住如下年代：1999年，凯文·艾什顿（Kevin Ashton）教授首次提出"Internet of Things"（物联网）概念，提出"万物皆可通过网络互联"；2006年，云计算在美国开始用于商务；2007年"iPhone"一代手机在苹果公司发布标志着移动互联网兴起，亦称为"智能机元年"。想想吧，互联网以几乎无限强大的计算能力为基础，借助于日益丰富多彩和千变万化的应用程序，以及连接的高度智能化，将为人类未来的发展开辟多少新方向呢？

在生产方式上，人类几千年来主要采用手工劳动，生产的技艺是在一代又一代师徒之间直接传承的。现代工业兴起后，为了适应大规模生产的需要，生产总是按标准化进行的。著名的美国福特汽车生产流水线是这方面的典型，在那里，标准化、大规模生产和科学管理融为一体。但现在的情况则大有不同。以欧洲最发达的德国为例，该国工资水平普遍高于东欧和亚洲国家，核电的取消令电价不断攀升，且人口日趋老龄化，这一切都在催促着制造业的革新。但今日的消费者已不同于几十年前甚至是几千年前的消费者，生活在全球化和智能化时代的人们对产品包括像汽车这样的大件商品都提出了"个性化需求"。为满足这一需求，德国工业界和学术界早在2011年就提出了"工业4.0"的口号，目的就是以物联网为核心，充分利用该国机器人和3D打印等方面的优势，将公司内部生产和外部客户联成一体，通过智能手机的应用程序而不是根据经销商的目录，对某个产品的种类或颜色进行选择。据说，在德国南部小镇安贝格的工厂，99.7%的产品已可以做到在接到订单后24小时内出厂，因为如果突然需要改变设计，只需更换一下数据即可。其实，互联网技术和人工智能的发展对生产方式的变革，不仅发生在西方发达国家，也发生在许多发展中国家。甚至在中国农村的脱贫攻坚战中，也有成千上万的农民靠互联网提供信息和技术，选择适当的种植作物而发财致富。

比起生产方式来，人类的生活方式受高科技和互联网技术的影响更大、更广泛。例如，智能电饭煲、自动洗衣机和智能烧烤装置大大减轻了家庭主妇们的家务负担。电子支付、智能分类配送和快递业务的结合，几乎可以完全代替亲力亲为的大量购物以及现金支付方式。据报道,2015年,中国的网民人数已达7亿,而通过移动支付平台完成的交易额超过4500亿美元,中国已跻身世界上最先进的电商国家行列。而该年(2015年)全球的电商规模达25万亿美元,其中美国占7万亿,日本占2.5万亿,中国占2万亿,韩国占1.2万亿,德国占1万亿,英国、法国、加拿大、西班牙和澳大利亚在2000亿—9000亿之间不等。① 当然,对于那些不愿通过网上电商购物和支付的消费者来说,也可以通过东芝的TexAmplify用你的智能手机在杂货店自行结账,使用shelfbucks技术的顾客还可以在手机靠近货架上的基站时,获得有关商品的评价和其他细节信息,包括打折和优惠之类,或者利用微软的快餐自助点餐售货亭在到餐馆用餐而出现付款余额时,为自己加点一个汉堡什么的。今天,智能手机不仅让人们之间的交往即时化,而且还可以通过视频实现面对面的谈话,进行情感交流。在出行方面,智能手机中配置的导航系统可以随时为你指点迷津,这要归功于2005年面世的"谷歌地图"和早已存在的无线电子定位系统。

不仅如此,计算机、互联网和各种智能设备的出现,也正在改变着我们的教育和科研方式。据2013年联合国教科文组织估计,到2025年希望接受高等教育的人数至少要增加8000万人,这要求今后12年每周要修建3所能容纳4万学生的大学,这显然是不可能完成的。为此,将课程和教材上网、实行开放式教育的方法应运而生,而其先行者便是美国麻省理工学院。它在21世纪初就率先将所有的教学材料上网,并迅速被大约300家教育机构所效仿。据统计,到2013年,网上提供的课程已达21000门,年访问量达3.6亿人次,且这种开放式教育日益具有个性化和交互性。在科学研究方面,如果说17世纪发生于英国的科学革命是以"数学化"为特点的话,那么当今科学革命的特点则是"计算机化"。今天,几乎所有的科学仪器都具备了计算机智能处理能力,计算机强大的性能可以有力地辅助科研。大数据和计算机超常的运算能力空前地突破着传统的科学研究领域和方式,从编辑人类基因序列发展到编辑整个生物基因组序列,从观察地球所在的太阳系发展到探寻整个银河系及更加广阔的系外深空,在寻找"上帝粒子"、测量"引力波"、探寻"暗物质"以及寻找宜居星球、进行量子通信等方面都取得惊人的进展。其

---

① 注意,在联合国确认的2015年全球25万亿美元的电商规模中,90%是企业对企业(B2B)交易,剩下10%才是企业对消费者(B2C)交易。

实,计算机改变的不仅是科研的能力、深度和广度,还有科学研究的方式和方法,以往的各自为战的方式正在为团队合作所代替,"team work"一词由此诞生,而今有关高能物理领域的研究论文,署名常常达数百人甚至数千人。

更重要的,高科技与互联网还在不知不觉中改变着人们的思维方式,即人们思考世界的方式。在这方面,英国《经济学家》杂志数据编辑肯尼思·内尔·丘基尔和牛津大学互联网研究园互联网管理和法规教授维克托·梅耶·舍斯伯格的见解独到而深刻,值得注意。他们在2013年5月6日发表于《外交》杂志的《大数据的兴起》一文中指出,如果说互联网重塑了人类交流的方式的话,那么大数据则标志着社会处理信息方式的变化,随着时间的推移,大数据可能会改变我们思考世界的方式。在这两位作者看来,这种思维方式的改变至少可以概括为三个方面:其一,大数据使一些以往从未被量化过的东西通过"数据化"而获得新的表现形式,例如,位置信息的数据化最早是由于经纬度的发明,而今又有了GPS;当计算机对几个世纪内的书籍进行取样时,文字便成了被处理的数据。其二,数据化及其利用彻底改变了人们对待数据的态度:一是不再满足于少量的数据和样本,而是追求大量数据的搜集和使用;二是开始抛弃以往对有条理和纯净的数据的偏爱,转而接受杂乱无章甚至容忍少许的不精确。三是不再总是试图了解世界运转方式背后的深层原因,而是走向仅仅寻求弄清现象之间的联系并利用这些信息来解决相关的问题,即把关注的重点从因果关系转向相关性。但人们必须记住:大数据是一种资源和工具,它的目的是告知而不是解释,意在促进理解,但仍会导致误解,因为事实和真相本身不会因所涉人士的思维方式的改变而改变,它们是外在于人类思考和活动的客观存在,一切都不能绝对化。

5.13 "后工业社会"的意识形态:后现代主义及其影响

高科技革命几乎是与所谓"后工业社会"同时出现的,如果说现代工业社会的意识形态是理性主义,那么"后工业社会"的意识形态便是"后现代主义"。

按常理,应先有"时代"然后才有"主义",因为"主义"是反映"时代"要求和特征的。但据考证,"后现代"(postmodern)的出现却晚于"后现代主义"(postmodernism),"后现代主义"一词最早出现于1934年出版的《1882—1923年西班牙拉美诗选》中,用以描述现代主义内部发生的"逆动",而"后现代"一词晚至1947年才出现于英国著名史学家汤因比所著《历史研究》一书,用以指称西方文明中的一个新周期。但"后现代主义"作为一种思潮或意识形态的真正崛起,发生于20世纪60年代的法国,并于70年代末、80年代初风行欧陆及整个西方世界,于80年代末、90年代初波及第三世界,其影响之大,超越了以往任何一个非马克思主义思想和流派。"后现代主义"标榜反理性主义,兼及反对科学主义乃至整个现代主义,在语言、文学、艺术、美学和社会、经济、政治、历史、哲学等意识形态诸多领域均发起挑战和进攻,整体上显示出其思想和意志的反叛性,因而在性质上具有断裂性和颠覆性。

但"后现代主义"也并非天外来客,它的出现有深刻的社会和历史背景:首先,20世纪50年代以来,随着高科技革命的逐渐展开,在经济上发生了由现代的实体经济向后现代的非实体经济即知识经济转换的过程,它一方面空前地高扬了科学技术的作用,另一方面则造成了对与民众正常的社会和物质生活有密切关联的实体经济的忽视,其结果是在西方引发了思想与社会、政治与经济、精神与物质的分离,令一些知识分子想入非非,坠入绝对精神化的境地。其次,随着现代工业社会的高度发达特别是冷战的胜利,一些对西方资本主义文明顶礼膜拜的人因而发出了"历史已经终结"的误判,殊不知一些长期以来被西方资本主义文明所掩盖的黑暗面,如环境破坏、社会腐败、道德败坏等都不断被暴露出来,反而增强了那些本来就对西方现代文明不满的人的失望和敌意。再次,随着高科技革命的发生及信息化时代的到来,当知识的表征、获取、传播与利用等等都离不开信息技术时,知识就被"外化"而发生了性质的变化,因为在知识被信息化而进行传播的过程中,知识被形式化和符号化了,知识仅仅被当作某种特殊类型的信息来处理,而不像以往那样强调内容与实在的关系,更不涉及和强调实践在知识本身形成过程中的作用。最后,日益发达的计算、移动和智能技术创造了一个千变万化的"虚拟现实"(virtual reality)与传统的"客观现实"(actual reality)并存,其"乱真"的程度有时足以令人在感知上忽视甚至忘记虚拟世界和现实世界之间的差别,当人们从电脑影像得到的"真实感"远远超过从客观世界得到的真实感时,似乎再没有理由认为只有客观现实才是实在的了,因为"虚拟世界"现在本身也已是一种存在了。

所有这一切在文化上的表现就是"后现代主义"的兴起,而"后现代主义"兴起最初的也最为突出的表现就是哲学的转向,即所谓"语言"和"语言学"的转向。其实质就是不再像以往那样把哲学关注的重心放在精神与物质、主观与客观、意识与本体的关系上,而力图在文本内部结构中解决概念的含义和意义及其决定因素问题。因此,1916年在巴黎出版的瑞士学者索绪尔所著的、宣传结构主义语言学的《普通语言学教程》,几乎成了整个"后现代主义"的先驱。从此,"文本"和"话语"成了"后现代主义"津津乐道的字眼,以致出现"人人皆话语、个个谈文本、解构不离手、颠覆不离口"这一现象。仅就后现代主义哲学而言,西方一些主要国家虽然都形成了自己独具特色的流派,如法国以德里达、福柯为代表的后结构主义,德国以伽达默尔为代表的解释学,美国以奎因、罗蒂为代表的新实用主义,但这些来自不同国度的后现代主义者或思想家,几乎都主张向同一性开战,取缔"深度模式",宣扬不确定性、易逝性、断裂性、零散化,并最终陷入以崇尚主观性、相对性和不确定性为特征的唯心主义和形而上学的泥潭,不能自拔。"后真相"一词集中体现着这一思潮的本质特征。

后现代主义者声称他们只反对"理性主义"而不反对"理性"。但第一,理性并不是什么神秘的东西,在本质上它只不过是人们认识、推理和判断能力的体现;第二,在理性时代,理性被公认为是人类区别于其他动物的"唯一标志",而发达的大脑是人类超越于其他所有动物最重要的器官,因而"大脑"是"理性"的物质基础;第三,如果我们把人类与理性有关的意识分为"潜意识"和"非潜意识"即"社会意识",那么我们就可以判断理性并非什么先验的东西,因为它们都是伴随着人类本身的进化逐渐积累形成的;第四,虽然理性和理性的运用并非一回事,但任何理性的运用或理性的表现都是和理性本身密切相连的,因此不能离开理性来看理性形成时代人类认识和实践的成果。然而,自20世纪初西方哲学发生"语言"和"语言学"的转向以来,在这一倾向的基础上酝酿和发展起来的后现代主义却用"内在性"取代了"客观性",用"不确定性"取代了"确定性",用"过程性"取代了"结果性",从而形成推翻或否定人类理性认识的一些公认的基本原则、概念和方法,离根本上否定人类理性也就不远了,这就走到了反人类的悬崖边缘。请注意:在哲学上,有一个最重要也最基本的概念就是"本体论"(ontology),因为它是"关于存在(to be 或 being)的理论或学说",是研究"最一般的存在(being)"即"作为存在的存在"的学问。尽管自古希腊以来,各国或各派哲学家对"本体论"的内涵和理解分歧很大,但马克思和恩格斯在批判地继承前人成果的基础上所建立的"物质本体论",以开放的原则从总体上阐明和强调人、自然与社会的统一性,还是为"本体论"问题的最终解决奠定了基础。然而,在后现代主义者看来,根本就不存在什么"绝对的真理""普遍的规律""永恒的结构",构成现代哲学所有结构的都是二元结构(如主/客、真/假、本质/现象、事实/价值等)都必须彻底解构,进而"基础主义""本质主义"也就随之失去了存在的意义。在这样的情况下,人类的理性还存在几何呢?即使它还存在,又该如何发挥作用呢?由此观之,我们在后现代主义者所制造的纷繁复杂的种种谜团中,隐隐约约看到了某种反人类的东西和倾向,因为"理性"被公认是人类区别于其他动物主要的或唯一的标志,反理性必然反人类。这将导致思想混乱、行为乖张、社会失序、文明倒退,给人类和历史的发展带来严重的负面影响。在此,我们或许可以得出这样一个结论或推论:对理性主义的过度否定,或许正是西方文明走向"衰落"的深层原因。

过度否定理性主义最终会导致对人类自身的理性及其与其他动物的区别的认知发生动摇或变得模糊:(1)夸大科学所带来的负面作用,进而否定科学所创造的巨大成就;(2)看到现代化对环境所造成的破坏,而忘记现代化给人类生产和生活带来的进步;(3)重视无形资本和知识经济的发展,却忽视有形资本和产业对人类生存和活动的重要性;(4)无限地扩大对大数据的搜集、整理和利用,却放任虚假信息借互联网而传播;(5)肯定和赞扬人们对数据采取的新的态度和思维方式,却不承认数据背后仍存在的"事实"与"真相"问题。如此等等。其结果是,"假新闻"满天飞,而号称最先进、最发达国家的领导人,可以在政治、经济、社会和外交活动中胡作非为而得不到制约。笔者要郑重声明,这里并不是要对某个国家、某个人物进行指责,只不过是对所谓"西方衰落"问题所做的一点哲学反思。实质是要说明,理性不仅是人类与动物的唯一的和根本的区别,也是人类生存和发展必须遵循的最重要、最根本的原则,否则人类的一切活动就可能失去灵魂和方向。其实,所谓"西方衰落"并非就不可逆转,何况西方在许多领域正在迅猛发展,关键在于能否端正自己的思想路线。

这里,还想简单提一下两个与后现代主义有关的学派,因为它们与本书的立论与写作相关。(1)西方叙事学(western narratology)。按《国语·晋语》"纪言以叙之"的说法,叙事和史学一样古老。但作为独立学科的当代叙事学 20 世纪 60 年代才首先产生于西方,可以《交流》杂志 1966 年第 8 期专门讨论符号学的系列文章为标志。这是因为,这派学说遵循的是索绪尔的"结构主义语言学",而这种语言学认为语言只是一种"符号"系统,其概念和意义只受文本内部的结构和规律制约。有关这种叙事学的讨论,在 20 世纪 90 年代和 21 世纪初已经历了两个高潮。(2) 后现代主义史学 (postmodernism history)。以 1973 年约翰·霍普金斯大学出版社出版的海登·怀特 (Hayden White) 所著《元史学》(*Metahistory*) 为正式诞生的标志。这派史家不再把研究对象和重点放在历史事件上，而只视文本中的具"不定性"的所谓"事实"为对象和重点，且只遵循"历史若文学"的原则对文本进行"解释"。这就把"后现代史学"变成了当代文学叙事学的"孪生兄弟"，而把"后现代修辞学"当作了二者共同的方法论，进而有了合流的趋势。但此处，我们应该看到：第一，后现代主义史学并非一无是处，它的许多观点对我们是有启发的，它对资本主义的观察和批判可谓"入木三分"；第二，"后现代主义"并非唯一更非主要的学术思潮，许多传统的和科学主义的思想仍在顽强地战斗，而不断焕发出新的生机。

迄今为止，高科技革命并未结束，尽管在国际学术界已有人把人工智能称为工业革命的"4.0 版"，但笔者仍把它视为高科技革命 20 世纪 90 年代高潮之后的又一个高潮，因为人工智能自"云计算"和"大数据"出现以来就存在了，今天的人工智能其实还是 20 世纪高科技革命全部成果的继承和发展。因此，本编还只是对高科技革命引发的人类变迁所做的初步的和有限的展开。笔者更关注和强调这场革命在人类生产和生活方式上引起的变化，尤其是它在人们思维方式上引起的改变。这是这场革命目前为止所体现出来的真正深刻之处。但我们在欢呼人工智能所取得的神奇成就的同时，也不应当忽视它可能给人类社会造成的负面影响。人们的生产和生活方式将发生前所未有的改变，但财富和社会的两极分化会继续扩大，也不排除有人会利用"超级智能"危害社会的情况。但应当记住：人类一定有能力管理好自己！

余 论

　　此次增订的重点和难点虽然在如何用"高科技革命"的观点探讨人类变迁的问题和过程，但也在上一版的基础上加写了两章，并做了几十处长短不一的增补。在即将交付出版的时候，有必要对本书准备、编撰、修改和增订过程中所遇到和思考的几个重要理论问题，以及本书作者对这些问题的处理，做一简略的讨论和说明。

　　问题之一，可不可以把由游猎到农业、工业的转变视为人类社会形态演变的过程？笔者认为不可。因为，不要说历史上一个独立存在的社会经济形态，就是一个单一的或单纯的社会经济形态，作为"社会经济结构"它至少也应由生产力、生产关系和社会结构三个层次构成，其中"生产关系"是连结社会结构的纽带，而"生产关系"主要指生产资料的所有制，因为它制约着生产资料使用和产品分配的形式。而"游猎"也好、"农业""工业"也好，这些概念之内涵是指生产力的性质及其水平：游猎时代的生产力是自然形态的，农业时代的生产力是半人工半自然的，而工业时代才有了完全形态的人工生产力。所以，不能把由游猎到农业、工业的转变与"社会经济形态"（或"社会形态"）会掩盖同一生产力形态下存在不同生产关系及由此产生的财产关系和阶级关系的差异。

　　问题之二，可不可以把具普遍性的奴隶和奴隶生产方式上升为"奴隶制社会"的普遍性？笔者以为不可以。因为，按马克思的经典定义，任何一个独立存在的社会经济形态都是由多种生产方式（或经济因素）构成的综合体，但其中必有一种生产方式占主导地位并决定着该社会的性质。大量的历史事实表明，虽然世界历史上几乎所有古代民族都有过奴隶（奴仆）和奴隶生产、奴隶制度，但其发达程度都是千差万别的，并没有在任何地方、任何民族国家都上升到占主导地位的地步。像古希腊、罗马帝国那样高度发达的奴隶制社会极少，而内战前美国南部奴隶种植园虽然高度发达，但却不能把那里的社会形态称为"奴隶制社会"，因为那里的黑奴制是从属于资本主义并为之服务的。同样，据中国历史学家考证，中国汉代的官私奴婢很多，但能就此将中国的汉代称为"奴隶制社会"吗？显然不能。

问题之三，如何看待世界历史上文明平衡与不平衡转换的动力。本书提出，一部世界史就是文明发展平衡与不平衡不断转换的历史，因此在某种程度上这种文明的平衡与不平衡就是世界历史发展的"内在动力"。但若要进一步追问：造成这种"不平衡"本身的内在动力又是什么呢？答案是各民族生产力发展的水准，因为按照马克思的原理它才是整个历史发展，包括经济发展、社会发展和文化发展的终极原因，虽然不能把这一原理公式化、绝对化。因为马克思认为，生产关系对生产力、上层建筑对经济基础、文化对政治和经济存在着反作用。从这一意义上说，不能用"文明史"取代整个世界史。

问题之四，可不可以用"人工智能社会"来界定人类的未来社会。笔者认为，根据我们对第一个问题的思考，答案应当是否定的。这是因为，"人工智能"属于科学技术，归根结底仍属于生产力范畴，因而社会有一个运用问题：由谁来运用，怎样或如何运用，为什么目的运用。如果将"未来社会"（包括生命3.0）称为"人工智能社会"即一种新的"社会形态"，将会对未来社会即智能化的人类社会的看法简单化，因"人工智能"作为生产力将和任何新的生产力一样，会引发生产关系、财产关系、社会关系和阶级关系的变化，并在此基础上建立起不同的社会经济结构。"人工智能社会"这一概念掩盖了人工智能条件下这些关系的存在及其变化。这就是为什么自"高科技革命"以来财富分配的趋势：从全球来看，财富是分散大于集中，而就一国而言，财富仍是集中大于分散，只是应当对这种趋势的性质和原因作具体的分析，不能简单地处理罢了。因为在当今的社会，"知识"作为"资本"，它的传播和转移，并不一定意味着"所有权"的丧失；同时，它的获得和使用，也不一定意味着对原"所有权"的侵权和掠夺。至少在纯知识领域是如此。"人工智能社会"只能当作一个通俗的概念来使用。有人断言：未来社会是"无法想象"的，也就是不可预测的。因此，我们不应当急于作结论。

问题之五，可否像后现代主义者那样全盘否定"理性时代"的一切历史成就？笔者认为不可。因为在作为"理性时代"的18世纪，曾发生过英国革命和"启蒙运动"启发的美、法资产阶级革命，这三大资产阶级革命有一个最大公约数就是《权利法案》，认为"人人是生而自由和平等的"，学界公认这些权利是"在人类的原始时由自然所规定的"，是原始社会即非阶级社会的信条和原则，它不仅是医治现实的阶级社会之社会不平等的一剂良药,也将在消灭阶级差异和不公的斗争中继续发挥作用。将"理性"和"科学"绝对化,以为"理性"和"科学"只有好的一面而无坏的一面固然不对,但对理性和科学几个世纪来为人类社会所创造的巨大的物质和精神财富也不能视而不见,一笔抹杀。否则,人类社会和文明就可能出现倒退!

问题之六,可不可以无原则地赞同和拥护后现代主义者提出的"后真相时代"的口号?不能。因为,在大数据时代,正如笔者在上文所述,数据化及其利用彻底地改变了人们对数据的态度,不再满足于少量的数据和样本,而是转而追求大量数据的搜集和使用,开始抛弃以往的对有条理和纯净数据的偏爱而转向接受杂乱无章并容忍少许的不精确,甚至在许多场合还会放弃对事件原委的追求而代之以对相关性的接纳,包括把关注的重点从因果关系转向相关性,但:第一,事实和真相本身并不会因人们思维方式的改变而改变;第二,人们关注的重点的改变并不意味着只有相关性而没有因果关系;第三,容许少许的不精确并不等于可以否定精确的意义并彻底抛弃对精确的追求。"事实"和"真相"是整个科学,包括自然科学和社会科学、历史科学研究的基础,抛弃了"事实"和"真相"无异于取消这些科学!

其实,还有一个重要问题,就是如何估计脑力劳动在"创新"活动中的价值问题,是否可以完全用"乘数原理"甚至"劳动时间"来衡量,因为在"创新"活动中有一个"灵感"和"思维模式"问题。由于此问题笔者已在"增订版序"中讨论过了这里就不再赘述了。

进一步阅读书目

导 论

A. C. 哈登:《人类学史》(1988)。

保罗·里维特:《美洲人类的起源》(1989)。

费希特:《人的使命》(1982)。

拉蒙可夫玛:《人类史话》(2016)。

理查德·利基:《人类的起源》(2007)。

梅朝荣:《人类简史:我们这 300 万年》(2006)。

斯宾塞·韦尔斯:《出非洲记:人类祖先的迁徙史诗》(2006)。

伊恩·迈尔斯:《人的发展与社会指标》(1992)。

张猛等:《人的创世纪:文化人类学的源流》(1987)。

郑金德:《人类学理论发展史》(1980)。

中国基督教协会印发:《圣经》(1994)。

C. Gamble, *Timewalkers: The Prehistory of Global Colonization*(1994).

F. Fernandez-Amesto, *Humankind: A Brief History*(2004).

Frank E. Poirier, *In Search of Ourselves: An Introduction to Physical Anthropology*(1994).

I. Tattersall, *The Fossie Traie*(1997).

J. Adovaso, *Before America*(2004).

Jared Diamond, *The Third Chimpanzee*(1992).

J. Goudsblom, *Fire and Civilization*(1993).

Lewis Mumford, *The Condition of Man*(1973).

R. G. Klein, *The Human Career*(1999).

Robert B. Eckhurbt, *The Study of Human Evolution*(1978).

第一编

安德烈·马斯本:《古希腊罗马神话》(1983)。

白寿彝、苏秉琦主编:《中国通史》(第二卷)(1994)。

布尔芬奇:《神话时代:神祇和英雄的故事》(2000)。

霍贝尔:《原始人的法》(2006)。

孔多塞:《人类精神进步史表纲要》(2022)。

毛君焱编:《古埃及两河流域艺术精品资料图集》(1992)。

摩尔根:《古代社会或人类从野蛮经过开化至文明之发展路径的研究》(1972)。

王铭铭:《"裂缝间的桥":解读摩尔根〈古代社会〉》(2004)。

王幼平:《中国远古人类文化的源流》(2005)。

威尔·杜兰:《世界文明史》(1999)。

严文明:《农业发生与文明起源》(2000)。

杨俊明、张齐政编著:《古印度文化知识图本》(2007)。

赵林:《告别洪荒:人类文明的演变》(2005)。

中共中央马克思、恩格斯、列宁、斯大林著作编译局编译:《马克思古代社会史笔记》(1996)。

Anton Powell, *Ancient Greece*(1989).

Barry J. Kemp, *Ancient Egypt: Anatomy of a Civilization*(2005).

Bruce Lenman, *Chambers Dictionary of World History*(1994).

Charles Keith Maisels, *The Emergence of Civilization: From Hunting and Gathering to Agriculture, Cities, and the State in the Near East*(1993).

Peter N. Stearns, *Globalization in World History*(2009).

Peter N. Stearns, *World History: Patterns of Change and Continuity*(1995).

Salima Ikram, *Ancient Egypt: An Introduction*(2010).

Samuel Adrian M. Adshead, *T'ang China: The Rise of the East in World History*(2004).

Sigrid Deger-Jalkotzy, *Ancient Greece: From the Mycenaen Palaces to the Age of Homer*(2006).

William McGaughey, *Five Epochs of Civilization: World History as Emerging in Five Civilizations*(2000).

第二编

保罗·卡特里奇主编:《剑桥插图古希腊史》(2005)。

崔连仲等选译:《古印度帝国时代史料选辑》(1989)。

迭朗善译:《摩奴法典》(2011)。

郭应德:《阿拉伯史纲(610—1945)》(1997)。

翦伯赞主编:《中国史纲要》(2006)。

马坚译:《古兰经》(1952)。

乔治·奥斯特洛格尔斯基:《拜占廷帝国》(2006)。

塞尔格叶夫:《古希腊史》(1955)。

杉山正明:《蒙古帝国的兴亡》(2015)。

闪目氏·仝道章译注:《古兰经》(1989)。

石云涛:《丝绸之路的起源》(2014)。

斯迪芬·麦勒迪斯·爱德华兹、赫伯特·利奥纳德·奥富雷·加勒特:《莫卧儿帝国》(2009)。

斯塔夫里阿诺斯:《全球通史:从史前史到21世纪》(2006)。

斯坦福·肖:《奥斯曼帝国》(2006)。

威尔·杜兰:《埃及与近东》(1983)。

威尔·杜兰:《拜占庭伊斯兰及犹太文明》(1991)。

威尔·杜兰:《希腊的黄金时代》(1974)。

威廉·穆尔:《阿拉伯帝国》(2006)。

夏曾佑:《中国古代史》(2014)。

严惠来等编著:《简明圣经词典》(2009)。

余太山:《早期丝绸之路文献研究》(2013)。

A. S. Rappoport, *History of Egypt: From 330 B. C. to the Present Time*, (2007).

Cornelius Tacitus, *Agricola, Germany, Dialogue on Orators*(1967).

David C. Lindberg, *The Beginnings of Western Science: the European Scientific Tradition in Philosophical, Religious, and Institutional Context, Prehistory to A. D. 1450*(2007).

Edward Luttwak, *The Grand Strategy of the Roman Empire: From the First Century A. D. to the Third*(1979).

Everett Ferguson, *Backgrounds of Early Christianity*(1987).

F. E. Peters, *Judaism, Christianity, and Islam: The Classical Texts and Their Interpretation*(1990).

Frederick E. Hoxie, *Indians in American History: An Introduction*(1988).

Gaston Maspero, *History of Egypt, Chaldea, Syria, Babylonia, and Assyria*(2007).

G. E. R. Lloyd, *The Way and the Word: Science and Medicine in Early China and Greece*(2002).

Hastings Donnan, *Interpreting Islam*(2002).

Hermann Bengtson, *The Greeks and the Persians: From the Sixth to the Fourth Centuries*(1968).

Hutton Webster, *World History Including History of the Far East: Written for Schools in China* (1923).

Jean Bottéro etc., *The Near East: The Early Civilizations*(1967).

John F. Riddick, *Glimpses of India: An Annotated Bibliography of Published Personal Writings by Englishmen, 1583-1947*(1989).

John Renard, *In the Footsteps of Muhammad: Understanding the Islamic Experience*(1992).

Joseph Schacht, *The Legacy of Islam*(1979).

Leonard William King, *History of Egypt, Chaldea, Syria, Babylonia, and Assyria in the Light of Recent Discovery*(2007).

Mark W. Chavalas, *Great Events from History: The Ancient World*(2004).

Michael Avi-Yonah, *Society and Religion in the Second Temple Period*(1977).

M. Mukarram Ahmed, *Encyclopaedia of Islam*(2005).

Nathan Stewart Rosenstein, *War and Society in the Ancient and Medieval Worlds: Asia, the Mediterranean, Europe, and Mesoamerica*(1999).

Neal Robinson, *Islam, a Concise Introduction*(1999).

Neville Morley, *Ancient History: Key Themes and Approaches*(2000).

Nurettin Uzunoglu, *Judaism-Christianity & Islam: A Comparative Study of Three Divine Religions, Istanbul*(2003).

Patrick Manning, *Migration in World History*(2005).

Paul Kunitzsch, *Stars and Numbers: Astronomy and Mathematics in the Medieval Arab and Western Worlds*(2004).

Peter I. Bogucki, *Ancient Europe 8000 B. C.-A. D. 1000: Encyclopedia of the Barbarian World* (2004).

Peter S. Wells, *The Barbarians Speak: How the Conquered Peoples Shaped Roman Europe*(1999).

Phillip C. Boardman, *Enduring Legacies: Ancient and Medieval Cultures, Needham Heights*(1996).

Polybius, *The General History of the Wars of the Romans*(1812).

Rémi Brague, *The Law of God: the Philosophical History of an Idea*(2007).

Robert M. Schoch, *Voyages of the Pyramid Builders: The True Origins of the Pyramids from Lost Egypt to Ancient America*(2003).

Robert O. Collins, *Eastern African History*(1990).

Robert O. Collins, *Western African History*(1990).

Samuel Adrian M. Adshead, *Central Asia in World History*(1993).

Samuel Marinus Zwemer, *Islam, A Challenge to Faith: Studies on the Mohammedan Religion and the Needs and Opportunities of the Mohammedan World from the Standpoint of Christian Missions*(2010).

Walter Scheidel, *Rome and China: Comparative Perspectives on Ancient World Empires*(2009).

William Hardy McNeill, *China, India, and Japan: The Middle Period*(1971).

William Hardy McNeill, *Classical China*(1970).

William Hardy McNeill, *Classical India*(1969).

William Hardy McNeill, *The Classical Mediterranean World*(1969).

William Montgomery McGovern, *The Early Empires of Central Asia: A Study of the Scythians and the Huns and the Part They Played in World History, with Special Reference to the Chinese Sources*(1939).

Willis M. West, *The Ancient World: From the Earliest Times to 800 A. D.* (2012).

W. R. F. Browning, *A Dictionary of the Bible*(2009).

第三编

A.古德温编:《新编剑桥世界近代史》(第8卷),(2018)。

俾耳德、巴格力:《美国史》(2013)。

C. E. 布莱克:《现代化的动力———一个比较史的研究》(1989)。

H. J. 哈巴库克、M. M. 波斯坦主编:《剑桥欧洲经济史》(第六卷),(2002)。

何顺果:《资本主义史文集》(2016)。

杰弗里·巴勒克拉夫主编:《泰晤士世界历史地图集》(1985)。

米歇尔·维诺克:《法国资产阶级大革命:1789年风云录》(1989)。

王章辉、孙娴主编:《工业社会的勃兴:欧美五国工业革命比较研究》(1995)。

威尔·杜兰:《奥古斯都时代》(2005)。

威尔·杜兰夫妇:《伏尔泰时代的欧陆》(1979)。

威尔·杜兰:《黑暗时代与十字军东征》(1980)。

小约翰·威尔斯:《1688年的全球史》(2004)。

伊曼纽尔·沃勒斯坦:《现代世界体系》(2013)。

Abraham Malamat, *The Age of the Monarchies*(1979).

Adrian Hastings, *A World History of Christianity*, *Grand Rapids*(2000).

Burton F. Beers, *World History: Patterns of Civilization*(1988).

Cecil Roth, *The Dark Ages: Jews in Christian Europe, 711-1096*(1996).

Christine Vialls, *Iron and the Industrial Revolution*(1989).

David G. Troyansky, *The French Revolution in Culture and Society*(1991).

E. L. Jones, *Growth Recurring: Economic Change in World History*(1988).

Geoffrey Barraclough, *Turning Points in World History*(1979).

Jackson J. Spielvogel, *Modern World History*(1999).

J. A. R. Marriott, *The Evolution of Prussia: The Making of an Empire*(1915).

John Belchem, *A Dictionary of Nineteenth-century World History*(1994).

John Bell Rae, *The United States in World History: From Its Beginnings to World Leadership*(1964).

Karen Louise Jolly, *Tradition & Diversity: Christianity in a World Context to 1500*(1997).

Leften Stavros Stavrianos, *Lifelines from Our Past: A New World History*(1989).

L. Pearce Williams, *Relativity Theory: Its Origins and Impact on Modern Thought*(1968).

Mary Beth Norton, *A People & a Nation: A History of the United States*(1990).

Peter N. Stearns, *Documents in World History*(1988).

Ralph, B. Flenley, *World History: The Growth of Western Civilization*(1936).

Richard Sorabji, *Time, Creation, and the Continuum: Theories in Antiquity and the Early Middle Ages*(2006).

Stephan Viljoen, *Economic Systems in World History*(1974).

Traian Stoianovich, *Balkan Worlds: The First and Last Europe*, *Armonk*(1994).

William H. McNeill, *Modern Europe and America*(1973).

第四编

彼得·迪肯:《全球性转变——重塑21世纪的全球经济地图》(2007)。

陈旭麓:《中国近代史十五讲》(2008)。

法里德·扎卡利亚:《后美国世界:大国崛起的经济新秩序时代》(2009)。

贡德·弗兰克:《白银资本:重视经济全球化中的东方》(2018)。

海因兹·迪德里奇等:《全球资本主义的终结:新的历史蓝图》(2001)。

吉尔伯特·罗兹曼主编:《中国的现代化》(1989)。

蒋廷黻:《中国近代史》(2019)。

罗荣渠:《现代化新论:世界与中国的现代化进程》(2004)。

斯塔夫里亚诺斯:《全球分裂:第三世界的历史进程》(1993)。

伊诺泽姆采夫:《后工业社会与可持续发展问题研究》(2004)。

Emma Peters Smith, *World History: The Struggle for Civilization*(1946).

Eun Mee Kim, *The Four Asian Tigers: Economic Development and the Global Political Economy* (1998).

Frank Pentland Chambers, *This Age of Conflict: A Contemporary World History, 1914 to the Present* (1950).

J. A. S. Grenville, *A World History of the Twentieth Century*(1980).

Javaid Saeed, *Islam and Modernization: A Comparative Analysis of Pakistan, Egypt, and Turkey* (1994).

Jay Taylor, *The Dragon and the Wild Goose: China and India*(1987).

Kaoru Sugihara, *Japan, China, and the Growth of the Asian International Economy, 1850-1949* (2005).

Max Lincoln Schuster, *A Treasury of the World's Great Letters from Ancient Days to Our Own Time* (1940).

Samuel Adrian M. Adshead, *China in World History*(1988).

Sir George Bailey Sansom, *Japan in World History*(1952).

Thomas Walter Wallbank, *Man's Story: World History in Its Geographic Setting*(1961).

Thomson, David, *World History from 1914 to 1950*(1954).

William J. Duiker, *Twentieth-century World History*(2002).

William L. Langer, *An Encyclopedia of World History: Ancient, Medieval and Modern, Chronologically Arranged*(1948).

第五编

阿尔温·托夫勒、海蒂·托夫勒:《创造一个新的文明:第三次浪潮的政治》(1996)。

戴维·沃尔什:《知识与国家财富——经济学说探索的历程》(2010)。

J.萨珀斯坦、D.罗斯:《区域财富:世界九大高科技园区的经验》(2003)。

卡丽斯·鲍德温、金·克拉克:《设计规则:模块化的力量》(2006)。

克莱德·普雷斯托维茨:《崛起的 4 大国——30 亿人的市场经济新机遇》(2008)。

克里斯托夫·金:《强世大博弈:减速高科技,再塑新世纪》(2010)。

李连德:《一本书读懂人工智能(图解版)》(2016)。

M. 杰索娃拉、R. 泰勒:《亚太信息技术园——地区性数字鸿沟之启示》(2006)。

迈克尔·奥汉隆:《高科技与新军事革命》(2001)。

迈克尔·怀特:《战争的果实:军事冲突如何加速科技创新》(2009)。

迈克斯·泰格马克:《生命 3.0》(2018)。

美国国家科学技术委员会编:《技术与国家利益》(1999)。

美国国家情报委员会主编:《大趋势——2020 年的世界》(2007)。

米黑尔·罗科、威廉·班布里奇编:《聚合四大科技,提高人类能力:纳米技术、生物技术、信息技术和认知科学》(2010)。

皮埃罗·斯加鲁菲:《人类 2.0:在硅谷探索科技未来》(2017)。

钱纲编著:《硅谷简史:通往人工智能之路》(2018)。

唐·伊德:《让事物"说话":后现象学与技术科学》(2008)。

威廉·E. 哈拉尔:《新资本主义》(1991)。

雅克·阿达:《经济全球化》(2000)。

亚历山大·柯瓦雷:《从封闭世界到无限宇宙》(2016)。

伊诺泽姆采夫:《后工业社会与可持续发展问题研究:俄罗斯学者看世界》(2004)。

伊坦·谢辛斯基、罗伯特·J. 斯特罗姆、威廉·J. 鲍莫尔:《自由企业经济体的创业、创新与增长机制》(2009)。

约翰·V. 皮克斯通:《认识方式:一种新的科学、技术和医学史》(2008)。

约瑟夫·劳斯:《知识与权力:走向科学的政治哲学》(2004)。

詹姆斯·E. 麦克莱伦第三、哈罗德·多恩:《世界科学技术通史(第三版)》(2020)。

詹姆斯·P. 沃麦克、丹尼尔·T. 琼斯、丹尼尔·鲁斯:《改变世界的机器》(1999)。

詹姆斯·P. 沃麦克、丹尼尔·T. 琼斯:《精益思想——消灭浪费,创造财富》(1999)。

Angus Maddison, *Dynamic Forces in Capitalist Development: A Long-Run Comparative View* (1991).

Daniel Bell, *The Coming of Post-industrial Society* (1973).

Diane Coyle, *The Weightless World: Strategies for Managing the Digital Economy* (1998).

Everett M. Rogers, *Silicon Valley Fever: The Growth of High-Technology Culture* (1984).

F. Scherer, *International High Technology Competition* (1992).

Henry Rowen, Marguerite Hancock, William Miller, eds., *Making IT: The Rise of Asia in High*

Tech(2006).

John Naisbitt, *High Tech/High Touch: Technology and Our Search for Meaning*(2001).

John Zysman, Abraham Newman, eds., *How Revolutionary Was the Digital Revolution? National Responses, Market Transitions, And Global Technology*(2006).

Michael H. Best, *The New Competitive Advantage: The Renewal of American Industry*(2001).

Michael J. Piore, *The Second Industrial Divide: Possibilities for Prosperity*(1984).

Nick Dyer-Witheford, *Cyber-Marx: Cycles and Circuits of Struggle in High Technology Capitalism*(1999).

Paul Knox and John Agnew, *The Geography of the World-Economy*(1989).

Stephen A. Herzenberg, John A. Alic and Howard Wial, *New Rules for a New Economy: Employment and Opportunity in Postindustrial America*(1998).

Stephen S. Cohen and John Zysman, *Manufacturing Matters: The Myth of the Post-Industrial Economy*(1987).